文 化 名 家 暨
"四个一批"人才作品文库

理 论 界

张斌贤教育史研究文集

张斌贤 著

中華書局

图书在版编目(CIP)数据

张斌贤教育史研究文集/张斌贤著. —北京:中华书局,2014.7
(文化名家暨"四个一批"人才作品文库)
ISBN 978 - 7 - 101 - 09843 - 3

Ⅰ. 张… Ⅱ. 张… Ⅲ. 教育史 - 世界 - 文集
Ⅳ. G519 - 53

中国版本图书馆 CIP 数据核字(2013)第 272869 号

书　　名　张斌贤教育史研究文集
著　　者　张斌贤
丛 书 名　文化名家暨"四个一批"人才作品文库
责任编辑　王传龙
出版发行　中华书局
　　　　　(北京市丰台区太平桥西里 38 号　100073)
　　　　　http://www.zhbc.com.cn
　　　　　E-mail:zhbc@ zhbc.com.cn
印　　刷　北京瑞古冠中印刷厂
版　　次　2014 年 7 月北京第 1 版
　　　　　2014 年 7 月北京第 1 次印刷
规　　格　开本/700×1000 毫米　1/16
　　　　　印张 23¾　插页 4　字数 370 千字
国际书号　ISBN 978 - 7 - 101 - 09843 - 3
定　　价　72.00 元

出　版　说　明

　　实施文化名家暨"四个一批"人才工程，是宣传思想文化领域贯彻落实人才强国战略、提高建设社会主义先进文化能力的一项重大举措。这一工程着眼于对宣传思想文化领域的优秀高层次人才的培养和扶持，积极为他们创新创业和健康成长提供良好条件、营造良好环境，着力培养造就一批造诣高深、成就突出、影响广泛的宣传思想文化领军人才和名家大师。为集中展示文化名家暨"四个一批"人才的优秀成果，发挥其示范引导作用，文化名家暨"四个一批"人才工程领导小组决定编辑出版《文化名家暨"四个一批"人才作品文库》。《文库》主要收集出版文化名家暨"四个一批"人才的代表性作品和有关重要成果。《文库》出版将分期分批进行，采用统一标识、统一版式、统一封面设计陆续出版。

文化名家暨"四个一批"人才

工程领导小组办公室

2012年12月

张斌贤

1961 年 5 月生，浙江杭州人。北京师范大学教育学博士，曾赴哈佛大学教育研究生院从事研究工作（富布赖特研究学者）。现任北京师范大学教育历史与文化研究院教授、博士生导师。曾任北京师范大学教育学院院长。兼任中国教育学会教育史分会理事长、全国教育专业学位教育指导委员会秘书长、教育部高校教学指导委员会（教育学类）副主任委员、"外国教育史"国家级精品课程和国家级教学团队负责人等。主要从事教育史学、西方教育史等的研究。著有《外国教育思想史》、《外国教育史》、《西方教育思想史》（修订）、《教育是历史的存在》、《教育与社会变革》等，主编、主持翻译著作多种。曾获国家教学成果一、二等奖、国家级教学名师奖、全国教育科学规划优秀成果奖和宝钢教育奖优秀教师特等奖。2012 年获聘长江学者特聘教授。入选教育部跨世纪优秀人才培养计划，享受国务院颁发的政府特殊津贴。

目　录

第一编　教育史学研究

第二编　西方大学史研究

第三编　美国学校教育史研究

自　序

　　本书收录了我从 1986 年到今年 8 月间先后完成的三十篇论文,其中绝大部分已先后在《教育研究》、《教育学报》、《北京大学教育评论》、《高等教育研究》、《清华大学教育研究》等刊物发表,仅有两篇本周刚完成的论文(即与王慧敏合作的《"儿童中心论"在美国的兴起》和与康绍芳博士合作的《美国教育学界精英形成的社会条件和内在机制》)虽已投稿,但尚未发表。在这些论文中,三分之二为我独立完成,近三分之一是与学生合作完成的。

　　在当下学术界,对大学文科教师与学生合作完成的论文常有议论,也颇有些微词。因此,有必要稍作解释。在 2004 年前,我几乎没有与学生共同署名发表的论文。此后十年,我宁可费些周折向刊物推荐学生的论文,也不允许学生"借用"我的名义发表论文。原因很简单,无功不受禄,不敢掠人之美。只有在两种情况下,我才会与学生联合署名发表论文。一种情况是,论文的主题或题目、论文的主要结构、观点和结论是由我提出的,论文的定稿是经我之手完成的。在这种情况下,我通常署名为第一作者。另一种情况是,学生论文的题目或主题或者是学位论文的组成部分,或者是我们团队正在进行的研究课题的内容,并且,论文一定是我读过并且提出过修改意见。在这种情况下,如果作者或编辑部要求我联合署名,我会署名为第二作者。

　　从 1983 年在北京师范大学教育系攻读外国教育史专业硕士学位至今,已整整三十年(之所以选了三十篇论文,也许与此有关)。从 1986 年 7 月任教北京师范大学教育系至今,也已近三十年。在某种意义上,这部作品集是我第一次以专著的形式对自己从事外国教育史教学和研究的历程进行回顾和梳理,尽管在大脑中类似这样的回顾和梳理已经进行了不知多少次。

　　回首这三十年所走过的道路,感慨良多。此时此刻,由衷感到语言的贫乏与无力,难以充分表达内心所有的所思所想所感。今年4月24日,因工作要求,我和本校教育史专业全体在读研究生进行座谈。在座谈中,我回顾了自己近三十年的求学、治学之路,得出的结论是:失误多于成功,教训多于经验,遗憾多于满足。之所以这么说,并不是故作姿态,而是内心的真实感受。

　　应当说,我的专业发展是非常顺利的,无论在求学期间,还是在任教期间,都是这样。我就读和服务的北京师范大学有着国内领先的教育学科,也一直是教育史学科的重镇。在这样的学校读书和工作,学术的发展自有得天独厚之利。况且,在我就读期间和此后多年的学术发展过程中,始终得到北师大教育系的前辈和老师的眷顾和关照。尽管如此,年轻时由于少不更事、缺乏定力,中年时又因行政工作耽误多年,学术工作所取得的真正成就与前辈的期望、学科发展的需要以及所拥有的客观条件相比,存在着巨大的差距。这无法不令我感到惭愧和内疚。

　　悟已往之不谏,知来者之可追。年届天命,相信在已有工作的基础上,加上现有的各种良好条件,在未来的岁月中,通过不懈的努力,我还是能为外国教育史学科的发展做一些有意义的事情的。这部作品集的编辑出版对我个人而言,既是一个阶段的结束,也是一个新时期的开端。

　　这部作品集得以出版,首先应感谢中华书局所提供的大力支持。还应感谢李子江教授、王晨副教授、孙益博士、陈露茜博士、康绍芳博士、祝贺博士、张乐同学和王慧敏同学等人所付出的努力。

　　本书中的部分研究成果得到北京师范大学"中央高校基本科研业务费专项资金资助"(supported by "the Fundamental Research Funds for the Central Universities")。

張斌賢

2013 年 8 月 15 日

第一编　教育史学研究

浅谈外国教育史研究中的几个问题

当前外国教育史的研究工作中存在着哪些重大问题？产生这些问题的主要原因是什么？解决这些问题的根本途径何在？这是我们从事外国教育史学科教学和研究工作的同志们十分关注而常在议论的话题。本文拟对上述问题提出一些粗浅的看法，以就教于前辈和同志们。

一

史料建设问题。史料是教育史研究的根据和基础。当前，外国教育史史料在数量、品种、版本、国别等方面都严重缺乏，这直接影响到科学研究的深度和广度，也影响到教学质量的提高。受文化和学术交流、文字翻译和外汇款项等客观条件的限制，又加上许多人为造成的种种原因，外国教育史学科的教学科研人员往往难以充分获得第一手史料和相关资料。由于缺乏足够的文献资料，当前在外国教育史研究工作中出现了以下一些不正常的现象：

1. 以论代史。这几年在报刊上也登载过一些论及外国教育史的文章，但不少都是以作者个人主观的推论为主，缺乏有根有据的原始佐证。尤其一些研究教育思想的文章，虽然洋洋大观、宏论连篇，但让人读后却搞不清其中的主要论点究竟是作者的评述，还是阐发教育家固有的观点。

2. 观点移植。由于缺乏充分的最近和最新的国外学术研究文献，所以我们的教学或评论文章中不少观点还是数十年前别人论点的移植。举一例子，我们对德国教育家赫尔巴特的评价在 20 世纪 50 年代是全盘接受苏联教育史家的观点，时至今日，不少人仍然受其一定的影响，这其中很重要的一个原因是缺乏赫尔巴特本人思想的原始资料（尤其是中文译本），因而容易出现人云亦云的现象。

3.以偏概全。外国教育史料严重匮乏，直接导致研究工作难以在前人工作的基础上有所发展、有所创新。我们仍以赫尔巴特为例，以往我们手头有关赫尔巴特思想的资料，无非就是尚仲衣先生翻译的《普通教育学》和张焕庭先生主编的《西方资产阶级教育论著选》中的赫尔巴特三部著作的节译部分。诚然，《普通教育学》是赫氏的主要教育著作之一，通过它我们可以大体上了解其教育思想，但问题是，其一，尚的译本中有许多翻译得不准确之处，而且他是从英译本转译而来的。其二，《普通教育学》乃是赫尔巴特三十岁时写的一部著作，属他早期思想的总结，而不反映他的全部教育思想。我们知道，赫尔巴特于1809—1833年在哥尼斯堡致力于心理学的系统研究和教育实验。他的这些中后期研究工作所形成的思想，比《普通教育学》所提出的思想有较大的丰富和发展，特别是后期写的《教育原理纲要》才是他教育思想最为完整的体现。因此，仅仅根据一部著作（虽然是很重要的著作），是很难对某一位教育思想家（尤其像赫尔巴特这类多产的和在教育史上占据重要地位的教育思想家）的思想进行全面、完整的研究的。

以偏概全的问题不仅表现在对教育家教育思想资料的占有上，同样也表现于对某一个历史时期或某一国家、地区教育思想和教育制度资料的占有上。直至今日，我们对许多世界主要地区和国家的重要原始史料掌握甚少或不成体系。例如希腊化时期的教育史料，中世纪和文艺复兴时期在教育思想和教育制度方面的史料，我们都很缺乏。据我们调查，我国至今还没有裴斯泰洛齐、第斯多惠等一些著名教育家的全集或文集，更缺乏系统的教育制度史料。这就势必造成以现有的范围很窄的史料来推论其全貌。可想而知，这样得出的结论其准确性和可靠性能达到什么样的程度。

4.分散经管。今天国内的教育研究机构和单位很多，每家都想自己占有资料，为开展研究提供方便，于是各自想方设法去争得为数很少的资料，门路多的就多得，门路少的就少得或难得，弄得大家都很有意见。为什么我们不能尽快地建一个全国性的教育资料馆（或中心）为全国教育研究单位服务呢。美国过去的教育资料也是分散各地，没有全国性的教育资料馆，但在1972年6月成立了全国教育资料馆，并逐年拨款充实和扩大其规模，向全国提供有效的服务。建立全国教育资料中心势在必行。

在资料问题上，我们应该自己着手进行史料的整理工作，并加快这方面的步伐。解放以后曾有些院校和出版单位组织力量翻译和编著过《西方资产阶级教育论著选》、《杜威教育论著选》、《现代西方资产阶级教育思想流派论著选》等几本教育思想史料集，这些编译工作是非常有价值的。但我们深感不足的是至今尚未看到一本有关外国教育制度史的比较精确、完整的资料书。可见，我们教育史资料的建设工作有待各方面加以重视并共同协作加以解决。尤其面对当前世界科技迅猛发展、教育改革日新月异、教育科学研究深入开展的形势，我们应当具有一种紧迫感和责任感。我们应当进一步解放思想、尊重科学、实事求是地去加强教育史资料的收集、整理、翻译等建设工作，这是使教育史学科迅速摆脱目前的被动局面、走向振兴和发展的首要工作，它不仅对于我们当代人的工作大有裨益，而且也将造福于我们的子孙后代。

二

研究范围问题。在1983年全国教育史研究会上，曾有同志指出，现在外国教育史研究的面太窄，可以说基本上属"欧洲教育史"或"西方教育史"范围，这个评价是公正的。尽管解放后一直在批判"欧洲中心论"，但由于史料的缺乏，在我们的实际研究工作中基本上仍局限在欧美国家的教育发展史上。近代以来，欧洲国家（尤其是英、法、德、意等国）的教育发展迅速，在许多方面在世界教育中起着领先的作用，并且通过殖民征服等方式广泛影响了世界许多地区的教育发展，因而，在教育史研究中有所侧重，这固然是无可非议的。但既然称之为"外国教育史"，就不能把眼光局限在某个地区。另一方面，因为历史研究除了整理、保存人类文化的功能之外，还有着观古知今的作用，因而有必要深入研究那些与我们民族的历史发展有很大相似性的其他民族和国家的教育历史。例如，研究曾经沦为殖民地和半殖民地国家在接受殖民宗主国的文化、教育的影响下，是如何改变本民族固有文化和教育传统的，这对于研究具有一百多年半殖民地历史的中国教育是有意义的，同时对于我国当前正在进行的教育体制改革也将起到一定的作用。

要扩展外国教育史研究的范围,从以欧美国家为中心的现状中逐渐摆脱出来,从而成为真正的"外国教育史",有必要在我们的教科书中增加一些新的章节和内容,有必要开始研究一直被忽略的亚洲、非洲和南美洲等地的教育历史。

为了加深外国教育史的研究,开阔研究的视野是极为重要的。我们认为,开阔视野,应当包括以下五个方面的含义:

第一,我们必须从单纯的学校教育史中摆脱出来。我们的教育史一直是以正规的学校教育、它的制度以及关于它的教育思想为主要对象。这样的研究是必要的,但远远不够。从人类历史的发展来看,学校教育只是人类教育的一种形式、一个方面。事实上,在任何社会、在人类历史的任何阶段上,都同时存在着非正规的教育形式,它们在培养当时社会所需的人才方面,同样起着重要作用。例如,古代雅典城邦的政治制度、公共设施在对未来公民进行政治、道德、知识和审美的教育中起着不可低估的作用。此外,还应研究历史上(特别是古代和中古时期)劳动人民的教育状况。因而,仅仅以学校教育来研究历史上的教育是不能全面反映教育的历史发展的。

第二,我们必须从把教育看做一种社会机构这样一种观点出发来研究外国教育史。学校一经产生,就作为一种社会机构存在于社会中。作为一种社会机构,学校的存在、发展、演变,必然受到社会其他机构和组织的影响,这种影响有时表现在学校的制度和结构上,有时则反映在学校本身的组织形式上。我们知道,欧洲中世纪大学在名称、组织等方面都受到中世纪后期的行会组织和寺院组织的影响,英国著名的兰卡斯特—倍尔制就是在工厂制度形式的直接启示下产生的。教育体制与政治、行政体制具有密切的联系,因此,如果不深入探讨作为一种社会机构的学校的特点及其在历史上的演化,就不可能深刻认识学校教育的本质。

第三,我们应当从文化交流的角度来研究外国教育史。不同文化互相交流、互相影响,这是从远古以来就存在着的史实。每一民族的文化在不同时期总是受到外来文化不同程度的影响,民族文化的发展史同时也是文化交流的历史。在西方文化形成、发展中,先后受到东方文化如埃及、阿拉伯文化的影响;东方各国之间的文化交流也一直在进行,如印度对中国的影响,中国对日本、朝鲜的影响,等等。再就西方国家之间的文化交流而言,意大利文化曾经是近代欧洲文化的摇篮,德国文化在其形成时期先后受到了英、法等国的影响,美国文化是在宗主国英国文化的模式上形成和发展的。只有深入研究和探讨不同文化之间的互相影响,才可能从广阔的背景下考察各国教育在不同历史时期的发展和演变,才可能逐渐地摆脱欧洲中心论。同时,由于文化交流本身也包括了教育的相互影响,因而,在具体考察某一种学校类型或某一种教育制度时,只有从文化交流的角度出发才可能弄清楚它的来龙去脉。

而在当前,由于缺乏这方面的研究,我们在谈到某国的某种学校对别国的影响,或某一教育家对别国的影响时,只是笼统地一笔带过,这样,不但限制了对这种学校和教育思想本身的研究,也影响了对受其影响的国家的教育进行研究。例如,我们在谈到赫尔巴特对美国的影响时,往往只是简单提一下美国形成了一个赫尔巴特学派,建立了全国赫尔巴特协会等,而大量的更为重要的问题,如美国人如何接受他的影响,是机械照搬,还是有所改造? 赫尔巴特学说在美国的影响造成了什么结果等等问题,都没有得到详尽的解答。因而,对于杜威为什么在 20 世纪初如此猛烈地抨击以赫尔巴特为代表的所谓传统教育等问题,就难以有较为全面和深刻的理解。

第四,开展跨时间和空间的宏观研究。长期以来,我们对外国教育史的研究基本只是以时间为顺序的微观研究,这种方法自然无可非议,因为它反映了历史学科本身的一个特点。但如果仅仅局限于这种方法,就会产生一些问题。例如,我们在研究教育思想时,虽然也注意揭示各个思想家之间的联系,但由于受到时间和空间因素的制约,往往只能"语焉不详",这种情况在一些专著中表现得比较明显。另一方面,完全集中于一人、一事的微观研究,常常因为视野的限制而影响深度。因此,必须加强宏观研究,以弥补微观研究的不足。例如,如果我们把近代教育史上的"教学心理学化"运动作为研究对象,就可以把不同时期、不同国度的教育家有机地联系在一起,发掘出他们思想中的共同和不同因素,以及相互之间的继承与发展联系。这样,教育家本人就不再是孤立的,而成为思想潮流中一股涓流。再如,可以把欧洲从 16 世纪到 19 世纪末创立近代初等教育体系和国民教育制度的历程作为一个整体,使似乎孤立存在的教育事件在一个广阔的历史背景下有机地联系起来。

第五,把教育的历史作为人类文明演化历史的一个有机组成部分。作为人类文明的一部分,教育的历史发展受到文明本身发展水平的直接制约;另一方面,教育又是保存、传播和重建、创造文明的强大工具。因此,从教育与文明整体的相互关系来研究外国教育史,这是极为重要的。在我们的实际研究工作中,虽然也大力强调生产力、科学技术和社会生产方式进步对教育的影响,但常常忽略诸如宗教、民族特点、文化传统等文明因素对教育的影响,因而往往不能全面和深刻地揭示教育发展的内在逻辑。只有牢记教育与人类文明整体的相互联系,并加以深刻、全面的揭示,才可能使我们对外国教育史的研究达到一个更高的水平。

三

研究的方法论问题。运用历史唯物主义的观点和方法研究教育史,这是我国社会主义教育史研究的根本特点,今后仍应继续坚持。但是,历史唯物主义是人类认识世界和社会历史发展的一般原理,它不能等同、更不能取代教育史学的研究。

我们都认识到,教育有其自身的特点和规律,教育的历史发展也是如此。作为一门独立学科的外国教育史,除了独特的研究对象,还必须具有由一系列特殊的概念、研究方法、态度等组成的理论体系,也就是我们所说的"教育史学"。

首先,我们应当明确地认识到,外国教育史所应展示的是世界各国和地区的教育是如何经过长期的发展和演变,达到了它目前的状态;是什么因素影响了、甚至支配了它的发展过程。教育史与人类历史或其他领域的人类活动的历史存在着共性,但毕竟是不同的,在探讨文明的各种因素的影响时,应当有所区别。换言之,教育史应当、而且必须首先是教育的历史。

这意味着,一方面,教育除了受当时社会的政治、经济和科学状况的影响之外,还深受社会文化传统的影响,不证明这一点,就很难说明为什么在19世纪中叶,资本主义已经得到发展,而英国学校却仍然保持着古典人文学科独霸课程这样一种历史现象。正如人类社会在其不同发展阶段,受生产力等因素的影响是不同的一样,教育发展在不同历史时期、不同社会条件下,所受外界影响也不总是一致的,而且,教育发展有其自身的规律。因此,在外国教育史的研究中,应对具体问题作具体分析,而不应机械地照搬"生产力与生产关系"的模式,这不是坚持历史唯物主义,而是违反了马克思主义的根本原理。另一方面,我们应当运用教育的眼光来研究教育史上出现的事件和产生的教育思想。这一点似乎是不言而喻的,实则不然。在实际工作中,至今仍存在着用政治、哲学的分析和评价压倒甚至取代教育上的分析,用政治、哲学的分析为对教育思想的分析打下基调的现象。当然,在教育家的政治、哲学思想同教育思想之间是存在着密切联系的,但这并不等于说,可以用对哲学或政治思想的评价、结论来代替教育思想本身的研究或为其教育思想的评价打下基调。此外,我们对封建主义和资本主义的教育进行研究,并不仅仅是为了批判,而主要是从中发掘出精华,为我所用,这一点应当是毋庸置疑的。

其次,教育史的研究应当坚持历史主义的科学态度,这一点道理上容易理解,但做起来则不那么容易。在外国教育史研究中,拔高、贬低甚至苛求古人的现象并不少见。有些同志似乎忘记了他们所研究的教育家是几十年、几百年甚至几千年前的人,因而往往用现代人的标准去要求、评价他们。我们认为,在研究教育家的时候,首先,必须与教育家站在同一时代去忠实、客观地理解他们的思想,以便实事求是地阐释他们的思想;其次,要从历史的发展中去考察他们,从他们对当时教育的贡献,对教育发展的贡献去评判他们,这才是历史唯物主义的科学态度。

最后,外国教育史的分期一直基本沿用世界通史的分期。外国教育史采用这种分期是否真实反映了教育历史发展的内在逻辑呢?值得探讨。本文不拟对此加以研究,我们只想重申一点:教育史首先是教育的历史,教育史的分期应当按照教育自身发展的逻辑来划分。

(本文与刘传德教授合作完成,原载《教育研究》
1986 年第 4 期,《新华文摘》1986 年第 12 期全文转载)

浅谈外国教育史研究中的现实感问题

在刘传德同志与我合写的《浅谈外国教育史研究中的几个问题》一文中，我们曾就外国教育史学科建设中的若干问题提出了初步的见解，本文想继续进行这方面的探讨，希望得到广大教育史研究工作者的指教。

一

新中国建立三十多年来，外国教育史学科研究虽然取得了很大的成就和长足的进展，但从总的情况看，无论在学科的研究范围、研究方法、概念体系、学科的基本理论方面，以及学科本身的时代特色和民族特色上，变化不大，革新不多。之所以出现这种局面，原因固然是多方面的，但是，从学科研究本身和研究者主观的角度来看，缺乏强烈的现实感和对现实感的片面理解，不能不说是极为重要的原因。

缺乏现实感和对现实感的片面理解具体表现在：首先，一些教育史研究工作者在选择具体的研究课题时，考虑更多的往往是个人的学术兴趣和占有的资料多少（这固然无可非议），但在不同程度上忽视了课题本身的现实意义和实际价值，这使外国教育史研究在范围、内容方面一直缺乏明显的变化；其次，一些教育史研究工作者片面地认为，在某些具体问题的研究中，只要说明它的现实意义，就体现了教育史研究"古为今用、洋为中用"的社会作用；第三，由于缺乏强烈的现实意识，因而使外国教育史学科不能及时从时代和学术发展中获得必要的新方法、新思想，研究者往往感受不到现实的发展与变化对教育史研究所提出的新要求，所提供的新动力，因而，也就很难从现实的要求中开阔眼界,开拓新的研究领域,也就很难从日益进步的人类认识中汲取养料,从而不断深化对历史现象和事件的理解,也就很难适应时代变化的要求,不断创新,从而使学科本身具有鲜明的时代特色。因而,现实感的缺乏,已经成为阻碍外国教育史研究向前发展的内因之一。

在教育改革方兴未艾的今天,外国教育史学科应当、而且能够发挥它无可替代的社会作用,这是毋庸置疑的。但是,要真正有效地发挥着这种作用,外国教育史学科必须进行根本、全面的改革,从事本学科研究工作的同志们的某些陈旧的观念和思想方法也必须加以更新。我以为,当前教育史学科改革的紧迫任务和基本方向是,改变原有的片面认识,树立和培养正确和牢固的现实意识(现实感),并以这种意识指导实际的研究工作。只有这样,才有可能从根本上改变外国教育史学科长期以来所处的落后状况,才有可能从整体上改革外国教育史学科的研究方法、认识结构和概念体系,才有可能使外国教育史学科从时代的变革中汲取不断发展的强大动力,从而具有鲜明的时代特色和民族特色,为我国的教育科学研究和教育实践的发展做出应有的贡献。

二

外国教育史研究中的现实感或现实意识,主要是指研究者的一种思维定势和价值取向,它来源于研究者对现实变化的高度敏感和对现实需要的深刻理解。具体言之,现实感可以概括为两个方面的含义:一是从现实的需要出发,通过研究教育现实问题的发生过程及背景,从而深化对历史问题的理解,这是对历史的逆向考察;一是借助于人类认识已经取得的最先进成果,进一步揭示历史事件的现实意义。这二者又是相互联系的:前者是通过对历史发展的结果(现实)来认识历史发生、发展的过程,而后者则是通过历史的研究来理解它的实际结果(当前现实)。这就是说,教育史研究所要求的合理的思想方法是在观念中进行从历史到现实和从现实到历史的双向的相对运动。而过去的教育史研究则局限在从历史到现实的单向的思维活动。而要真正具有现实感,首先应当在研究者的思维方式上进行改革,变"传统的"单向思维为双向思维,从而真正深刻、全面地揭示历史发展本身的意义和对现实的意义,并进而理解现实。

从外国教育史学科研究来看,要培养强烈的现实感,进行双向思维,就必须改变"传统的"研究方式,改变以往对历史研究所抱的片面认识,面对现实,面向教育实践的发展变化,从现实的需要和所提供的发展动力中,开阔眼界以扩大研究的范围,深化思想以更新对历史的认识。具体地说,就是要改变对外国教育史学科现实感的片面认识,改变把教育史研究看作纯粹的发掘"老古董"的观念和意识,改变外国教育史研究中严重脱离实际的现象(这种现象是与对教育史研究及其现实感的片面认识相联系的)。

要使这种观念的转变反映到实际的研究工作中,从而改变外国教育史学科研究中长期以来存在的发展缓慢现象,从目前的实际条件(史料、研究成果等)来看,要做、能做的事是很多的。

一方面,我们可以根据现实需要来开拓新的研究领域。我国教育正在进行大规模改革,如何进行这场改革,如何尽可能地减少改革中的失误和不必要的重复尝试,使改革更顺利地进行,是极其重要的问题。要正确解决这些问题,当然主要依靠我们对现实问题及其产生的社会、历史根源的深刻认识,以及基于这种认识所制定的决策。但与此同时,认真研究世界各国教育发展和改革的历史,汲取他国教育改革和发展的经验、教训,对于我国当前的教育改革,也是大有裨益的。这种现实的客观需要为外国教育史学科的研究工作提供了新的动力。在这方面,具体的研究课题是很多的。大而言之,可以对各国教育改革的模式或一国在某一时期的教育改革(如19世纪法国的教育改革、日本明治维新时期的教育改革等等)作综合的、总体的研究,并且上升到哲学的高度。小而言之,可以探讨某一局部改革的得失(例如19世纪60年代美国高等教育的改革)。这些都是以前没有涉及,或尚未加以深入、广泛研究的。近年来,虽然出现了一些类似上述问题的研究,但影响并不大,还有待于进一步的研究。

另一方面,可以通过对现实形式和状况的理解,深化和更新对教育史问题的认识。我们正处于一个开放的时代,我国教育正面临传统与现代性、本国传统和外来文化的互相撞击之中,这是近三十多年来前所未有的新形势。如果我们对这种形势具有深刻的理解,并把这种理解运用到外国教育史学科的研究中去,就有可能见前人之未见,思前人之未思,发前人之未发,完全能够以一种新的教育史观来研究历史,从而得出新的结论。例如,以前研究古代罗马教育基本上是从罗马社会本身的发展这个角度来思考问题的(这固然不错),但是,如果从罗马固有文化和教育传统与希腊文化传播所造成的实际影响的相互关系,换言之,从两种不同的文化、教育体系的相互撞击的角度来看,就可以"发现"一些新的东西:罗马是如何接受希腊影响并保持自己民族特色的,文化传播对罗马教育发展所起的影响作用,等等。类似这样的事例不胜枚举,这种研究不仅有助于开阔外国教育史研究的视野,更新对历史问题的认识,而且,有利于对现实的教育问题的深刻理解。

再一方面,可以通过研究教育的现实问题,对历史作逆向考察。近几十年来,美国的教育史研究取得了明显的进展,重要原因之一就是,教育史学注重以现实问题作为历史研究的出发点。例如,自20世纪50—60年代以来,在美国社会和教育中先后出现了移民、种族、性别和城市问题,以贝林(Bernard Bailyn)等人为代表的一些教育史学家注重研究教育中的文化传播、城市学校等问题,从而使教育史研究无论在视野、方法和基本理论上,都取得了长足的进展。这对于我国的教育史研究是有借鉴意义的。我国教育当前所面临的实际问题,如片面追求升学率、考试的标准化问题、教育评估、职业技术教育以及教育立法等,都应当成为外国教育史学科研究的现实出发点,通过这些现实问题产生、发展的历史过程以及内含于其中的社会、历史和文化背景的研究,将有助于现实问题的正确认识和解决。

三

外国教育史研究中的现实感之所以重要,这是由学科研究对象的本性所决定的,是由研究的目的所决定的。事实上,教育史研究中的现实感涉及学科本身的学术地位、社会作用以及教育历史现象的性质等教育史学的基本理论问题。

与人类社会一样,人类教育也是一种具体的历史现象。作为一种历史的存在,任何时代的教育实践以及人们对历史的认识,都内含着一个发生、发展的完整过程,都是以人类思想和创造的所有最高成就作为基础。因而,人类教育的过去便构成了现实存在的前提,并渗透到现实之中,成为影响和制约现实存在及未来发展的实际因素。更言之,现实包含了一切历史的总和。这样,历史与现实就构成了"一个无差别的统一体和无分化的整体"①。

正因为教育的历史与现实之间存在着对立统一的相互关系,因而,不仅历史影响着现实,而且,现实也作用于历史。这首先表现在,人们对于历史的一切反思、认识,都只能在他们所处的社会条件下进行,因此,他们的历史认识和理解就必然受到现实中各种主客观因素的影响和制约,例如,研究者的阶级和社会地位、历史观以及所处时代人类认识发展所达到的水平,等等。

虽然外国教育史并不是我国当前教育的直接历史基础,但是,自19世纪后半期以来,英、法、德、美、日等国的文化、教育先后以不同方式,在不同程度上影响了我国近现代教育的发展进程,这些影响被融合到我国固有的文化、教育传统之中,成为我国教育全部传统体系的有机组成部分,进而作用于当前教育。因此,研究外国教育的历史发展,事实上同样受到研究者所处的现实社会条件的影响。

其次,每一时代对于教育历史的反思与回顾,都是以当前的需要为依据和前提的,正因如此,使得历史在现实面前仿佛得到了"复活",历史似乎被打上了现实的烙印。克罗齐曾经指出:"作为每一历史判断的基础的实际要求,使得一切历史(都)具有'当代史'的性质,因为,不管这样详加记述的事件的年代看来有多么久远,而实际上,历史所涉及的是当前的需要以及这些事件活动于其中的当前的局势。"②他又说:"只有现在生活中的兴趣方能使人去研究过去的事实。因此,这种过去的事实只要和现在生活的一种兴趣打成一片,它就不是针对一种过去的兴趣而是针对一种现在的兴趣的。"③正因为人们是以自己的当前需要和"兴趣"为出发点去探讨历史的,而每一时代的人的需要和"兴趣"是不相同的,因此,每一时代对历史的不断反思与认识,实质上就是在重新建构历史。也因为这样,每一时代所撰写的历史是互不相同的,而且有独特的时代性格。

外国教育史学科的研究也是如此。我们当前之所以要研究它,是因为我们所面临的教育状况的客观需要,而这种需要既不同于50年代,也异于70年

---

①　卡西尔:《人论》,甘阳译,上海译文出版社,1985年,第219页。

②　转引自爱德华·卡尔:《历史是什么?》,吴柱存译,商务印书馆,1981年,第17页。

③　克罗齐:《历史学的理论和实际》,傅任敢译,商务印书馆,1982年,第2页。

代,因此,我们现在所撰写的外国教育史,也必然具有区别于以前任何一个时期的特征。但是,如果没有强烈的现实感,感受不到时代的特色和教育发展的现实要求,就不可能重新建构教育史,就不可能撰写具有时代特点和反映人类认识最新水平的教育史,因而也就不可能促使外国教育史学科的不断向前发展。

与上述问题相联系的是外国教育史研究的民族特色问题。人们对历史进行反思的当前需要,在各个时代是互不相同的。从横向来看,在同一个时代,不同国度、民族由于其历史和社会各方面条件以及教育状况的不同,因而也呈现出各自的特点。这样,在研究国外教育发展历史时,就必须深刻理解自己国家、民族文化传统和现实状况。现实感是建设具有中国社会主义特色的外国教育史学科的必要前提条件。从目前的状况来看,只要真正具有强烈的现实感,我们完全能够撰写出具有中国特色的外国教育史,因为我们已经积累了相当数量的研究成果和资料。

应当指出的是教育史研究中的现实感根本不同于那种"实用主义"思想方法,更有别于对历史事件进行断章取义、为我所用的。同时,它也不是用现实意识去"决定"存在(历史事实)。恰恰相反,它正是要以人类认识所达到的最高水平,去判别史实的真伪,去认识历史的深刻含义,它是以对历史的全部发展进程的真正客观、全面的理解来为现实的需要服务的。正因为如此,教育史研究才能不断向前发展,人类也才能凭借反思历史来理解现实,理解自身。

四

外国教育史研究的现实感不仅有助于转变观念,开拓研究领域,更新对历史的认识,而且将促进对学科本身的正确评价和研究方法的更新。简言之,现实感将有力地促进外国教育史学科的全面改革。

过去,我们一直把教育史学科当作教育科学的一个分支。这种分类有一定的根据,而且从某种程度上看也是正确的。但是,如果从全面的观点看,它更应当是一门教育科学与历史科学的交叉学科。从内容上看,它从属于教育科学;但是,从研究方法、认知结构等方面来看,它更多地与历史科学相关。

正因为如此,外国教育史学科应当不断地从历史科学的研究成果中汲取营养,以丰富和完善自身。

近年来,历史学无论在具体问题的研究方面,还是在研究方法、理论体系等方面,都取得了一定的进展,这应当成为外国教育史学科的借鉴。事实上,从过去的情况来看,外国教育史学科不注重向历史科学学习,很可能是学科发展迟缓的重要原因。教育史与历史学建立亲密的"联盟"关系,将会促进教育史学科本身的发展。在这一点上,美国的经验值得我们重视。二战前,美国的教育史研究主要是由职业教育家单独进行的,由于这个原因,美国的教育史一直局限在学校教育上,视野狭窄,例如孟禄(P. Monroe)的《教育史教科书》、克伯莱(E. Cubberley)的《教育史》,就是典型的例子。从 20 世纪 50—60年代起,出现了这样的新趋势:由历史学家和教育史学家共同撰写教育史,或者由历史学家写作教育史。历史学家贝林的《美国社会形成中的教育》(1960年)是这种趋势的具体反映。

我们虽然不一定按照美国的方法去做,但其中反映出来的思想认识却是值得我们批判地接受的,那就是,教育史学科应当更多地采用历史学的新成果。

从目前的情况看,吸取历史学研究的新成果,更主要的是有选择地掌握它的研究方法,尤其是比较历史学的方法,这对于加强外国教育史学科研究的现实感具有直接的作用,同时也有助于克服外国教育史学科中的方法陈旧、视野狭窄的问题。

外国教育史学科研究如何运用比较历史学的方法,可供选择的问题和途径是多种多样的。例如,可以把某一个或几个国家的某一时期或某一个教育问题,与我国相比较,从而加深对我国教育传统与现实的理解,这是外国教育史学科研究运用比较历史学方法的根本目的,同时,也充分体现了学科研究的现实感。此外,还可以就同类现象在其他国家之间进行比较,从而开阔视野,深化认识,以促进学科的不断丰富和成熟。

在当前,外国教育史学科还应当注重对自身的研究。长期以来,外国教育史学科研究只注重对人类教育发展历史的反思,而忽视对这种反思本身的反思,缺乏对学科基础理论的哲学思考。而学科发展是由它对学科研究对象及对自身的认识不断深化、共同作用而造成的。因此,只注重对客体的研究,而忽视对学科本身进行深刻的自我反思、自我认识,必然造成客体研究的日益贫乏。

　　对外国教育史学科本身的认识和研究所涉及的问题是非常广泛的,例如,历史唯物主义的基本原理与教育史研究的关系,教育史研究的方法论,教育史的发展逻辑,教育与文化和科学发展的关系,等等。

　　重视现实和强烈的现实意识,一直是我国史学研究的优良传统,从司马迁的"究天人之际,通古今之变",到杜佑的"参古今之宜,穷始终之要",一直到顾炎武的"经世致用",经久不衰,从而成为我国史学研究的一大特色。外国教育史学研究工作者也应当继承这一光辉传统,从而撰写出真正具有我们民族特色和时代特色的外国教育史。

(原载《教育研究》1987 年第 8 期,原
名《再谈外国教育史研究中的一些问题》)

关于"教育史学"的构想

在我国,真正把教育史作为一门学科加以研究,大致始于 19 世纪末 20 世纪初。近一个世纪以来,虽然教育史学科在许多具体的教育历史问题的研究方面,取得了相当丰富的成果,但是,却一直忽视、至少并不重视对学科基础理论进行宏观、哲学的思考。由于缺乏这样一种必要的自我反思,给教育史学科研究带来许多问题,例如,缺乏对教育历史与教育现状之间相互关系的系统研究,因而造成学科本身时代感与现实性的贫乏;由于不注重对学科研究方法、概念体系以及人类教育历史发展的普遍规律进行深入的、哲学层次上的探讨,因而使学科本身显得零碎、肤浅,未能建立起系统的学科体系等,所有这些,不可避免地造成了教育史学科研究鲜有实质性的进展和新的建树,处于一种迟滞、被动的尴尬境地。

为了摆脱这种困境,从根本上全面提高教育史学科的研究水平,使之为当前的教育改革和精神文明建设以及师范教育发挥其固有的作用,我认为,应当大力开展对"教育史学"理论的研究工作。

"教育史学"不同于教育史研究,它的研究对象既不是具体的教育历史问题,也不是宏观的教育史现象,而是教育史学科的基础理论,包括教育史研究的社会功能、教育历史发展的内在逻辑、教育史研究的基本方法、教育历史人物的评价原则以及教育史研究工作者所应具备的基本学术素养等等。它的目的也不同于教育史研究,后者的目的在于通过对历史上所产生的教育思想、教育制度的深入研究,解答当前的教育问题;而前者则是为了从总体上提高教育史研究的水平,深化人们对教育的历史认识。二者的研究方法和思想方式也有区别:教育史所运用的是发生学和"历史动力学"——通常所说的历史方法,而"教育史学"所采用的主要是哲学的方法,前者遵循的是从个别到一般的思想方法,而后者则是从抽象到具体。

但这些区别并不能否定教育史研究与教育史学理论之间所存在的、内在的实质性联系。首先,教育史学理论的研究是在教育史研究所取得的成果的基础上进行的。没有对人类教育历史发展的大量研究,教育史学理论的研究便无从谈起。这是因为,教育史学理论的研究中心在于教育史研究本身,即从哲学的角度探讨提高教育史学科的研究水平,解决教育史研究中存在的问题。其次,教育史研究为教育史学理论的探讨提供了必要的思想材料和前提,而后者又为前者的发展提供了内在的动力。从这个意义上讲,二者是一个相互联系的统一体。教育史研究是对人类教育历史的探索和认识,而教育史学理论则是对这种探索和认识本身的再探索、再认识。

教育史学应当研究哪些主要问题呢?

第一,教育史学应当深入研究如何真正把历史唯物主义的基本原理和思想方法,具体运用到教育史学科的研究之中。这不仅体现了中国社会主义教育史研究的根本特点,而且也在于,只有运用历史唯物主义的基本原理才能指导我们真正科学地认识人类教育发展的普遍规律和内在逻辑,从而有助于对教育现实作深刻理解。但是,如何把历史唯物主义的基本原理和思想方法具体、生动地运用到教育史学科的研究之中,却是值得深入探讨的。这是因为,虽然从终极原因来看,教育发展的根本推动力在于社会生产力和生产关系、经济基础和上层建筑之间的矛盾与冲突,但就直接和具体的原因来看,教育的发展往往受到科学、文化、哲学和宗教(尤其在西方)等方面因素的影响和制约。而且,教育发展并不是机械地受"外力"的作用,而是具有自身活动与发展的内在逻辑与特殊机制。因此,就有必要深入探讨教育历史发展与人类社会发展二者之间的相同之处和差异性,从而真正揭示人类教育发展的普遍规律。

第二,应当从总体上探讨人类教育发展的一般规律,这一点实际上是上述问题的具体化。这方面的课题包括:教育的起源、学校教育的起源、教育发展的历史分期、推动教育发展的根本动力、教育发展的内在逻辑等等。此外,还应当深入研究中外教育发展的相同与区别,教育改革与革命的基本结构,以及教育发展过程中传统与现实之间相互作用的一般模式。

第三,应研究教育发展与社会、政治、文化、宗教、哲学、伦理道德、科学技术以及心理学等方面的相互关系。这是以往教育史学科研究虽然涉及、但远未解决的难题之一。而对于这个问题的有效解决,不仅有助于更深刻地理解特定历史时期中的教育现象,有助于理解教育发展的"内部史"与"外部史"的相互关系,而且将促进对教育发展一般规律的全面把握和开阔教育史学科研究的视野。

第四,应研究教育历史、传统与现实之间的相互联系。这个问题之所以重要,是因为教育史学科的社会功能和学术地位在于它体现了教育的历史与现实的生动和有机的统一性,在于它能够帮助人们通过对过去的反思加深对现实的理解。这也就是我们通常所说的"古为今用"、"洋为中用"、"知往鉴来"。

第五,应研究历史上的教育思想、教育制度、教育实践活动以及国家的教育政策与法令等方面相互之间的内在联系。以往的教育史研究虽然在形式上也强调上述这些因素之间的相互关系,但实际工作却并不尽如人意。只有在教育史研究中真正认识这些因素之间的内在的实质性联系,才有可能全面地把握人类教育的历史发展,也才有可能深刻地理解人类教育的本质和发展的内在逻辑。

第六,应研究教育史学科的研究方法体系。教育史学科的研究方法大体上有:分析方法、综合方法、比较方法、计量方法、心理学方法以及社会学方法。我以为,从我国教育史研究中所存在的问题以及目前所具有的各方面条件来看,应当特别强调比较历史方法的理论研究与实际运用。这是因为,只有通过系统的比较(包括横向比较、纵向比较),才能真正区分出教育历史发展过程中的现象与本质、主要矛盾与次要矛盾、矛盾的主要方面与次要方面,才能进一步加深对具体的教育历史问题和不同时期、不同历史发展阶段、不同文化背景、不同国家的教育之间的异同的了解,才能大大开阔教育史研究的视野与范围,从而丰富教育史学科的研究。

第七,应研究教育史学科的认知结构。教育史研究的认知结构有两个相互联系、相互作用的层次:一是通过对史料的选择、排列,让史料自己说话,而不掺入史家的主观意识,其目的在于保持历史研究中的客观性。在史学史上,这种历史思想是由德国历史学家兰克(Leopold von Ranke,1795—1886年)比较系统地提出的。另一个层次是,在丰富的史料基础上,进行理论概括,从而发现蕴含在历史过程中的普遍逻辑。如果把这两个层次互相割裂开来,强调一个而忽视另一个,都只能导致历史研究的片面性。

事实上,历史研究中的纯粹客观主义是不存在的,因为,在一方面,史家选择史料的本身,就已经渗透了自己的主观意识。另一方面,史家本人的治史,必然受到所处时代的影响。但从目前的情况来看,更应当反对只强调理论概括而忽视史料的倾向。这样一种倾向造成了教育史研究中所存在的"以论代史"、"以论带史"的弊端,这只会造成教育史研究丧失其科学性、真实性,因而丧失其存在的合理性。正确的做法应当是,在占有大量史料的基础上,进行理论概括,把教育史研究认知结构的两个不同层次有机地结合起来。这就需要我们坚持实事求是的思想方法。

第八,应加强对教育史人物评价问题的理论探讨。对教育史人物如何做出正确、全面的历史评价,这是我国教育史学科研究中长期以来一直存在的问题。例如对孔子、蔡元培、陶行知、赫尔巴特、杜威等中外著名教育家的评价便是一个"悬而未决"的问题。在很长一段时间内,人们往往把教育家的阶级属性、社会地位、哲学思想(唯物还是唯心)作为评价的基调,甚至以这些因素来代替对他们做教育方面的评价。这些,必然导致对教育史人物的片面的评价。

坚持历史唯物主义的基本原理,就教育史人物的评价工作而言,就是要从教育的历史事实出发,在充分占有史料的基础上,深刻、全面地认识教育史人物与其时代及前人创造活动之间的相互联系,把教育史人物放到整个教育的发展进程之中,进行全面、客观的评价,用发展的眼光分析他们的思想、活动,既客观地指出他们的历史局限性,又不苛求于他们。同时,应当根据他们对整个教育发展所做出的成绩或造成的失误,来判定他们的功过是非。此外,应当坚持历史唯物主义的思想方法,反对把教育史人物"现代化","反对把我们所能了解而古人事实上还没有的一种思想的'发展'硬挂到他们名下"[1],只要我们在具体的研究工作中真正理解并贯彻历史唯物主义的基本思想原则,就能对教育史人物做出公正、全面的评价。

第九,应研究教育史研究工作者所应具备的基本学术素养。我国具有重视历史的悠久传统,在我国史学史上,众多的史学家都曾提出过史家所应具

---

[1]　列宁:《黑格尔〈哲学史讲演录〉一书摘要》,《列宁全集》(第38卷),人民出版社,1984年,第272页。

备的素养,如唐代史学评论家刘知几认为,"史才须有三长……谓才也,学也,识也"①。以后,清代学者章学诚又在此基础上提出"史德"。他认为,"史德"就是对历史客观性的忠实,"欲为良史者,当慎辨于天人之际,尽其天而不益以人也"②。而对当代教育史研究工作者来说,应当具有更为广泛的学术素养。首先,应全面、深刻地理解并善于运用历史唯物主义的基本原理,掌握科学的历史思想方法;同时,还应当深入了解教育科学的基本理论,并具有历史学、社会学、文化学以及与教育史发展密切相关的学术领域(如世界史、哲学史、思想史、科学技术史、宗教史、社会史、心理学史等等)的广泛知识;最后,还应具有足够的语言能力。从一般思想方法讲,教育史研究工作者应当"实录直书",反对以自己的主观倾向和好恶对历史现象和历史人物任情褒贬,简言之,就是应当忠实于历史。此外,还应当具有广阔的视野和创造精神。

第十,应研究教育史学科对师范教育、师资训练的作用。现代教育科学有四大理论基础,即:哲学、心理学、社会学和教育史。教育史学科对教育科学的作用决定了它在师范教育、师资训练中的地位。学习和研究教育史,对于提高教师的素养、培养教师的责任感,具有十分重要的作用,这是不言而喻的。教育史学理论既要从理论上充分说明教育史学科的现实作用,也应当探讨如何使这种作用得以发挥的有效途径。

除上述问题以外,教育史学理论还应当研究教育史料学,以便鉴别、考证教育史料的真伪;应当研究教育史编纂学,以便使教育史研究的基本思想原则得到具体贯彻,使教育史著作的编写更科学。

可以相信,随着教育史学理论研究的逐步展开和不断深入,教育史学科研究的水平将得到全面提高,从而在教育科学研究和教育实践中发挥重要的作用。

(原载《教育研究与实验》1987 年第 3 期)

---

① 《旧唐书·刘子玄传》。
② 《文史通义·史德》。

历史唯物主义与教育史学科的建设

　　我国现行的对历史唯物主义基本原理的理解和表述,基本上都是在 20世纪 50 年代吸取和借鉴苏联学术界研究成果的基础上形成和发展的,以往的教育史学科研究也正是以此为指导的。这些理解和表述是特定历史时期和社会条件的产物,因而具有不可避免的局限性。

　　社会的变革和人类认识的发展,从客观和主观两个方面要求克服这种局限性,以便达到对历史唯物主义基本原理的更为深刻和科学的认识,进而以这种新的认识合理建构教育史,使之在现代条件下不断丰富和完善。

一

　　由于历史和社会条件的限制,过去对社会发展和教育历史的终极原因的认识,存在着某种局限,即片面注重社会物质生产在推动教育发展中的决定性作用,而忽略社会生活其他方面因素的意义,尤其忽略了物质生产本身与人类其他活动之间的相互关系及其在促进人类教育演化中的影响。这样,就造成了某种程度上的“经济决定论”倾向,因而并不能充分合理地阐释众多的教育历史现象。更为重要的是,以单一的经济因素考察历史,并不符合历史唯物主义的原理。

　　诚然,把人类社会的历史发展建筑在社会物质生产的基础之上,这是历史唯物主义的根本原理,但与此同时,马克思主义创始人也明确指出:“经济状况是基础,但是对历史斗争的进程发生影响并且在许多情况下主要是决定着这一斗争的形式的,还有上层建筑的各种因素……这里表现出这一切因素间的交互作用。"①这就是说,在考察历史发展的时候,不应当只是抽象地探讨终极原因的根本性作用,而应当具体、深入地研究社会生活诸方面因素在经济基础上所产生的相互作用,以及它们对经济基础本身的作用及其机制、方式和结果,否则便不可能达到对历史的深刻认识。离开对"相互作用"的研究,就不可能完成历史科学的任务。这是因为,历史运动正是在各方面因素的"相互作用的形式中进行的",对历史过程中各方面之间的相互作用的描述,是完整描述历史的必要前提。

这同样也适用于教育史学科的研究工作。首先,虽然从终极原因来看,在任何时期、任何国家中,教育的产生和发展都是以社会物质生产条件为根本前提的,因而,经济基础的变更必然最终导致人类教育活动的相应改变——这已经得到迄今为止的全部人类教育历史的充足证明。但同样毋庸置疑的事实是,在教育发展的完整过程中,除了经济基础的决定性作用外,社会、文化、政治、哲学等方面的因素也发生着某种影响,从而改变着教育历史的进程及其外在形式。正因如此,才会出现在经济水平相同的国度中产生具有不同水平和特征的教育制度以及其他类似的历史现象。总之,在任何一个历史时期或任何一个国家,教育的演化都不是单一的经济因素作用的结果,而是以社会物质生产为基础的、多种历史力量相互作用的产物。因此,如果忽视各种非物质因素的作用,那么就难以摆脱"经济决定论",就不能真正把握教育发展的完整过程,因而也就不能深刻揭示它的运动逻辑。

其次,在教育历史中,也同样存在着社会生活各种因素的相互作用、相互影响。经济基础这个因素既决定着其他因素的作用,同样也受到其他因素的作用和制约。正如普列汉诺夫所说,社会"'诸因素'之间存在着相互作用,其中每一个因素都影响其他一切因素,它本身又受其他一切因素的影响。结果就形成一个相互影响,直接作用和反射作用的错综复杂的网络"②。只有深入到这个网络中,并具体把握其中各种联系,才能真正准确地描述教育的历史过程,理解它的内在规定性;也只有在这时,我们才能真正具体地理解经济基础对教育发展的决定性作用。

_____

① 《马克思恩格斯选集》(第4卷),人民出版社,1995年,第477页。
② 普列汉诺夫:《普列汉诺夫哲学著作选集》(第2卷),上海三联书店,1961年,第265页。

　　另一方面,正因为社会各种因素的相互作用对教育进步具有重要的意义,并且由于教育是一种特殊形式的社会实践活动,因而,在教育领域中各种因素相互作用的方式必然不同于在其他领域所采取的方式。所以,经济基础对教育演化的推动作用,在历史上往往具有独特的形式,往往是通过其他各种因素而实现的。具体言之,在人类教育的进化史上,作为社会历史发展的终极原因的经济基础的影响,往往不是直接的,而是间接的,有时需要经过若干中介环节。因此,这种影响往往是以社会的、文化的和精神力量的形式表现出来的。这就使许多资产阶级教育史家误把现象当本质,用直接作用取代终极原因。而我们的一些教育史家却只看到了终极原因,而忽视了它在特定环境下的特殊作用方式。例如,推动西欧文艺复兴时期教育发展的根本动力,是早期资本主义社会生产力的发展,但是,直接促使这个时期西欧教育面貌发生根本改观的原因,却来自于人文主义思潮的广泛传播,来自古典学术和文化的复兴,来自人的自我意识的觉醒,来自教会权威的衰落。简言之,在这个特定的历史时期,推动教育发展的终极的物质原因被"升华"为直接发挥作用的理智的、情感的和审美的精神原因。否认前者,意味着陷入历史唯心主义;而忽略后者,则容易走向教条化的经济决定论。

　　这就是说,在运用社会发展的终极原因解释教育历史现象、历史过程时,不应当只停留在抽象地分析它的作用,而应具体、深入地研究在教育发展的不同阶段、不同国家的教育发展中,经济基础的决定性作用的特定机制、方式,否则,历史的普遍规律就必然成为一种宿命和剪裁历史的"哲学历史公式"。而正是在这一点上,我们存在着某些急待弥补的缺陷。

　　教育史学科的使命在于,通过对具体教育历史事件及其关系的精细分析,去"还原"、重建教育历史,从而阐释经济基础与教育发展的关系以及这种关系本身的发展,阐释社会发展的终极原因在每一个特殊条件下具体作用的形式、范围、程度、内容、特点。在这个问题上,我们必须牢记列宁的教导:"批判应该是这样的:不是把一定的事实和观念比较对照,而是把它和另一种事实比较对照;对这种批判唯一重要的是,把两种事实尽量精确地研究清楚,使它们在相互关系上表现为不同的发展阶段,而且特别需要的是同样精确地把一系列已知的状态、它们的连贯性以及不同发展阶段间的联系研究清楚。马克思所否定的正是这种思想：经济生活规律无论对于过去或现在都是一样的。恰恰相反，每个历史时期都有它自己的规律。"①

二

在上述问题相联系，以往的教育史学科研究更多地注意社会发展与教育演变之间的同一性，而相对忽略了二者间客观存在的差异。如果用哲学术语表述，这实际上涉及历史的普遍性与特殊性的关系问题。

马克思主义经典作家在正确揭示历史发展的普遍规律性的同时，也深刻地指出了历史过程中存在的各种特殊性。列宁认为："世界历史发展的一般规律，不仅丝毫不排斥个别发展阶段在发展的形式或顺序上表现出特殊性，反而是以此为前提的。"②这种特殊性一方面表现在各社会在发展过程中的不平衡性，和"在现象上显示出无穷无尽的变异和程度差异"；另一方面表现在社会生活各个方面在历史过程中的非同步性。

历史唯物主义原理之所以能够对教育史研究发挥指导作用，内在的逻辑依据是，人类社会与教育活动之间存在着一致性，教育历史是人类历史总体的一个有机组成部分，因此，它的内在规定性必然是以总体历史的必然性为前提的，否则便成了自在自如的"物自体"。这些已经成为一种基本的常识。

但是还应深刻地认识到，在人类社会与教育活动之间、在总体历史与教育演化之间，还存在着差异性，或者说在教育历史发展中还存在区别于总体历史及其规律的特殊性，而这种特殊性正是教育史研究之所以能够成为一项专门学术事业的实际前提。

教育历史的特殊性不仅表现在如上所述的几个方面（见第一部分），更主要地体现在它具有其内在的运动逻辑。

首先，经济基础以及社会结构、阶级关系、政权形式、文化心态等各种因素对教育发展的实际影响，只有当它自身的发展达到足以接受这些影响的水平时，才会产生应有的结果，具体言之，在经济发展和社会发展与教育发展之间，存在着非同步和不平衡的关系或"时滞"现象，如果教育发展落后于时代，

---

① 《列宁全集》（第1卷），第136页。
② 《列宁全集》（第43卷），第370页。

往往由于它缺乏接受外在于它的社会影响的机制,因而,经济基础等方面的作用或者只能缓慢地发生,或者产生不了实际的结果。

其次,当一个时代的人们开始其教育活动时,他们首先必须在现实社会的条件下,继承前人的教育遗产,进而承接本国固有的教育传统,而由于传统是一个在长期历史过程中积淀、建构并不断强化的实体,因此具有巨大的惰力和惯性作用。这样,经济发展、社会发展的影响作用往往取决于经过现实重新改造和组合的传统本身运行的速率、方向。同时,由于这种传统的作用,人们对各种社会因素影响的选择、取舍也必然受这种传统教育的影响。这些固然不能长时间地阻碍社会历史必然性的作用,但它毕竟可以起到延缓这种作用的效果。

再次,虽然在总体上,教育发展以经济发展为基础,但在一定条件下,教育发展可能会先于社会的发展。这是一种常规中的反常现象,但却是客观存在的。例如,在18世纪,就当时生产力水平和生产关系形式来看,德国是一个落后的封建国家。但就在这个落后的德国,却出现了非常进步的、代表资产阶级新教育趋势的泛爱主义思潮,它不论在理论上还是在实践上,都远远超出了当时社会的经济条件。这种"反常"现象在教育史上并不罕见。

教育发展的特殊性,不仅表现在它与社会发展之间所存在着的不平衡性,更体现在教育系统内部各个组成部分、各个层次之间发展的不平衡性和由此造成的经济基础对教育系统演化所发生的不同影响。虽然从理论上讲,教育系统内部各个组成部分存在着有机联系,但是,由于各个部分的发生机制不同,它们的结构—功能不同,因而在发展过程中呈现出非平衡性,并由于这种现象造成历史必然性对教育系统各个部分影响的不平衡。例如,在教育制度、教育思想和教育观念之间,在初等教育、中等教育和高等教育之间,并不总是协调一致、同步发展的,因而社会变迁的影响作用往往就不同,一般来说,教育制度、教育理论比教育观念更直接地受社会发展的影响,而只有当这种影响实际产生时,教育观念才会开始转变。

三

在对历史唯物主义基本原理的理解上,容易被忽略或被曲解的另一问题是历史的必然性与主体能动性的关系。

历史唯物主义认为,任何时代的人都只能在由上一代人的活动结果所创造的客观前提下进行自己的历史活动。每一代人所面临的历史任务和完成这一任务的手段,都是既定的。对于后代人来说,这些前提都是非人格化的、外在于人的活动的东西。在这个意义上,历史是被决定的,任何个人和集体都不能超越自己的时代。但在另一方面,与自然史不同,在社会历史领域中活动的都是具有自觉意识、追求某种目的的人。人的意识、目的必然在历史过程中打上自己的烙印,并产生一定的作用。

与此相联系的是,马克思主义经典作家在强调历史发展的物质基础的同时,也科学地揭示了人的思想观念作为一种历史力量的作用。列宁指出:"人的意识不仅反映客观世界,并且创造客观世界。"①

如同人类历史一样,教育历史也不是由一个个孤立的、一次性的事件、活动、过程所机械地、自然地构成的序列。在每一个历史事件、活动和过程背后,都蕴含着在一定现实条件下产生的思想、意识、动机、愿望,呈现出来成为历史表象的不过是这些作为时代产物的思想意识的外化和结果。

一方面,人类教育的发展与进步不仅体现在教育职能的复杂化、多元化,体现在教育本身效能的提高,体现在教育对社会环境的适应和自我调节机制的强化,而且也体现在人类对教育现象、过程及其内在规定性的认识与理解的不断深化、科学化,体现在人类认识不断向着真理的接近。同时,由于在教育的发展进程与人类的认识进程之间存在着历史的与逻辑的统一性,因而,对人类认识历程的考察实质上也就是在一个特定的思想角度对人类教育历史本身的探究。这也就是说,各种教育理论概念、范畴出现的顺序,以及它们在整个人类教育思想体系中的逻辑顺序,实际上是人类教育在不同发展阶段上的现实状况在人们思想中的反映,因而,对教育思想历史的研究实际上是对教育历史本身的抽象。恩格斯指出:"历史从哪里开始,思想进程也应当从哪里开始,而思想进程的进一步发展不过是历史过程在抽象的、理论上前后一贯的形式上的反映,这种反映是经过修正的,然而是按照现实的历史过程本身的规律修正的,这时,每一个要素可以在它完全成熟而具有典范形式的

---

① 《列宁全集》(第55卷),第182页。

发展点上加以考察。"①

　　另一方面,从总体上讲,推动教育发展的终极原因是社会生产力的发展和生产关系的变更。当社会发展达到一定阶段时,必然要求改革旧有的学校体制、管理制度乃至具体的教育内容、教学组织形式和方法,必然要求建立与之相适应的新教育制度,这些都是众所周知的基本常识。但是,在社会要求的出现到这种要求的最终实现之间,存在着一个不可缺少的中间环节,一个十分必要的过渡,那就是人们对社会要求的认识、理解,以及据此作出的反应。没有这样一个中间环节和必要过渡,旧教育的改革、新教育的创立便成为一种虚无缥缈的海市蜃楼。

　　这是因为,既然教育发展不是社会发展的机械反映和自然结果,二者也不是绝对同步进行的,而是存在着一种时滞现象,因此,只有当一种新的社会形态的出现达到一个比较确定、比较成熟的阶段,或者同一社会形态向更高阶段的发展比较稳定时,才会出现与旧有教育制度、教育观念的矛盾和冲突,才会产生改革旧教育的客观要求,而这种要求本身却不会、也不可能直接导致旧教育的改革和新教育的建立,而只有通过人们的意识、思想以及据此而进行的创造活动和抉择。在这个意义上,教育的现实进步、发展是产生于时代需要的人们意识的物化。

　　具体地说,当一定时代的社会发展提出改革教育的要求时,这种要求首先必须为处于一定社会地位的人们(政治家、教育领导人、教育家)所认识、理解,只有这样,才会出现一系列的决策、计划、法令、法规,从而导致旧教育的转变与新教育的确立。这其中事实上包括了一个主体的抉择过程。这也就是说,虽然是否对旧的教育进行改革这一点并不取决于人们的主观愿望,而决定于历史与教育发展的必然性,但是,改革的方式、途径和内容却是由人们对社会要求认识和理解的程度、方式以及一定时代和社会的文化教育传统等方面的因素决定的。因此,面对着基本相同的社会要求,在不同时代、不同国家会出现完全不同或显著差别的反应。这就产生教育发展历史的丰富多样性和偶然性,以及各种非"常规"的现象。

　　质言之,研究教育史必须深入到在历史上出现的各种教育事件、运动所

————————

① 《马克思恩格斯选集》(第2卷),第122页。

包含的人类的思想进程中,必须探讨人类对各种来自于社会环境的挑战的反应过程、方式及其历史演变过程,从而真正把握教育历史的全部内容。这就必然要求教育史家在掌握大量史实的基础上,"重新经历"过去时代人们已经经历的思想、抉择过程,或如英国史学家柯林武德所说:"重演过去的思想。"①只有这样编纂的教育历史,才是深刻的、同时又是生动的、具体的。如果只是把各种教育法令、文献、政府决定以及各种具体的改革措施按时间先后顺序排列起来,并只是抽象地解释这一切史实产生的社会、政治、经济原因,而不说明、解释它们产生的具体过程、内含在它们之中的人类思想,那么,它们只能被理解为一个个孤立的事实,只能被理解为历史宿命的自然产物。这样,人类的教育史与自然史的区别就不存在了。

四

阶级分析方法是历史唯物主义原理的基本组成部分,把它运用于对教育历史现象的研究和对教育史人物的评价,是我国社会主义教育史学科的一个基本特征。但是,由于过去几十年间我国社会长期存在着阶级斗争扩大化的现象,因此,在学术研究(包括教育史研究)中也受到某些消极影响:阶级分析方法被不加限制地运用到教育史研究的一切方面,甚至成了唯一被允许使用的方法;同时,在实际运用中,阶级分析方法被简单化、教条化为一种标签式的方法。

的确,阶级分析是历史唯物主义的重要方法论和具体方法,但是,无论在理论上还是在实践中,马克思主义经典作家都从来没有把它当作唯一的认识历史的方法,更没有用它来解释一切历史现象。在他们的观念中,阶级分析具有特定的适用范围。另一方面,马克思主义的历史方法论是一个有机的整体,其中包括了非常丰富的原理和方法,阶级分析只是其中的一个部分。

鉴于过去的教训,在运用阶级分析方法研究教育史时,一方面需要对这种方法的具体运用进行理论思考,另一方面更必须为这种方法的实际运用确定明确的范围、层次和限度。

---

① 柯林武德:《历史的观念》,何兆武译,中国社会科学出版社,1986年,第245页。

　　自从人类迈进文明社会,教育就成为一种阶级的教育,这是毋庸置疑的普遍的历史事实。但是,同时也应当看到:首先,在历史上,教育领域中的阶级斗争主要表现在正规学校教育中,尤其是较高级的学校教育。至于在各种非制度化的教育形式中,阶级斗争存在和作用的方式、内容、范围都与在正规学校教育中不同。另一方面,在某些教育形式中,甚至不存在阶级斗争的形式,例如古代社会中父子之间和师徒之间的传习。在这种形式中,阶级的划分和冲突,只是作为一种极其抽象的结果,通过传统、生产方式及其发展水平等各种中间环节而体现它的存在。因此,对诸如此类问题的探讨就不能仅仅运用阶级分析的方法。

　　其次,即使是在学校教育领域中,阶级斗争的机制、方式、范围和程度,在不同时期和不同国家中,也不是同一、无差别的,而是随着历史的发展而不断变化的。

　　更为重要的是,与政治斗争不同,教育发展不仅受到阶级冲突和斗争以及作为它的最终结果的政权更替的作用,而且受到社会生活各方面因素的影响,它是历史力量合力作用的结果。因此,在考察教育历史现象时,就不能仅仅局限于阶级分析方法的运用,而应综合运用各种相关的方法,从而在尽可能广泛和深刻的程度上达成对教育历史的认识。

　　而且,即使在运用阶级分析方法研究教育历史现象时,也应当看到,由于教育历史与社会史、政治史之间存在着很大的差别,由于教育活动所具有的本质特点,因而,阶级斗争在教育领域中的具体形式、作用方式及作用结果,都呈现出显著的特殊性。这样,在运用阶级分析方法时,就必须体现它在各个具体领域中的具体运用的基本特点,具体说明阶级斗争在不同历史时期、不同国家、教育发展的不同阶段上,是以什么方式对教育发展产生影响作用,作用的结果又是什么,如此等等。

　　在运用阶级分析方法评价教育史人物时,也应当注意两个方面的问题。第一,要避免在教育史人物的阶级立场和他对教育发展的贡献之间简单地划等号(这是往往容易犯的错误)。在具体分析教育史人物的阶级立场和他在教育历史中的实际地位之间的关系时,既不以前者抹煞后者,也不以后者掩盖前者。

　　第二,绝不应当仅仅停留在抽象地指出教育史人物的阶级局限性对其思想和活动的影响上,而应当通过具体的研究,深刻地解释这种影响的程度、内容和方式。否则,便不能完成教育史学科研究的任务。这是因为,一方面,任何时代、任何阶级都具有它们不可克服的局限性,任何教育史人物的文化理智背景和所从属的集团利益都必然对其实践和思想历程发生影响,如果仅抽象地说明这种局限性及其影响,事实上什么问题也没解决。另一方面,绝不意味着研究者评价教育史人物可以离开他所处时代,用现代标准去评价研究对象的种种"局限性",而是要历史地分析其产生的具体原因。否则,教育史研究就成为后代人对前人的毫无实际意义的"缺席审判"。

五

在当代社会和教育发展的条件下,要进一步科学地理解历史唯物主义及其对教育史研究的指导作用,一个关键点问题是,应当逐步建立起一种"中级理论"——即专门教育史理论或"教育史学"。

这种"中级理论"首先应当以历史唯物主义的科学原理和方法为思想前提,但同时它又具有自身独特的研究客体和认识领域,这些领域包括教育历史的本体论、认识论、方法论和价值论[①]。这就是说,一方面它以宏观的教育历史发展、性质、结构、逻辑等为对象,另一方面,它又以人们对教育史的研究本身为自己的认识客体(如果说教育史研究是对教育发展的反思,那么它就是对这种反思本身的反思)。因而,"中级理论"同样区别于对具体教育历史现象、事件和过程的研究。在上述三个层次中,它正居于历史唯物主义的一般原理与具体教育史研究的中间环节。它以前者为基础,同时又指导着后者,并起着把历史唯物主义原理最终科学地运用到对每一个具体教育史现象的认识和理解的作用。

"中级理论"之所以必要,至少有几个方面的原因。一是它有助于克服以往所存在的各种缺陷,从而促进对历史唯物主义基本原理及其与教育史研究相互关系的正确理解,并促进对教育历史的内在规定性的认识和教育史学科的建设。其二,由于"中级理论"是对具体教育史研究和教育发展过程的局部

---

① 关于这个问题的具体讨论,参见拙文《关于"教育史学"的构想》,《教育研究与实验》1987 年第 3 期。

概括,因而它也就为历史唯物主义一般原理更高一级的概括提供了具体的思想材料。第三,如果说历史唯物主义是研究社会发展的一般规律,那么"中级理论"则是这些一般规律在教育领域及其不同时期的表现形式和作用机制。通过自身所具有的概念、范畴,"中级理论"把历史唯物主义的理论概念转化为能应用经验检验的操作概念。这样,在实质上有助于历史唯物主义基本原理在教育史研究中的真正科学的运用。这后两个方面是相互联系、相互依赖的,因为"任何具体社会系统发挥功能和发展,都同整个社会发挥功能和发展有机地联系着,而整个社会发挥功能和发展则有赖于各个具体社会系统即统一的社会机体的各个组成部分发挥功能和发展。因此,只有把具体社会现象和过程的研究同整个社会发挥功能和发展规律的研究有机地结合起来,才能取得成效"①。

更为重要的是,建立一种"中级理论"有助于促进教育史研究中的哲理探讨和哲理追求。诚如先哲所言,没有哲学的历史是盲目的。确实,如果把教育史研究仅仅局限在史料的搜集、考证、钩沉,那就没有真正完成教育史学科的基本任务,或者说把学科的任务限定在一个较低的水平上。只有当对具体教育历史现象和过程的探讨能够成为一种基于充足史料之上的哲理探讨,它才能最终完成自己的使命:促进人类对教育历史本质规律性的深刻认识。同时,一种明确的"中级理论"的建立也是现代历史研究(包括教育史研究)区别于古代乃至近代历史学的基本标志之一。如果说 19 世纪历史学家的信条是"无史料即无历史",那么当代历史理论则认为没有理论,历史是不可能想象的。之所以如此,是因为"我们从无数不同的事实,从无数事实的不同方面,选择那些有兴趣的事实和方面,乃是因为它们与某种或多或少的预先设想的科学理论有关系"②。

从教育史学科发生、发展的整个过程来看,在学科领域中所发生的任何一次重大变革和转折都直接来源于以某种哲学为背景的"中级理论"或教育史观的更新。从认识论的观点来看,"中级理论"实质上是认识客体与认识主体之间的联结点,或者说是主体的认识工具。"中级理论"的变更实际上是认

---

① 引自贾泽林等:《苏联当代哲学(1945—1982)》,人民出版社,1986 年,第 184—185 页。

② 波普尔:《历史有意义吗?》,引自田汝康等选编:《现代西方史学流派文选》,上海人民出版社,1982 年,第 145 页。

识手段和认识角度的转换,因而必然导致主客体相互关系的变迁。从这个意义上讲,"中级理论"是教育史学科不断发展的巨大杠杆。

(原载《教育研究》1988 年第 9 期)

再论外国教育史研究中的现实感

——与赵卫同志商榷

我曾经提出,在教育改革日益深化的今天,外国教育史学科研究要摆脱目前所面临的困境,在为我国教育发展提供合理的历史借鉴的基础上不断丰富和完善自身,基本的途径在于强化研究者主体的现实感或当代意识①。赵卫同志对此发表了不同见解,认为它"未免失之偏颇",并认为外国教育史学科发展缓慢的"根本原因在于没有处理好理论与实践的关系,以及由此而产生的外教史研究重点仅仅是对外教史中的教育家的教育思想、学校教育与教学理论的研究。没有把探索教育发展历史的客观——人类社会各个领域多样化的教育实践纳入研究之内"②。

由于我们所争论的问题基本上已经涉及外国教育史学科建设和发展的基本问题,因而有必要继续进行探讨,以求得更加明确与合理的认识,从而促使外国教育史学科研究不断向前推进。

一

赵卫同志不赞成把现实感的缺乏当作外国教育史学科研究陷于当前困境的基本要素,其根据在于,第一,"它不能回答为什么不少同当代教育发展有紧密联系的外教史重大理论课题的著述及论文仍然那么'干瘪贫乏,枯涩寡味',不能为我国当代教育的变革与发展提供令人信服、科学而严谨的历史

---

① 张斌贤:《再谈外国教育史研究中的一些问题》,《教育研究》1987 年第 8 期。
② 赵卫:《也谈外国教育史研究中的一些问题》,《教育研究》1988 年第 10 期。

根据及借鉴经验",第二,"就史学同现实发展的关系而言,缺乏现实感仅仅是外教史研究目前处于落后状态的外部原因"。上述分析虽然不无道理,但我实难苟同。

首先,虽然我认为应当把强化现实感视为外国教育史学科当前改革与发展的关键所在,但并没有把它当作能够解决学科研究中存在的一切问题的灵丹妙药,事实上也不可能存在这样一种包治百病的药方。从全面的观点来看,造成外国教育史学科当前这种不尽如人意的状况的原因是复杂的、多方面的,既有历史的原因,也有现实的原因;既有文化背景的原因,也有学科本身发展水平的原因;既有客观条件的障碍,又有主体认识上的局限。这些原因虽然都在不同程度上构成阻碍学科研究发展的因素,但它们的实际作用是不相同的,因而有必要从诸多原因中确定起关键、主导作用的因子。也因如此,被确定为起主导作用的因子只能从总体上解释我们所面临的现状,只能从基本方面帮助我们探索消除这种现状的根本途径。

基于上述,如果说现实感的贫乏不能解答为什么外国教育史学科研究进展缓慢、方法陈旧、范围狭窄等基本问题,那么,它理所当然地不应被当作主导要素。但如果因为它不能充分解释一些研究成果为什么枯燥乏味等诸如此类的细节问题而否定它的作用和它作为主导因素的存在,则是对它的不切实际的苛求。而且,事实上也很难说这些属于文风的问题与时代的变迁毫不相关。从横向看,文风与民族的文化传统、思维方式、语言体系乃至个人的素养、个性具有密切联系。而从发展的观点看,它与时代的变迁、文化氛围的改变也存在着一定的相关。所以,即使如赵卫同志所说的现实感贫乏不能回答的问题,在实质上也并非如此。

其次,为数不少的研究成果之所以很难起到历史科学固有的社会作用,不能为当前的教育改革实践提供合理、深刻的借鉴与启示,最为关键的原因正在于研究者主体缺乏强烈的现实感,而不在于其他。在我看来,虽然历史与现实之间存在着不可分割的本质联系(这正是一切历史研究之所以能够发挥现实的社会作用的内在依据),但是,这种联系本身却不会直接、自然地导致学术研究社会功能的发生。在教育历史与现实的联系和教育史研究的现实作用之间,尚存在一个必要的、不可缺少的中介环节和过渡,这便是认识主体所应具有的现实感或当代意识。只有当主体树立起这种明确的总体意识,教育史研究才能真正为当代教育的改革与发展提供科学的启示。缺乏这样一种意识,只会使外国教育学科面临更大的危机。

二

更为重要的是,或者说赵卫同志与我的主要的分歧在于,现实感到底是教育史学科研究的内源力量还是外在因素。为解决这个问题,首先有必要对现实感这个概念的基本含义及其依据做进一步的分析和研究。

所谓外国教育史研究中的现实感,既不是一种具体的研究方法,不是一种单纯的思维方式,也不是一种研究的理论框架。在其本质上,现实感是主体的一种明确的、积极的总体意识、主观倾向和价值观念。它不同于研究方式、思维方式、概念框架,但又包括了这些相对具体的主观认知因素。因此,它可以被当作由认识、判断、情感这三个方面有机构成的统一整体。

从其内容来看,现实感包括:其一,研究者主体对所处时代教育发展的高度责任感和参与意识;其二,研究者主体对所处时代的社会环境变迁、教育发展的基本要求和所面临的主要问题的高度敏感,对这种变化及其基本倾向的深刻洞察和认识;其三,研究者主体不断地运用其所处时代人类认识所取得的最高成就武装自己的自觉努力。具体言之,就是教育史家有意识地借鉴和吸收当代哲学、自然科学、社会学、历史学、人类学、考古学、民俗学等一切相关领域的最新研究成果开阔自己的理论思维视野,丰富和拓展自己的认识,从而为深化对教育历史现象和本质的理解与阐释打下坚实的基础;其四,研究者主体把对所处社会环境和教育现状的认识与所吸取的人类认识的最高成就,运用到教育史研究中的高度自觉和自主的意识;其五,在上述四个方面主观倾向的基础上,在对教育历史现象的从历史到现实、从现实到历史的双向考察中,提供科学的结论作为当前实践的正确指导。

众所周知,任何一个认识过程的进行和展开,都离不开客体与主体这两个基本要素。从主体方面看,他所具备的认识能力、认识方式、认知结构、价值观念、思维定势,都在不同程度上对其认识产生制约作用,从而影响到整个认识过程和认识结果。因此,这样一些主体的主观因素并非游离于认识过程之外,而完全是作为认识的一个内在作用机制而存在的。同样,作为主体的

一种总体意识,在外国教育史学科研究中,现实感也是一种不可缺少的内在
要素,而不是赵卫同志所说的外部因素。

如果考察一下现实感的基本依据,这一点就更为明确。关于这个问题,
我在《再论外国教育史研究中的一些问题》中已有论述,为避免重复,本文准
备在原有论述的基础上,进一步加以阐释。

在社会学、政治学、经济学、伦理学乃至教育学等领域中,人类认识的焦
点主要在现实的社会组织、经济活动、政治系统、道德规范和教育进程,所有
这一切都具体地发生在认识主体所生活的现实世界中,他不但直接感受到这
些存在的影响,而且往往直接参与这些社会活动。因此,从总体上讲,在客体
存在与主体认识之间,存在着一种相对同步协调的关系,也就是说二者几乎
是"同时"发生的。而历史研究(包括教育史研究)则不同,虽然历史与现实
之间具有一种本质的内在联系,历史依然活生生地存在现实之中、对当前发
生作用,但是,这只是就历史的影响而言的。作为实体的历史事件、历史现
象、历史过程都已是凝结、稳定了的过去,是已经发生了的,不可逆转的,而作
为认识主体的历史学家、教育史家,则生活在另一个与他所要认识的历史时
期所不同的时代,他不能直接参与这个历史时期所发生的一切,而只能在他
所处的环境中,以现实为起点去认识、思考过去发生的事件,这样,在认识主
体与客体之间,就存在着一种非共存的历史性的关系。由于对教育的历史现
象、历史事件、历史过程进行认识的主体是、而且只能是在他所生活的时代的
基点上从事这种认识,因而,认识主体必然地、不可避免地受到他所生活于其
中的时代环境的各种思潮、各种现实以及他本人的阶级立场、教育程度、生活
经历等各种相对于历史实体而言是主观的因素的影响。由于这个原因,"无
论他怎样要求自己客观、公正,但是他的社会地位、经济状况,他所受的教育
和传统等等一系列对他的思想感情和观点产生了深刻影响的社会条件,在他
成为历史学家或至少在他研究某一历史课题之前,已经决定了他的真正动机
和出发点,当然也就决定了他的研究结果的方向"①。在教育史学科研究史
上,这方面的事例是屡见不鲜的。生活于 19 世纪早期的德国教育史学家斯
密特(K. A. Schmidt)用黑格尔的历史哲学研究教育史,深受进化论影响的美

---

① 张宏儒:《浅论历史与现实的关系》,《世界历史》1983 年第 6 期,第 12 页。

国教育史家戴维逊(Thomas Davidson)运用达尔文的进化论解释教育的发展进程,而马克思主义的教育史学者则以历史唯物主义的基本原理说明人类教育的历史演变,如此等等。简言之,处于不同时代、在不同氛围和理智环境中的教育史研究不可避免地带有各种现实的痕迹。

另一方面,每一时代人们对教育历史进程的认识、反思、理解和阐释,都是基于他们所处时代的社会要求和需要,并为了解答当代社会所提出的问题而进行的。正如卡西尔所说:"历史知识是对确定的问题的回答,这个回答必须是由过去给予的;但是,这些问题本身则是由现在——由我们现在的理智兴趣和现在的道德和社会需要——所提出和支配的。"①这种要求和需要既决定了他们对具本历史课题、史料的选择,更决定了他们对历史事件、历史人物的评价、解释。而由于每一时代社会需要的不同,人类总是在不断地重新认识历史。"我们之所以不断重写历史的内容和历史的含义,其根本原因就在于:我们要求历史回答的问题以及我们在历史中寻求的价值标准是随着现实情况的改变而改变的。"②只要社会还在发展,这种对历史的重新认识、重新构建就不会停止,就将继续进行下去。

不仅如此,主体对客体的认识及其所达到的深刻程度,总是而且必然受到主体所处时代人类认识能力发展水平的制约、影响。在教育史学科史上,从来就没有,今后也不会有超越时代的教育史家和教育史著作。一定时代人们对自然现象、社会现象及其本质的认识所取得的进展和成就,具体言之,人们对教育现象及其活动规律的认识成果,在总体上必然影响到他们对教育历史的认识和解释。教育史家们借助于"当代"的认识工具和思维方式去研究教育的历史现象、历史过程,从而使他们的研究、思想成果打上时代的烙印,使教育史成为"当代史"。人类对教育史的认识之所以不断扩展、日益深化,关键的原因就在于人类认识的能力总是在发展和完善中。如果说,我们当代人比前人对教育历史具有更丰富的知识、更深刻的见解,那并不是因为我们比前人聪慧、更敏锐,而只是因为我们是在一个更高的知识水平上,借助更完善的认识工具而达到的。

正因为现实感的基本依据来自于教育的历史与现实的联系中,或者说来

---

① 卡西尔:《人论》,第226页。
② 德格勒:《重写美国历史》,《现代外国哲学社会科学文摘》1983年第5期,第26页。

自于历史认识发生的本源中,因而,它在本质上就成为一种"原生物",而非外力强加或次生。

三

现实感的缺乏不仅是外国教育史学科研究目前陷入困境的内在原因,更是造成这种状况的主导因素。甚至可以这样断言,导致外国教育史学科发展缓慢的一些基本原因(包括赵卫同志所说的根本原因)都可以在现实感的贫乏中寻找到其产生的基础,或从中得到合理的解释。

首先讨论一下研究领域狭窄的问题。它的外在表现形式在教育史界一些前辈的研究成果中都曾提及,此处不再赘述。从这个问题产生的原因来看,固然是复杂和多方面的:学科本身的发展水平,文字和资料等客观条件的局限等等。但是,这个问题之所以会长期存在而得不到根本的解决,则不能不说与研究者主体现实感的贫乏具有直接的和密切的相关。这是因为,如上所述,教育史学科研究的对象固然是凝固、不变的过去,但促使主体对之进行认识与阐释的动机却来自于所处的社会环境。研究课题的选择不仅取决于个人的学术兴趣,更主要地、更深刻地折射或反映了时代的变化和要求,更确切地说体现了主体对时代的认识。由于这个原因,时代及其需要的变迁并不会自然地导致主体学术兴趣和理智中心的改变,而只有通过主体认识这个媒介才能真正具体地反映到教育史研究中。近十年来,中国社会和教育的各个方面都发生了不同程度的变化,在这种变化的影响下,教育科学诸多分支学科的研究工作都取得了一定的进展,教育研究的领域不断拓展。相形之下,外国教育史学科研究则显得步履艰难,在现实挑战面前显得被动无力。其中关键的原因正在于缺乏对现实变化的敏感和清晰认识,缺乏把这种认识引入到学科研究中的自觉意识。不然,何以解释直到八十年代末,我们的研究视野仍然局限于五六十年代就已被广泛研究的课题这种极不正常的现象呢?

在我看来,以我国目前已经拥有的资料等方面的客观条件,要拓展外国教育史学科研究的领域并不是一桩艰难之举。关键的问题在于,我们如何通过认识现实变化的性质、趋势,变换认识的角度,超越既成的学科体系或研究模式,大胆探索一些既有重要学术价值、又具备启迪意义的新领域,如文化传播对教育发展的影响、各国教育改革的经验和模式等。

关于学科研究方法。任何一门科学学科的研究方法和方法论体系都是一定时期人类认识发展所达到的最高水平的具体表现,因而具有历史性,因而需要随着人类认识的发展而不断更新、变革。在科学史上,过去和现在都不存在一旦形成、便永不改变的方法论体系。相反,从内在作用机制来看,方法的变革——其本质是认识主体与认识客体相互关系的改变,一直是人类认识和科学发展的巨大的杠杆和内源动力。就当代而言,计量、统计、模型等各种新的研究方法、认识框架的不断涌现和广泛运用,极大地推动了几乎所有人类认识领域的发展。正由于方法本身所具有的特殊重要性,自然科学、社会科学、人文科学中各个分支学科都掀起了以学科自我认识为核心的元科学的热潮。这已成为当代科学发展的重要特征之一。

相形之下,外国教育史学科则少有变化。迄今为止既很少对传统的研究方法进行自我反思、自我认识、自我扬弃,更缺乏有关借鉴、引进各种新的研究方法的理论探索和实际努力,事实上使自身孤立于当代科学发展的氛围之外,因此很难开拓研究的领域,更新和深化对教育历史的认识,这样也就必然严重阻碍学科本身的学术价值的体现和学科的发展。但是,如果我们勇于面对现实的挑战,善于从现实所提供的机会中汲取学科建设和发展的养料,具体言之,如果我们认清当代世界所出现的元科学认识的潮流和新方法不断涌现的现实,如果我们勇于革新和开拓,善于广泛地吸收来自一切有关学科发展所提供的新方法、新思路,那么,经过不懈的努力,我们完全可能在新的条件和基础上,使外国教育史学科研究从根本上摆脱目前所面临的困境,使之取得长足发展,从而焕发出新的活力和生机。

关于价值判断。与一切社会科学的分支学科一样,教育史学科在认识机制和认识过程方面也具有不同于自然科学的特征,这就是它除了对客体进行事实认识和评价之外,还要进行一定的价值认识和价值评价,这也就是我们通常所说的"观点"。与事实认识一样,价值认识和评价也是一定时代和主体倾向的产物,因而也具有变革的特性。近十年来,外国教育史学科在价值认识和评价及其依据方面虽然发生了一些可喜的变化,但总的来看,这种改变是非常谨慎的,并不真正具有实际意义。如果与时代和社会科学其他学科相比,这种变化更是微乎其微。我们基本上仍然停留在五六十年代既已形成的倾向和观点上,基本上仍然侧重在对教育历史现象和历史人物进行政治倾向和哲学体系"归属"的划分和性质的判断上,而忽略从教育、文化、社会等各方面进行真正历史主义的客观、公正的评价。这既无助于拓宽和深化我们的认识,也与现实的变迁和需要相脱节。在开放与改革的当今时代,社会对教育史研究的需要是,最大限度地从我国和其他国家过去和现在的实践中,汲取一切成功的经验和失败的教训,从而为当代教育的改革与发展提供合理的指导。为此,我们需要足够的勇气以打破过去形成的框架,需要文化的宽容精神以客观地认识不同于我们的一切。

至于赵卫同志所提出的外国教育史研究中理论与实践相脱离的问题,虽然是客观存在的,但远不是学科发展缓慢的原因,它至多只是一个层次或一个方面的局部原因。这是因为,重理论、轻实践是过去几十年间盛行的教条主义和经院学风的产物,甚至可以说是我们文化传统中重义轻利思想在现代的残余影响。而在当今时代,这显然已成为需要抛弃或改造的学风和治学方式,需要在一个更高的层次上使理论与实践有机地结合起来。没有对时代需要、风尚和精神的感知、认识、洞察,是很难真正转变理论脱离实践的经院学风的。在我看来,这种当代意识正是赵卫同志所主张的研究重心从理论向实践转移的根本前提和内在依据。

我赞同赵卫同志所提出的加强对教育实践活动研究的主张,但对其关于以研究教育实践为主,以探讨教育思想与经验为辅的见解,却难以苟同。这是因为,这实际上把人们的教育实践与关于教育的思考人为地割裂开来了。二者虽然属于不同的范畴,但是,人类的实践活动之所以不同于动物的本能行为,关键的原因就在于这种活动是受一定的目的、希望、观念支配的。在一定意义上,人类的教育实践是其关于教育的理想、观念等属于主观领域的意识的外化、物化。如果脱离开教育理论,对教育实践活动的认识永远只能局限在现象上,这样又怎么能使教育史研究为当代教育提供借鉴呢?退一步讲,这也有悖于赵卫同志《也谈外国教育史研究中的一些问题》一文的主旨。

(原载《教育研究》1989 年第 5 期)

略谈我国外国教育史研究的进展与趋势

1978 年党的十一届三中全会以来,我国外国教育史研究有了前所未有的进展,获得了丰富的研究成果和经验,为今后的发展奠定了坚实的基础。认真回顾这一前进的历程,分析今后的发展趋势,对我国外国教育史研究的进一步发展,将是大为有益的。我通过学习,认为十多年来我国外国教育史研究大体上经历了三个发展阶段,这就是:1978—1982 年的重建时期;1982—1985 年的探索时期;1985 年到现在的发展时期。当然,这种划分只是相对的。下面分别谈谈个人的体会,与外国教育史学界的同仁共同讨论。

一、重建时期(1978—1982 年)

大家知道,由于十年内乱,我国外国教育史研究长期陷于停顿,一些错误的思想观念牢牢地束缚着教育史研究工作。因而,要发展外国教育史学科研究,首要的任务必然是排除"左"的思想影响和干扰,正本清源、拨乱反正。这一点在很大程度上决定了这个时期外国教育史研究的基本导向。

1978 年召开的党的十一届三中全会为我国外国教育史研究的重新开展创造了前所未有的良好条件,在全会精神的鼓舞下,外国教育史研究工作者以极大的热情投入到思想解放的洪流之中,对外国教育史学科中各种"左"的思想观点和外国教育史学科的建设问题,开展了深刻批判和讨论,重新确立正确的思想认识。这为 1979 年 12 月在杭州召开的全国教育史研究会第一届年会准备了有利条件。在这届年会上,来自全国各地的教育史研究者对观点与史料的关系、教育发展的共同规律以及教育史的研究范围等问题,展开了空前热烈的讨论①。对这些问题进行学术探讨是解放思想、拨乱反正在教育史界的具体反映,是为学科研究的长远发展扫清障碍,这次会议是全国教育史界的第一次盛会,它起到了教育史学科研究史上继往开来的作用,是新时期教育史研究的良好开端。

从1979年第一届年会到1982年5月的第二届年会这三年间,外国教育史学科研究的发展主要体现在学科的恢复与重建上。这可以从以下两个方面得到具体的表征。

第一,对杜威、赫尔巴特等教育史人物的重新评价。全国教育史研究会第一、二届年会都把对杜威等教育家的重新评价作为会议的重要议题。由于杜威与赫尔巴特是西方教育史上影响最大的教育家,也是我国教育史界存在争议最大的教育史人物,因此,对这两位教育家的重新认识不仅有助于客观、准确地理解他们本人的思想,而且有利于促进对所有教育史人物的合理认识。更为重要的是,由于对教育史人物的评价首先是一个思想方法的问题,因而,这种再认识是意味深远的,它涉及整个学科的全面重建。外国教育史学科以后的发展表明,正是由于以这两位教育家的重新评价为突破口,才使学科研究迅速在废墟上重建并得到长足发展。

对杜威与赫尔巴特进行重新评价的关键在于,正确理解教育家的阶级立场和哲学倾向与其教育思想以及对教育发展的贡献之间的关系问题。在此之前,由于受当时政治形势的影响,人们往往把二者混在一起,简单地从教育家的阶级地位"推绎"出其教育思想的"阶级属性",从而予以绝对的否定。从1980年开始,一些前辈教育史学家率先发表文章,对杜威等人的教育思想进行再认识。赵祥麟教授较早明确提出,要对杜威教育思想进行具体研究,既要看到其思想的阶级实质,又要从发展的眼光分析其中的有价值的成分,从而客观评价杜威在教育思想史上的地位②。此后,陈景磐、王天一等教授先后著文,从杜威的道德教育学说、杜威学说与赫尔巴特理论的比较等角度,广泛、深入地探讨杜威教育思想,以更加客观、辩证地评

---

① 《教育史研究会首次年会纪略》,《教育研究》1980年第1期。
② 参见赵祥麟:《重新评价杜威实用主义教育思想》,《华东师范大学学报》(哲社版)1980年第2期。

价杜威①。在 80 年代初,我国教育史界出现了一场"杜威热"。

相形之下,对赫尔巴特的重新评价要寂静一些,在广度和深度上都显逊色。较有特点的是,有的研究者力图从教育家所处时代与教育家本人思想二者结合的角度来评价赫尔巴特②,这在当时不失为一种较有见地的尝试。

第二,由于一些师范院校教育系(科)的先后恢复或建立,外国教育史在师范院校教育课程体系中的地位得到恢复,外国教育史学科的教学和科研开始走上正规化。与此同时,在一些省市和高等师范院校相继成立的教育科学研究所中,也把教育史学科纳入研究范围,设立教育史研究室或组。在一些省(如安徽、湖北)专门成立了省教育史研究会。在全国,则有中国教育学会下属的全国教育史研究会,协调、组织全国教育史学科的研究。这些机构和组织不仅使教育史研究重新获得学术上的认可,更重要的是它们为教育史研究工作者进行学术交流与合作、活跃学术风气、丰富思想,创造了良好的条件。另一方面,在这三年中,由于大量教育刊物和大学学报相继复刊或创刊,为外国教育史研究成果的发表、交流提供了很大的便利。可以说,新时期外国教育史学科研究之所以能迅速从废墟中重建,在很大程度上得益于上述组织、尤其是全国教育史研究会的成立。

1978—1982 年间,外国教育史研究的发展虽然主要体现在学科的恢复与重建,但不能把这种恢复和重建简单地理解为过去的回复,更不能把重建工作片面地理解为一种保守或保存,而应充分认识到其中的奠基意义和革新意义。易言之,这个时期学科重建的基本导向是指向未来,而不是指向过去。从上述两个方面的重建工作的深远影响来看,前者是从内在的方面为学科发展扫平道路,后者则是从外在条件上为学科发展打下基础,没有这两个方面的工作,就不可能有以后几年的探索与发展。另一方面,这个时期在扩展学科研究领域问题上,也取得了一些新成就。例如,金锵教授对学科理论建设的探索③,一些研究者对爱因斯坦、培根、赫胥黎等人教育思想的研究等等。这些都是外国教育史研究此前未曾涉及的。

---

① 参见陈景磐:《〈杜威的道德教育思想批判〉补充》,《教育研究》1982 年第 9 期。王天一:《杜威教育思想探究》,《北京师范大学学报》(哲社版)1982 年第 3 期。

② 肖远:《赫尔巴特教育思想的阶级性格和时代特征》,《教育研究》1982 年第 2 期。

③ 金锵:《外国教育史研究中的几个理论问题》,《教育研究》1980 年第 1 期。

二、探索时期（1982—1985 年）

1982 年全国教育史研究会第二届年会以后，外国教育史研究进入了一个新的时期，即全面探索的时期。从发展的观点来看，这也是承上启下的过渡时期。

在前一时期拨乱反正、学科重建的基础上，外国教育史研究工作者转向对学科建设更为深刻、更为全面的探索。这种探索可以归纳为两个基本方面：一是如何创建具有中国特色的社会主义外国教育史学科体系；二是如何使外国教育史研究为教育的现实发展提供充分、合理的借鉴，从而使学科研究在新时期保证旺盛的活力。这两个方面具有某种内在的联系。

对于我国的外国教育史研究工作者来说，前一个方面的问题具有至关重要的意义。从 19 世纪末 20 世纪初我国教育界开始系统研究国外教育发展历史以来，虽然取得了很大成就，但是，由于各种原因，真正具有中国特色的外国教育史学科体系一直未能建立起来，解放前主要承袭西方、特别是美国的模式，解放后则搬用苏联的体系。在外国教育史学科尚处于发展的初期，这种状况既是必然的，也是必要的。但是，随着我国社会和教育的发展，随着外国教育史学科研究的不断成熟，上述现象不仅不能适应新的需要，反而起到一种束缚作用。有鉴于此，在全国教育史研究会第二届年会之后，一些教育史研究工作者即开始深入探讨外国教育史学科体系中国化的问题，并在 1983 年 9 月召开了"外国教育史学科体系讨论会"。在这次会议上，来自全国各地的教育史学家从各个方面探讨了外国教育史学科体系的建设问题①。虽然在某些具体问题的见解上，学者们存在着分歧，但是，在很多重大问题上，还是达成了某种共识。例如，认为应当扩展外国教育史学科范围，更加深刻、全面地阐述教育发展的基本规律，认真研究教育历史的分期等等。特别重要的是，学者们一致认为应摆脱苏联教育史模式的束缚，建立具有中国特色的外国教育史学科体系，使之适应我国社会的新需要。这次会议是一个重要的标志，它不仅标志着这个时期外国教育史的探索已经达到一个更高的层次，而

---

① 参见安徽省教育史研究会编：《外国教育史学科体系探讨会论文集》（未公开出版）。

且标志着学科研究在中国化的道路上迈出了重要的一步，从此开始走向成熟和独立发展的道路。

作为这种高层次探索的重要成果，一批具有特色的外国教育史教材和著作先后问世。出版较早、影响较大的是王天一、夏之莲和朱美玉三位教授合著的两卷本《外国教育史》（1984年出版上册，1985年出版下册）。它的体系初步突破了苏联教育史模式，也摆脱了"欧洲中心论"的影响，所涉及的时间、空间范围都是空前未有的。另一方面，它在处理各个时代的比例关系、史料与观点的关系等方面，也颇有特色。由于这些原因，它成为我国使用范围最广的外国教育史教科书。这部著作虽然还不能说已经真正建立起了具有中国特色的外国教育史学科体系，但却是向着这个目标前进的较早尝试，事实证明也是一次较成功的尝试。除了已经正式出版的著作之外，在这个时期，更大量的著作开始撰写，预示着一个外国教育史学科中国化的新时期的到来。

在如何使外国教育史研究为教育改革和发展提供合理的借鉴这个问题上，教育史研究工作者表现出同样的巨大热情。从80年代初我国开始教育改革以来，外国教育史研究工作者一直以高度的敏感关注着改革的进程，并不断从国外教育发展历史中挖掘和探索可以为我所用的经验教训。这方面的论著在外国教育史的研究成果中占了相当大的比重，1985年5月，《中共中央关于教育体制改革的决定》颁布后，上述研究达到了一个更高的水平。一方面，研究的领域从普及义务教育、中等教育扩展到职业技术教育、高等教育、成人教育、教育立法、教育政策和规划。另一方面，研究的视野更为开阔，研究者逐步摆脱单纯对一国教育进行研究的框框，开始走向跨国比较、多重角度的比较，从而使研究成果更具有科学依据和普遍意义。更为重要的是，有的研究者开始自觉地把新的研究方法引用到国外教育的研究，从而使外国教育史学科的研究方法更加丰富。此外，这个时期外国教育史研究除了广泛探索发达国家发展教育的经验与教训之外，开始更多地关注第三世界国家的教育变迁，这是一个几乎全新的研究领域。事实上，由于我国与第三世界其他国家具有很多相似性乃至相同之处，因而，对这些国家教育发展的深入研究在某种意义上更有实际价值。由于这个原因，不能把对第三世界教育史的研究简单地理解为学科领域的扩大，在本质上，它体现了我国教育史研究工作者思想认识的日趋成熟和强烈的现实感。

但是,应当清楚地认识到,在1982—1985年的探索时期,我国外国教育史学科研究虽然在"古为今用"、"洋为中用"的实际工作中取得了很大的进展,但是,对这项工作的理论基础的探索是远远不够的。这就可能造成一些不良的后果,例如以观点剪裁史料,把活生生的、丰富多样的教育发展史生硬地套入预成的框架之中。而且,缺乏理论的探索,也易于使借鉴工作或是流于形式或是失之肤浅。另一方面,外国教育史学科体系的中国化与教育史研究的现实化这两方面本来是相互联系、相辅相成的。现实化正是促进中国化的一种强大动力,反过来说,中国化又可以使现实化获得更深刻和丰富的含义。遗憾的是,在这个时期,上述两个方面的研究工作一直是各自独立进行的,因而相互抑制,难以取得更为理想的进展。

概言之,从1982年第二届年会到1985年10月在重庆召开的第三届年会这三年间,外国教育史学科研究的进展虽然以全面探索为主旋律,但是,这是一种前进中、发展中的探索,这种探索本身即是发展,而且是一种导致新发展的"发展源"。

三、发展时期(1985—现在)

在全面探索的基础上,从第三届年会以后,外国教育史学科研究进入了全面繁荣和发展时期。这个时期所出现的繁荣局面和发展势头是前所未有的。

第一,在外国教育史学科中国化方面取得了更广泛的成就。这个时期先后出版了赵祥麟教授主编的《现代外国教育史》(1987年)、北京教育学院等主编的《外国教育史简明教程》等近十种外国教育史教科书。此外,滕大春教授任总主编的多卷本《外国教育通史》、《外国教育史》的近代卷和现代卷也行将问世。这些著作虽然各具特点,但基本的倾向是一致的,那就是积极推进外国教育史学科体系的中国化。从这些著作的编撰体例和结果来看,虽然存在着某些不足,但是,它们与苏联教育史学科模式的差别逐渐扩大,日益鲜明地表现出我国学者的风格和思想特色。虽然,外国教育史学科体系的中国化仍然是一个尚未最后解决的难题,但目前已经达到的水平却展现了一个光明前景。另一方面,多种外国教育史著作和教科书的并存,既是学科研究空前活跃与繁荣的标志,又促进了不同学术思想之间的交流,为今后的进一步繁荣创造了良好的基础。

第二,正是在这个时期,外国教育史学科逐渐打破了一门通史包打天下的单调局面,开始走向通史、专题史、国别史、断代史相互并存的多元化格局。从1986年开始,先后出版了十几种由我国学者撰写或译介的国别史、断代史著作,如《世界幼儿教育史》、《日本教育史》、《简明英国教育史》、《德国教育史》等等。这些著作既丰富了外国教育史的研究,同时也促进通史研究的深化。事实上,上述三个方面研究的迅速崛起,是这个时期外国教育史学科发展最为显著的表现之一。

第三,史料建设的重大突破。由于种种原因,长期以来,外国教育史学科研究存在着一个非常重要的缺陷,那就是史料建设落后。在某种意义上,史料贫乏是阻碍外国教育史学科发展的关键因素之一。在1985年以前,除了张焕庭教授主编的《西方资产阶级教育论著选》、赵祥麟和王承绪教授编译的《杜威教育论著选》等少数几种外国教育史资料汇编外,系统、全面的史料建设是十分落后的。进入1986年,这种状况开始得到明显改观。从1986年到1989年,先后出版了《西方古代教育论著选》(1986年)、《西方思想家论教育》等史料汇编。更为重要的是,人民教育出版社组织全国教育界的力量,着手系统翻译外国教育史的著名著作,数量之多、范围之广是前所未有的。此外,还有一些史料建设方面的工作正在开展之中,例如,夏之莲教授主持的《世界教育史教学、科研参考资料》等。这个时期外国教育史学科的重大发展在一定意义上与史料建设的加强具有直接联系①。

第四,教育史理论研究的进一步开展。对外国教育史学科研究进行方法论、认识论和价值论等方面的探讨,并不始于这个时期。赵祥麟、滕大春等教授早在80年代初就曾对这个问题发表过见解②。但是,这个时期对上述问题的探讨具有独特的背景,因而具有独特的基本倾向和目的。前一时期对学科体系的研究是一种探索,具有建设意义;而这个时期的研究则是一种反思,具有"批判"意义。这种反思正是当时全国范围内形成的"反思"热的具体产

① 宁虹、王金波:《发达国家职业技术教育发展的阈限给我们的启示》,《教育研究》1986年第3期。

② 赵祥麟:《关于外国教育史学科体系的几个问题》,《华东师范大学学报》(哲社版)1984年第2期。

物,其目的是从新时期外国教育史学科发展的回顾中,探求存在的问题,寻求解决问题的途径。从 1985 年第三届年会以来,对外国教育史学科研究的理论探讨主要集中在这样两个主要方面:第一,对当前外国教育史学科研究存在的主要问题和导致这些问题的主要原因的分析①;第二,如何更为科学地把历史唯物主义的观点、方法运用到外国教育史研究中,使教育史研究更加深刻和全面地解释教育历史现象、历史过程,以及评价教育历史人物②。显然,对外国教育史学科基本理论研究或曰"教育史学"的探讨,目前是处于开始阶段,各个方面都还不够成熟。但是,从外国教育史学科研究的长远发展来看,加强教育史学科基本理论的探讨是一个必然趋势。1987 年在武汉召开的教育史研究会代表大会在教育史方法论的研究作为会议的主题,正充分表明了这一点③。

第五,研究队伍的不断扩大。经过几年的不断努力,我国先后培养了数以百计的外国教育史专业的硕士研究生,并开始培养博士研究生。这就从根本上改变了 70 年代末 80 年代初面临的研究队伍严重老化、青黄不接的状况,逐步形成了由老中青三个年龄层次构成的研究队伍,这个队伍的年龄结构之合理、人员数量之多,都是前所未有的。这就为外国教育史学科研究的当前繁荣和长盛不衰,奠定了坚实的基础。

另一方面,经过几年的酝酿,由全国教育史研究会、中央教科所教育史研究室和河北教育学院合办的《教育史研究》(季刊)于 1989 年创刊。这是中国自开始研究教育史学科近一个世纪以来的第一家教育史专门刊物,它不仅使教育史的研究成果有了固定的发表园地,更重要的是,为学科研究的进一步繁荣创造了有利条件,也是新时期教育史学科发展的一个重要标志。

此外,研究领域的进一步扩大、研究工作组织化和协作化程度的提高、研究水平和认识程度的变化、学科教学工作的发展等等,都是这个时期外

① 张斌贤、刘传德:《浅谈外国教育史研究中的几个问题》,《教育研究》1986 年第 4 期。张斌贤:《再谈外国教育史研究中的一些问题》,《教育研究》1987 年第 8 期。赵卫:《也谈外国教育史研究中的一些问题》,《教育研究》1988 年第 10 期。李文奎:《也谈外国教育史学科建设》,《教育研究》1989 年第 5 期。张斌贤:《再论外国教育史研究中的现实感》,《教育研究》1989 年第 5 期。
② 张斌贤:《历史唯物主义与教育史学科的建设》,《教育研究》1988 年第 9 期。
③ 孔炽:《坚持教育史研究中的科学的方法论——全国教育史研究会学术研究会述要》,《华中师范大学学报》(哲社版)1987 年第 5 期。

国教育史研究全面繁荣的组成部分,限于篇幅,不作详述。但仅仅上述五个方面,就完全能够展示这个时期外国教育史学科空前繁荣的基本轮廓。

四、未来几年的发展趋势

从对1978—1989年外国教育史学科研究发展过程的全面回顾中,我们可以比较清晰地把握学科研究在未来几年中的发展趋势。这正是进行上述回顾的基本目的之一。

1. 理论化趋势。这种趋势主要反映在以下三个方面。

首先,进一步深入研究历史唯物主义理论,力图从整体上完整、科学地理解历史唯物主义的基本观点和方法论体系。从1978年以来,外国教育史研究工作者已经逐步认识到这项工作的重要性和必要性,认识到这方面的欠缺在某种意义上正是阻碍外国教育史学科发展的重要内在因素。因此,随着学科研究的日益深入,学科研究工作者将会更加感到加强历史唯物主义理论修养的迫切性。

其次,不断广泛、深入地研究历史哲学和历史理论。众所周知,教育史是全部人类社会历史的一个侧面和组成部分,教育历史的发展受人类社会发展的多方面影响和制约,因而,以探讨人类社会历史发展一般规律和历史研究基本特点为宗旨的历史哲学,必然有助于促进对教育发展的理解。过去由于将历史唯物主义等同于史学理论,史学理论的研究长期得不到发展,因而,教育史学科研究也无从借鉴史学理论的研究成果,这对学科的发展产生了某种消极影响。随着史学理论的不断发展和外国教育史学科自身的成熟,对各种史学理论的深入研究,将成为一种必要的工作。

再次,以历史唯物主义为指导思想,广泛借鉴各种史学理论,大力加强教育史学科基本理论的研究。教育历史虽然与人类社会发展史具有共性,但存在着明显的差异,因而有必要具体研究教育历史的特殊规律、教育史研究的特殊方法等等。只有这样,才能更加科学地把握历史唯物主义的科学精神,不断深化对教育历史的认识。

不论从当代国外教育史学科研究的发展趋势来看,还是就我国教育史研究长期以来存在的问题而言,促进学科研究的理论化趋势势在必然。当然,加强学科的理论化并不意味着可以因而放松史料建设和对具体问题的研究，这三者之间存在着相辅相成、互相促进的内在联系。

2. 多样化趋势。首先，如上所述，从1985—1989年，外国教育史研究已经形成了通史、国别史、断代史和专题史并存的新格局。但毋庸讳言，这只是一个开端，事实上，在这方面要做的工作很多，也很艰巨。从外国教育史研究的发展趋势来看，今后在继续深入研究通史的同时，国别史、断代史、专题史、问题史、思想史、制度史将会得到更多的重视。这不单纯是一个扩大研究领域的问题，更重要的是，这些相对具体领域中的研究将促使对通史的探讨更为深刻和丰富。其次，随着学科研究的不断深入，在学术见解上将会逐渐出现一种"百家争鸣"的局面，各种不同的学术主张、研究方向将会不断涌现，以至于出现一种不同学术"派别"共存的新局面。这将使外国教育史研究进入到一个新的境界。

3. 整体化趋势。现代科学发展的一个重要趋势是不同学科之间的不断渗透、融合和科学的整体化。外国教育史学科也不应例外。在新时期外国教育史研究的进展中，已经看到广泛借鉴不同学科的研究成果的初步倾向。随着学科研究的发展，广泛借鉴、引进哲学、社会科学和自然科学的最新研究成果、研究方法、基本原理和思想框架的必要性和重要性，将为更多的研究工作者所理解，并做出相应的努力。从目前的条件来看，系统论、控制论、计量史学、结构方法、计算机等原理、方法和技术将有可能最早被运用到外国教育史研究之中。这不仅可以使学科研究跟上时代发展的步伐，更重要的是有助于促进对教育历史现象和本质的认识与理解。

4. 群体化趋势。这是就研究的组织而言。不同地区、不同单位的研究人员之间的合作，已经是新时期外国教育史研究发展进程中的一个明显趋势。这种趋势在以后将继续发展并将逐渐强化。这是因为，由于外国教育史学科涉及的范围非常广泛，上下几千年，纵横几十国，以一人之力难以对所有国家、所有时代、所有方面的教育进行深刻的研究，因而，同一学科中专长不同的研究人员的组合将会产生最优化的效果。而且，由于这种组合的频率将会越来越高，其意义日益重要，将促使人们对这方面进行深入研究，以寻求各方面研究人员最优组合的模式。另一方面，这种研究人员之间的组合将会逐渐超越学科界限。由于教育史研究涉及哲学史、政治史、心理学史、宗教史、经济史、社会史等学科领域,因而,不同学科的研究人员之间合作的可能性是客观存在的,关键在于教育史学科本身的发展方向和进展速度。事实上,在美国等国家,历史学家与教育史家的合作从 20 世纪 50 年代即已开始。可以坚信,在现已取得的巨大成就的基础上,在即将到来的 90 年代,外国教育史学科的研究将会取得更长足的发展。

（原载《教育研究》1990 年第 1 期,署名"吴越"）

全面危机中的外国教育史学科研究

如果以真正的科学态度和学术良知对 80 年代末和 90 年代初以来的外国教育史学科研究的状况进行评估,那么,我们不应回避这样一个事实:外国教育史学科研究正处于全面的危机之中。在外国教育史学科研究移植到中国近百年的今天,这个事实确实是令人震惊的。

一、危机的表征

外国教育史学科研究目前所面临的危机是全面的和基本的,这种危机表现在学科研究的各个主要方面:

1. 研究队伍的萎缩。一个明显的事实是,自 80 年代后期以来,各个师范院校外国教育史学科专任教师的数量急剧减少。目前虽没有关于从事外国教育史学科研究专业人员数量的确切统计,但可以做一个基本估计。据 1995 年统计,全国共有高等师范院校 236 所(含师范专科学校)、教育学院 242 所。其中,设置教育专业的高等师范院校大约 42 所、教育学院约 79 所,总计 121 所。若按每所院校平均有两名外国教育史学科的专任教师计算,那么总数大约为 250 人。而事实上,许多院校通常只有一名专任教师。另一方面,相当一部分院校实际上是由从事其他学科教学的教师兼任外国教育史学科的教学工作,因此,这个数字还将打些折扣。依据这些情况,较为乐观的估计是,目前专门或主要从事外国教育史学科教学和研究工作的人数大约在 100 人左右。

一定数量的研究人员的存在,是进行学科研究的基本条件之一。虽然说研究人员数量的多少与学科研究的水平高低不存在必然的联系，但是，当某个学科研究人员的数量在一个较短的时期内迅速减少、甚至减少到仅足以维持教学的状况时，其中必然存在着令人深思的问题。

外国教育史学科研究队伍的急剧萎缩，既是学科研究危机的原因，但同时也是危机的结果。学术史告诉我们，当一个学科或一门学问在社会中处于中心或重要地位时，它必然吸引众多的杰出人才集中到它的大旗下（古代的哲学、近代的经济学和法学研究无不如此）。近十多年来中国教育科学研究中也存在着类似的现象（教育哲学、教育经济学和比较教育等都曾吸引或仍在吸引大量的新生力量）。外国教育史学科研究不仅未能吸引一定数量的新生力量，现有的队伍反而在不断萎缩，原因固然是多方面的，但至少反映了这样一个现实，即这个学科的"吸引力"在日益减小。而这种现实又与学科研究本身的状况具有直接的相关。

2. 人员结构的失调。如果说外国教育史学科研究队伍的萎缩还只是一个外在的现象，那么，这支队伍内在结构所存在的问题则是基本的。从目前的状况看，外国教育史学科研究队伍结构的问题主要反映在两个方面。一是队伍年龄结构失调。随着人事制度的变化，近年来，由于一批从事外国教育史学科研究的老专家陆续退出现职，一批中青年学者几乎是在没有任何必要的过渡的情况下，承担起了外国教育史学科的教学和研究的主要任务，外国教育史学科研究队伍中原有的较为合理的年龄结构（这个结构是用了相当长的时间才形成的）在一个很短的时间内被打破了。虽然是现行人事制度造成了这个结构的破坏，但它所产生的后果却绝不仅仅是"人事的"。由于外国教育史学科具有很大的史学研究的特点，因而，积累、继承是学科研究和学科发展的必要条件之一。一个从事外国教育史学科研究的学者，只有经过一定时间的知识积累，才有可能对教育历史发展做出总体把握，从而进一步选择研究课题，进行开拓性的研究。而现实的情况是，一群已基本完成这个积累过程的老专家却不得不离开自己的工作岗位，一群尚未完成这个过程的中青年学者则不得不在缺乏必要准备的情况下承担起本应由他们的上一辈承担的工作。这种状况对于外国教育史学科研究的不利影响是极为严重的，目前所能看到的还只是很小的和较为次要的一部分。

外国教育史学科研究队伍结构的另一个问题是研究人员知识和智力结

构的失调。这一方面表现为语种的单一,即大多数研究人员所掌握的主要是英语,还有一部分掌握日语、俄语。掌握德语、法语等重要语种而又主要从事外国教育史学科研究的人数极少,更不用说其他语种了。语种单一所造成的一个直接的问题是,资料来源的局限,而这又直接造成研究范围的局限和研究水平的局限。几十年来,许多专家一直呼吁突破外国教育史研究中的"欧洲中心"或"西方中心",但时至今日,外国教育史仍主要是欧美教育史。其中的一个重要原因便是所能利用的直接资料数量过少。而严重缺乏原始资料的历史研究,又怎么能够期望它取得创新和突破呢? 另一方面,研究人员本身所受的学术训练以及在此基础上形成的理智背景较为狭窄。由于我国高等教育体制的原因,外国教育史学科的教学和研究主要在师范院校的教育系科中进行,这使得大多数从事外国教育史学科研究的学者通常都缺乏严格的史学训练以及广泛的人文社会科学的素养(我坚信,这种缺陷过去和现在始终是阻碍外国教育史学科研究进展的内在原因之一)。理智背景的单一和狭窄既不利于产生思想的交锋,更不可能形成广阔的视野。

　　3. 研究工作的失范。由于传统学术研究方式的影响,外国教育史学科研究在长时间内一直存在着不注重学术规范的问题。为数不少的研究成果既不提供前人的研究进展综述,也不提供资料来源,甚至在没有任何原始史料而只凭借二手、三手资料的前提下"既述且作"。类似的情况不仅存在于部分研究人员个体,也表现在整个学科研究中。很长一段时间以来,外国教育史学科的研究事实上一直处于一种无序的状态中。这主要表现在研究工作过于集中在学科局部的研究,过于局限于西方近现代教育家和教育思想的研究,研究工作重复进行,使本来已经非常有限的智力资源得不到有效的利用。这种现象的长时期存在,事实上说明外国教育史学科本身还远未成型、成熟。

　　研究工作的失范同样表现在学科基础建设的严重滞后。外国教育史学科在本质上具有史学的特征,因而,史料是学科研究和发展的基础所在。而且,与中国教育史学科相比,外国教育史学科的史料建设本来就是"先天不足",这就更需要加倍重视史料建设。但事实是,这方面的工作一直严重滞后。除一些前辈学者在80年代和90年代初期先后组织了几项史料建设的工程外,近年来,几乎没有较为系统的史料收集和整理工作。而且,更加值得注意的是,由于急功近利和浮躁的学风的影响,当前对史料建设意义的认识反而出现了明显的"倒退"。从目前的状况可以做出初步的判断:在今后一个时期内,史料危机将是外国教育史学科研究中的最大危机。

4.学科发展迟缓。近十年来,外国教育史学科研究较为重要的发展主要表现在对西方教育思想史系统研究的初步开展;另一个重要方面的进展则是若干部外国教育史专业的博士论文的相继出版。此外,某些过去一直被忽视的专题史研究也取得了一定的进展(如幼儿教育史或学前教育史)。从这个角度看,外国教育史学科研究在近年来确实是取得了一定的发展。但在另一方面,从整个外国教育史学科研究的状况看,我们没有理由甚至没有权利说,外国教育史学科研究距离危机还很遥远。如果我们具有足够的勇气和洞察力,那么,就可以清晰地看到,这些进展丝毫不能改变外国教育史学科研究目前所处的危机境遇。学科研究范围的扩展,固然是衡量一个学科发展的重要标志。但从本质上讲,一个学科发展的根本却在于对学科研究对象认识的不断更新和为此目的而进行的研究方法与"范式"的不断变革,在于学科自我批判意识的不断提高,更在于学科研究能够在不断汲取人类认识发展的最新成果的基础上,不断创新、不断创造、不断实现自我的更新。这种本质上的变化才是真正意义的学科发展,才是我们应当努力追求的发展。如果只是把沿用多年的方法和"范式"不加任何变化地运用到过去未曾探索的领域,虽然具有一定的价值,但这并不是真正意义上的学科发展,而是一种学科增长。增长固然是发展的必要条件之一,但无论如何,它不是发展,更不能代替发展。近年来,外国教育史学科研究在增长上花费了大量的人力和资源,但在发展上的"投入"却微不足道。正是由于这个基本的原因,外国教育史学科研究在近年来出现明显的增长缓慢、发展迟滞、后劲不足的疲惫之势。

以上四个方面只是外国教育史学科研究目前所面临的危机的部分表征,但已足以说明,这种危机绝不是局部的、表层的,而是全面的和基本的。我以为,外国教育史学科研究今后发展的关键在于,我们是否有勇气承认这种危机的存在,是否有胆识面对这种危机,并且,是否有客观的态度理性地分析危机形成的根源。只有在这个前提下,才有可能逐步摆脱、克服危机,从而使外国教育史学科研究走上"新生"之路。

二、危机的根源

造成外国教育史学科研究目前危机的原因,确实是非常复杂的。就总体而言,这些原因大致可以区分为宏观、中观和微观三个方面。这三个方面的因素是相互联系的。

宏观的原因。近二十年中国社会的变迁在为学术研究创造种种有利条件的同时,也使诸如外国教育史这样的基础学科研究面临前所未有的严峻形势。由于价值观念的巨大变化,特别是由于对应用、实用、功利、利益的普遍追求,支持基础学科研究的资源日益贫乏。这种资源一方面是指基础学科研究所必需的经费、设备以及各种条件等物质化的资源,另一方面是指影响基础学科研究进行的精神资源。在人们普遍地认为知识的价值只在于它是一种商品的年代里,基础学科研究由于其"使用价值"或商业价值的不可预见性,受到冷落是必然的。迄今为止,我们还很难断定外国教育史学科研究危机的确切开端,但是,我们可以确定地指出,这种危机在近年来变得异常严重。而这个过程是与整个社会环境和价值观变迁的过程相一致的。

中观的原因。这里所谓中观层次的原因,主要是指现行高等教育体制和教育科研体制对于外国教育史学科研究的影响。现行教育科研体制对外国教育史等基础学科研究的冲击是非常明显的。近年来,由于强调应用研究,在各种教育科学规划和人文社会科学规划中,基础研究和基础学科研究在课题指南中所占的比重日益缩小,正式立项的课题数逐年锐减。而通常所说的纵向课题却一直是外国教育史等基础学科科研经费的主要来源。这就使科研条件本已非常恶劣的基础学科研究更是雪上加霜。与此相联系的还有科研成果发表难的问题。迄今为止,教育科学各重要分支学科大都创办了本学科的专业刊物,唯有包括外国教育史在内的教育史学科目前只有一份内部发行的期刊。而在现行的高等学校职称评定制度中,通常只有在公开发行的中文核心期刊发表的论文,才能作为科研成果申报,这就使教育史学科唯一的专业刊物的稿源受到很大的影响。而这反过来又制约这份刊物的发展。外国教育史学科研究出成果难,有了成果发表难,是近年来从事外国教育史学科研究专业人才流失的非常重要的原因。

现行高等教育体制对外国教育史学科研究的影响也是显而易见的。这一方面表现在现行的定编、定岗、定职的人事制度对外国教育史学科梯队建设的制约，另一方面表现在系科划分、教研室建制等对外国教育史学科研究与其他相关专业和学术领域的交流的限制，再一方面则表现在现行的本科和研究生教育中存在的注重专业化、忽视全面教育和陶冶的弊端（就外国教育史学科而言，教学时数的逐年大幅度减少，即是佐证）。所有这一切，都对外国教育史学科研究的发展产生了非常不利的影响。

微观的原因。微观的原因主要是指外国教育史学科自身和研究者主体本身存在的问题。这些问题主要有：

第一，外国教育史学科研究工作存在的自我封闭。由于实行学术分科，不同专业之间逐渐形成了壁垒。而这种壁垒又反过来进一步强化了学科的分野。其结果是从事不同专业研究的人员之间很难进行实质性的交流和沟通，这就使相当一些专业和学科必然处于一种封闭的状态。外国教育史学科研究的封闭不仅表现在它很少自觉地吸取人文社会科学的研究成果（在过去，它曾经非常注重从世界通史和政治史吸取营养，而近来连这一点也做得很少），而且表现在它甚至基本忽略与教育学科其他分支学科的交流。这样做的唯一结果就是，学科研究故步自封、墨守成规。外国教育史学科研究近年来发展迟缓的一个重要的内在原因，即在于此。

第二，长期忽视学科研究方法和学科基本理论问题的探索。从某种意义上讲，外国教育史学科的基本体系和基本研究方法多年来始终没有根本性的变化，更不存在实质性的突破。学科的基本体系和基本结构依然在沿用50年代苏联教科书的体系。另一方面，众多外国教育史学科的研究成果通常很难反映出研究者对教育历史现象的独到理解和认识，也很少表现出研究者所运用的独到的研究方法，我们仿佛是在运用某一种标准化的公式在研究教育史。其结果必然是，众多研究成果"千人一面"、"千篇一律"。这同样是外国教育史学科研究进展迟缓的一个重要原因。

第三，我们为外国教育史学科研究所确定的目标和我们所拥有的实现这些目标的手段之间的巨大矛盾。1949年以前，外国教育史实际上是西洋（方）教育史或欧美教育史。1949年后，由于批判"欧洲中心论"或"西方中心论"，外国教育史学科的研究范围逐步扩大到欧美以外的国家和地区。近年来,外国教育史学科研究进一步加强了专题史或专门史的探讨,初步摆脱了过去长时间内单一的通史研究的模式。但在这些有益探索进行的同时,我们所拥有的研究资源总量却并没有发生相应的增加。这种状况如果长时间持续下去,必然导致研究资源的枯竭,从而在根本上危及外国教育史学科的存在。另一方面,探索教育历史发展基本规律、总结教育发展的经验教训,这是外国教育史学科为自己规定的崇高目的。这个目的本身并无不当之处,倘若真能实现,那确实是"功德无量"。但几十年以来的实践却说明,以我们所拥有的非常有限的资源,这个目的实在是过于崇高了。目的与手段之间存在的巨大差距,反而使目的本身变得富有戏剧性。

第四,教科书传统的消极影响。我以为这是制约外国教育史学科研究发展的最为重要的因素。众所周知,在其创立之初,教育史学科就被当作近代师范教育的重要内容,其目的在于通过向未来的教师传授教育的历史知识,从而激发他们对于教育职业的崇高感情。这事实上说明,在传统上,教育史学科首先不是作为一个学术研究领域而是作为一个教育和教学科目。无论是在欧美和日本,还是在中国,早期的教育史著作大多是为师范教育机构编写的教科书。由于是师范教育机构的重要教学科目,在教育史学科的建设中,教学和训练的目的就必然压倒研究和学术的目的,对学科系统性的追求必然重于对学科创新的追求,对学科内容安排的重视必然高于对学科结构不断重建的关注。简言之,由于和师范教育的密切联系,教育史学科建设的定位始终是教学的而不是研究的或主要不是研究的。从这一点出发,我们就很容易理解几十年来外国教育史学科研究始终不变的一个重心是教材建设这个现象。教材建设固然是必要和重要的,但是,如果教材建设在长时间内始终是学科研究重心时,就说明学科研究的方向出现了偏差。教科书当然并不排斥学术思想,不排斥创新,一些经典的教科书本身就是非常有价值的学术著作(如孟禄的《教育史教科书》),但在通常的情况下,教科书往往更注重知识的系统性和逻辑性,更关注学生对知识的接受;另一方面,由于教科书特有的功能,它更为重视知识的广度而不是深度。由于这些原因,在教科书编写中,教学的考虑必然重于研究的需要,继承必然大于创新。如果把教科书的编写等同于研究,就必然削弱学科的学术性,从而影响学科的长远发展。

三、摆脱危机的策略

从目前的趋势看,在相当长的一个时期内,我们很难期望制约外国教育史学科研究的宏观和中观原因会发生根本性的变化,外国教育史学科研究将长期处于一个不利的环境中。明确这一点,对于外国教育史学科研究今后的发展,是至关重要的。这也就是说,我们既不能坐等环境的改变,更不能徒劳无益地抱怨、指责。另一方面,我们也应当清醒地意识到,目前的环境虽然有大量不利于基础学科研究的因素,但事实上也存在着很多有利的条件:改革开放带来了更多的与世界交流的机会、获得更多资料的可能以及广泛吸取新知识和新方法的条件;由社会发展所造成的中国教育的全面转型,为外国教育史学科研究提供了大量的研究思路和课题。所有这一切,应当视为外国教育史学科研究走向复兴的重要契机。关键在于我们是否有健康的心态和清醒的认识,能否充分地利用这个良好的机遇。

与此相联系的是,在外国教育史学科研究处于全面危机的今天,我们是否有足够的勇气面对这个现实。确实,我们可以轻易地寻找到很多证据说明外国教育史学科研究所取得的种种成就和所面临的美好前景。这确实会令人鼓舞、使人振奋。但若与同时期中国学术的发展和教育科学其他一些分支学科发展所取得的成就相比,这些成就还真能起到鼓舞人心的巨大作用吗?承认危机的存在并不意味着否定成就的存在,也不是追究责任,而是为了客观地评估外国教育史学科研究的真实状况,为了对学科发展进行自我反思,其目的正是为了学科的今后发展。在外国教育史学科目前的处境下,一味歌功颂德或盲目乐观,才是非常有害的。

要使外国教育史学科研究摆脱目前所面临的危机,另一个要素是加强主体的自律。由于社会风气的影响和某些体制的作用,中国学术界已经非常世俗化了。急功近利、浮躁、浮夸等等社会病也早已成为学术界的流行病。在这种心态下进行的学术研究,其成果究竟有多少学术成分是可想而知的。对于这种现象,一味指责是无济于事的。关键还在于研究者主体加强自律,同时建立相应的学术规范。在外国教育史学科研究的"多事之秋",研究者主体的学术良知和学术责任感比以往任何时候都更为重要。只有当我们真正以科学的态度和学术使命感从事研究时,外国教育史学科研究才有可能最终摆脱危机。

从外国教育史学科自身建设的角度看,一项非常紧迫和重要的工作是对学科研究进行重新定位。在这方面,首先应当对外国教育史学科研究在中国近百年的发展历史进行认真梳理,分析和总结前人取得的成就和经验教训,实事求是地确定学科研究的任务、范围和目的。更为重要的是,由于我国独立的师范教育体制在今后相当长的时期中仍将继续存在,外国教育史学科作为师范教育重要教育内容的状况也仍将继续存在,但这绝不意味着我们只能把外国教育史学科当成教学科目进行教学研究。我们必须从根本上改变这种片面的认识,把外国教育史学科不仅作为教学意义上的"学科",而且作为学术意义上的"学科",把外国教育史学科当作一个严格意义上的学术研究领域,把外国教育史研究当作真正意义上的学术研究。只有当这种转变完成之后,外国教育史学科研究才有可能从根本上摆脱目前的危机,并且不断地提高其学术地位。也只有这样,外国教育史学科研究才会具有生命力,才会取得长足的发展。

与此相联系,应当不断加强外国教育史学科的自我反思。人类认识的历史表明,自我认识不仅是认识发展到较高阶段的产物,同时也是认识继续发展的强大动力。这个道理也同样适用于外国教育史学科研究。如果说过去之所以缺乏学科的自我反思,是由于学科发展水平的局限和学科研究在中国的历史短暂(毕竟,外国教育史学科研究的正常进行只是很短一段时间内的事),那么,在经过最近这二十年的发展,学科研究的水平已有明显提高的情况下,大力加强学科的自我反思,不仅有可能,而且极有必要。事实上,是否进行这种反思,在什么程度和广度上进行反思,关系到外国教育史学科未来的命运。

从目前的状况看,外国教育史学科的自我反思主要包括:第一,对学科研究历史的回顾和评估。外国教育史学科研究在中国已进行了近百年,这一百年的学科进展,本身就是一部值得深入研究的历史。从这部历史中,可以得到的实在是太多了。这些收获对于外国教育史学科今后的发展确实是非常有教益的。第二,对外国教育史学科的研究对象、范围、任务、方法和目的等学科基本理论问题的研究。第三,对教育历史现象、历史过程与一般历史现象和过程的联系与差异的研究,对教育历史现象和过程与其他领域(政治史、经济史、文化史、社会史)历史的联系与差异的研究。第四,对教育历史现象和过程的解释框架或范式的探讨,等等。这些反思的系统化的结果,就是教育史学的形成。教育史学并不是独立于外国教育史学科以外的另一个"学科",而是内在于学科之中的,是外国教育史学科的有机组成部分。只有这样,教育史学的研究才会有存在的意义和价值。

(原载《高等师范教育研究》2000 年第 4 期)

教育历史:本性迷失的过程

——对教育发展的"另类"观察

本文旨在对近八十多年来先后对我国教育史研究(本文主要涉及外国教育史研究)发生较大影响的三种教育史观进行反思,并就如何认识教育进步和发展历史的本质提出初步的见解,以就教于方家。

一

近八十多年来,由于社会发展、意识形态和知识状况的不同,影响外国教育史研究的历史观念前后具有明显的差异。大体上,主要有三种教育史观对外国教育史研究产生了重要的影响。这其中包括:

1. 20世纪20—30年代中期的进化论教育史观。在这个时期,由于我国现代师范教育的发展,作为师范院校课程体系组成部分的西方教育史学科很快形成,出现了如姜琦、蒋径三、雷通群、瞿菊农等著名的教育史家,先后出版了《西洋教育思想史》、《西洋教育通史》、《西洋教育史》等著作。这些著作的一个共同特点是,受到美国教育史家孟禄(Paul Monroe)和克伯莱(Ellwood Cubberley)等人的进化论教育史观的直接影响。

根据这种进化论的教育史观,教育历史所反映的主要是教育从低级阶段到高级阶段的发展。例如,孟禄在其著名的《教育史教科书》(1905年)中,当叙述到原始社会的教育时,就曾明确指出:"原始社会以最简单的形式展现了它的教育。但是,教育过程的早期阶段却包含了在其高度发达阶段所具有的全部特征。"①从这段话可以看到,尽管与先前的一些教育史家不同,孟禄并不完全否定原始社会教育的意义,但仍然把它作为一种低级阶段的教育,并认为它的意义主要在于是更高阶段教育发展的基础。克伯莱在《教育史》(1920年)中,则把教育的历史当作西方文明兴起和进步历史的一个方面②。

2. 从 20 世纪 50—80 年代,苏联教育史家麦丁斯基、康斯坦丁诺夫等人的著作对我国教育史研究产生了重大的影响。这种影响的一个重要载体是曹孚先生编译的《外国教育史》。它是以后多种外国教育史著作、特别是教材的模本。

麦丁斯基、康斯坦丁诺夫等苏联教育史家的教育史观主要是依据《联共(布)党史》中对社会发展阶段的划分,认为人类教育与人类社会一样,先后经历了从原始社会、奴隶社会、封建社会、资本主义社会到社会主义社会这样一个从低级阶段到高级阶段的发展。这种发展的基本动力是生产力与生产关系的矛盾与不同阶级之间的冲突和斗争。

与 20—30 年代进化论教育史观的影响不同,在 20 世纪 50 年代,苏联教育史家的这种教育史观不仅是作为一种学术观点,同时也作为意识形态的组成部分,凭借着强大的制度力量而渗透和影响着外国教育史学科的研究,因此,它所产生的力量是极为巨大和根本性的。由于这种原因,1949 年以后由国内学者编写的外国教育史教材,无论在体例、历史阶段分期上,还是在人物评价的主要结论方面,都受到这种教育史观的直接影响。直到今天,我们依然没有能够完全摆脱它的影响。

3. 20 世纪 90 年代以来,一些研究者开始尝试运用现代化理论的方法和概念,对教育历史发展的本质进行分析。根据这种研究范式,教育的历史进程被认为是教育现代化的过程,教育的制度化、世俗化、法制化、普及化、科学化等被认为是教育现代化的基本指标,现代性的获得被认为是教育现代化过程的目标。这方面的代表性著作主要有:张斌贤等人的《西方教育思想史》(1994 年)、褚宏启的《英国教育现代化的路径》(2000 年),等。

上述三种教育史观尽管表现形式不尽相同,但其思想的实质是一致的,即它们都强调人类教育历史的本质是教育本身不断从低级到高级、从非制度

---

① P. Monroe, *A Text-Book in the History of Education*, New York: The MacMillan Company, 1905, p. 1.

② Ellwood P. Cubberley, *The History of Education*, Boston: Houghton Mifflin Company, 1920, Preface.

化到制度化、从非正规到正规发展和进步的过程。这个过程是线形的、不可逆的,同时也是普遍的和必然的。另一方面,它们通常都有意或无意、自觉或不自觉地为教育发展和进步的过程设定了一个崇高的目标,并认为这个目标是历史过程内在的和逻辑的结果(而不是人为确定的)。

这种把发展、进步当作历史进程本质的历史观念,不管它们自认为受到何种理论的启发,本质上都反映了西方近代以来形成和不断系统化的进步观念的巨大影响,本质上都是进步观念在教育史研究中的具体运用。

英文中的"进步"(progress),是拉丁文 pro(向前)和 gress(走)的合成词,它最初出现于 15 世纪,此后,其语义一直保持相对的稳定:表示向上、向前或更高阶段和状态的运动、行动、活动。

从 16、17 世纪开始,进步不仅作为一个名词,而且逐步成为一种普遍的社会历史观念。在这个时期,进步主要被看作知识或智力领域中的事情,或者说确信知识、智力处于进步过程之中是进步观念的基本特征。哥白尼、培根、笛卡儿等人为进步观念的形成,做出了重要贡献。到 18 世纪,由于启蒙运动的影响,进步观念逐步扩展到社会生活的各个领域,成为支配社会生活和历史创造活动的大观念。孟德斯鸠、杜尔哥、孔多塞、狄德罗、亚当·斯密、赫德尔、康德等人为进步观念的扩展做出了重要贡献。到了 19 世纪,费希特、谢林和黑格尔等人对进步进行了历史逻辑的证明,圣西门和孔德等人确认进步是社会演变的规律和组织机制,斯宾塞等人运用进化论,使进步观念超越历史和社会领域,成为一种普遍的信仰①。

根据进步观念,发展、进步是人类社会运行的基本规律,人和社会都是不断向前发展的。在这个过程中,人性不断改进,日臻完善,社会则朝着更加美好和繁荣的理想状态不断发展。进步的过程是永远不会停滞和终结的。正如 S. 波拉德(Sidney Pollard)所概括的那样:"一种进步信念暗含着这样的假设:人类历史中有一种变化的模式,这种模式是可知的,它构成不可避免的仅仅朝着一般方向——人类事物由不甚令人满意的状况逐步改善为更令人满意的状况——的变化。"②孟禄、克伯莱、麦丁斯基、康斯坦丁诺夫等人的教育

---

① 姚军毅:《论进步观念》,中国社会科学出版社,2000 年,第 1 章。彼得·欧皮茨:《"进步":一个概念的兴衰》,《中国社会科学季刊》,香港,1994 年夏季卷。

② 姚军毅:《论进步观念》,第 112 页。

史观,以及在现代化理论影响下形成的教育史观,实际上正是这种大观念在不同时期中的不同作用结果,是不同形式的进步教育史观。

二

但是,人类教育的历史果真如进步教育史观所断言的那样,是教育在一种近乎宿命般的规律作用下,朝着一个同样宿命般的美好目标坚定向前的过程吗?

刚刚过去的20世纪,被公认为是教育取得决定性发展的时期,是教育现代化在全世界范围内凯歌行进的黄金时代。但当我们冷静审视近百年来、乃至近几百年来世界教育发展和教育现代化的结果,我们看到了什么?或者说,教育发展和教育现代化除了给人类带来了巨大益处之外,还给我们带来了什么?

1. 随着教育的不断发展,教育事业的规模不断扩大。在世界多数国家,教育已经成为最大的公共事业:在教育事业中活动的人员(教师、学生、管理人员)数量日益增加,教育经费在政府财政预算中所占的比重不断提高,教育占有着越来越多的社会资源。占有了巨大社会财富的教育,本来应如它曾经承诺的那样,为社会的真正进步做出更大的贡献,但我们所能看到的是,18世纪启蒙思想家们为人们描绘的通过普及教育、传播知识和发展理性,从而推动社会进步的理想,依然是可望而不可即的幻影。在当今世界,教育在自诩推进社会正义的同时,却使人群之间、阶层之间、社会之间、民族之间、种族之间和国家之间的不平等进一步加剧。

2. 教育全球化(或国际化)的洪流所到之处,世界各地、各民族和种族在教育的价值、文化、方法、内容、体制等各个方面的差异日益减少,各国教育在整体上日益趋同,教育传统的多样性正如生物的多样性一样不断减少;世界教育的生态出现了前所未有的巨大危机。

3. 教育的泛工具化。在当今时代,教育已经日益成为社会发展、经济发展、政治发展、国家安全、文化建设等的纯粹意义上的工具,学校正在成为巨大的社会服务站和知识超市,以尽可能地满足不同人群的千变万化的需要。而当教育和学校在履行越来越多的社会责任的同时,教育和学校最为基本的职能——促进人作为独立个体的成长和发展——却被遗忘了或消失了。

4. 教育的高度制度化使教育和学校日益成为机器,每一个过程、每一个环节都被加以严格的规定和程序化,都被要求按照严格的工艺、技术标准进行操作。教育活动的艺术性、创造性在高度的制度化、程序化和技术化的指令中被扼杀了。一个人在其一生中什么时间接受教育、接受什么教育、以何种方式接受教育(包括由谁进行教育)、所受教育应达到何种标准、何时完成某种教育等等,都被某种权威预先以种种方式加以确定。教育活动中天然的人性、灵性和个性要素在学校这个巨大机器的运转中几乎被湮没了。对教育历史有兴趣的人们常常叹息,为什么在杜威之后,世界上几乎没有再产生可与杜威相比肩的伟大教育家? 如果这个问题能够成立,那么,其中的一个重要原因是,高度制度化和程序化的教育和学校运行既不需要、甚至也不允许具有创造性和个性的思想和理论的出现。在日益机械化的教育制度的运行中,指令完全取代了独立的思考。

5. 教育本是人类生存和生活的基本的内在需要,但是,由于教育权利逐步从家庭权利变成为公共权利①,教育却成了被强制履行的义务,成为与人自身的需要几乎没有关系的活动,教育活动最为根本的基础——人自身的本质需要,被公共的意志和需要所取代。由此造成了教育过程与生活过程的割裂、教育过程与生命过程的割裂。在这种情形下,教育从人的内在的活动变成了纯粹外在的活动。

6. 不仅我们的教育行为发生了严重的偏差,现代人对教育的基本认识或信念也同样出现了扭曲:我们或者把教育当作一种义务,当作人生历程中不得不完成的一门必修课,因此教育成为一种强制;我们或者把教育当作一种职业,当作社会劳动分工的一个环节,当作谋生的一种手段;我们或者把教育当作一种专业,当作培养未来教师的一个阶梯;我们或者把教育当作高等学校中讲授的一门科目,当作学者研究的一个专门领域;我们或者把教育当作某种专业或职业技能的训练,当作未来从事某种职业的准备;我们或者把教育当作提高个人社会地位和经济地位的一种阶梯,当作在激烈社会竞争中立于不败之地的强大武器;我们或者把教育当作实现社会目的的工具,当作经

① 秦惠民:《走入教育法制的深处——论教育权的演变》,中国人民公安大学出版社,1998 年,第 1 章。

济和社会发展的手段;我们或者把教育当作在某个我们现在称之为学校的机构中进行的"有目的、有计划"进行的某种专门活动,如此等等。

尽管现代人对教育的认识已经或正在不断深化、拓展或进步,但真实地说来,由于人们更多地是从教育可能承担的功能或实际承担的功能,更多地依据现代社会某种方面的需要、现代社会的某些价值观来认识教育的使命,来理解教育的属性(并且把现时代的认识和理解投放到对一切时代教育的把握),我们现在离教育的真正意义是越来越远了,远到我们实际上已经很难把握教育的本性(如果还不是不可能的话)的程度。

三

以上种种,不禁使我们反思,迄今为止的教育历史究竟是如进步教育史观所坚信的那样,是教育自身不断发展和日趋完善的过程,是教育本质不断呈现的过程,还是教育本性不断丧失、不断被遗忘的过程?

按照我的观点,迄今为止的教育历史,就其本质而言,是教育本性在实践中不断消解、不断丧失,在认识上不断狭窄、混乱的过程,是教育日益远离其真正本性的过程。

为了认识教育的本性,我们必须重新回到人类教育的原初状态。史前时期是人类教育的童年时期。从民族学、人类学等方面的研究成果中,我们可以看到人类教育的雏形,而正是在这种雏形中,我们看到了人类教育的天性。正如我们可以在儿童身上看到人类的天性一样。

教育史家孟禄、社会学家列维—布留尔等人的研究告诉我们,在史前时期,教育的主要方式就是未成年人对成年人行为和活动的模仿,这种模仿是在实际的生活过程中进行的,它无时不在,它与生活过程是一致的,它本身就是生活的一种形式、生活的内容,它是在生活中、通过生活、为了生活而进行的。就其本性而言,教育产生于人类种族生存、延续和发展的基本需要,教育是人类生活的基本内容和基本方式。教育并不是外在于人的生活的东西,而是与人的生活具有天然的、内在的联系①。

① P. Monroe,*A Text-Book in the History of Education*,Chapter 1.

随着人类教育制度化的发端,教育本性迷失的过程就开始了。这个过程经历了四个关键的阶段:

首先是书面语言(文字)的出现。书面语言的出现大致在距今6000年前。按照教育史家以往的观点,文字的出现"提高了文化积累和传递的效用,提高了对新生一代教育的效用。它是由非正式教育过渡为正式教育的关键"①。但在另一方面,也应当看到,书面语言的出现,使人类种族的经验得以抽象化,并固化为符号。它固然扩大了意义表达的范围,但由于把种族经验逐步限定在书面语言,在历史的变迁过程中,逐步形成了书面语言对口头语言的压迫、形成了对书面语言的崇拜,一切非文字形式的种族经验逐步被排斥在教育活动之外,人类种族经验的传递在数量和内容上,被大大缩减了。

更为重要的是,由于书面语言的出现,人类经验的性质和传递的方式发生了根本的变化。抽象的、间接的经验取代了具体的、直接的经验,文字记录代替直接的生活成为教育活动的主要媒介,教科书成为人类种族经验的权威象征。从这个时候开始,教育就逐步脱离与生活和社会活动的天然联系,逐步正规化和形式化。

其次是学校的出现。根据目前的考古发现,最早的学校出现在公元前3500年前的底格里斯河和幼发拉底河流域②。学校的出现使人类的教育活动逐步被限定在这个被称之为学校的场所,又逐渐被限定在教室,并由此逐步形成了正规教育与非正规教育的严格区分,进而逐步形成了正规教育对非正规教育的歧视、压迫。

随着时间的推移,以包括教学计划、课程表、学期制、学年制、班级授课制在内的各种形式的制度的形成和不断严密,学校的各项活动日益正规化、制度化,学校日益成为专门化的、具有高度排他性的教育机构。其结果是,一方面,形成了受过教育(有教养)和未受过教育(没有教养)人群的区分,由此进一步扩大和深化了社会等级的鸿沟。不仅如此,在大多数文明社会中,接受学校教育、特别是接受较高程度的学校教育,成了区分身份、地位的标志。教育这个纯粹人道的事业被用于完全非人道的目的。另一方面,进一步扩大了教育与生活的界限,并开始出现学校与社会的割裂。教育的日益专门化、制

① 滕大春主编:《外国教育通史》(第1卷),山东教育出版社,1989年,第20页。
② 滕大春主编:《外国教育通史》(第1卷),第28—42页。

度化,是以教育更大程度上脱离生活现实为代价的。正如杜威所说的那样:
"从间接的教育转到正规的教育,有着明显的危险。参与实际的事务,不管是
直接地或者间接地在游戏中参与,至少是亲切的、有生气的。在某种程度上,
这些优点可以补偿所得机会的狭隘性。与此相反,正规的教学容易变得冷漠
和死板——用通常的贬义词来说,变得抽象和书生气。低级社会所积累的知
识,至少是付诸实践的;这种知识被转化为品性;这种知识由于它包含在紧迫
的日常事务之中而具有深刻的意义。但是,在文化发达的社会,很多必须学
习的东西都储存在符号里。它远没有变为习见的动作和对象。……正规教
学的教材仅仅是学校中的教材,和生活经验的教材脱节。永久的社会利益很
可能被忽视。"[①]

　　第三是教育制度的建立。在西方,学校教育制度的基本结构的形成大致
经历了三个主要阶段:中世纪出现了现代大学的雏形,文艺复兴时期形成了
近代意义上的中学,宗教改革时期产生了近代最早的小学。到 19 世纪末 20
世纪初,由于实行统一的国民教育,最终形成了现代学校教育制度。教育制
度的建立及其组成部分相互关系的不断重组,使教育成为一个自成一体的王
国,成为一部巨大的、高效运转的机器。各种关于入学、课程、考试、评价等的
规章、规定、条例、措施,不仅决定了人学习什么,什么时候学习什么,怎样学
习,而且决定了应当达到的标准。由于教育制度的无所不包,它不仅控制着
人生的某一个阶段,而且支配了人的一生,甚至决定了人将成为什么。正是
在这样一个被精心设计的过程中,人的社会化实现了,而人的个性却被湮
没了。

　　第四是教育国家化。自有国家之后,任何一个国家和地区的教育就不断
受到来自国家机器的种种影响。国家以各种方式(颁布饬令、上谕、法律,建
立教育管理机构和开办官学)对本国教育施加影响在历史上并不罕见。但
是,只是从 19 世纪、特别是从 20 世纪以来,国家才真正获得了完全控制本国
教育的能力,教育才真正从个人权利变成公共权利,才真正成为国家的职能。
通过教育立法、建立教育管理机构、支付教育经费、开办学校以及制定相关规
定、标准,国家日益全面和深刻地控制了一切教育事业,教育因此日益成为国

[①]　杜威:《民主主义与教育》,王承绪译,人民教育出版社,2001 年,第 13—14 页。

家意志的产物,人因此也完全成为按照国家意志而培养和造就的产物。

对进步教育史观的批判和对教育发展的"另类"观察,既不是对进步教育史观的全面否定,更不是对迄今为止的人类教育发展的否定,而主要在于通过转换视角,提供一种思路,以便进一步深入和全面认识、理解教育发展和进步历史的本质,从而使我们不至于完全被现代主义的教育历史观和教育价值观所束缚。在今天,这样一种视角转换是非常必要的。通过对教育发展和进步本质的全面、深刻的把握,将有助于我们科学地确立中国教育发展的基本目标、制定教育全面发展的战略,从而使中国教育实现真正意义上的可持续发展。

(原载《清华大学教育研究》2003 年第 2 期)

关于大学史研究的基本构想

一

在欧美国家,大学史研究始于 19 世纪初。在此之前,虽然已经出现了大量的有关大学文献的整理和汇编,但一般公认,最早的大学史研究的学术著作是哥廷根大学教授克里斯蒂安·迈那斯(Christian Meiners)1802—1805 年间完成的 4 卷本《高等学校发生和发展史》(*Die Geschichte der Entstehung und Entwicklun der hohen Schulen unseres Erdtheis*)①。距今已有整整两百年的历史。

两百多年来(特别是第二次世界大战结束以来),欧美国家大学史的研究取得了巨大的进展,先后出版和发表了大量的研究成果,并业已形成为一个包含诸多方向的相对稳定的研究领域。从 1981 年起,牛津大学出版社开始每年出版一辑《大学史》(*History of Universities*),作为大学史研究的固定园地。

根据对业已公开发表的英文文献的检索、研究,欧美学者关于大学史的探讨主要在以下几个方面开展。

1. 大学通史。与普通历史的研究不同,欧美学者关于大学通史的研究主要限于西方世界(即以欧洲和北美地区为主),而且,通常是把欧洲大学和北美(主要是美国)大学的历史分别加以研究。因此,根据对现有资料的检索,

---

① Hilde de Ridder-Symoens(ed.),*A History of the University in Europe*,Vol. I:*Universities in the Middle Ages*,Cambridge:Cambridge University Press,1992,p. 3.

目前既不存在完整意义上的世界大学史,也没有统一的西方大学史。在对大学通史的研究方面,更多的是对一个区域(如欧洲)或一个国家的大学历史的系统研究。从严格的意义上讲,目前还没有通常意义上的大学通史。相对而言,德尼夫勒(H. Denifle)的《1400 年以来的大学史》(*Die Entstehung der Universitaten des Mittelalters bis 1400*,1885),欧洲大学校长和副校长常设会议(the Standing Conference of Rectors, Presidents, and Vice-Chancellors of the European Universities,简称 CRE)组织编写、由瑞士学者沃尔特·劳格(Walter Rüegg)任总主编的 4 卷本《欧洲大学史》(*A History of the University in Europe*)等是更为接近大学通史的著作①。

2. 断代史。拉希德(H. Rashdall)的 3 卷本《欧洲中世纪大学史》(*The Universities of Europe in the Middle Ages*,1895)、科班(A. B. Cobban)的《中世纪大学的发展与组织》(*The Medieval Universities*:*Their Development and Organization*,1975)、哈默斯坦因(Robinson-Hammerstein, H.)主编的《宗教改革与反宗教改革时期的欧洲大学》(*European Universities in the Age of Reformation and Counter-Reformation*,1998)、布洛克里斯(L. W. B. Brockliss)的《17—18 世纪的法国高等教育文化史》(*French Higher Education in the Seventeenth and Eighteenth Centuries*:*A Cultural History*,1987)是断代史方面的重要成果。从已有的断代史研究看,中世纪是西方学者更为关注的历史时期(拉希德的 3 卷本《欧洲中世纪大学史》始终是这方面的经典著作)。

3. 国别史。虽然在其产生之初,大学是一个人人得以参与、并涉及所有知识领域的普遍的学术机构,但随着民族国家的兴起,大学逐渐从国际化、普遍化走向国家化和本地化,并日益成为民族国家维护本国利益的工具。在大学的历史上,除了极为短暂的普遍化时期之外,主要的发展都是在民族国家的版图内实现的。因此,大学的历史实际上主要是国别大学史。正因如此,在欧美学者有关大学史的研究成果中,国别大学史占了相当的比重。这方面的著作包括考夫曼(G. Kaufmann)的《德国大学史》(*Die Geschichte der deutschen Universitaten*,1888)、斯蒂芬·德—伊里萨(Stephen d'Irsay)的《法国大学史》(*Histoire des universites et etrangeres des origines a nos jours*,2 vols, Paris,

---

① 该书第 1、2、3 卷先后于 1992 年、1996 年和 2004 年由剑桥大学出版社出版。

1933—1935）以及鲁道夫（Frederick Rudolph）的《美国学院与大学史》(*The A-merican College and University：A History*, 1962）、维塞（Laurence R. Veysey）的《美国大学的兴起》(*The Emergence of the American University*, 1965）、鲁本（Julie A. Reuben）《美国大学的形成》(*The Making of the Modern University*, 1996）, 等等。

4. 区域史。区域史大致可以分为两类, 一类是超越国家版图的区域大学史研究, 例如马克第斯（George Makdisi）的《学院的兴起：伊斯兰与西方的学术机构》(*The Rise of Colleges：Institutions of Learning in Islam and the West*, 1981）、罗特布莱特（Sheldon Rothblatt）等人主编的《1800 年以来的欧洲与美国大学》(*The European and American University since 1800：Historical and Socio-logical Essays*, 1993）；另一类是一个国家内部的某一地区大学发展研究, 如, 海伊克（T. W. Heyck）的《维多利亚时期英格兰精神生活的转变》(*The Trans-formation of Intellectual Life in Victorian England*, 1982）。

4. 专题史。在大学史研究中, 专题史研究是最为丰富的。从广义上讲, 除了大学通史以外, 所有关于大学史的研究都是一种专题研究。在狭义上, 专题史的研究则主要是从大学生活的某一个或若干个相对具体的问题或方面而展开的研究。这种研究大体上可以分为两个主要方面：一是从大学内部的问题出发, 例如关于大学的教学、课程、招生、学位、考试、管理、教师、学生、财政、组织等方面问题的研究, 赫伯斯特（Jurgen Herbst）的《从危机到危机：1636—1819 年的美国学院管理》(*From Crisis to Crisis：American College Govern-ment 1636—1819*, 1982）、汉姆林（A. T. Hamlin）的《美国大学图书馆的起源与发展》(*The University Library in the United States：Its Origins and Development*, 1981）、麦克默特里（J. McMurtry）的《英语、英语文学：一种学术科目的建立》(*English Language, English Literature：the Creation of an Academic Discipline*, 1985）、科班的《中世纪英国大学生活》(*English University Life in the Middle A-ges*, 2002）等都是此类著作的实例；再一个主要方面是从大学与社会生活的不同侧面的相互关联进行探讨, 例如大学与社会结构的变化、大学与城市生活、大学与科学技术、大学与政治生活等, 这方面的成果如安德森（R. D. Ander-son）的《大学与1800 年以来的英国精英》(*Universities and Elites in Britain since 1800*, 1992）、科德什（J. Geyer-Kordesch）的《蓝袜、黑袍、白衣：苏格兰妇女进入高等教育与医学职业简史》(*Blue Stockings，Black Gowns，White Coats：A Brief History of Women Entering Higher Education and the Medical Profession in Scotland*，1995)、休伊特(M. Hewitt)的《维多利亚时代的英国学术》(*Scholarship in Victorian Britain*，1998)、舍帕德(R. S. Shepard)的《象牙塔中的上帝之子：美国早期大学的宗教》(*God's people in the Ivory Tower：Religion in the Early American University*，1991)、古林斯基(J. Golinski)的《作为公共文化的科学：化学与1760—1820年的英国启蒙运动》(*Science as Public Culture：Chemistry and Enlightenment in Britain 1760—1820*，1992)，等等。

6. 院校史。即对某一所特定大学的历史研究。其实,大学史研究最早就是从院校史的文献整理发端的。按照作者身份和编写目的,院校史可以分为两类,一类是"官方史"(official history),即由有关院校组织或资助编写的大学历史,例如哈里森(B. Harrison)主编的8卷本《牛津大学史》(*The History of the University of Oxford*，1994);另一类是由学者个人或出于学术兴趣或出于其他原因编写的院校史,如伯什(B. Burch)的《莱斯特大学史》(*The University of Leicester：A History*，1996)、库伦(R. E. Curran)的《乔治敦大学两百年史》(*The Bicentennial History of Georgetown University*，1993)、麦金莱(R. A. McKinlay)的《布莱德福德大学的起源与发展》(*The University of Bradford：Origins and Development*，1991)、皮尔森(George W. Pierson)的《耶鲁学院与大学》(*Yale College and University*，1952)、斯托尔(Richard J. Storr)的《哈珀的大学》(*Harper's University：The Beginnings*，1966)、古德斯皮德(Thomas W. Goodspeed)的《芝加哥大学史》(*A History of the University of Chicago*，1916)、本廷(B. Bunting)的《哈佛大学建筑史》(*Harvard：An Architectural History*，1985)等等。在院校史研究中,不乏经典著作,例如,莫里森(S. Morison)的《哈佛三世纪》(*Three Centuries of Harvard*，1933)、《哈佛学院的建立》(*The Founding of Harvard College*，1935)等都是被广泛引用的重要文献。

上述六个方面的划分是相对的。其实,更为大量的大学史研究往往是在两个或多个方面的交叉点上进行的,例如,国别—断代研究、国别—专题研究、区域—断代研究、区域—专题研究、院校—断代研究、院校—专题研究以及国别—断代—专题研究等等,由此构成了大学史研究丰富多样的研究领域。

二

在我国,关于大学史的研究通常被包含在高等教育史(history of higher education)的范畴中,到目前为止,尚未把大学史研究作为一个相对特殊的研究领域。尽管这在逻辑上是合理的,但问题是,由于高等教育本身就是一个非常庞大的系统,因而,通常所理解的高等教育史实际上是一个非常广泛的领域,大凡中等教育后(post-secondary education)的教育变迁都可以归入高等教育史的研究领域。这在客观上不利于对作为高等教育的主体部分的大学及其发展史的研究。

众所周知,自18世纪以来,随着社会和教育自身的发展,中等教育以上层次的教育和培训机构,无论在数量、类型、规模、结构等方面,还是在功能、制度、管理等方面,都发生了巨大的变化。大学不再是高等教育机构的唯一组成部分,各种名称不同、功能各异的高等教育机构先后出现,由此形成了庞大的高等教育系统,并因而产生了高等教育系统内部异常丰富的多样性和复杂性。从这个意义上讲,通常所说的高等教育史,实际上涉及一个广泛的知识领域。它既包含作为高等教育主体的大学的历史,也涉及各种类型的高等教育机构的变迁。而大学与其他高等教育机构不仅在功能、结构等方面有着巨大差异,在生成、变化的过程上也具有显著的不同。在这种情况下,要真正系统和全面地把握作为一个整体的高等教育的历史,实际上是非常困难的。也许因为如此,在国内已经公开出版的有关高等教育史的著作和论文大多主要涉及大学的历史,而并没有全面论及高等教育整体的变化。在实践上,高等教育史的研究事实上已经主要是大学史的研究。

那么,究竟什么是大学史? 或者说,大学史研究的对象是什么? 我以为,解答这个问题最为简便的办法之一是,寻找大学史研究与通常所理解的高等教育史研究之间的差异。这种差异可以概括为以下三个主要方面。

1. 时限不同。早在古代,在中国、埃及、印度、希腊等地区就已经出现了不同类型的高等教育机构,诸如中国的太学、希腊的学园,而大学则起源于欧洲中世纪。因此,如果说高等教育发端于古代,完整的高等教育史研究应当从古代溯源,那么,大学的历史开端则相对确定,并且更为晚近一些。因此,大学史与高等教育史的时间范围不同。

2. 对象的范围不同。如果说高等教育史的对象应当包括整个高等教育体系及其组成部分的历史变迁,那么,就其直接对象而言,大学史研究将把关注的焦点主要局限于大学机构的内部史和外部史。

3. 内容的范围不同。由于大学与其他高等教育机构的宗旨和职能的差异,因此,高等教育史和大学史研究在内容所涉及的范围上,必然存在着显著的差异。例如,科学、学术研究和通才教育通常被认为是大学机构的基本要素,但这些并不完全是其他高等教育机构的特征。

具体而言,大学史研究的主要范围或对象可以包括:

1. 大学的起源。这既包括对西方大学起源的研究,也包括对不同国家和地区大学起源的探讨。通过对大学起源的社会、经济、政治、法律、文化等多方面背景以及早期大学主要类型的研究,探讨大学发生的社会机制及其对大学发展的影响。

2. 通过分阶段研究,探讨大学发展和变迁的完整过程,探讨大学发展不同历史阶段之间的相互关系,以此具体分析大学发展有别于其他教育机构和社会机构变迁的基本特征。

3. 从多角度探讨制约或影响大学发生、发展、变革的基本因素。从经济、文化、科学和知识发展等多重角度考察大学的发展,有助于避免把大学史研究当作纯粹的教育史研究,从而把大学不仅作为一种教育机构,更当作一种社会机构、学术机构、文化机构。只有这样,才有可能真正把握大学史的本质特征。

4. 把大学制度的变迁与关于大学的理论的发展相结合。大学的发展,不仅表现在大学制度的变迁,而且反映在有关大学的理论、学说的发展。在充分研究大学制度变迁的同时,还应努力探讨关于大学的种种理论和学说的变化及其对大学制度发展的作用,从而避免以往研究中容易出现的制度史与思想史脱节的弊端。

5. 对不同形式的关于大学的理论和学说的探讨。除了对一些理论家和思想家(如纽曼、赫钦斯、博克、克尔等)有关大学的理论和学说的变迁及其相互关系的研究,还应注意诸如教育法律、教育政策、有关学会和协会的报告、民间机构(如基金会)的报告以及相关文献中反映的关于大学教育的思想及其对特定时期大学教育的影响。也就是说,大学史研究应当广泛地关注各种形式的有关大学的思想、主张及其意义。

6. 除了目前高等教育史已经涉及的一些内容(如不同时期大学课程的变化、研究生教育等)外,还应重视对大学的学术(研究)体制的发展、大学职能的变化、学者组织的方式、学术职业化进程等的研究,以便从多方面探讨大学的整体发展和不同时期大学制度的变化。

7. 对大学史研究方法、理论结构的研究。也就是说,大学史研究不仅要关注作为研究对象的大学的变迁,还应当注重对这种研究本身的研究,包括研究方法、基本概念、历史分期、解释结构等等;与此同时,在注意微观研究的同时,还应当加强宏观研究,例如,大学与国家发展的关系、大学与知识增长的关系、大学与文化传播的关系、大学与工业化的关系等等。

三

对教育史学科建设而言,系统研究西方大学史,至少有以下几个方面的益处:

1. 有助于拓展研究领域,充实过去几十年间相对薄弱的研究领域。众所周知,从 20 世纪 50 年代初到 90 年代,外国教育史学科的研究主要集中在普通教育层面,高等教育史的研究则相对薄弱,更缺乏对大学史的专门研究。

2. 有助于拓展研究的视野。与普通教育机构不同,大学既是一种教育机构,同时也是一种科学和学术机构,因此,大学与社会的关联较普通教育机构更为密切和复杂。由于这个原因,大学史研究必须更多地依赖其他相关学科的支撑,例如学术史、经济史、科学史、文化史等等。这种对相关学科的依赖,在很大程度上将进一步扩展教育史研究的视野,从而避免以往始终存在的就教育而论教育的局限。

3. 有助于把外国教育史学科从纯粹的教学科目变为真正的学术研究领域。由于教育史学科直接起源于近代教师教育的需要,因而,在相当长的时间里,教育史学科是作为一门教学和培训的科目存在的。正因如此,过去在讨论外国教育史学科的建设时,人们更容易从教学和培训的角度进行思考。而大学史作为一个专门领域的出现,却呈现出明显的差异,它主要来源于研究工作本身的需要,来自于对未知事物的疑惑。

4. 有助于"打通中外",消除教育史学科内部的分野。尽管在其产生之初,教育史学科就是作为一个整体出现的,但在实际研究工作中,却很少有真正意义上的作为一个整体的世界教育史或全球教育史。在我国,则由于受日本和原苏联教育史研究的影响,进一步把教育史划分为中国教育史和外国教育史两个相对独立的学科。1997年的学科目录调整虽然把中国教育史和外国教育史合并为一个学科,但学科内部的分野并没有因此而消除。大学史的研究将有助于从实际上改变这种状况。这是因为,现代大学具有一个共同的渊源,那就是西欧中世纪大学。尽管不同国家和地区的大学发展因生长环境的不同而存在差异,但由于这种内在的共同性,在某种程度上,我们仍可以把种种差异当作一个同源事物在不同时间和空间条件下的变迁。也就是说,与普通教育史相比,大学史研究的对象具有更大的共同性,因而有可能打破国家、地区的界限,从而推进教育史学科的"一体化"。

鉴于上述,我以为,大学史研究可能是外国教育史学科今后发展(甚至取得突破)的一个值得选择的重要方向。

而就大学史研究的社会功能而言,在中国现代大学教育发展的历史上,从来没有一个时期像现在这样,大学史的研究具有如此直接和重大的现实意义。从京师大学堂建立至今,我国现代大学教育的发展已经经历了一百多年的发展过程。一百多年来,我国大学教育的发展虽然取得了历史性的成就,但也历经曲折和磨难。其中的一个重要原因,就是对大学机构的性质及其角色、功能的片面的、不准确的认识和理解。有关大学教育发展的宏观或微观决策的失误,在很大程度上反映了我们对大学性质认识的局限性,反映了我们对大学发展逻辑认识的片面性。"如果没有对大学的发展和悠久传统的深入认识,是不可能获得解决大学问题的真正有效的方法的。"①

四

在我国大学教育面临新的调整和发展机遇期,有必要深入思考和探索大

---

① Hilde de Ridder-Symoens(ed.) , *A History of the University in Europe* , *Vol. I* : *Universities in the Middle Ages* , p. 21. 中文译本见张斌贤等译:《欧洲大学史》(第1卷),河北大学出版社,2008年。

学的本质和大学发展的特征。

在某种角度上,我们可以说,大学作为一种特殊的社会机构的基本性质在于它是一种历史的存在。

之所以说大学是历史的存在,首先是因为大学是古老的、具有悠久历史的学术机构。众所周知,现代大学的共同渊源是以博洛尼亚大学、巴黎大学和牛津大学等为代表的欧洲中世纪大学。迄今为止,大学已经走过了八百多年的风雨历程。在世界现存的各种机构中,除了教会和西欧一些国家的自治城市,很少能像大学那样具有如此悠久和不间断的发展历史。

大学不仅是古老的,同时也是常新的。尽管教会等社会机构的历史比大学更为悠久,但惟有大学能够随着时代的变化不断更新,不断从社会的边缘走向社会的中心。在中世纪,大学依靠教皇、国王所赐予的各项特权而维持自身的生存、扩大自身的影响;到西欧民族国家兴起之后,大学则从桀骜的"国王的大公主"成为"国王的掌中之物"①。从 20 世纪开始,由于知识和科学在社会生活和生产中的巨大作用以及大学自身不断从知识的仓库成为知识创造的核心,大学进一步强化了自身在现代社会中的崇高地位,成为社会的轴心机构,并且保持着巨大的生命活力。在世界现存的所有机构中,除了大学,几乎没有任何一个机构经历了如此曲折而又辉煌的发展过程。

之所以说大学是历史的存在,是因为大学是不断变化的。大学之所以长盛不衰,历久弥新,其根源就在于,在其存在的八百多年间,大学始终具有不断发展和变化的强大动力。在本质上,现代大学的历史就是一部不断自我更新、自我调整的历史。尽管在历史上,大学经常是在社会的巨大压力下进行改革和变化的,但就总体而言,大学始终表现出在复杂多变的社会条件下不断自我调节、自我更新和自我发展的神奇力量。自中世纪以来,从作为学者行会的中世纪大学,到作为精神修道院的古典大学,到"超越象牙塔"之后、承担诸多职能的现代大学,从形式到规模,大学的各个方面都已经发生了重大的乃至根本性的变化。

之所以说大学是历史的存在,是因为大学的变迁往往是渐进的。在大学发展的历史上,并不缺乏急风暴雨般的聚变的场景(例如大革命时期和拿破

---

① 雅克·勒戈夫:《中世纪的知识分子》,张宏译,商务印书馆,1996 年,第 130—132 页。

仑时期的法国、明治维新时期的日本、20世纪20年代的苏联、20世纪50年代初的中国），但历史证明，成功的大学变革却总是那些风平浪静的渐进式改革。埃利奥特在哈佛大学的改革、赫钦斯在芝加哥大学的改革、博克在哈佛大学推行的核心课程等大学史上常为人称道的经典事例，都是在"风和日丽"下如行云流水般平和地进行的。而这种变革的渐进性很大程度上来自于大学在历史变迁中逐渐形成的自我更新、自我发展和自我调节的力量。

众所周知，大学在其作为一个学术机构出现之后，就一直处于不同社会势力和力量的作用之下，最初是教会、皇帝、国王和城市的交互影响，之后是政府、市场和科学的相互作用。社会越发展，大学所受到的外在影响越复杂。正是在与社会的错综复杂的关系变化过程中，大学逐渐形成了应对外在影响和做出反应的复杂机制，大学的机体也由此日益复杂和成熟。这在某种程度上延缓了大学对社会影响的反映，但同时也保证了大学有机体的生存。如果大学机构对每一种社会影响都做出整体的剧烈反映，大学或许早就失去了存在的价值。易言之，大学的发展和成熟在于，面对社会的影响，它总是以适合自己价值和使命的特有方式，通过自身非常健全的机制而做出反映的。正因为如此，大学的变化虽然并不总是革命性的，但始终保持着强大的生命力和对社会环境的巨大适应性。

之所以说大学是历史的存在，还因为大学的本性是在历史的过程中逐渐展开的。现在，我们似乎都能清楚地在理论上表达我们对大学本质、功能、价值、理想等基本问题的认识。但我们很少清醒地意识到，当我们做出这些表达时，我们所针对的是一种从未存在过的、抽象意义上的大学。无论我们讨论大学的功能、大学的使命，还是思考大学的理想，以及诸如学术自由、学术自治、学术中立等有关大学教育的基本问题，如果在我们的概念框架中只存在着一种抽象的大学，必然会无的放矢。例如，在20世纪90年代后期，我国高等教育理论界曾广泛地讨论高等教育的职能（或功能）问题，论者几乎无一例外地都认为教学（人才培养）、科学研究和社会服务这三大事务是现代高等教育的基本职能，区别只在于这三者的相互关系。论者们大多忘记了一点，即这三大职能之间并不是平行的静态关系，而是垂直的历史关系。这种关系的形成贯穿于整个大学的发展过程，因此，没有一所大学能同时、同等地承担所有这三大功能，除非是抽象中存在的大学。类似这样的事例不胜枚举。同样的事例也广泛地存在于大学教育改革的政策理论中。而对大学历史的系统和深入的研究的缺乏,也为这种种现象提供了土壤。

（原载《北京大学教育评论》2005 年第 4 期）

教育史学科的双重起源
与外国教育史课程教材建设的"新思维"

在我国,自有师范院校以来,外国教育史与教育学、中国教育史、心理学以及教学法一样,一直是教师培养的重要科目。在师范院校本科教育专业的培养计划中,外国教育史则更是作为一门重要的科目而占有特殊的地位。但自20世纪90年代后期以来,由于社会价值观的巨大变迁,也因为教师教育体系的剧烈变革所产生的教育专业人才培养目标的变化以及教育知识的增长和教育学科的分化,外国教育史课程建设的内部条件与外部环境均发生了前所未有的改变。相形之下,外国教育史在课程定位、教学目标以及教材建设等方面还缺乏相应的改革,这种状况对于外国教育史学科今后的发展是非常不利的。

一

我国自有高等师范院校至今,不过百余年。在其中的五十多年中,由于高等师范院校的重要职能之一是为中等师范学校培养师资,因此,教育史(包括中国教育史和外国教育史)一直是高等师范院校各专业的修习科目。1903年颁布的《奏定学堂章程》不仅把教育理论与应用教育史作为优级师范学堂各专业"一概通习"的科目①,而且把中外教育史列为经学科大学的选修科

---

① 《奏定优级师范学堂章程》,舒新城编:《中国近代教育史资料》,人民教育出版社,1961年,中册,第690—699页。

目①。直到20世纪50年代末以前,教育史既是高等师范院校教育专业的重要课程,也是其他各专业的必修科目②。

在高等师范院校内部,从20世纪初到20世纪90年代后期,教育系科则主要承担为中等师范学校培养教育学师资的职能。为了履行这个职能,在教育系科的教学计划中,通常都把包括教育学、中国教育史和外国教育史在内的基础科目置于非常关键的地位。在20世纪90年代后期以前的相当长的时间里,教育学原理、教育史与心理学三足鼎立,共同构成了教育专业本科教学计划的主干。

但从20世纪90年代后期开始,由于我国教师教育体系的剧烈变化,中等师范学校在相当广泛的区域急剧萎缩,实行多年的由中等师范学校、高等师范专科学校和高等师范院校构成的三级师范教育体系在很短的时间内变为由师范专科学校和高等师范院校构成的二级体系。中等师范学校的快速消亡,使高等师范院校教育系科本科层次的人才培养失去了方向和目标,也由此对教育系科的课程设置和教学计划提出了前所未有的挑战。

另一方面,同样是从20世纪90年代后期开始,高校学生就业的基本政策发生了重大变化,从实行多年的学生"分配"变成了学生"就业",学生从过去被动地接受高校或用人单位的安排,变成了学生与用人单位的"双向选择"。在这个过程中,过去曾经实行的对师范院校毕业生就业的一些限制,或者由教育行政部门明令撤销,或者在实践中名存实亡。在这样的情势下,教师职业就不再是师范院校毕业生的唯一或主要的就业选择。学生就业结构的多元化,使师范院校教育系科原有的培养目标以及课程设置同样面临着危机。

为了应对这些挑战,从20世纪90年代后期开始,各师范院校教育系科先后对原有的培养计划进行了修订。总体的方向是,第一,增加新知识和新科目,特别是增加了与教育实践关系更为密切的知识内容;第二,扩大一些已有知识内容在教学计划中所占的比重;第三,不同幅度地压缩了包括教育史在内的基础课在教学计划中所占的比重。在相当多的师范院校教育系科的教学计划中,外国教育史的课时数一减再减,甚至已经减少到了难以进行系统讲授的地步。

---

① 《奏定大学堂章程》,舒新城编:《中国近代教育史资料》,中册,第580页。
② 刘英杰主编:《中国教育大事典》,浙江教育出版社,1993年,上册,第838—890页。

　　面对外国教育史课程在师范院校教育系科本科教学计划和教学实践中的"境遇",从20世纪末、21世纪初以来,外国教育史教学科研人员不断著文,分析外国教育史学科教学和科研面临的形势,分析外国教育史学科面临困境的原因,探讨解决问题的方略①。从现有文献看,尽管论者力求客观分析外国教育史学科的现状,但或者是情绪化地指责外界对外国教育史学科的轻视,或者仅仅从外国教育史课程安排和课程教学的实践着眼,而未能从总体背景出发对外国教育史课程教学进行系统的深层次的反思。

<h1 style="text-align:center">二</h1>

　　学者们在梳理教育史学科的变革历程时,通常都非常强调它与近代教师教育发展的关系。确实,无论在中国还是在国外,教育史学科的兴起都是与教师教育的发展密切相关的。在法国和美国,早期较有影响的教育史著作包括孔佩雷(又译作康帕亚,G. Compayré)的《教育史》(1883年)、孟禄(P. Monroe)的《教育史教科书》(1905年)、克伯莱(E. P. Cubberley)的《教育史》(1920年)也都是师范院校的教材或者是根据讲义编写而成的著作。但当学者们关注到教育史学科与教师教育之间的相关时,却容易陷入到一个重大的认识误区。这就是,就教育史学科的起源而言,尽管在中国和在国外有某些相同之处,但在共性之外,还存在基本的差异。

　　1902年前,一些西方传教士(例如李提摩太等)曾向中国介绍国外教育,我国学者也偶有关于国外教育的翻译文字②,但作为一个知识系统的移植,外国教育史是与现代高等师范院校的兴起直接相关的。这也就是说,在我国,包括外国教育史在内的教育学知识之所以从国外引进,直接的和主要的动因是由于教师培养的需要。这在很大程度上决定了外国教育史(也包括其他教

---

　　①　张斌贤:《全面危机中的外国教育史学科》,《高等师范教育研究》2000年第4期;贺国庆:《外国教育史学科发展的世纪回顾与断想》,贺国庆:《外国教育专题研究文集》,河北大学出版社,2001年;刘新科:《外国教育史学科发展的历史回溯与新世纪展望》,李爱萍、单中惠:《外国教育史学科在中国的百年嬗变》,洪明:《外国教育史学科建设的回顾与反思》,收入杨孔炽主编:《百年跨越——教育史学科的中国历程》,鹭江出版社,2005年。

　　②　1901年,《教育世界》刊登卢梭《爱弥儿》(当时译作《爱美耳钞》)和裴斯泰洛齐的《林哈德与葛笃德》(当时译作《醉人妻》)的节译本。

育学科)是作为一个教学科目而在中国立足、并开始其发展历程的。这也就是为什么早期的教育史著作大多都是教科书的原因,也就是为什么教育史课程主要在师范院校教育专业开设的基本原因。

在我国,师范院校最初使用的教育史教材主要是翻译自日本学者的著作,例如,由中岛半次郎编写,周焕文、韩定生翻译的《中外教育史》(商务印书馆,1914年)等。从20世纪20年代开始,先后出版了由我国学者独立编写的教材和著作。有学者认为,最早由我国学者独立编撰的外国教育史著作是姜琦先生于1921年出版的《西洋教育史大纲》(商务印书馆)①。这部著作是作者根据其在南京高等师范学校授课的讲义编写而成。此后,一系列的著作和教材先后出版,包括:瞿世英先生的《西洋教育思想史》(商务印书馆,1931年)、林汉达先生的《西洋教育史》(世界书局,1933年)、蒋径三先生的《西洋教育思想史》(商务印书馆,1934年)、雷通群先生的《西洋教育通史》(商务印书馆,1934年)、姜琦先生的《现代西洋教育史》(商务印书馆,1935年)、王克仁先生的《西洋教育史》(中华书局,1939年)等等。这些著作多为师范院校相关课程的教材。

中华人民共和国成立后的50年间,外国教育史学科的教学和研究尽管经历了一个非常复杂的过程,但总体的格局并没有发生根本性的变化。先是在20世纪50年代初直接从苏联引进了麦丁斯基的《世界教育史》(三联书店,1950年)、康斯坦丁诺夫的《世界教育史纲》(人民教育出版社,1954年),然后由曹孚先生在苏联教材的基础上编写了《外国教育史》(人民教育出版社,1962年),直到改革开放以后,才陆续出版了我国学者独立编写的教材,包括王天一、夏之莲、朱美玉先生的《外国教育史》(上下册,北京师范大学出版社,1984年)、吴式颖先生主编的《外国教育史简编》(教育科学出版社,1988年)、戴本博先生主编的《外国教育史》(上中下册,人民教育出版社,1989年)、吴式颖先生主编的《外国教育史教程》(人民教育出版社,1999年)等。此外,围绕着教学的需要,一系列专门史、断代史的教材也相继编写出版,包括曹孚、滕大春等先生的《外国古代教育史》(人民教育出版社,1981年)、滕大春先生主编的《外国近代教育史》(人民教育出版社,1989年)、赵祥麟先生

---

① 贺国庆:《外国教育专题研究文集》,第190页。

主编的《外国现代教育史》(华东师范大学出版社,1987年)、王天一先生主编的《西方教育思想史》(湖南教育出版社,1996年)等。

　　如果进一步深入地追溯教育史学科的历史,就可以清晰地看到,事实上,包括外国教育史在内的教育史学科具有双重起源。一重起源是作为师范院校的课程,另一重起源则是作为人类理智探索的一个新领域。而从发生的过程看,教育史最初是作为人类理智探索的一个新领域而出现的,然后才成为师范院校培养教师的教学科目。在西方世界,希罗多德之后的历史研究主要是政治史和军事史研究。从19世纪起,由于社会生活的巨大变化和相关学科的发展,历史学家的视野突破了原有的框架,逐步开始关注长期被忽视的人类社会生活的其他方面,这才先后出现了包括经济史、文化史和教育史在内的其他专门史研究。早期的教育史著作例如劳默尔(K. von Raumer)的《教育学史》、施密特(K. A. Schimidt)的《教育通史》以及鲍尔生(F. Paulsen)的《德国教育史》、《德国的大学与大学学习》等都是这个时期"新史学"的产物。这也就是为什么早期的教育史著作不是一般意义上的教科书,而这些著作也主要出之于历史学家、哲学家等学者之手的基本原因。但同时也需要注意到的一个细节是,在19世纪末、20世纪初之前,教育史研究尽管是一个新兴的历史研究领域,但这个领域的研究还主要是学者的"业余兴趣",因而还不是一个真正意义上的专门的知识领域。

　　教育史作为一个专门的知识领域的出现,是与近代师范教育的发展直接相关的。由于作为师范院校培养教师的重要教学科目,并在教师教育课程体系中占据了相应的地位,教育史逐渐形成了相对固定的知识内容、知识范围和知识体系(尽管这种体系主要来自于历史学),逐渐形成为一个"学科"。这也就是说,教育史学科的双重起源是"交叉"的。它作为人类理智探究的领域而萌芽,作为师范院校的教学科目而成型。

　　这种学科起源的"交叉"现象,首先表明教育史知识系统的不同功能。作为一个教学科目,教育史之所以一直被认为是教师培养和培训的重要科目,其原因就在于,一般认为,通过了解教育史上的各种重要事件、教育家的思想、精神和业绩,掌握教育发展的基本趋势与总体过程,理解教育发展与社会进步的相互关系,有助于提高未来教师的教育素养,开阔他们的视野,丰富他们的思想,培养他们的创造才能,激发他们的想象力。事实证明,这种判断是有充分的依据的。所以,直到今天,在很多国家的教师培养和培训中,教育史仍然是一个重要的基础科目①。而作为一个学术研究的领域,教育史研究的功能在于以科学的方法,系统梳理人类教育变迁的历史过程,探索教育变迁与社会发展之间的关系,以便更为深入地理解作为人类重要社会活动的教育活动的性质,并为从整体上认识人类、社会、文明提供支持,为当代的教育改革提供历史经验的借鉴。在这个意义上,教育史本质上是人类文明和人类历史的有机组成部分,教育史学科是历史学科的重要分支,因而也是人文学科的重要领域。作为人文学科的重要内容,教育史学科的功能还在于它的陶冶作用。

学科起源的"交叉"现象还表明教育史学科的发展轨迹是不完全相同的。作为教学科目,教育史学科直接取决于教师教育课程结构的变化,间接地取决于教师教育体制的变化以及不同时期对教师素养需求的变化。只有在相对静止的环境和教育知识尚未充分分化的条件下,作为教学科目的教育史学科才可能保持较为稳定的地位(在 20 世纪初期的美国,由于师范教育的发展,教育史作为一个教学科目得到重大发展。而从 20 世纪 50—60 年代开始,教育史在美国教师教育课程体系中所占的比重逐渐下降。这也恰恰是我国教育史学科在过去几十年间的境遇)。而作为一个研究领域,教育史学科则主要受到现实教育发展状况对它的影响。从历史的经验看,教育变革日益剧烈的时期,正是教育史学科得到充分发展的时期(同样是在美国,20 世纪50—60 年代后,一方面是教育史在教师教育课程体系所占比重的不断下降,另一方面则由于修正派等"新"教育史学的兴起,作为一个研究领域的教育史却进入到一个前所未有的兴盛时期)。

因此,必须从根本上改变长期以来存在的一种认识误区,不能把教育史单纯看作是一个教学科目,不能只在教学的范畴中思考教育史学科的建设。教育史既是一个教学科目,同时也是科学研究的领域。如果仅仅把教育史作为教师培养和培训的教学科目,不仅无助于提高它在课程体系中的地位,反而会导致其学术性的削弱。而这将从根本上消解教育史学科存在的合法性。

---

① 参见卡特林娅·萨里莫娃、欧文·约翰宁迈耶主编:《当代教育史研究与教学的主要趋势》,方晓东等译,教育科学出版社,2001 年。

三

在我国,教育史学科当前面临的危机主要来自于它作为教学科目所面临的困境。而要从根本上摆脱这种困境,不能就事论事,不能局限于课程的设置、教学时数、教学方法以及教学内容安排等相对具体的环节。这些问题都是重要的,但绝不是首要的。我以为,从师范院校教育系科外国教育史课程的教学来说,目前关键的问题不仅在于应当教什么和怎么教,还在于为什么教?由于教育系科本科层次人才培养的目标处于"虚置"状态①,所以,包括外国教育史在内的一些原来一直主要为培养中等师范学校教育学师资而设立的基础科目,事实上存在着教学目标游移不定的状况。而人才培养目标的"虚置",实际上意味着相关教学科目失去了明确的教学目标。

在这种情况下,外国教育史课程与教学面临的最大的问题是,如何基于本科教育专业(特别是教育学专业、教育经济与管理专业)的未来发展趋势,如何基于本科教育专业课程教学的走向,主动地重新确定教学目标。而要真正厘清这个问题,首先要进一步深入把握外国教育史学科的基本特性和功能。

对于我国教育史学科建设来说,当前及今后面临的一个根本任务是,"回归"教育史的传统,完成从单纯的教学科目向同时作为教学科目和研究领域的转变。

这种调整的基本方向是,把外国教育史从过去的教师职业的训练科目转变成为更具通才教育特征的基础科目。作为基础课,外国教育史的定位是学生学习和理解其他教育专业基础课程和专业课程知识的前提之一。没有这个前提,学生在学习其他课程时,或者因为缺乏相应的知识背景而难以深入理解,或者会知其然而不知其所以然。更为重要的是,外国教育史还是一门具有通才教育功能的基础科目。

在我国,高等教育历来被确定为专业教育或专门教育,学生在学期间除了学习那些具有点缀作用和名不副实的所谓"通识课程"外,很难有完整的时

---

① 对此问题,拙文《论高等师范院校教育院系的重建》(《高等教育研究》2006 年第 6 期)曾有所论述。

间接受哪怕是初步的普通教育。就教育专业而言,由于外国教育史课程本身更接近于历史学科、从而更接近于人文学科的范畴,因此,它的教学能为学生提供基本的历史意识和人文素养的陶冶,使学生不仅具有历史的视野,而且通过了解世界各主要国家教育发展的历史进程而具有世界和全球的眼光。

为了适应这种定位的转变,外国教育史课程教学的目的也应当适时进行调整。首先,作为一门教育专业本科阶段的基础课,外国教育史课程的教学目的在于使学生掌握主要的教育史实,了解教育历史发展的基本过程,并在此基础上理解教育历史演化的基本特征。尤其重要的是,要通过教育历史知识的传授,使学生具有广阔的视野,认识和理解教育活动作为人类生活的基本形式的性质及其在历史过程中的展开。

其次,作为一门具有精神陶冶功能的教学科目,外国教育史的目的应当有助于学生通过认识其他国家和民族教育发展的历史进程,更好地理解人文、思想、文化和传统等,从而为形成一种广阔的全球和世界视野提供帮助。就此而言,外国教育史的教材一定不能仅仅局限于教育本身,更不能仅仅局限于学校教育本身,而应当努力阐释教育发展与社会、文化等人类生活领域变革的关系。只有这样,才能使学生真正认识教育历史演化的特征,才能真正使学生形成一种广阔的眼界和深厚的理解力。

从上述思考出发,至少应当在以下几个基本方面有所探索,以便更好地实现上述教学目标。第一,探索教育制度史与教育思想史的有机结合。教育制度史与教育思想史的分离(行内戏称"两张皮"),是外国教育史教学和研究中长期存在的重大问题之一。长期以来,外国教育史界的前辈和同仁为解决这个问题付出了不懈的努力。但迄今为止,应当说这个问题仍未很好地解决。应当力图把教育思想与教育制度之间的联系具体地呈现出来,既注重说明教育制度变革的社会基础,又努力分析它的思想根据;而在叙述和分析某种教育思想时,也注意它与教育实践或教育制度的关联,以便使教育制度史与教育思想史有机地结合。

第二,探索学校教育史与社会教育史的结合。在过去,由于教育专业本科教学目的的局限,外国教育史教材一般都更为侧重于学校教育史(尤其是普通学校教育史)。但在人类教育历史的大部分时间中,学校教育都只是社会少数成员的"特权"。如果只关注学校教育,那么,一部教育史就只是少数人群受教育的历史,而不能作为真正意义上的人类教育史。另一方面,就个体而言,在任何一个历史时期,学校教育都只是其一生教育经历的一个部分。如果只关注学校教育,那么,一部教育史就只能反映少数人的一部分教育经历。只有把学校教育史与社会教育史有机地结合起来,才能更为全面地反映不同历史时期教育发展的整体状况,同时也有利于拓展学生的视野。

第三,探索国别史与整体历史的结合。从近代以来,由于民族国家的兴起,教育的发展和变革大多是在民族国家的版图中进行的,教育的历史因而具有明显的国别史的特点。但是,这并不意味着近代以来的教育史等同于国别教育史之"和"。由于近代以来世界历史发展进程中客观存在着一些共同的趋势(世俗化、工业化、城市化以及政治民主化等),在强调教育发展的国家特色的同时,也应当注意总体的趋势。而且,也只有在明确教育发展的共同趋势的前提下,不同国家教育发展的特点才会更有意义。

第四,探索教育历史阶段性与连续性的结合。历史分期对于学生了解人类教育发展的整个过程以及这个过程中各个重要阶段的特征,是非常重要的。但是,从陶冶的目的出发,更应强调人类教育发展的连续性而不是阶段性。这是因为,在整个人类教育的历史进程中,教育发展的连续性远比突变性(这是强调教育历史阶段性的重要依据)更为普遍和更为重要。除了非常个别的实例之外,通常所强调的不同历史阶段的教育之间的差异并不像政治生活、经济生活等社会生活领域中所存在的差异那样显著。具体说来,通常所认为的教育中的"革命性变革"(例如被认为是近代教育开端的人文主义教育),一般都经历了漫长的"酝酿"和"准备"阶段,而"革命"的完成同样也需要相当长的时间。由于这种状况,教育中的质变不仅在外在形式上更像一个渐进的过程,在本质上也因为其本质属性的逐渐显现而成为一种渐变。

(原载《河北大学学报》〔哲社版〕2009年第1期)

整体史观:重构教育史的可能性

所谓教育史观,主要是指人们对教育历史总体进行认识、理解和阐释时,所具有的基本观念和认知体系。它包括两个基本方面:首先是关于教育历史发展的基础、动力、内在规定性以及教育的内部史与外部史之间的相互关系等方面问题的基本主张;其次是对作为认识客体的教育历史本身进行认知的理论视角、规范、概念、框架,这是一种狭义上的教育史观。本章所讨论的主要是这种意义上的教育史观。

一、历史运动与历史观念

作为一种观念,如同其反映的对象一样,教育史观本身也是一种历史的存在,也处于不断的演变过程中;而且,这种发生、转变、更新并不是自在自为的,而是受着两个方面因素的决定性影响和作用。第一,它取决于人类及教育活动本身的历史运动的过程、性质、规模以及该运动过程的内部结构的变化;第二,它取决于人类对自然、社会和历史运动进行认识的基本概念、理论框架、思维方式的不断变化。两者所组成的合力作用共同支配、制约、决定着教育史观的演进。

人类历史结构的演变,大致可以划分为三个时期:

(1)从远古到公元14、15世纪。在这个漫长的时期里,世界各地、各民族的文明基本上都是在相互孤立的状态下,独立发展起来的,都带有不可避免的片面性和局限性;

(2)从15、16世纪到19世纪初,各民族文化交流的规模和程度逐步扩大

和深化,世界各个地区的联系日益紧密;

(3)从19世纪中叶以来,各民族文化间的交流已经成为文化发展的必不可少的基本要素,统一的世界历史逐步形成并不断巩固。

在人类历史的早期阶段,世界上各个国家、各个地区和各个民族之间虽然存在着一定程度和规模的交往、联系(例如古代埃及文明对古希腊文明就产生了不小的影响作用),但是,从总体上看,这种交往、联系往往是断断续续的、非经常性的,甚至是偶然的,或者透过偶然因素(例如战争)而发生的。而且,这些交往联系的范围、程度都非常地狭小和肤浅,并非常严重地受到地理环境的制约。诚如巴勒克拉夫所说:"当世界上的大洋被认为是不可航行的时候,它们就是人类在地球表面上运动的障碍,而人类的绝大多数也就生活在对远处的情况一无所知的状态中。"①事实上,在古代、中世纪,乃至近代的相当长的一段时间内,世界各个国家、民族的文明基本上都是在一种孤立的、闭关自守的状况下,相对独立地形成、变化和发展的,基本上都是一种自生自长的、原生的文明,至少它的核心部分是这样。阿拉伯文化虽然吸收了来自印度、希腊乃至罗马文明的某些因素,但是作为其主干和实质的伊斯兰教,却是在阿拉伯半岛范围内生长壮大起来的。而且,它之可能受到上述不同文明的影响,一则是由于地理条件的便利,二则是由于征服战争。另一方面,在这一阶段上,不同民族文化之间的交流所产生的结果,都只是作为民族文化总体的某一部分、某一层次的补充,而没有改变参与交流的各民族文化自身的总体特性及其发展的基本方向。

随着西欧社会生产力的发展,科学技术的进步,资本主义生产关系的逐步壮大,具体言之,由于资本主义工场手工业的逐步发展,由于资产阶级开辟市场和掠夺原料、黄金等的欲望,由于航海、造船技术的改进,从15、16世纪起,西欧人开始向海外进行全球性的扩张,从而揭开了一部血与火的历史序幕。但是,由于他们的到来,亚洲、非洲、美洲与欧洲的联系、交往扩大了,世界各国再也不可能在封闭的状态下生存,人类历史第一次开始向世界历史的转变。世界历史正是以这种悲剧性的"二律背反"演进的。

早在19世纪中叶,马克思主义创始人就深刻地指出:"各个相互影响的

---

① 巴勒克拉夫:《泰晤士世界历史地图集》,毛绍晰译,上海三联书店,1982年,第3页。

活动范围在这个发展进程中愈来愈扩大，各民族的原始闭关自守状况则由于日益完善的生产方式、交往以及因此自发地发展的各民族之间的分工而消灭得愈来愈彻底，历史也就在愈来愈大的程度上成为全世界的历史。"①

进入 20 世纪，特别是近几十年来，人类社会历史的世界性色彩就更为鲜明、浓烈，这种世界性的程度就更为深刻，更具实质意义。各种现代化交通工具和通讯设备的发明，使得相距遥远的国家似乎近在咫尺，空间距离不再是阻碍不同国家、不同民族交往、联系的障碍。人类第一次感到，他们在其中生活了数以万年计的地球，原来并"不大"。另一方面，世界性市场的日益巩固，国际间贸易的不断扩大，使得世界经济逐步走向"一体化"，因而，任何一个国家性或地区性的问题、事件的出现，都会引起其他不同国家、不同地区的一系列连锁反应。例如，1929—1933 年开始于美国的大萧条迅速扩展到其他资本主义主要国家，从而成为世界性的资本主义经济危机。如果说，工业革命发端于英国，而后在一个较长的时间过程中，逐步扩展到法、美、德等国，那么，从本世纪中叶开始的以新能源、电子计算机、航天技术、生物工程、海洋技术、信息论等为标志的新技术革命在一个相当短暂的时间内，便迅速波及全世界，无论是发达国家，还是发展中国家，都受到了它的"震撼和挑战"②。最后，由于欧洲在政治、经济等方面的重要地位逐渐下降，亚洲、非洲、拉丁美洲的重要性日益加强，并日益显著地对整个世界的历史进程施加影响，世界从一元(欧洲中心)、二元(美苏对立)走向多元、多极，因而世界历史已不再是欧洲历史的代用名词，而成为真正的全球性的历史。

"历史运动的变更必然导致历史观念的更新。"③但是，这种观念的更新并不是对历史运动的机械的、直观的反映结果，而是以一定时代占主导地位的人类思维方式、认识体系为中间环节而发生的，并受到它们的决定性影响。在历史上，任何一种历史观念都是人类自然观、社会观、世界观体系中的一个有机组成部分。

在古代，人类认识中的宗教、迷信色彩严重影响了巴比伦等地的历史学，使之成为一种神权历史学。而希腊人对永恒知识的苦苦探索也决定性地支

---

① 《马克思恩格斯全集》(第1卷)，人民出版社，1956年，第51页。
② 黄顺基、李庆臻主编：《大杠杆——震撼社会的新技术革命》，山东大学出版社，1986年。
③ 王晴佳：《思想之树常青——评柯林武德〈历史的观念〉》，《读书》1987年第2期。

配了他们的历史观念。柯林武德分析道:"他们十分肯定,能够成为真正的知识的对象的任何事物都必须是永恒的;因为它必须具有它自己某些确切的特征,因此它本身之内就不能包含有使它自己消失的种子。如果它是可认识的,它就必须是确定的;而如果它是确定的,它就必须如此之完全而截然地是它自己,以致于没有任何内部的变化或外部的势力能够使得它变成另外的某种东西。"①这样,对希腊人来说,过程就只是在它被知觉时才能被认识,而且有关它的知识是永远不可能证明的。根据这样一种理念,历史学就应该是不可能产生的。因而,在希腊思想中,存在着一种反历史的倾向。另一方面,古代社会的历史观念深刻反映了当时相对孤立、互相隔绝的历史结构的运动。虽然在中国、希腊、波斯等国的史学著作中,也曾出现了描述其他国家情况的篇章,但是,作为其中主要内容的仍然是受"自我中心论"决定的、相互割裂的国家与民族的历史。

近代以来,以自然科学研究成果为基础的人类思维方式,在更大范围内和更为深刻的意义上影响、制约着历史观念的更新、变革和演化。17 世纪以后,以牛顿力学为代表的自然科学对欧洲人的理论思维产生了决定性的影响。其结果是产生了机械论世界观。这种世界观用纯粹机械的原因解释人与社会,并且,用静止、孤立的观点认识自然、人类与社会。正如恩格斯所指出的那样:"它不能把世界理解为一种过程,理解为一种处在不断的历史发展中的物质。"②这种机械论的思维方式对 18 世纪的历史研究产生了同样深刻的影响。例如,当时的历史学家把中世纪看作由千年来普遍野蛮状态所引起的历史的简单中断,看不到中世纪所造成的欧洲文化领域的扩大,看不到它与古代、近代世界的内在联系。

近代自然科学的进一步发展促使机械论世界观和历史观逐步走向瓦解。到 18 世纪末、19 世纪初,以德国古典唯心主义哲学、特别是黑格尔哲学的产生为标志,近代辩证法的思维方式和认知体系诞生了。与 17、18 世纪的机械论不同,黑格尔把社会、人类历史看作一个不断发展、变化的过程。在这个过程中,多种因素之间、各个时代之间存在着相互联系。黑格尔进而企图在这个过程中,发现支配着世界历史进程的客观规律。由于他的唯心主义,他把

---

①　柯林武德:《历史的观念》,何兆武等译,商务印书馆,1997 年,第 51 页。

②　《马克思恩格斯选集》(第 4 卷),第 224 页。

这种规律解释为绝对精神和理念的不断外化和自我实现。

相对于机械主义历史观,黑格尔的历史哲学是人类史上的一次巨大变革。另一方面,从更为广阔的理智背景来看,黑格尔的历史观实际上体现了自然科学的深刻影响。众所周知,自然科学所极力追求的,正是通过对自然现象、自然过程的研究,探寻支配着自然现象和过程的客观规律。这种思维方式广泛地影响了 19 世纪后期和 20 世纪前期的欧美思想界。经济学家企图发现决定社会经济活动的内在逻辑,社会哲学家希望找到制约社会发展的基本因素,同样地,历史哲学家也在从事探索历史规律性的工作。黑格尔的《历史哲学》、马克思的历史唯物主义和汤因比的《历史研究》,都是这种努力的结果。

近代自然科学对历史领域的深刻影响还体现在,历史学家企图用科学的经验性、实证性和确定性的观念来研究历史。这方面最为著名的代表是德国历史学家兰克(Leopold von Ranke,1795—1886 年)和历史主义的兴起。兰克主张,历史研究首要的任务是弄清历史事实,真实地反映历史,而不是其他。在所著的《拉丁民族和日耳曼民族的历史》一书中,他指出:"人们一向认为历史学的任务是判断过去并且为了将来的世代的利益而教导现在。本著作不指望这样崇高的任务,它仅仅希望说明真正发生过的事情(wie es eigentlich gewesen)。"为了"实现按照历史的本身面目来写历史"的目的,兰克主张历史学家必须消除主观性,"消失自我"以达到完全的客观性。在具体方法上,兰克强调,通过史料批判,确定事实,用事实说明历史。他指出:"严谨的事实陈叙——即使这些事实或许是偶然的和枯燥无味的——无疑地是历史编撰学的最高法律。"①

近代自然科学的发展固然在一定程度上促进了历史思想和历史观念的更新,但在另一方面,它本身所具有的局限性也限制了历史观念的进步。从牛顿物理学中派生出来的还原论,即把研究对象分解成简单的组成部分的思维方式,以及在当时占主导地位的欧洲中心论,都严重地束缚了历史学家的视野,阻碍了他们把历史当作一个由各个组成部分有机结合而成的整体加以全面考察(这种历史思维方式甚至到今天仍然存在于我国历史学家和教育史的研究中)。

进入 20 世纪,尤其是近几十年来,由于各学科间、自然科学与社会科学

---

① 朱本源:《近两个世纪来西方史学发展的两大趋势》,《世界历史》1986 年第 10 期,第 2 页。

之间所出现的、并不断加强的整体化和综合化的趋势,由于系统论思想的产生,人们逐渐开始运用完整、整体性的观念和思维方式来观察自然、社会。这种时代精神广泛、深刻地影响了人们的历史观念。如果说在以前,历史学家还能够专注于一个国家、一个地区、一个领域的历史研究,而不去考察其他国家、地区、领域的发展及其与所研究课题的相互关系,那么,现代历史运动的进程已经冲破了这种地域界线和学科界线,从而要求从历史的总体角度,从历史各个组成部分的相互关系的角度来探索各个具体领域,而系统思想的产生,为这种探讨提供了强大的理论工具。

早在 1936 年,荷兰的伟大历史学家赫伊津加就明确指出:"我们的文明首先是以全世界的过去作为它自己的过去的文明,我们的历史首先是世界史。"①这种历史观在以后的发展中,逐渐被更多的历史学家所接受。美国的历史学家斯塔夫里阿诺斯认为:"对历史进行全球性探索的方法是现代历史编撰学的崭新起点","从世界全局考察历史已经明显成为人们不可推卸的责任了。"②维特拉姆甚至认为:"没有世界史,历史学就毫无意义。"③

在持这种历史观念的学者中,影响较为广泛的是法国"年鉴"学派的历史学家们。这个学派主张运用整体的历史观考察历史的各个组成部分,综合地、广泛地、多方面地认识历史。它把对客体进行历史观察的整体论思想放在首要地位。"年鉴"学派的代表人物布洛克认为,只有当历史的发展服从以下的规则时,历史才能成为一门科学:"文明如同一个人一样,丝毫不像机械地摆好了的牌阵;一个片断一个片断地单独进行研究获得的片断知识,永远不能导致对整体的认识——甚至也无从认识这些片断本身。"④该学派的另一个代表人物费弗尔则指出,新的历史学应当是"全体部分构成的历史",它所关心的是人类的全部活动,是"属于人类,取决于人类,服务于人类的一切,是表达人类,说明人类的存在、活动、爱好和方式的一切"⑤。

这种世界性的历史观念所强调的不仅仅是作为部分有机组成的历史总体性,而主要在于对各个部分之间、部分与整体之间的相互关系的研究。历

---

① 杰弗里·巴勒克拉夫:《当代史学主要趋势》,杨豫译,上海译文出版社,2007 年,第 242—243 页。
② 斯塔夫里阿诺斯:《对历史进行全球性的探索》,《世界史研究动态》1984 年第 2 期。
③ 杰弗里·巴勒克拉夫:《当代史学主要趋势》,第 164 页。
④ 阿法纳西耶夫:《"年鉴"学派基本理论的演变》,《国外社会科学》1982 年第 5 期,第 9 页。
⑤ 杰弗里·巴勒克拉夫:《当代史学主要趋势》,第 55 页。

史学家韦尔评论说，当人们用全世界性的眼光来看待过去时，"历史学便成为对相互关系的研究，而不是对事实的研究：即研究文化的、社会的和商业的相互关系，以及外交和宗教的相互关系"。

从近几十年历史学的发展状况来看，整体的世界性的历史观念已经成为一种普遍的、不可逆转的全球性趋势。这种新的趋势不仅改变了人们对历史进行认识的思想观念、基本态度、认知体系，而且冲击着教育史学科领域的研究，并将必然导致教育史观的更新，导致整体性教育史观的建立。

二、教育历史的整体性

作为一种新的教育历史观念和认知方式，整体的教育史观不仅产生于由科学发展而造成的理论思维方式的改变和历史观念的更新，而且产生于教育本身在现代社会结构中的性质、功能、体系的变化，产生于教育历史发展已经显示出来、并且日益明显和强大的趋势。简言之，整体的教育史观产生于当今社会和教育发展的历史必然性之中。

从静态的观念来看，与以往任何一个时代不同的是，现代教育本身构成了一个由多元素、多层次、多种联系有机组成的系统。在这个系统中，各个组成部分、各种元素之间不断以各种方式发生着各种不同程度的相互关系和联系，并由于这种关系、联系而作用于整个系统的结构、功能，从而引起系统本身的改变。人们现在已充分认识到，相互联接的教育机构、体系之间（例如初等教育、中等教育与高等教育之间）存在着不可分割的直接联系，因此，其中任何一个体系或者说大系统中的子系统内部的改变，都必然地影响到其他体系或子系统。在教育思想观念、价值标准与教育制度、教育实践之间，也具有内在的、现实的逻辑联系，一定的教育思想观念、价值标准不仅是教育现实环境和条件下的自然产物，还同样具有独立存在、独立发生作用的机制。更为重要的是，由于终身教育原则的逐渐确立和现实化，传统的教育观念遇到了挑战，人们现在意识到"教育和训练的过程并不随学校学习的结束而结束，而是应该贯穿于生命的全过程"[1]。这个崭新的思想观念不仅使人类教育活动

---

[1]　保尔·朗格朗：《终身教育引论》，周南照、陈树清译，中国对外翻译公司，1985 年，中文版序。

向一个更大的时间过程延伸,从而使教育获得了更为广泛的意义,而且,由于这个原因,教育系统本身的结构、功能发生了根本的变化,系统内部各个组成部分、各种因素以及它们的相互关系在一个更大的背景下重新组合,教育系统的整体性意义更为明确、更为具体,也更为现实。

另一方面,如果说在人类教育发生之初,或者在它发展的早期阶段,各个国家和民族的教育可以独立发展,那么,到现代社会,一切地域、空间所造成的客观限制与人为造成的主观障碍,再也不可能成为阻碍不同国家(哪怕是相距最遥远的国家)和不同民族(无论文化传统之间的差异如何巨大)在教育方面的交流、联系的不可逾越的鸿沟。如同当代世界工业、贸易、市场逐步走向"一体化",世界教育也正在趋向于构成一个"共同体"。任何一个国家和民族,可能、可以而且必然在这个共同体中的各个部分中,选择适合自身状况和需要的参照体系,对各种外来的影响表现出自身的主观倾向和自觉理性,做出合理的抉择与取舍。但是,如果它不希望被排斥在整个世界历史进程之外,如果它企望走向繁荣而不是走向衰落,那么,就必须"对外开放",必须具有积极的参与意识,与世界教育共同体保持密切联系。在现代社会,美国式的"光荣独立"只会成为印第安人式的"悲壮衰落"。而且,与古代乃至近代教育处于相对闭塞的状况不同,在当代,任何一个国家所进行的重大教育改革、教育实验,都会引起其他国家的积极反应,并产生相应的变化。在人类教育史上,只有在当代,才能出现教育的新成就、创造成为共时性的人类共同的财富的现实。另一方面,不同国家间的影响在当代已经逐步从欧美对第三世界的单向式转变到两者互为影响的双向式。当然,到目前为止,前者的影响更为强大,但不可否认的是,一种新的格局已经产生,它的发展趋势也已经是不可逆转的了。

强调教育系统本身的稳定性,不是对教育系统与外部环境的相互关系的排斥。事实上,按照系统思想,不仅需要把教育系统从整个社会系统中相对地孤立出来,综合精确地考察系统中整体与部分、部分与部分之间的相互关系、相互制约和相互作用的关系,而且要求研究教育"这个相对孤立出来的对象和其他事物即外部环境之间相互联系、相互影响和相互作用,并把这种联系、影响和作用作为系统的输入和输出来处理"①。

---

① 杨士尧:《系统科学导论》,中国农业出版社,1986 年,第 12 页。

但是,在考察教育系统与外部社会环境的相互作用时,首先应当明确的是,这种作用本身就是一个整体。易言之,虽然外在于教育系统的社会环境的各种力量、因素对教育本身的影响作用的程度、方式各不相同,但是,由于这些力量和因素本身间具有内在的紧密联系,由于教育系统内部的各个组成部分之间存在不可分割的相互关系,因而,任何一种社会因素对教育系统中的任何一个部分或系统整体的影响与作用,都可能导致其他社会因素对系统其他部分的影响和作用。因此,只有从整体上把握社会环境各种因素之间的相互关系,从整体上把握这些因素对教育系统发生作用机制的内在联系,才可能更全面、深刻地理解每一种社会因素对教育系统整体与部分的作用方式、机制、程度。正如汤因比所说:"为了便于了解局部,我们一定要把注意焦点先对准整体,因为只有这个整体才是一个可以自行说明问题的研究范围。"①他又说,要了解历史力量的影响,"除非从它们对于整个社会作用做全面的了解,否则便无法了解它们的局部作用"②。

但是,以上所述的一切,只有以人类教育历史的运动进程作为背景,才可能被深入地理解。否则,便成了不可思议、不可捉摸、没有任何现实基础的"天外来客"。这首先是因为,当代教育系统在结构上所存在的整体性,是教育历史发展的现实结果,没有过去一切时代人类教育发展所取得的巨大成就和不断进步,以及由此形成的历史基础,当代教育就不可能获得这种只有在较高发展阶段上才可能具有的特性。因此,只有深刻地认识当代教育的整体性所产生的历史基础,才可能对现实的状况产生全面的理解。也就是说,这种整体性并不是突如其来的,也不是教育活动在一切阶段上都具有的,因而是一种普遍的自然特性,而是长期发展的产物。众所周知,古代教育虽然以官吏训练和臣民教化的政治性职能为主,但也同时包括了军事的、道德的、学术的、审美的因素,这一点从古代学校的课程中可以清楚地看到,例如,中国的"六艺"(礼、乐、射、御、书、数)。这表明,在古代社会,教育与社会环境的相互关系是广泛的、多方面的。因而,在一定意义上可以说,古代教育就具有某种整体性。但是,有两点必须明白:首先,在古代教育系统内部,不同组成部分、要素之间的联系往往既不是有机的,也不是紧密的,甚至也不是直接的,

---

① 汤因比:《历史研究》,上海译文出版社,1986年,第7页。
② 汤因比:《历史研究》,第4页。

这样的事例比比皆是。例如,中国古代的私塾、乡学与太学之间就不存在直接的联系,也就是说并没有形成一个有机的制度体系。又如,古代希腊的弦琴学校、体操学校、体育馆、青年军事训练团(Ephebia)之间也并不存在近似后世的初等、中等、高等教育之间的联系。其次,在古代社会,教育系统和社会环境之间的相互联系是以尚未分化、专门化的社会分工为基础的,因而,教育的整体性实际上是层次很低、很肤浅的、很笼统的。

随着社会及教育本身的发展,一方面是教育内部各个组成部分之间的联系日益密切,另一方面是社会环境与教育关系的不断专门化、具体化。到近代,出现了专门培养政府官吏、管理人员、技术专家、艺术家、学者等各种专门人才的各种类型的学校。与社会分工相伴随的是教育内部职能的不断分化。但是,进入到 20 世纪,尤其是近几十年来,在专门化的基础上,出现了一种新的综合趋势。这不仅表现在专门学校中全面教育日益受到重视,不仅表现在人们对下一代各种一般能力、而不是专门知识和技能的强调,而且表现在人们开始把教育本身作为一个整体,把教育当作社会总体环境的一个有机组成部分,从而在一个更大的视野中加以认识。这种以专业化为基础的综合和整体性,才是真正具有深刻意义的。

人类教育历史进程所发生的变化以及人类思维方式的改变,必然要求教育史观发生相应的更新。而当人们以更新了的教育史观、改变了的思维方式和认识体系,简言之,用一种新的思想工具,重新观察他们过去曾经观察过的对象世界时,必然在同一个世界中发现前所未见或"视而不见"的现象、事实以及事实之间的联系和结构。这样,这个对象世界实际上已经发生改变,人们现在面对着的实际上是一个不同的世界,他们的研究工作实际上"是对一个不同的世界在作出回答",实际上是对教育历史的重新认识、重新理解、重新建构。这种要求既是合理的,而且也是必然的,正如库恩所指出的那样:"回过头来写历史的诱惑既是普遍存在的,也是持续不断的。"①

三、合理重构教育史

运用整体的教育史观对教育历史进行合理重构,并不意味着教育史家只

---

① 库恩:《科学革命的结构》,李宝恒、纪树立译,上海科技出版社,1980 年,第 114 页。

需要具有一种基本的观念和思维方式。整体的教育观虽然是当代教育历史进程和当代思维方式变更的产物,但却是以对各个具体的教育历史现象、事件及其相互关系的深入探讨为必要前提条件的。没有这种具体、专门研究,整体的教育史观就必然成为一种虚幻的理念。

作为一种基本的历史观念,整体的教育史观所要求的只是,当人们从事具体教育历史事实的研究时,应当着眼于该事实在时间、空间上与其他事件、现象的联系,着眼于它与当时社会、文化、经济、政治、思想、科学的总体联系,着眼于它与整个教育历史进程的联系,简言之,就是要从整体的、相互联系的观念出发,考察整体的每一个组成部分。另一方面,它要求教育史家能够通过真实可信的历史事实,综合地考察教育系统内部各个组成部分之间、部分与整体之间、教育系统与社会环境之间的相互关系,考察这些关系的完整变化过程。这两方面就构成所谓整体教育史观的全部含义,同时也就是合理重构教育史的基本方向。

就我国教育史学科研究的实际情况来看,要合理重构教育史,首先要做的是,更新教育史观,转变思想方法。在过去的教育史学科研究中,存在着一些普遍的缺陷,例如,往往用一种单一的社会因素来分析宏观或微观的教育历史现象、过程及其发展机制,而忽视社会各方面因素的合力作用;或者,局限在对教育系统中某一组成部分的探索,而忽视该部分与系统其他组成部分、与系统整体的相互关系,例如,对教育家思想的研究,往往缺乏对教育家所处时代教育实际状况的具体分析,因而,很难深刻地把握这种教育思想的矛头所向和目的所在;或者只停留在对某一国家教育历史的探讨,而忽视对不同国家之间相互影响的具体把握,如此等等。

这种思维方式实际上是一种原子论和"考察单线因果关系和把研究对象分解成简单的组成部分"①的还原论。而整体的教育史观则要求运用现代的系统思想来考察教育的全部历史。因此,教育史家应当从传统的、封闭式的思维方式中摆脱出来,运用整体的、有机联系的、相互作用的观点来看待一切历史现象、过程。

其次,必须开阔研究的视野,在一个更广阔的背景下,认识教育内部所存

① 贝塔朗菲:《普通系统论的历史和现状》,王兴成译,见中国社会科学院情报研究所编:《科学学译文集》,科学出版社,1980年,第310页。

在的各种相互关系、教育与社会环境的相互关系以及这些关系的演变过程。过去的教育史学科研究基本上局限在正规的学校教育范围内，因而，使教育史成了单纯的学校教育史。但是，从人类教育发展的全部历史来看，专门化、制度化的学校教育的出现是在文明社会产生之后，仅仅有数千年的历史。在此之前，人类教育（虽然是非形式化的）已经走过了更为漫长的道路。单纯的学校教育史势必导致忽视对学校"史前史"的研究，而缺乏这种必要的研究，就不可能充分把握教育的起源、原始教育与文明社会教育的相互联系与区别等问题。另一方面，在人类文明史上，学校教育从来都只是教育的一种形式、一个方面。各种非正规的教育形式一直与它同时并存、相互作用。仅仅把视野局限于学校教育而忽视其他各种教育形式，既不能完整地理解各个历史时期人类教育的职能，也不能充分认识学校教育本身的特性、作用、机制。这是因为，在教育史的任何一个阶段上，对人类自身发展、文化保存与传递发挥作用的力量，除了学校以外，还有其他一些因素，例如风俗、道德风尚、家庭关系、生产活动等等；尤其是在文明社会教育历史的大部分时期，学校教育对于社会的绝大部分成员来说，都只是一种不可企求的奢侈品，是社会等级、身份、特权的象征。因此，要解释人类教育的历史发展，必须超越学校的狭窄天地，而放眼于更广阔的世界具体全面地理解形式化与非形式化教育之间的联系与区别，才可能真正深入学校教育的内部机制和本质之中。

第三，应当从不同文化、教育之间的相互交流、相互影响的角度来考察世界各国的教育历史。虽然就总体而言，在古代乃至近代的很长时间内，不同民族、不同国家之间的文化、教育交流是相对偶然的、非经常性的，但是，具体到各个文化圈内，情况则又有所区别。在东方文化圈内，从古代起，文化、教育之间的传播、交流一直在进行着，儒家的教育学说、科举制度都曾经先后影响了日本、朝鲜、越南等国。而在欧洲文化圈内，文化和教育的传播、交流则更为频繁、广泛。不同文化背景下的教育交流，不仅影响了不同国家教育的基本格局，而且往往影响了不同国家的教育的历史进程。从这种较为广阔的视野探讨、认识教育的历史发展，具有多方面的意义。首先，通过对不同国家、地区之间的文化、教育交流及其方式、过程和结果的具体研究，有助于从总体上把握人类教育历史发展的内部机制和基本结构。一方面，在历史上，几乎每一次重要的文化、教育交流都曾经引起一个或几个国家教育面貌的改变,这实际上表明了推动教育发展的历史力量的多元性,从而在一个方面证明了教育历史进程具有独特的轨迹。另一方面,之所以会出现不同国家教育之间的交流,正是在于这些国家教育发展中所客观存在的不平衡性。其次,由于在每一个国家的教育发展进程中,都曾先后以不同方式、在不同程度上受到外来文化、教育的影响,因而,了解教育交流的具体背景、过程以及结果,有利于全面理解各国教育历史。例如,不深入探讨西方文化教育的影响,就不可能全面把握中国近代和现代的教育历程。不了解西欧教育的影响作用,也不可能真正理解美国教育的历史发展,如此等等。同时,探讨不同国家教育之间的交流,也有利于具体认识各国教育的基本特征。此外,在分析某些具体的教育历史问题时,不从文化、教育之间相互影响的角度考察,甚至不可能形成对问题的全面认识、深刻理解。例如,不去详尽研究孔子、杜威这样一些伟大教育家的思想在本国以外的地区的影响,是很难对这些思想本身有全面理解的。

第四,应当开展跨时间和空间的宏观研究。把某一个具体的教育历史问题放在特定的时间和空间范围中加以研究,固然可以形成比较细致、深入和具体的认识,但也可能产生某种局限性,那就是由于时间、空间条件的限制,对该问题的前因后果、来龙去脉的了解,可能得不到应有的重视,这样,就很难真正全面地把握问题本身。但是,把具有内在联系的问题从具体的时间、空间条件下抽象出来,把它从不同历史时期的具体形态中抽象出来,当作一个相对稳定、相对静止的整体来研究,就会弥补微观研究所产生的局限,就会得到一种新的认识。例如,如果我们把欧洲近代教育史上的"教学心理学化"运动作为一个整体加以研究,就可以把不同时期、不同国度的教育家有机联系在一起,发掘出他们思想中的共同性和不同因素,以及相互之间的继承与发展联系。这样,教育家的思想就不是孤立的,而成为思想潮流中的一股涓流。再如,可以把欧洲从 16 世纪到 19 世纪末的创立近代初等教育体系和国民教育制度作为一个整体,使似乎孤立存在的教育事件在一个广阔的历史背景下有机地联系起来。这种宏观研究不仅有利于从总体上把握研究对象,而且有利于对各个具体问题的深入认识。

最后,应当把教育的历史作为人类文明演化历史的一个有机组成部分加以研究。作为人类文明的一个组成部分,教育的历史发展受到文明本身发展水平的直接制约;另一方面,教育又是保存、传播、重建、创造文明的强大工具。因此,从教育与文明整体的相互关系来研究教育的历史发展,是极为有益的。通过这样一种研究,将促进对人类教育历史进程及其内在逻辑的全面、整体认识和理解。

（本文与王晨合作完成,原载《清华大学教育研究》2010 年第 1 期）

重构教育史观:1929—2009 年

迄今为止,虽然教育史学者经常使用"教育史观"这个概念,但并未形成较为确定和统一的见解①。宽泛地表述,所谓"教育史观",主要是指史家对教育的历史进行认识、理解和阐释时,所具有的基本观念和认知体系。它包括三个基本方面。第一方面是教育史的"本体论",主要解答"什么是教育史"的问题,涉及关于教育历史的内在规定性、发展的基础和动力以及教育的"内部史"与"外部史"之间的相互关系等方面基本问题的主张。第二方面是教育史的"认识论",主要解答"如何认识教育史"的问题,包括对作为认识客体的教育历史进行认知和解释的理论视角、规范、概念、框架、方法等。第三方面是教育史的"价值论",主要解答"为什么认识教育史"的问题,包括对教育史研究功能的评价等。

众所周知,任何一个人面对教育历史时,事实上都具有某种教育史观,差别在于这种观念是否自觉的和系统的,也在于这种观念是否通过确定的途径加以表达。同样,每一个时代也都有其独特的教育史观,这种独特性既来自个体认知的差异,也源于不同时代主流意识形态的不同。因此,时代的交替、学科的演进实际上也是教育史观不断变迁、不断重构的过程。

---

① 史小禹、曲铁华:《教育改革中的教育史学科的问题与发展》,贺国庆主编:《教育史研究:观念、视野与方法》,河北大学出版社,2009 年。周采:《论外国教育史学观念的更新》,李立国:《现代化理论视野下教育发展史观之反思》,见张斌贤、孙益主编:《探索外国教育史研究的新领域与新方法》,广西师范大学出版社,2009 年。张斌贤、王晨:《整体史观:重构教育史的可能性》,《清华大学教育研究》2010年第 1 期。

一

在我国，外国教育史作为一个专门的教学科目和学术研究领域，始于19世纪末20世纪初。最初的外国教育史著作大多为我国学者对外国著作的译介，如李家珍的《泰西教育史》（上海昌明公司，1893年[1]），能势荣编写、叶瀚翻译的《太西教育史》（金粟斋译书社，1901年），中岛半次郎编写、周焕文和韩定生翻译的《中外教育史》（商务印书馆，1914年）等。从20世纪20年代开始，外国教育史著作的编撰出现了一种新的趋势，即从直接翻译过渡到综合借鉴国外学者的成果撰写相关著作，再到独立编写教材和著作。尽管有学者认为最早由我国学者独立编撰的外国教育史著作是姜琦先生的《西洋教育史大纲》（商务印书馆，1921年）[2]，但根据姜琦先生在《西洋教育史大纲》"凡例"中所述，该书是作者在南京高等师范学校授课讲义的基础上修改而成，并且，"本书以赖乌曼尔（Raumer）、斯密的（Schmidt）、斯密特（Schmid）、弗荷尔（Vogel）、迪得斯（Dittes）、弗尔克曼（Volkmer）、格列佛斯（Graves）、斯利（Seeley）、大濑甚太郎、田中义能、已竹岩造、入泽宗寿、吉田雄次、渡边政盛等所著《教育史》或《教育思想史》为本，间或参以己意"[3]。从这些文字可以看出，《西洋教育史大纲》虽非直接译自某一种国外学者的著作，但也并非中国学者的独立著述，而是对多种国外教育史著作的综合。

从现有资料看，杨贤江先生的《教育史ABC》（世界书局，1929年）应当被认为是较早由中国学者独立编撰的教育史著作。此后，一系列由中国学者独立撰写的著作和教材先后出版，包括：瞿世英（菊农）先生的《西洋教育思想史》（商务印书馆，1931年）、林汉达先生的《西洋教育史》（世界书局，1933年）、蒋径三先生的《西洋教育思想史》（商务印书馆，1934年）、雷通群先生的《西洋教育通史》（商务印书馆，1934年）、姜琦先生的《现代西洋教育史》（商务印书馆，1935年）、王克仁先生的《西洋教育史》（中华书局，1939年）等。除

---

[1]　洪明教授在其《外国教育史学科建设的回顾与反思》一文中认为，该书为"我国最早的关于外国教育史通史类著作"，见杨孔炽主编：《百年跨越——教育史学科的中国历程》，第99页。

[2]　贺国庆：《外国教育史学科发展的世纪回顾与断想》，《外国教育专题研究文集》，第190页。

[3]　姜琦编：《西洋教育史大纲》，商务印书馆，1933年，"凡例"（二）。

《教育史 ABC》和瞿世英的《西洋教育思想史》外,上述著作多为师范院校相关课程的教材。

杨贤江的《教育史 ABC》可以视作中国早期唯物主义教育史观的代表。该书的内容主要涉及外国教育史或世界教育史。正如作者所说:"本书是世界教育史的性质,故对于中国教育史不特别多讲。"值得注意的是作者关于教育历史的观念。他在该书"例言"中指出:"作者之教育史的见地,自信颇与一般编教育史者不同,……故本书之性质内容乃至体例都与一般所称为教育史教科书者相异。"①这种不同主要表现在他对教育史研究的使命的认识。他指出,教育史研究的"更根本更重大的任务"是解答"教育之意义与目的怎样变迁"、"教育思想变迁的真义与教育制度变迁的根据何在"、"支配阶级与被支配阶级在教育上之关系何如"等基本问题。为解答上述问题,杨贤江运用阶级分析方法,将人类教育"以文明时代为界",文明时代以前的教育是"全社会的,是实践的,即劳动与教育相一致的",文明时代之后的教育经历了奴隶制度、中世纪的农奴制度(即封建制度)和近代的资本制度三个阶段,但其本质"终是阶级的,为供支配阶级之'御用'的"②。杨贤江的《教育史 ABC》一般被认为是中国"第一部试图运用历史唯物主义观点和方法研究教育史的专著"③。从该书中已经可以较为清晰地看到阶级分析方法的运用以及由不同社会形态而推演而来的五种教育形态。

与杨贤江不同,瞿世英《西洋教育思想史》主要受到柏格森的生命哲学和黑格尔历史哲学的影响,认为"教育进化的历程是为教育理想所支配的"④,"我们承认物质的条件,但只有用理想史的方法,方能了解其意义"。而思想史演进目的则是"求自由"⑤。雷通群则强调:"教育既属文化之一种,故教育史亦即是文化史之一种,当与关于文化之其他方面的宗教史、道德史、美术史等并列。"⑥他主张教育史研究的目的是"究明全体的教育事实之变迁发达的

①　杨贤江:《教育史 ABC》,《杨贤江全集》(第 3 卷),河南教育出版社,1995 年,第 54 页。
②　杨贤江:《教育史 ABC》,《杨贤江全集》(第 3 卷),第 149 页。
③　吴式颖:《关于拓展外国教育史研究领域和改进方法的思考》,张斌贤、孙益主编:《探索外国教育史研究的新领域与新方法》,第 22 页。
④　瞿世英编:《西洋教育思想史》,福建教育出版社,2011 年,第 1 页。
⑤　瞿世英编:《西洋教育思想史》,第 4 页。
⑥　雷通群:《西洋教育通史》,福建教育出版社,2011 年,上册,第 4 页。

次序"。为了达到这个目的,他认为教育史研究应当从以下六个方面展开:
(1)对教育理论的探讨;(2)对教育实际的探讨;(3)对不同时期的教育变迁
进行比较;(4)对教育家的探讨;(5)对不同时代特征的探讨;(6)对不同时代
教育事实发生环境的探讨①。

　　从上述具有代表性的著作中可以看到,在 20 世纪 20—40 年代,教育史家
的教育史观已经表现出明显的多样性和差异性,既有初步尝试运用历史唯物
主义研究教育史而形成的"唯物主义教育史观",又有借鉴西方近现代哲学思
潮而产生的"唯心主义教育史观",也有介于二者之间的"文化教育史观"。
这些教育史观既受到外来思想观念的明显影响,又反映出史家个人对教育史
的理解。另一方面,由于处于教育史学科的早期发展阶段,以上教育史观往
往既缺乏系统性,也具有显著的模仿外来思想的色彩。

二

　　从 1949 年到 20 世纪 70 年代末 80 年代初,尽管社会文化环境发生了巨
大而复杂的变化,但外国教育史学科教学和研究的总体格局并没有发生根本
性的改变。这个时期最为显著的特征是,经过短暂的自主探索之后,又重新
回到了全盘接受国外学者研究成果的状况。1950 年,三联书店出版了麦丁斯
基的《世界教育史》。此后不久,人民教育出版社出版了康斯坦丁诺夫的《世
界教育史纲》。这两种著作被视为苏联教育史编撰模式的主要代表,对我国
的教育史研究产生了重大的影响。之后,曹孚先生采用上述两种著作的主要
内容,汇编成《外国教育史》(人民教育出版社,1962 年),作为高等师范院校
教育系外国教育史课程的教材,由此进一步扩大了苏联教育史编撰模式的
影响。

　　在麦丁斯基和康斯坦丁诺夫等苏联教育史家看来,教育史应以"马克思
主义关于社会发展的学说为指南"②。根据他们对唯物史观的理解,"各种教
育学理论、学制、教育和教学的组织、内容和方法,归根到底都是为社会物质

---

① 雷通群:《西洋教育通史》,第 5—7 页。
② 曹孚编:《外国教育史》,人民教育出版社,1979 年,第 2 版,第 2 页。

生活的条件所决定的,但是前者对社会的发展也能发生一定的影响"①。在他们看来,教育史是有党性的。"它必须从共产党——无产阶级先锋队——的立场去研究教育史上的现象。它跟资产阶级的教育史不同,不是客观主义地或叙事式地研究教育理论和实践的发展,而是揭示教育在阶级社会各个阶段中的阶级性,指出先进的东西跟反动的东西的斗争。"根据以上分析,他们认为,教育史的主要使命是"研究自远古到近代各个历史时期教育、学校和教育学理论的发展。它根据辩证唯物主义的原理揭示阶级社会中教育理论和实践的阶级本质和局限性,揭示在这个领域中唯物主义跟唯心主义的斗争,进步的教育理论跟反动的教育理论的斗争,并且揭示教育理论和实践发展的规律性"②。

　　概括起来,以麦丁斯基和康斯坦丁诺夫为代表的教育史观的主要观点有:第一,教育历史的性质是由社会的经济基础和上层建筑决定的,因此,不同的社会形态造成了不同阶级性质的教育。与人类社会一样,人类教育先后经历了从原始社会、奴隶社会、封建社会、资本主义社会到社会主义社会这样一个从低级阶段到高级阶段的发展。第二,教育历史发展的根本动力是社会经济基础与上层建筑之间的矛盾,这种矛盾进一步表现为阶级之间的冲突。第三,这种矛盾和冲突反映在教育历史中就成为唯物主义与唯心主义的斗争、进步与反动的斗争。第四,教育史研究的主要目的和功能在于运用阶级分析这一基本方法,揭示历史上的一系列斗争,并"帮助我们抛弃一切对共产主义教育来说是过时的和不需要的东西,另一方面,还可以用批判地改造的形式来吸取一切对马克思列宁主义教育学和共产主义教育的实践有用的东西"③。

　　这种教育史观的基本缺陷在于,首先,片面注重、甚至夸大社会物质生产在推动教育发展中的决定性作用,而忽视社会生活其他方面因素的意义,尤其忽视物质生产本身与人类其他活动之间的相互关系及其在促进人类教育演化中的影响。这样,就造成了某种程度上的"经济决定论"倾向,因而并不能充分合理地阐释众多的教育历史现象。更为重要的是,以单一的经济因素

① 曹孚编:《外国教育史》,第2—3页。
② 曹孚编:《外国教育史》,第1页。
③ 曹孚编:《外国教育史》,第2页。

考察历史,并不符合历史唯物主义的基本原理。

其次,机械地和教条地将社会历史发展的宏观原理简单搬用到对教育历史的认识,夸大了社会发展与教育演变之间的同一性,忽略了二者间客观存在的差异。而这种差异性的存在,正是教育史研究之所以能够成为一项专门学术事业的实际前提。

再次,阶级分析方法被不加限制地运用到教育史研究的一切方面,并被简单化、教条化为一种标签式的方法。的确,阶级分析是历史唯物主义的重要方法论和具体方法,但是,无论在理论上还是在实践中,马克思主义经典作家都从来没有把它当作唯一的认识历史的方法,更没有用它来解释一切历史现象。在他们的观念中,阶级分析具有特定的适用范围。另一方面,马克思主义的历史方法论是一个有机的整体,其中包括了非常丰富的原理和方法,阶级分析只是其中的一个部分①。

尽管存在着这一系列缺陷,但在 20 世纪 50—70 年代,苏联教育史家的这种教育史观不仅作为一种学术观点,同时也作为意识形态的组成部分,凭借着强大的制度力量,影响了我国的外国教育史教学和研究。20 世纪 80 年代国内学者编写的外国教育史教材,在编写体例、历史分期、教育历史人物评价以及对教育历史发展动力的认识等方面,都受到这种教育史观的深刻影响。即使到今天,也很难说已经完全摆脱了它的影响。

三

从 20 世纪 70 年代末 80 年代初开始,教育史观的探索再一次重新启程。从那时以来的三十年间,教育史观的探索大致包括三个主要阶段:第一,恢复重建阶段(1979 年至 20 世纪 80 年代中期)。第二,多元探索阶段(20 世纪 80 年代后期至 20 世纪 90 年代末)。第三,"史观断裂"阶段(本世纪以来)

1. 恢复重建

1979 年 12 月在杭州召开的全国教育史研究会第一届年会、1982 年 5 月

---

① 本文作者曾著文对苏联学者影响下形成的教育史观进行讨论。参见张斌贤:《历史唯物主义与教育史学科的建设》,《教育研究》1988 年第 9 期。

在西安召开的第二届年会和 1983 年 9 月在黄山召开的"外国教育史学科体系讨论会"是教育史观重新探索的重要起点。在这三次会议上,教育史界分别对苏联教育史编撰模式的利弊、教育史研究中观点与史料的关系、教育发展的共同规律、教育史研究范围、教育历史人物评价以及外国教育史学科体系建设等问题,展开了空前热烈的讨论,形成了一系列重要的、具有启蒙意义的主张①。其间,赵祥麟教授、滕大春教授、金锵教授等陆续撰文,对苏联教育史编撰模式将马克思主义的方法论公式化和简单化的倾向以及历史虚无主义进行批判,并从多方面探讨如何更为科学地把历史唯物主义的观点、方法运用到外国教育史研究中,使教育史研究更加深刻和全面地解释教育历史现象、历史过程以及科学评价教育历史人物和教育史遗产②。

上述会议的召开和学者的主张对 20 世纪 80 年代前期教育史观的探索,发挥了重要的推进作用。这种作用首先表现在对杜威、赫尔巴特等教育史人物的重新评价上。由于杜威与赫尔巴特均为西方教育史上具有重大影响的教育家,也是我国教育史界存在争议较大的教育史人物,因此,对他们的重新认识不仅有助于客观、准确地理解他们本人的思想,而且有利于促进对其他教育史人物的合理评价。更为重要的是,对教育史人物的评价首先是一个教育史观的问题,对杜威与赫尔巴特的再认识必然涉及对一系列教育史观问题的深入思考,进而涉及整个学科的全面重建。外国教育史学科以后三十年间的发展表明,正是由于以这两位教育家的重新评价为突破口,外国教育史研究才迅速在废墟上重建并得到长足发展。

对杜威与赫尔巴特进行重新评价的关键在于,正确认识教育家的阶级立场、哲学倾向与其教育思想和历史贡献之间的关系问题。在此之前,由于受当时政治形势和苏联教育史观的影响,人们往往把二者等同起来,简单地从教育家的阶级地位和哲学倾向"推绎"出其教育思想的"阶级属性",从而加以绝对否定。从 1980 年开始,一些教育史家率先发表文章,对杜威等人的教育思想进行再认识。赵祥麟教授较早明确提出,要对杜威教育思想进行具体

---

① 《教育史研究会首次年会纪略》,《教育研究》1980 年第 1 期。安徽省教育史研究会编:《外国教育史学科体系探讨会论文集》(内部交流)。

② 金锵:《外国教育史研究中的几个理论问题》,《教育研究》1980 年第 1 期。滕大春:《试论〈外国教育史〉的学科体系和教材建设》,《教育研究》1984 年第 1 期。赵祥麟:《关于外国教育史学科体系的几个问题》,《华东师范大学学报》(哲社版)1984 年第 2 期。

研究,既要看到其思想的阶级实质,又要从发展的眼光分析其中的有价值的成分,从而客观评价杜威在教育思想史上的地位①。此后,陈景磐教授、王天一教授等先后著文,从杜威的道德教育学说、杜威学说与赫尔巴特理论的比较等角度,广泛、深入地探讨杜威教育思想,以更加客观、辩证地评价杜威②。对赫尔巴特的重新评价虽然没有引起广泛的关注,但有学者力图从教育家所处时代与教育家本人思想二者结合的角度来评价赫尔巴特③,这在当时不失为一种较有见地的尝试。

1983 年 9 月召开的"外国教育史学科体系讨论会"从各个方面探讨了外国教育史学科体系的建设问题。与会学者认为,应当扩展外国教育史学科范围,更加深刻、全面地阐述教育发展的基本规律,认真研究教育历史的分期等等。特别重要的是,学者们一致认为应摆脱苏联教育史模式的束缚,建立具有中国特色的外国教育史学科体系,使之适应我国社会的新需要。这次会议的标志意义在于,教育史学界明确表明了自觉摆脱苏联教育史编撰模式的束缚、自主发展教育史学科和重构教育史观的自我意识。

曹孚、滕大春、吴式颖、姜文闵教授合著的《外国古代教育史》(人民教育出版社,1981 年)和王天一、夏之莲和朱美玉教授合著的两卷本《外国教育史》(北京师范大学出版社 1984 年出版上册,1985 年出版下册)等著作和教材的先后出版,是这种自我意识的最初显现。

由于成书时间较早,这两种著作仍带有较为明显的苏联教育史编撰模式的痕迹,例如强调教育的阶级性、注重阶级分析方法的运用以及根据五种社会形态确定教育历史分期等等。尽管如此,就当时的社会条件和认识水平而言,这两种著作已经在一些方面初步突破了苏联教育史的编撰模式。《外国古代教育史》属于断代史研究,书中所涉及的古代教育的内容较为丰富。《外国教育史》所涉及的时空范围远非麦丁斯基和康斯坦丁诺夫著作所能比。更为重要的是,在对教育历史人物的分析和评价中,这两种著作都尽力避免简单地以人物的阶级地位和哲学倾向"划线",力求客观地阐释和评价教育家的

---

① 赵祥麟:《重新评价杜威实用主义教育思想》,《华东师范大学学报》(哲社版)1980 年第 2 期。

② 陈景磐:《〈杜威的道德教育思想批判〉补充》,《教育研究》1982 年第 9 期。王天一:《杜威教育思想探究》,《北京师范大学学报》(哲社版)1982 年第 3 期。

③ 肖远:《赫尔巴特教育思想的阶级性格和时代特征》,《教育研究》1982 年第 2 期。

思想,公正评价其历史贡献。总体上讲,这两种著作代表了 20 世纪 80 年代早期中国学者在力图摆脱苏联教育史撰写模式、自主探索中国特色的外国教育史学科体系所取得的阶段性成果。这其中当然包括了对教育历史性质等问题的重新认识。

2. 多元探索

从 20 世纪 80 年后期开始,外国教育史学科进入了一个重要的发展时期,一系列著作和教材先后出版,如赵祥麟教授主编的《外国现代教育史》(华东师范大学出版社,1987 年)、吴式颖教授等的《外国教育史简编》(教育科学出版社,1988 年)、滕大春教授主编的《外国近代教育史》(人民教育出版社,1989 年)、戴本博教授主编的《外国教育史》(上中下册,人民教育出版社,1989 年)、滕大春教授任总主编的多卷本《外国教育通史》(山东教育出版社,1990 年)、王天一教授主编的《西方教育思想史》(湖南教育出版社,1996 年)、吴式颖教授主编的《外国教育史教程》(人民教育出版社,1999 年)等等。研究成果日益丰富的过程,同时也是学科自我意识不断觉醒、教育史观逐步更新的过程。

这个时期重构教育史观的努力主要表现为,在批判苏联教育史编撰模式的基础上,进一步探讨外国教育史学科研究的基本问题,这其中主要包括:继续分析外国教育史学科研究存在的主要问题及其主要原因,继续探索如何更为科学地把历史唯物主义的观点、方法运用到外国教育史研究中,使教育史研究更加深刻和全面地解释教育历史现象、历史过程以及评价教育历史人物等等[1]。到 20 世纪 90 年代,这个方面的努力逐渐转向借鉴相关学科的理论和方法,重新对外国教育的历史发展进行建构。一些研究者开始尝试运用现代化理论的方法和概念,对教育历史发展的本质进行分析。根据这种研究范式,教育的历史进程被认为是教育现代化的过程,教育的制度化、世俗化、法制化、普及化、科学化等被认为是教育现代化的基本指标,现代性的获得被认

---

[1]　张斌贤、刘传德:《浅谈外国教育史研究中的几个问题》,《教育研究》1986 年第 4 期。孔炽:《坚持教育史研究中的科学的方法论——全国教育史研究会学术研究会述要》,《华中师范大学学报》(哲社版)1987 年第 5 期。张斌贤:《再谈外国教育史研究中的一些问题》,《教育研究》1987 年第 8 期。赵卫:《也谈外国教育史研究中的一些问题》,《教育研究》1988 年第 10 期。李文奎:《也谈外国教育史学科建设》,《教育研究》1989 年第 5 期。张斌贤:《再论外国教育史研究中的现实感》,《教育研究》1989 年第 5 期。

为是教育现代化过程的目标。这方面的代表性著作主要有吴式颖教授主编的《外国教育现代化进程研究》、《俄国教育史：从教育现代化视角所作的考察》等。

拓展对教育史的认识，摆脱单纯的学校教育史模式，走向通史、专题史、国别史、断代史并存的多元化格局，是这个时期教育史观重构努力的又一个重要方面。20世纪80年代以来，先后出版了数十种由我国学者撰写或译介的国别史、断代史、专题史著作，如《世界幼儿教育史》、《日本教育史》、《简明英国教育史》、《德国教育史》、《美国教育史》等等。这些著作不仅丰富了外国教育史研究，为深化通史研究奠定了基础，而且从一个非常重要的方面突破了普通学校教育史的编撰模式，拓展了对教育史的认识。

"以论代史"是苏联教育史编撰模式的重大缺陷。长期以来，外国教育史学科研究存在着一个非常重要的不足，那就是史料建设落后。史料不足为"以论代史"提供了客观依据，并且进一步助长了"以论代史"，从而使教育史研究日益成为社会历史观念的注解。与过去大半个世纪相比，这个时期在史料建设方面所取得的成就是无与伦比的。1986年后，先后出版了《西方古代教育论著选》、《西方思想家论教育》、《世界教育史教学、科研参考资料》等史料汇编。从这个时期开始，人民教育出版社组织翻译了大量外国教育名著。这些努力初步改变了史料建设长期滞后的局面，为教育史研究奠定了良好的基础。

3."史观断裂"

2000年以来的十年间，外国教育史研究一方面延续了20世纪80—90年代的"传统"，即大型、通史性的著作编写，其中最有影响的是吴式颖、任钟印教授主编的十卷本《外国教育思想通史》（湖南教育出版社，2002年）。这部巨著从策划到出版，历时十余年，动员了当时全国大部分外国教育史教学科研人员，基本上反映了中国学者关于外国教育思想史研究所达到的水准。此外，为适应新时期人才培养的需要，先后出版了部分教科书，如单中惠教授的《外国教育思想史》（高等教育出版社，2000年）、张斌贤和王保星教授主编的《外国教育思想史》（高等教育出版社，2007年）、周采教授的《外国教育史》（华东师范大学出版社，2008年）、张斌贤和王晨主编的《外国教育史》（教育科学出版社,2008 年)、王保星教授的《外国教育史》(北京师范大学出版社,2008 年)、贺国庆、于洪波和朱文富教授等的《外国教育史》(高等教育出版社,2009 年)等等。

如果把上述著作和教材与此前出版的同类著述相比,可以清晰地看到,除吴式颖教授为《外国教育思想通史》起草的长篇导言之外,大多数著述似乎都自觉或不自觉地回避从本体论意义上讨论教育史观问题,而主要从认识论和价值论层面阐述教育史观。在某种意义上,可以把这种现象称之为教育史观的"断裂",即史家已不再关注整体的教育史观,而只关注教育史观中的某一两个方面、尤其是教育史观中的认识论方面。

这种教育史观"断裂"的现象由于这个时期外国教育史研究更为重要的进展而变得格外显著。2000 年以来,大量基于博士学位论文撰写的专题研究著作的相继出版,成为外国教育史研究新世纪第一个十年最为重要的发展标志。与以往的系统著述不同,这些著作往往以某一历史时期或某一个国家的某一个教育历史现象或问题为研究对象,而不涉及宏观或整体的历史线索。因此,研究者所关注的主要是基本文献的搜集、整理以及运用某些认识论意义上的理论和方法对史料所建构的历史片段进行解释,而基本不涉及教育史观中的本体论问题。这就进一步强化了教育史观的"断裂"。

从近百年学科发展的历程看,专题研究成果的大量出现正说明外国教育史学科研究方向的重大转变,即从综合走向分析,从宏观把握转向微观研究,从整体认识转向具体探微。这种转变实际上意味着外国教育史研究正日益摆脱教科书传统的束缚,逐渐回归历史研究的本质。只有当教育史研究充分获得了历史研究的本质,才有可能真正获得学术合法性,才有可能真正成为一个学术研究的重要领域,也才有可能充分发挥在课程教学中的作用。

教育史观的"断裂"并不意味着史观的缺失,而是教育史观探索的重大的和方向性的转变。这种转变的首要意义在于,有助于从根本上克服长期以来存在的把宏观历史观念简单套用到教育史研究的弊端,从而使教育史研究成为一种真正的学术研究而非观念的注解。其次,由于主要强调对教育本身的历史现象、历史过程的认识以及对这种认识的"再认识",有利于教育史研究不断更新方法、转换视角,从而切实推进学科研究的发展。近十年来教育史研究的进展并不是因为在教育史的本体论上有什么突破,而主要表现在方法和方法论的变换。

四

在经历了近一个世纪曲折复杂的变迁过程之后,教育史观的重构将如何继续? 或者说,在全球化、信息化、多元化趋势不断加剧的当代社会,如何重构当代的教育史观?

不管可能会形成何种教育史观,重构教育史观的努力首先应当自觉地摆脱四种束缚,寻求思想的独立与解放。第一,自觉摆脱对国外学术思想的盲目崇拜、一味追随、简单搬用。随着国际学术交流的不断增进,来自境外的思想学说将更为广泛和深刻地对包括教育史学科在内的学术研究产生影响;教育史学科只有进一步开放,才有可能从当代的学术思想成果中获取自身发展所必需的营养。这些都是不言而喻的。问题的关键在于,应当以科学的态度和方法吸收借鉴国外的学术成果,不能仅仅停留在对名词、术语和概念的表面化的掌握和应用,不能只关注研究的结论而忽视研究的背景和过程,不能只见树木、不见森林,孤立地认识和理解某一种学术观点而漠视不同学术观点之间的联系,更不能把国外的学术成果奉为神圣而不加批判地照单全收。

第二,自觉摆脱对其他人文社会科学学科的"比附"。与人文社会科学其他学科之间的联系,始终是教育史学科发展的不竭动力。应当说,从教育史学科发展所经历的过程看,在这方面所做的工作还远远不够,要走的路还很长。但问题同样在于,教育史研究如何以科学的态度和方法借鉴人文社会科学的研究成果,而不是采取"拿来主义"、实用主义,仅仅停留在对某些理论或观点的表面的、一知半解的甚至是望文生义的"比附"。在这方面,外国教育史研究是有着深刻教训的。只有深入理解人文社会科学相关学科的理论和方法,只有全面把握这些理论和方法运用到教育史研究的适切性与合理性,才有可能真正科学地借鉴人文社会科学的成果,而不是简单的"比附"和套用。

第三,自觉摆脱"意识形态化"思维方式的束缚。教育史观受到宏观历史观念或社会历史观的直接和深刻的影响是必然的。但如果把二者完全等同起来,或者以社会历史观取代教育史观,并不能科学地认识教育历史的本质,也难以实现教育史研究的学术化或学科化,这是多年实践已经证明了的事实。尽管如此,由于苏联教育史编撰模式的深刻影响,外国教育史研究很难完全突破原有"意识形态化"思维方式的羁绊。在一些研究实例中,机械地、简单化地照搬"生产力与生产关系"、"进步与保守"、"先进与落后"、"唯心主义与唯物主义"模式的做法仍有一定市场。在这种情形下,教育史的研究往往成了运用简单的政治公式对历史事实的裁剪,或者成为对历史人物的道德审判。需要不断重申的是,"教育史应当、而且必须首先是教育的历史。"①教育历史发展的特殊性、教育历史与宏观历史以及其他人类社会活动历史的差异性,是教育史研究"安身立命"的基础。教育史研究的使命和目的不是去验证某些被公式化了的、而且被历史证明是不合时宜的意识形态化的历史解释,而是为着更为科学地认识、解释人类教育的历史变迁,以便深化和拓展当代人对教育的理解。对教育的理解本质上是对人类自身理解的重要组成部分。

第四,自觉摆脱教科书传统的束缚。众所周知,在我国,包括教育史学科在内的教育学科是适应近代师范教育的需要而兴起的,教育史学科最初是作为师范院校的教学科目而形成的。这本无可厚非。但问题在于,由于这样的原因,逐渐产生了对教育史学科性质、功能的片面认识和一种特殊的学科传统。在相当长的时间里,教育史学科更多地是作为教学科目而非专门的学术研究领域,教育史学界更多地是在课程教学的范畴中思考教育史学科的建设和发展。直到现在,关于教育史学科建设和发展的论述仍然主要是从课程教学的需要出发的。例如,在梳理教育史学科发展历程时,学者们关注的往往是教育史作为师范教育的教学科目的变迁,而忽略了作为学术领域分支的教育史研究的演变。学者们时常提及的一些著名的教育史著作,至少就编写者本人的意图而言,大多为师范院校教育系科相关课程的教科书。又如,学者们经常谈及教育史学科研究领域的拓展,在一定程度上也反映了这种思路的影响。由于实质上把教育史作为教学科目,并主要从课程教学的角度探讨教育史学科建设,因而事实上形成了一种"教科书传统"(这同时也是整个教育学科的共同传统)。在通常的情况下,教科书是为即将进入某一知识领域的

---

① 张斌贤、刘传德:《浅谈外国教育史研究中的几个问题》,《教育研究》1986 年第 4 期。

学生提供的入门导引。为了使学生能系统掌握知识体系,在通常情况下,教科书所强调的主要是知识的完整性和系统性,注重的是知识的"宽度"而非"深度",关注的是知识的传递而非知识的创造。这种状况如果仅仅限于教科书的编写还不致造成不良的后果,但现实是它恰恰成了教育史学科建设的一种很重要的思路,并在很大程度上影响了对教育史问题的研究方式和方法。多年来,教育史学界常满足于"宏大叙事",关注大问题、大事件、长时段,忽视对个别的、具体的教育史实的研究以及对史料的深度挖掘,某种程度上正反映了"教科书传统"在研究领域中的深刻影响。

在当代社会和知识发展的条件下,重构教育史观的根本在于史家自觉地形成一种"中级理论"——即专门的教育史学理论或观念。这种中级理论虽然受到宏观的社会历史观的影响,但主要反映史家本人对教育及其历史变迁的本质、动力等方面的认识,反映史家对教育历史的本体论、方法论和价值论的基本理解。这不仅有助于形成丰富和多元的教育史研究的领域、路径和方法,而且有利于促进教育史研究的哲理探讨和哲理追求。只有当对具体教育历史现象和过程的探讨能够成为一种基于充足史料之上的哲理探讨,教育史研究才能最终完成自己的使命:促进人类对教育历史本质的深刻认识。

从教育史学科发展的过程看,在学科领域中发生的任何一次重大变革和转折都直接来源于以某种社会文化哲学为背景的"中级理论"或教育史观的更新。从认识论的观点来看,"中级理论"实质上是认识客体与认识主体之间的联结点,或者说是主体的认识工具。"中级理论"的变更实际上是认识手段和认识角度的转换,因而必然导致主体和客体相互关系的变迁。从这个意义上讲,"中级理论"是教育史学科不断发展的巨大杠杆。

(原载《高等教育研究》2011 年第 12 期)

教育史研究:"学科危机"抑或"学术危机"

一

近十年来,我国的教育史学科(学识所限,本文主要涉及外国教育史学科方向)的发展始终处于一种矛盾的格局。一方面是"危机"之声不绝于耳。在中国教育学会教育史分会主办的历次学术年会和学术研讨会上,在诸多教育史学者所发表的大量论文中,对教育史学科危机的探讨,一直是一个受到普遍关注的问题①。另一方面,也正是在这十年中,教育史学科又呈现出积极的发展态势。教育史学科学位授权点(特别是博士学位授权点)和国家重点学科的增加,表明教育史学科人才培养能力的提升;在全国教育科学规划和教育部人文社科"十五"、"十一五"的课题立项中,教育史学科的科研课题一直保持着增长的趋势②;在这个时期,教育史学科的研究领域不断拓展,研究主题日益丰富,研究规范逐渐加强,研究成果层出不穷。正是在这个时期,教育史学科顺利完成了研究队伍的新的一轮"新老交替",从而为学科的可持续发展奠定了坚实的基础。

那么,究竟应当如何客观地分析和评价近十年来教育史学科所走过的历

---

① 参见:贺国庆:《外国教育史学科发展的世纪回顾与断想》,《河北师范大学学报》(教育科学版)2001年第3期;洪明:《外国教育史学科建设的回顾与反思》,《大学教育科学》2005年第2期;杨孔炽主编:《百年跨越——教育史学科的中国历程》,鹭江出版社,2005年;张斌贤、孙益主编:《探索外国教育史研究的新领域与新方法》,广西师范大学出版社,2009年。

② 根据全国教育科学规划领导小组办公室的统计,自"六五"规划以来,教育史学科立项课题分别为:"六五"规划:1项;"七五"规划:8项;"八五"规划:31项;"九五"规划:30项;"十五"规划:64项。见:全国教育科学规划领导小组办公室编:《中国教育科学规划回顾与展望——从"六五"到"十五"》,教育科学出版社,2006年,第682—813页。

程？如果仍停留在惯常使用的"几分开"或"一分为二"的评价办法，显然无法真正深入把握教育史学科所面临的复杂处境。这是因为，教育史学科近十年来的变化格局是非常复杂的，成绩和问题、机遇和挑战、积极的方面和消极的方面往往紧密地交织在一起，难以清晰地、"黑白分明"地加以区分。那些认为教育史学科存在危机或面临困境的学者并无意否定教育史学科所取得的成就，反之，那些强调教育史学科发展成绩卓著的学者也没有无视诸多问题与困难的存在。

因此，问题的关键并不在于是否应当客观冷静地面对教育史学科目前面临的危机（或问题、困境等），而在于如何从深层次上科学地分析危机，深入探讨这种危机的本质和危机生成的基本原因。易言之，教育史学界应当做出明确的判断，教育史学科面临的危机究竟是一种什么意义上的危机？只有这样，才有可能从根本上转"危"为"机"，探寻教育史学科持续健康发展的路径。应当说，敢于面对并不断探寻自身存在的问题，这本身就表明教育史学科的日渐成熟。而且，随着时间的推移和探讨的不断深入，对问题的把握日益接近本质，从而更有利于科学认识和合理解决问题。近十年乃至近三十年教育史学科的发展，不仅表现在学科研究、人才培养、课程建设等方面，同样也包括对学科危机的反思及其不断变化和深入，包括学科的自我意识的觉醒和不断强化。

二

对教育史学科研究存在问题的探讨早在 20 世纪 70 年代末 80 年代初就已开始。当时，由于多年政治运动所造成的思想僵化和禁忌，学者们通常把教条主义的束缚和因循守旧看作学科发展面临的主要问题，把解放思想、特别是正确认识理解历史唯物主义的基本原理和方法当作推进学科发展的重要动力[1]。与此同时，老一辈教育史家如滕大春教授、赵祥麟教授、金锵教授等先后撰文，批评传统的外国教育史学科模式（实际上就是以麦丁斯基《世界教育史》和康斯坦丁诺夫《世界教育史纲》为代表的苏联教育史的学科模

---

[1]　张斌贤、刘传德：《浅谈外国教育史研究中的几个问题》，《教育研究》1986 年第 4 期；李文奎：《也谈外国教育史学科建设》，《教育研究》1989 年第 5 期。

式),并提出了一系列卓有见地的主张。例如,他们主张破除"西方中心论"或"欧洲中心论",拓展教育史学科的研究领域,将研究视野扩展到世界不同地区和民族的教育历史;强调改变单一的普通学校教育史,更多关注高等教育、课程与教学等问题的历史变迁等等①。这些主张对 20 世纪 80—90 年代外国教育史学科的发展、特别是学科研究领域的不断拓展具有重要的推进作用。

　　到 20 世纪 90 年代,高等师范院校教育系科先后修订本科教学计划,在增加新知识和新科目(特别是增加与教育实践关系较为密切的知识内容)的同时,不同程度地压缩了包括教育史在内的基础课在教学计划中所占的比重。在许多高等师范院校教育系科的教学计划中,中国教育史和外国教育史的课时数一减再减,甚至已经减少到了难以进行系统讲授的地步。其结果直接影响了教育史课程建设,并严重制约着教育史学科师资队伍建设,诸多高等师范院校教育系科教育史学科的师资力量仅能满足本科教学的亟需。20 世纪90 年代后期陆续发表的有关教育史学科现状的论述与这个背景直接相关。在这种背景下,教师队伍建设、课程建设和教学过程存在的诸多问题,被认为是教育史学科面临的最大挑战和危机②。

　　进入本世纪以来,关于教育史学科危机的探讨仍在继续。但是,除了为数不多的论述之外,大多重复了 20 世纪 80—90 年代教育史学界已经涉及的"话题"。值得注意的趋势是有学者逐渐摆脱了原有的探索思路,逐渐从教育史学科危机的现象深入到危机的本质。贺国庆教授与张薇博士在《教育史学科面向未来的思考》一文中指出:"既缺乏现实性,又缺乏学术性,是当前教育史学科陷入危机的根源。"他们认为,加强教育史学科的学术性,是要超越狭隘的专业目标,成为"更宽范围的人文主义的专业","修复教育史与它的母学科——历史学之间的联系,同时也保持着与专业教育领域的关系"③。李爱萍副教授和单中惠教授在《外国教育史学科在中国的百年嬗变》一文中分析了外国教育史学科存在的四个方面的问题,其中特别指出,由于缺乏教育史学

---

　　① 　金锵:《外国教育史研究中的几个理论问题》,《教育研究》1980 年第 1 期。滕大春:《试论〈外国教育史〉的学科体系和教材建设》,《教育研究》1984 年第 1 期。赵祥麟:《关于外国教育史学科体系的几个问题》,《华东师范大学学报》(哲社版)1984 年第 2 期。

　　② 　贺国庆主编:《教育史研究:观念、视野与方法》。张斌贤、孙益主编:《探索外国教育史研究的新领域与新方法》。

　　③ 　杨孔炽主编:《百年跨越——教育史学科的中国历程》,第 24、25 页。

理论的指导,外国教育史的研究方法缺乏重大突破与创新①。洪明教授在《外国教育史学科建设的回顾与反思——基于著作类出版物的分析》一文中则尖锐地指出,20 世纪 80 年代以来,外国教育史通史类著作主要是为师范教育中开设的外国教育史课程而编写的,主要用作教材,注重体系,研究深度有限。"当学者们为满足教学的需要,都将精力放在教材的编写上后,研究低水平重复的现象就难以避免了"②。他同时强调,外国教育史的研究不能再拘泥于被动地应付教材体系,而是要寻找自己的新的研究定位③。

从以上梳理中可以清晰地看到,由于不同时期所处环境和条件的不同,教育史学科建设和发展的重点因时而异,因此,在不同时期,教育史学界对学科危机的关注存在着显著的差别④。如果说 20 世纪 80 年代教育史学科所面临的挑战主要表现为由社会—文化大环境所造成的"内部"问题,即研究人员思想观念和学术视野的自我封闭以及苏联教育史学科模式的消极影响,那么,从 20 世纪 90 年代后期开始,挑战则主要来自高等教育小环境所产生的"内部"和"外部"双重问题。所谓"内部"问题,是指教育史学科研究工作本身存在的诸多问题,包括研究领域狭窄,研究方法陈旧,脱离现实需要等等。所谓"外部"问题,是指教育史学科研究力量的削弱等。与前两个时期相比,近十年对学科问题的反思努力摆脱对外在现象的分析,逐渐深入到教育史学科体系的核心。尽管这种努力目前仍处于开始阶段,但这种探索所预示的趋势是非常有价值的。沿着这条路径,将有可能达到教育史学科危机的本质。

三

根据一般的界定,学科的本义主要包括:(1)教学的科目(subjects of instruction),即"教的科目"和"学的科目",是一种传递知识的教育教学活动;(2)学问的分支(branches of knowledge),即科学的分支和知识的分门别类,是

---

① 杨孔炽主编:《百年跨越——教育史学科的中国历程》,第 97 页。
② 杨孔炽主编:《百年跨越——教育史学科的中国历程》,第 105 页。
③ 杨孔炽主编:《百年跨越——教育史学科的中国历程》,第 105 页。
④ 王保星教授在其《外国教育史学科的困境与超越——基于外国教育史学科功用的分析》一文中曾简短梳理了 20 世纪 80 年代至本世纪初不同学者关于外国教育史学科现状的评价,见张斌贤、孙益主编:《探索外国教育史研究的新领域与新方法》。

一种发展、改进知识的活动。至于其他方面的含义(例如学术组织、学术规训等)则是从学科本义延伸而来的①。

诸多探讨教育史学科危机的论述虽然也涉及作为学问分支的学科方面,但更多地是关于作为教学科目的方面,或者说主要是从教学科目的视角出发的。关于学科史的梳理,对拓展研究领域的呼吁,关于教育史学科的目的和价值的论述,以及关于教育史研究队伍建设的思考等等,本质上都主要是从高等学校课程或教学的角度探索解决教育史学科存在的问题或危机。这种思维定势造成了学科建设和发展方向的严重偏差。教育史学界对学科危机的思考和探索已经持续多年,但学科危机并未因此稍有缓解,其根本原因即在于此。

在我们看来,教育史的危机既在于教学科目意义上的学科危机,更主要的也在于学问分支意义上的学科危机(为便于讨论,本文把前者称之为"学科危机",而把后者称之为"学术危机")。而"学术危机"实际上又是产生"学科危机"的内在根源。

所谓"学术危机",主要是指由于教育史学界对教育史学科的对象、性质以及方法论等基本问题的严重的认识偏差以及由于这些偏差而造成的研究"范式"、研究方法等方面的种种不规范乃至非学术化的问题。正是学科深层存在的种种问题导致教育史学科始终处于缓慢发展的尴尬境地。

这种认识偏差首先表现在,混淆作为教学科目的教育史与作为学问分支的教育史的关系,消除了二者之间客观存在的差异。多年以来,由于我国的教育史学科(也包括大多数教育学科)源于师范院校的教学科目,因此,教育史学科往往被作为教师培养和培训的基础科目②。有一点可以作为佐证。直到今天,那些被认为是代表学科进展标志性成果的著作,至少就编写者本人的意图而言,多为师范院校教育系科相关课程的教科书。由于实质上把教育史作为一个教学科目,并主要从课程教学的角度探讨教育史学科建设,因而事实上形成了一种"教科书传统"(这同时也是整个教育学科的共同传统)。

---

① 参见:中国社会科学院语言研究所词典编辑室编:《现代汉语词典》,商务印书馆,1973年,第1166页。

② 参见张斌贤:《教育史学科的双重起源与外国教育史课程教材建设的"新思维"》,《河北大学学报》(哲社版)2009年第1期。

众所周知,教科书是为即将进入某一知识领域的学生提供的入门导引。为了使学生能系统掌握知识体系,在通常情况下,教科书所强调的主要是知识的完整性和系统性,注重的是知识的"宽度"而非"深度",关注的是知识的传递而非知识的创造。这种状况如果仅仅限于教科书的编写还不致造成不良的后果,但现实是它恰恰成了教育史学科建设的一种很重要的思路,并在很大程度上影响了教育史的研究方式和方法。多年来,教育史学界常满足于"宏大叙事",关注大问题、大事件、长时段,注重通史的编撰,而忽视对个别的、具体的教育史实和教育问题的专门研究以及对史料的深度挖掘,某种程度上正反映了"教科书传统"在研究领域中的深刻影响。

对教育史学科基本问题的认识偏差还表现在,对教育历史的性质存在着片面和狭隘的认识,即主要把教育历史看作一种教育的现象(或教育的过去)而非历史的现象(或过去的教育)。这既与教育史作为师范院校的教学科目有关,也与教育史研究人员大多出自教育学科背景有关。由于把教育历史看作一种教育现象(尤其是学校教育的现象),实际上也就意味着教育的历史是现代教育未形成之前的萌芽状态,历史上曾经存在过的一切教育形式和曾经发生过的所有教育活动都无非是现代教育史前阶段的产物,其意义只在于对形成当代教育的观念和制度的贡献,而不具有自身独特的价值。在这种情形下,史家就非常容易以现代教育的观念和现代教育制度及其形式"观照"、解释和评判教育的历史。这样的教育史观即使不是宿命论的,也是机械论的。

缺乏自觉形成的、系统的对教育历史的理解或者说教育史学科的方法论和学科结构,是对教育史学科基本问题认识偏差的又一个重要方面。长期以来,与人文社会科学其他学科一样,历史唯物主义取代了对学科自身方法论的思考。无论开展何种研究,无论研究的主题是什么,也无论运用何种研究方法,除了"例行公事"般地说明"本研究"运用历史唯物主义的思想方法之外,都不再具体解释为什么以及如何运用历史唯物主义的思想方法开展研究,也不充分阐释研究结果的意义。在这种情况下,教育史的研究或者成为用抽象的概念剪裁史实,或者成为对宏观历史观念的注解,或者成为史料的堆砌罗列和史实的陈述。其结果是诸多论著"千人一面"、了无新意。缺乏自觉的方法论意识,建构学科方法论的动力不足,忽视对教育历史现象的哲理探讨,使教育史学科多年来停留在平面的增长(即研究领域的横向扩展),而没有取得实质性的突破和革新。

四

摆脱教育史研究的"学术危机"意味着教育史学界将不得不开展一场艰苦和全方位的"学术革命"。这是因为,这场革命的对象既是百余年来形成的学科传统,也是深受这种传统浸润的"革命者"自身。但如果没有这种自我的脱胎换骨,教育史学科存在的合法性终将遭到质疑。

摆脱"学术危机"的当务之急是进一步深入地重新思考和确定教育史学科的学科性质和定位,并由此出发重建教育史学科。在这方面,首先应当完成两个重要的转变。第一,从师范院校教师职业训练的课程向兼具通识教育和职业训练功能的课程转变,不仅为培养未来的教师和培训在职的教师提供精神养料,而且为相关专业的学生提供基本的历史意识和人文素养的陶冶,使学生不仅具有历史的视野,而且通过了解世界各主要国家教育发展的历史进程具有世界和全球的眼光[1]。第二,从主要作为师范院校的教学科目向同时作为教学科目和研究领域转变。应当明确的是,从发生的过程看,教育史最初是作为人类理智探索的一个新领域而出现,然后才成为教师培养的基础课程。在西方,最早的教育史著作例如劳默尔(K. von Raumer)的《教育学史》、施密特(K. A. Schimdt)的《教育通史》以及鲍尔生(F. Paulsen)的《德国教育史》、《德国的大学与大学学习》等,都不是一般意义上的教科书,而且主要出之于历史学家、哲学家之手。因此,从学科的起源看,教育史并不仅仅是师范院校的教学科目,教育史学科存在的意义不仅仅在于培养和训练教师。应当自觉地避免在单纯的课程教学的范畴内思考教育史学科的建设问题,并且着力消除教科书传统的消极影响,既要重视知识的传递,更要强调知识的创新;既要追求知识的系统性,更要注重知识的深刻性;既要关注宏观的历史线索,更要探索微观的历史现象。在某种意义上可以说,只有当教育史研究自觉从教科书传统中摆脱出来,才有可能真正走向纯粹的学术研究。

---

[1]　关于这个问题,本文作者之一已有所论述。见张斌贤:《教育史学科的双重起源与外国教育史课程教材建设的"新思维"》,《河北大学学报》(哲社版)2009年第1期。

更为重要的是,应当明确地意识到,作为一个知识的分支,教育史研究并不能自然或自动地成为一门"学科"。"称一门知识为一学科,即有严格和具认受性的蕴义。"①尽管不同学者对构成学科要件的认识或表述不同,但一般而言,一个知识领域要成为一个学科,需要具备:(1)明确的研究对象和研究范围;(2)有一群人从事研究、传播或教育的活动,有代表性的论著问世;(3)有相对独立的范畴、原理或定律,有已经形成或正在形成的学科体系结构;(4)发展中的学科具有超前性、独创性,发达学科具有系统性、严密性;(5)不是单纯由高层学科或相邻学科推演而来,其地位具有不可替代性;(6)能经受实践或实验的检验或否证(证伪)②。

就现实而言,阻碍教育史学科成为一个成熟学科的基本原因主要在于,缺乏包括独特对象、概念、范畴、原理、方法论和方法在内的相对独立和完整的学科体系。要解决这个问题,首先应当重新清理对教育的理解,不能把当代教育学教科书中对教育的界定简单地套用到教育史的研究中,不能把教育等同于学校教育,不能把教育史等同于学校教育史,也不能简单地把教育史视为从非正规教育向正规教育演化的过程。

众所周知,在人类教育历史的绝大部分时间里,绝大部分人群都是在学校以外的空间、以各种"非正规"的方式接受教育的;在这个漫长的时间里,即使是学校教育,也不是那么"正规"和"制度化"的。正规的和制度化的学校教育体系的建立距今仅有200年时间。如果把适用于200年历史现象的概念套用到更为漫长的历史,并以此解读这部历史,显然是"刻舟求剑",难以把握历史的真实。为此,应当科学地理解"过去的教育"与"教育的过去"之间的复杂关系,不能把教育的历史简单地当作教育的"过去",而忽略了过去的教育。

教育史研究的使命既在于理解教育的过去与现在的联系,同样也在于科学地认识过去曾经出现过的教育现象和教育活动(即过去的教育)。这些现象和活动的意义不仅在于为现代教育的发展奠定了坚实的历史基础,同样也在于它们自身的独特价值:它们对前代人类文化的传承、对同时代文化的塑

---

① 华勒斯坦等著:《学科·知识·权力》,刘健芝等编译,生活·读书·新知三联书店,1999年,第14页。

② 刘仲林:《现代交叉科学》,浙江教育出版社,1998年,第30—31页。

造、对人类教育形式的探索等等。任何时代的教育方式、内容等都具有特定的产生基础,都具有特定的目的,也都具有特定的作用。因此,不同时代的教育都具有其独特的历史价值。否定历史现象的独特性,忽视历史现象的自身意义,就失去了历史研究的基础。只有对过去的教育开展全面和深入的研究,才有可能科学地重构丰富多彩但又曲折复杂的教育史。

其次,尽管在人类历史上,每一个时代的教育活动都受到外部各种因素的影响或制约,但这并不意味着教育的历史只是政治史、经济史、社会史、文化史的自然结果,因而可以把对宏观社会历史或其他社会领域历史的解释等同于对教育历史的解释,更不能以此代替对教育历史的解释。如果那样,不仅难以达成对教育历史的科学认识,甚至不可能有作为一个知识领域的教育史研究。

一种相对独特的教育历史理论的合法性基础在于教育历史发展的特殊性。这种特殊性既存在于教育发展与社会生活其他领域变化之间存在的不平衡,存在于历时性因素的影响,同样也存在于教育内部不同部分和层次之间发展的不平衡性和由此造成的外部社会因素对教育演化所发生的不同影响。虽然从理论上讲,教育内部各个组成部分存在着有机联系,但是,由于各个部分的发生机制不同,它们的结构和功能不同,因而在发展过程中呈现出非平衡性,并由于这种现象造成外部因素对教育各个部分影响的不平衡。这就需要在充分占有史料的基础上,运用相对独特的概念和原理对教育的历史现象和过程进行分析、解释。只有这样,才有可能避免以宏观的社会历史观念裁剪历史,才有可能开展对教育历史的学术研究,也才有可能不断提高教育史学科的学科化和学术化水平。

第三,重新确立教育史研究的目的。教育史学界一向把教育史研究的基本目的确定为探索教育历史发展的基本规律。但迄今为止,教育史研究并没有发现什么规律、尤其是教育自身发展的规律。通常所阐述的规律实际上都是在历史唯物主义理论或教育理论中早已存在的。这种现象与史家观念中的某些问题直接相关。首先,往往混淆了作为认识对象的教育历史和教育历史研究之间的区别。教育历史的发展是有规律可循的,但每一项具体的教育史研究工作是否以此为目的,这是两个完全不同的问题。其次,往往习惯于追求一个笼而统之的研究目的,而没有形成多元化的研究目的的观念。事实上,研究教育历史发展规律并不是所有层次的教育史研究所可能追求或达到的,这与各个层次、各个领域的研究对象的内涵、外延是直接联系的。而且,"规律"本身也是有层次之分的,既有人类教育全部发展历史的总体规律,也有一个国家教育发展的规律。因此,不能把教育史学科研究的目的笼而统之地概括为研究教育发展的规律,而应当努力建立多元化的研究工作的目的或目标。

第四,注重对教育史研究方法的深入探讨。长期以来,由于历史唯物主义既被看作教育史学科的理论基础和基本思想方法,同时也被认为是具体的研究方法(经济分析、阶级分析等等),因此,对教育史研究方法的探讨一直没有真正开展。作为一种科学的历史观念,历史唯物主义是一个由基本思想方法和具体研究方法所组成的有机整体。在一定意义上,历史认识的基本思想方法是一种较高层次上的、更为抽象的研究方法,而具体方法只不过是某种思想方法在具体领域中的实际运用。但这并不意味着无需进一步探讨、借鉴和引进各学科新的具体研究方法。这是因为,历史唯物主义是解释人类一般发展规律的科学,它的具体方法主要是针对社会总体历史的,而教育史学科所研究的则是作为这个总体历史的一个有机组成部分的人类教育的发展过程,二者既相同又有区别。研究对象的不同必然产生研究方法的差异。正因为客观上存在着这种差异,因而就有必要全面、深刻地探讨教育史学科的具体研究方法,寻求更适合于学科本身、有助于深化对教育史认识的具体方法及其所构成的体系,从而进一步充实、丰富教育史学科。因此,在坚持阶级分析、经济分析等历史唯物主义基本方法与不断借鉴、吸收其他学科的研究方法、探讨教育史学科独特的研究方法之间,并不存在着矛盾。相反,有的只是互为促进的关系。另一方面,作为一种科学的历史观念,历史唯物主义是对人类历史普遍的、本质的抽象,要使这种宏观的历史观念运用到具体的教育史研究中,必须深入探讨内含于这种历史观念之中、作为其中一个较为具体层次的研究方法及其在教育史研究中的实际运用。只有这样,这种宏观观念才能通过各种中间环节,深入到对教育历史的认识和具体的研究之中。

之所以长期忽视研究方法的探讨,是因为在部分史家看来,教育史研究首先应当注意史料的搜集、考据、疏证,只有在此基础上,才能进行教育史的研究工作,至于研究方法则是次要的事情。诚然,史料是一切历史科学必不可少的根本前提,当然也是教育史研究的基础。没有史料,历史研究(包括教育史研究)就成了无本之木、无源之水。但是,即使是纯粹的史料搜集、考据、疏证,同时也包含了某种或诸种方法的运用。更何况史料本身或史料的组合本身至多只能说明历史事件是如何发生的,却不能解释为什么发生,这样,就不可能完成研究历史(包括教育史)的任务,不可能达到研究的基本目的。而要解释历史事件的起因、过程、结果,就必然涉及一定的历史理论和观念,涉及与之相应的具体研究方法。

　　从认识论的角度来看,认识主体对客体的认识不可能直接进行,而必须凭借某种工具或媒介。认识和研究的方法,就是这样一种思想工具。思想工具的改变、更新,必然导致主客体关系的变化,导致主体对客体认识的革新。教育史研究方法的更新,实际上是人类对教育历史现象认识手段的不断转换,实际上是主体在不同角度对客体进行的不断认识,实际上是这种认识本身不断完善的具体标志,因此,只有不断自觉地从事研究方法的探索,才能使教育史学科与时俱进,日渐完善。更为重要的是,应当努力建立多元的研究方法体系。人类教育历史的复杂性、多样性以及多层次,要求认识主体具有与之相应的丰富的认识手段。只有这样,才有可能期待获得对教育历史的科学认识。柯林武德指出:"在史学方法上的革命……产生了真正的、实际的、显著的和迅速的知识进步,这种进步第一次使人类能像圣哲的箴言所教导的那样去认识自己。"①对于教育史研究来说,方法的更新、改进、创造也同样是学科发展的巨大杠杆。

　　　　　　　(本文与王晨合作完成,原载《教育研究》2012 年第 12 期)

---

① 　引自 W. J. 达森:《论历史的实践领域》,《国外社会科学》1982 年第 12 期,第 17 页。

教育史观:批判与重构

一

　　作者曾以我国学者在不同历史时期编撰的外国教育史著作为基础,梳理了教育史观从 1929 年到 2009 年间在中国的变迁过程,并就一些教育史观进行分析和评论①。本文则在已有工作的基础上,对近几十年来一直制约教育史学科研究的某些教育史观进行探讨(为便于表述,本文将这些教育史观统称为"旧教育史观"),分析这些思想观念本身的谬误及其对教育史学科发展的严重阻碍。

　　这种旧教育史观并不是某种单一因素作用的结果,其成分非常复杂,既包括 20 世纪 50 年代苏联教育史编撰模式的影响与中国学者对这种模式的理解、接受和运用,也包括 20 世纪 80 年代初以来教育史学界先后从西方各种思想所吸取的观念与此前形成的、但未经审思的教育史观之间的奇特的结合。因为这样的原因,旧教育史观既缺乏清晰和完整的关于教育历史的基本观念,也不存在前后一贯的、严密的逻辑系统,而是一系列(有时甚至是相互矛盾的)社会历史观念或概念的集合或堆砌。

　　但就总体而言,这种旧教育史观最为重要和关键的组成部分就是以麦丁斯基和康斯坦丁诺夫等人为代表的前苏联教育史观。本文所谓的旧教育史观主要就是指以这种教育史观为核心、掺杂着某些其他理论或观点而形成的教育史观。迄今为止,这仍是对中国教育史学界影响最大、最为重要的教育

---

①　张斌贤:《重构教育史观:1929—2009 年》,《高等教育研究》2011 年第 11 期。

史观。

本文的基本观点是，教育史学科当前面临的根本危机并不是通常所认为的是因缺乏实用价值而遭到外界的冷遇，研究条件的不足，队伍的后继乏人以及课时的减少等等（这些实际上都只是现象或结果，并不是造成这些现象或产生这些结果的原因①），而主要在于旧教育史观至今仍被奉为马克思主义的教育史观，仍被当作不言自明的真理大行其道，直接或间接地影响乃至决定着教育史研究与教学工作。更为深刻的危机则在于，教育史学界至今尚未真正意识到这种旧教育史观的谬误，尚未真正察觉到这种教育史观对教育史学科发展的危害，尚未真正对这种形成于极端意识形态化年代的教育史观进行全面深刻的反思、批判和"清算"。

早在 20 世纪 80 年代初，教育史学界的一些前辈学者曾对苏联教育史的编撰模式以及这种模式所反映的教育史观进行反思，并主张逐渐摆脱苏联教育史编撰模式的影响，重新思考教育史学科的发展路径②。但是，限于当时的条件和认识水平，这种反思和清算虽然发挥了非常重要的作用，但仍是非常初步的。即便如此，在此后的二十多年中，类似这样的工作几乎无人问津。或许在教育史学界看来，随着极端意识形态化年代的终结，那个时代所形成的一切自然会烟消云散，因此无需为那些过去年代的陈迹劳心费神。殊不知，这是一个不能回避、不应回避、也无法回避的重大历史课题。教育史研究长期存在的一系列基本问题，诸如研究成果的"千人一面"和"千篇一律"、对"宏大叙事"的偏好、对史料的忽视、对史实解释的乏力、简单化的教育史人物评价以及对教育史功能的片面理解等等，实际上都在不同程度上与旧教育史观的根深蒂固的影响直接相关。在本质上，是由对旧教育史观自觉或不自觉的"执着"和盲从所决定的。正因为始终没有深入和全面地审思、批判和清算这种教育史观，所以，直到今日，教育史学界仍然身处旧教育史观的阴影之下，仍然受到旧教育史观的纠缠和羁绊，仍然难以适应时代和知识发展的需要不断自我更新。现在是到了补修这堂历史的"必修课"的时候了。

---

　　①　作者在 1986—2000 年间先后发表的数篇讨论教育史学科危机的论文中，实际上也存在着同样的问题。

　　②　金锵：《外国教育史研究中的几个理论问题》，《教育研究》1980 年第 1 期。滕大春：《试论〈外国教育史〉的学科体系和教材建设》，《教育研究》1984 年第 1 期。赵祥麟：《关于外国教育史学科体系的几个问题》，《华东师范大学学报》（哲社版）1984 年第 2 期。

二

　　旧教育史观的基本特征之一是"简化论"。麦丁斯基和康斯坦丁诺夫等前苏联教育史家主张："我们的教育史以马克思主义关于社会发展的学说为指南。"根据他们对历史唯物主义的理解,经济基础决定着上层建筑,而"上层建筑一旦出现,也反过来对基础发生积极的影响,加速或阻碍它的发展"①。客观地说,麦丁斯基等人对历史唯物主义的理解本身存在着非常明显的"简化论"倾向,即把丰富和系统的历史唯物主义的基本原理简化为经济基础与上层建筑之间的机械的"决定"与"被决定"、"作用"与"反作用"的关系,这样,不仅产生了某种程度上的"经济决定论"(而"经济决定论"恰恰是违背历史唯物主义基本原理的),而且造成了把历史唯物主义公式化和标签化的倾向②。

　　把社会物质生产当作人类社会历史发展的基础,是历史唯物主义的根本原理,但是,由于历史运动是在各方面因素的"相互作用的形式中进行的",因此,完整描述历史的必要前提是注重对历史过程中各方面之间的相互作用的描述分析③。恩格斯指出："经济状况是基础,但是对历史斗争的进程发生影响并且在许多情况下主要是决定着这一斗争的形式的,还有上层建筑的各种因素……这里表现出这一切因素间的交互作用。"④这就是说,在考察历史发展的时候,不应当只是抽象地探讨经济基础作为终极原因的作用,而应当具体、深入地研究社会生活诸方面因素在经济基础上所产生的相互作用,以及它们对经济基础本身的作用及其机制、方式和结果,否则便不可能达到对历史的深刻认识。离开对"相互作用"的研究,把人类历史过程的丰富性、多样性和复杂性仅仅归结为经济基础与上层建筑"决定"与"被决定"、"作用"与"反作用"的关系,是不可能完成历史科学的任务,不可能形成科学的历史认识的。

　　从对历史唯物主义的简单化理解出发,麦丁斯基等人得出的推论是："各种

---

　　① 曹孚编:《外国教育史》,第2页。
　　② 陈其泰:《恩格斯晚年对唯物史观理论的重大贡献》,《陕西师范大学学报》(社会科学版)2009年第1期。
　　③ 《马克思恩格斯选集》(第1卷),第92页。
　　④ 《马克思恩格斯选集》(第4卷),第696页。

教育学理论、学制、教育和教学的组织、内容和方法，归根到底都是为社会物质生活的条件所决定的，但是前者对社会的发展也能发生一定的影响。"①这种观点虽然强调教育历史发展与社会物质生活之间的联系，但是由于片面强调经济因素在推动教育发展中的决定性作用而忽略社会生活其他方面因素的意义，忽视物质生产本身与人类其他活动之间的相互关系及其在促进人类教育演化中的影响，尤其是将教育与社会历史关系的复杂性简约化为"决定"和"影响"的关系，因而并不能深入阐释丰富复杂的教育历史现象。质言之，这种观点的基本谬误在于将丰富系统的历史唯物主义原理简化为一种剪裁一切历史的"哲学历史公式"，并将教育史研究作为推演这种公式的实验室。

众所周知，教育的历史变迁从来都不是单一社会因素作用的结果，而是多种历史力量相互作用的产物。在不同历史时期，在教育发展的不同阶段，在教育不同方面和层面的演变过程中，经济、政治、文化、社会、思想、宗教等因素都曾以不同方式、在不同程度上产生了不同的影响。在历史过程中，教育与人类其他形式活动之间的关系是极其多样和复杂的，绝非"决定"与"被决定"、"作用"与"反作用"这样简单化的概括所能反映的。其次，在教育历史中，同样存在着社会生活各种因素的相互作用、相互影响。经济基础既决定着其他因素的作用，同样也受到其他因素的制约，由此形成了一个极其复杂的关系网络。正如普列汉诺夫所说，社会"'诸因素'之间存在着相互作用，其中每一个因素都影响其他一切因素，它本身又受其他一切因素的影响。结果就形成一个相互影响，直接作用和反射作用的错综复杂的网络"②。与此相联系的是，教育是一种特殊形式的社会活动。在教育领域中，各种社会因素相互作用的方式不同于在其他社会活动领域所采取的方式，这种相互作用的结果也往往表现出显著的特征。例如，在人类教育发展史上，经济基础的影响通常都不是直接对教育的整体变迁发生作用的，往往需要经过若干中介环节或者转化为其他的社会因素方得以展现自身的力量。而在这种情形下，对教育变迁实际产生影响的社会因素与终极力量之间的关系就变得异常复杂，远非一个诸如"决定"之类的概括所能反映的。更为重要的是，教育史研究的科学使命在于通过占有充分翔实的文献史料，尽可能客观地重现教育的历史

---

① 曹孚编：《外国教育史》，第2—3页。
② 普列汉诺夫：《普列汉诺夫哲学著作选集》（第2卷），第265页。

现象和历史过程,分析具体历史现象和历史过程背后实际发生作用的社会力量,在此基础上探讨普遍的社会历史观念在每一个特殊条件下具体作用的形式、范围、程度、内容、特点,而不是简单和教条地把普遍的历史哲学观念当作裁剪史实的工具。诚如列宁所说:"批判应该是这样的:不是把一定的事实和观念比较对照,而是把它和另一种事实比较对照;对这种批判唯一重要的是,把两种事实尽量精确地研究清楚,使它们在相互关系上表现为不同的发展阶段,而且特别需要的是同样精确地把一系列已知的状态、它们的连贯性以及不同发展阶段间的联系研究清楚。马克思所否定的正是这种思想:经济生活规律无论对于过去或现在都是一样的。恰恰相反,每个历史时期都有它自己的规律。"①

近年来,尽管很少有论者再引用麦丁斯基、康斯坦丁诺夫等人的言论作为论据,但这并不意味着麦丁斯基等人为代表的旧教育史观已经烟消云散。由于麦丁斯基等人的著作经改编后在较长时间内一直作为师范院校教育专业的教科书,并由于师承关系,一代又一代教育史工作者受到了深刻的影响,其结果是,这种"简化论"事实上不仅深刻地影响着当代的教育史研究,甚至仍被奉为正统的历史唯物主义教育史观。在大量的教育史论著中,不管是否需要或必要,"生产力与生产关系"、"经济基础与上层建筑"的相互关系仍是主要的概念框架。而且,在运用这种框架进行分析时,也往往只是引用马克思等人的言论,并不是结合史料对特定的历史现象进行深入挖掘、剖析。在这种情况下,历史唯物主义事实上就成了一种公式,更为糟糕的情况是成为一种标签。相似的情况是,由于"简化论"的影响,诸多教育史的研究在探讨教育历史现象成因时,往往只注意或主要关注经济原因和上层建筑等宏观方面的原因,而忽略了与特定教育历史现象关系更为直接、密切的其他社会因素,其结果是,被认为是造成某种特定教育历史现象原因的"社会背景"往往与现象本身相脱节,原因成为无果之因,结果成为无因之果。教育史研究之所以会出现"千人一面"、"千篇一律"的局面,其原因正在于,不论研究的对象是什么,研究者所遵循的基本路径和方法是一致的。更为有害的是,由于教条主义简化论的影响,一些教育史研究成了循环论证的游戏:从经济决定

① 《列宁全集》(第1卷),第136页。

论出发分析特定教育历史现象产生的基本原因,然后又回到对经济决定论的证明。在这种情形下,研究者关注的主要不是史料的搜集、解读和考证,而是如何按照证明的需要寻找和排列史料,教育史研究成了往预制的概念框架中填充材料的技术工作。多年来,教育史研究之所以鲜有创造性成果面世,原因固然复杂,但旧教育史观的以简化论为特征的、教条主义的标签式的"研究"方法的根深蒂固的影响,是诸多原因之因。旧教育史观的最大危害在于,使原本富有创造性的思想活动变为机械的、简单的复制活动。

三

旧教育史观的基本特征之二是"依附论"。从"简化论"出发,麦丁斯基等人认为,不仅教育"归根到底都是为社会物质生活的条件所决定的",教育历史的性质也是由社会的经济基础和上层建筑决定的。具体地说,这种决定作用表现为不同的社会形态造成了不同阶级性质的教育,表现为教育历史与社会历史的同一性。在他们看来,与人类社会一样,人类教育先后经历了从原始社会、奴隶社会、封建社会、资本主义社会到社会主义社会这样一个从低级阶段到高级阶段的发展。根据这种逻辑,教育的发展历史无非是人类社会历史的自然结果,因此,适用于人类社会总体历史的理论完全可以简单地搬用到对一切历史分支的解释。在这种情况下,教育史研究就必然成为社会历史研究的"附庸",教育史研究完全失去了其独立存在的意义。

麦丁斯基等人观点谬误的本质在于,只看到社会发展与教育演变之间的同一性,忽略了二者之间客观存在的差异性,否定了教育历史发展的特殊性,并以这种同一性消解了教育历史的独特性,从而使教育的历史成为社会发展史的附庸,使教育史研究依附于社会发展史研究。

历史唯物主义在充分强调人类历史发展普遍规律的同时,也深刻地指出了历史过程中存在的各种特殊性。列宁指出:"世界历史发展的一般规律,不仅丝毫不排斥个别发展阶段在发展的形式或顺序上表现出特殊性,反而是以此为前提的。"[①]这种特殊性一方面表现在各社会在发展过程中的不平衡性,

———————

① 《列宁全集》(第43卷),第432页。

和"在现象上显示出无穷无尽的变异和程度差异",另一方面表现在社会生活
各个方面在历史过程中的不一致性。

　　毫无疑问,教育活动与人类其他社会活动之间存在着相同性和一致性,
教育历史是人类历史总体的一个有机组成部分,因此,教育历史的内在规定
性必然与社会总体历史的法则具有关联性,在很大的程度上,教育历史的内
在规定性受到社会历史规律的影响、作用和制约。这些都已经是一种基本的
常识。但是还应深刻地认识到,在人类活动与教育活动之间、在总体历史与
教育演化之间还存在着差异性,或者说在教育历史发展中还存在区别于总体
历史及其规律的特殊性,而这种特殊性正是教育史研究之所以能够成为一项
专门学术事业的根本前提。

　　教育历史的特殊性在于,社会各种因素(包括经济基础、社会结构、阶级
关系、政权形式、文化心态等)对教育发展的实际影响或需要,只有当教育自
身的发展水平达到足以接受这些影响时,才可能产生实际的结果。在这个过
程中,教育自身的演化逻辑往往发挥着特殊的作用。具体言之,在社会发展
与教育发展之间,存在着非同步和不平衡的复杂关系。一定的社会形态并不
必然(至少不会是同步)造成同样形态的教育,相同的社会发展并不必然产生
同样的教育发展。

　　其次,当一个时代的人们开始其教育活动时,他们首先必须在现实社会
的条件下,继承前人的教育遗产,进而承接本国固有的教育传统,而由于传统
是一个在长期历史过程中积淀、建构并不断强化的实体,因此具有巨大的惰
力和惯性作用。这样,经济发展、社会发展的影响作用往往取决于经过现实
重新改造和组合的传统本身运行的速率、方向。同时,由于这种传统的作用,
人们对各种社会因素影响的选择、取舍也必然受这种传统教育的影响。这些
固然不能长时间地阻碍社会历史必然性的作用,但它毕竟可以起到延缓这种
作用的效果。

　　再次,虽然在总体上,教育的发展取决于经济发展所提供的客观物质条
件,但在一定条件下,教育发展可能会先于社会的发展。这绝不只是个别的
例外。例如,在 18 世纪,就当时生产力水平和生产关系形式来看,德国是一
个落后的封建国家。但就在这个落后的德国,却出现了非常进步的、代表资
产阶级新教育趋势的泛爱主义思潮,它不论在理论上还是在实践上,都远远

超出了当时社会的经济条件。这实际上说明,在历史过程中,教育发展与社会经济发展之间的关系是错综复杂的,诸如"决定"或"影响"这样简单抽象的概括并不能科学地揭示不同历史时期教育演化的真实原因。

教育发展的特殊性,不仅表现在它与社会发展之间所存在着的不平衡性,也体现在教育系统内部各个组成部分、各个层次之间发展的不平衡性和由此造成的经济基础对教育系统演化所发生的不同影响。虽然从理论上讲,教育系统内部各个组成部分存在着有机联系,但是,由于各个部分的发生机制不同,它们的结构—功能不同,因而在发展过程中呈现出非平衡性,并由于这种现象造成历史必然性对教育系统各个部分影响的不平衡。例如,在教育制度、教育思想和教育观念之间,在初等教育、中等教育和高等教育之间,在普通教育与职业教育之间,在学校教育与社会教育之间,并不总是协调一致、同步发展的,因而社会变迁的影响作用往往就不同。

这是因为,教育发展不是社会发展的机械反映和自然结果,二者也不是绝对同步进行的,而是存在着一种时滞现象,因此,只有当一种新的社会形态的出现达到一个比较确定、比较成熟的阶段,或者同一社会形态向更高阶段的发展比较稳定时,才会出现与旧有教育制度、教育观念的矛盾和冲突,才会产生改革旧教育的客观要求,而这种要求本身却不会、也不可能直接导致旧教育的改革和新教育的建立,而只有通过人们的意识、思想以及据此而进行的创造活动和抉择。在这个意义上,教育的现实进步、发展是产生于时代需要的人们意识的物化结果。

具体地说,当一定时代的社会发展提出改革教育的要求时,这种要求首先必须为处于一定社会地位的人们(政治家、教育领导人、思想家、教育家等)所认识、理解,只有这样,才会出现一系列的决策、计划、法令、法规,从而导致旧教育的转变与新教育的确立。这其中事实上包括了一个主体的抉择过程。这也就是说,虽然是否对旧的教育进行改革这一点并不取决于人们的主观愿望,而决定于历史与教育发展的必然性,但是,改革的方式、途径和内容却是由人们对社会要求认识和理解的程度、方式,一定时代和社会的文化教育传统等方面的因素决定的。因此,面对着基本相同的社会要求,在不同时代、不同国家会出现完全不同或显著差别的反应。这就产生教育发展历史的丰富多样性和偶然性,以及各种非"常规"的现象。

质言之,在考察教育发展客观背景或原因的同时,必须深入到在历史上出现的各种教育事件、运动所包含的人类的思想进程中,必须探讨人类对各种来自于社会环境的挑战的反应过程、方式及其历史演变过程,从而真正把握教育历史的全部内容。这就必然要求教育史家在掌握大量史实的基础上,"重新经历"过去时代人们已经经历的思想、抉择过程,或如英国史学家柯林武德所说:"重演过去的思想。"①只有这样编纂的教育历史,才是深刻的、同时又是生动的、具体的。如果只是把各种教育法令、文献、政府决定以及各种具体的改革措施按时间先后顺序排列起来,并且抽象地解释这一切史实产生的社会、政治、经济原因,而不说明、解释它们产生的具体过程、内含在它们之中的人类思想,那么,它们只能被理解为一个个孤立的事实,只能被理解为历史宿命的自然产物。这样,人类的教育史与自然史的区别就不存在了。

四

旧教育史观的又一基本特征是"斗争论"。在麦丁斯基等人看来,教育史是有党性的。"它必须从共产党——无产阶级先锋队——的立场去研究教育史上的现象。它跟资产阶级的教育史不同,不是客观主义地或叙事式地研究教育理论和实践的发展,而是揭示教育在阶级社会各个阶段中的阶级性,指出先进的东西跟反动的东西的斗争。"②

根据这种观点,教育的历史演变过程就是不同阶级之间在教育领域中不断矛盾、冲突和斗争的过程。斗争的核心是政权的更迭,斗争的重要武器之一是意识形态的斗争。而阶级斗争的结果总是表现为反映进步、先进趋势的阶级战胜代表落后、反动利益的阶级(这被认为是历史的必然性)。教育史因此成为不同历史时期不同阶级和不同意识形态之间激战的鲜血淋淋的战场,成为教育领域的阶级斗争史。在这种情况下,教育史研究的主要任务不是基于史料再现史实,而是在不同时期阶级斗争的战场上辨别敌我,从而歌颂赞美进步一方、鞭挞谴责反动一方。在这种情况下,教育史研究必然成为政治斗争和意识形态斗争的工具,成为政治斗争史和阶级斗争史的附庸。而且,

---

① 柯林武德:《历史的观念》,何兆武译,中国社会科学出版社,1986年,第245页。

② 曹孚编:《外国教育史》,第3页。

为了发挥这种工具的作用,教育史研究不能"客观主义地或叙事式地研究教育理论和实践的发展"①,而必须"旗帜鲜明"地赞成进步一方,反对落后一方。

这种观点的荒谬之处是显而易见的。其谬误不仅在于将阶级分析的理论方法无限扩大化,被不加限制地运用到教育史研究的各个方面,甚至取代了其他一切研究方法,而且在于将阶级分析的理论方法简化为一种标签,从而使之教条化、公式化。不仅如此,它以"阶级性"取代甚至消除了科学性,从而根本上改变了教育史作为一项学术研究事业的性质和目的,使教育史研究不可能成为科学的研究。

阶级分析是历史唯物主义的重要方法论和具体方法,但是,无论在理论上还是在实践中,马克思、恩格斯都没有把它当作唯一的认识历史的方法,更没有用它来解释一切历史现象。在他们的观念中,阶级分析具有特定的适用范围。另一方面,马克思主义的历史方法论是一个有机的整体,其中包括了非常丰富的原理和方法,阶级分析只是其中的一个部分。

自从人类迈进文明,社会阶级和阶级斗争就是历史上客观存在的现象,阶级结构和阶级斗争以不同方式、在不同程度上对不同历史时期的教育演变发生影响,也是不争的历史事实。问题在于,麦丁斯基等人在教科书中所划定的"斗争"是不是真正意义上的阶级斗争,更进一步,阶级、阶级结构、阶级斗争以及作为阶级斗争重要内容的意识形态的斗争,是不是社会历史或教育历史的全部内容或主要内容,"揭示教育在阶级社会各个阶段中的阶级性,指出先进的东西跟反动的东西的斗争"是不是教育史研究的基本任务或主要目的,对这些基本问题都需要深入地探讨,才有可能形成科学的认识。

首先,作为人类文明传承的基本手段,教育本身是一个极为复杂的社会文化系统,包含了诸多方面的社会特性(民族性、历史性等),阶级性仅仅是诸多社会特性之一,它既不能替代其他特性,更不能消除其他特性。所以,仅仅从阶级性或阶级斗争的视角或任何单一视角认识教育历史,就如同盲人摸象,难以获得科学的认识。

与政治斗争不同,教育发展不仅受到阶级冲突和斗争以及作为它的最终

① 曹孚编:《外国教育史》,第3页。

结果的政权更替的影响,而且受到社会生活各方面因素的影响,它是各种历史力量共同作用的结果。因此,在考察教育历史现象时,就不能仅仅局限于阶级分析方法的运用,而应综合运用各种相关的方法,从而在尽可能广泛和深刻的程度上达成对教育历史的认识。

其次,即使完全从阶级斗争的视角认识教育的历史演变,也可以看到,在不同历史时期,在教育的不同方面,阶级和阶级斗争的存在及其影响也不是绝对的。例如,在世界各地都曾经出现过的"学徒制",作为前制度化时期教育的重要形式,就很难说与阶级和阶级斗争具有直接的关系,或者说是阶级斗争的产物。在这种教育形式中,阶级的划分和冲突,只是作为一种极其抽象的结果,通过传统、生产方式及其发展水平等各种中间环节而体现它的存在。类似这样的现象并不仅限于学徒制。

再次,即使在运用阶级分析方法研究教育历史现象时,也应当看到,由于教育史与社会史、政治史等存在着很大的差别,由于教育活动所具有的本质特点,阶级斗争在教育领域中的具体形式、作用方式及作用结果,都呈现出显著的特殊性。这样,在运用阶级分析方法时,就必须体现它在各个具体领域中的具体运用的基本特点,具体说明阶级斗争在不同历史时期、不同国家、教育发展的不同阶段上,是以什么方式对教育发展产生影响作用,作用的结果又是什么,如此等等。

在今天的中国教育史学界,已经很难再看到麦丁斯基等人那样将阶级斗争绝对化的认识和实践,也很少有学者频繁使用阶级、阶级性、阶级斗争等概念,但这并不等于说这种极端意识形态化的观念已经彻底"绝迹"。事实上,这种观念仍然在根本上阻碍对教育史研究作为一项学术事业使命的科学认识,从而直接制约着教育史学科的健康发展。

较为普遍的现象是,迄今为止,一些教育史研究仍然非常注重对教育史人物或教育历史现象进行功过是非的评价。而在进行这种评价时,往往又很难完全摆脱"进步与落后"(虽然已经很少使用"反动"这个评价)、"唯心主义与唯物主义"这种模式的影响,仍然存在着将教育史人物的阶级地位和立场与他对教育发展的贡献之间划等号的倾向,仍然存在着强调教育史人物思想和活动的阶级局限性的做法,"历史的局限"或"时代的局限"、"阶级的局限"一直是使用频率较高的词汇。更为有害的是,在一些研究者看来,对教育历史现象和教育史人物进行历史的或道德的评价是教育史研究的应有之义,似乎缺少了这种评价,教育史研究就是不完整的,甚至是有缺陷的。更糟糕的情况是,历史的评价往往决定甚至替代了历史的研究。这就使教育史学科成为道德审判或历史审判的法庭,教育史研究者成为法官,教育史研究成为后代人对前人武断的"缺席审判"。在这种情况下,教育史研究的真正使命——即在充分占有翔实的史料基础上,科学和客观地再现教育的历史现象和历史过程,以促进对教育历史的科学认识,即使不是不可能实现,也将是困难重重。

五

"规律论"是旧教育史观的又一个基本特征。按照麦丁斯基等人的观点,教育史的使命除了揭示历史上教育领域的各种阶级斗争、政治斗争和意识形态斗争外,还要"揭示教育理论和实践发展的历史的规律性"[1]。至于教育发展的历史规律性,则被概括为教育为社会物质生活条件所决定,又对社会发展产生一定的反作用。只要替换几个词汇,这种对教育历史发展规律的表述就可以用于政治、思想、文化、哲学、科学等所有社会活动规律的概括。如果真的是这样,那还是教育发展的历史规律吗?

显然,麦丁斯基等人所强调的教育发展的历史规律既不是教育发展特有的历史规律,也不是教育的内部规律,而是教育的外部规律。强调社会物质生产条件是教育历史发展的基础,主张阶级斗争是教育历史发展的动力,认为教育历史的本质是进步与反动、唯物主义与唯心主义的斗争等等,都是从教育与外部社会关系的角度探讨教育历史发展的规律,所反映的都是教育外部条件与环境的变化以及在外部因素的作用下教育的变迁,并没有真正充分地揭示教育自身的变化轨迹和规律。如果把教育历史发展的规律完全归结为外力的推动,而教育自身则被动地接受外力的作用而机械地向前运动,那么,由于它忽略了教育自身历史运动的特殊性以及这种特殊性对教育变迁的作用,因此,这样概括的规律至少是不完整的,因而也是不科学的。另一方

---

[1]　曹孚编:《外国教育史》,第1页。

面,教育发展的历史规律是一个极为重要和复杂的问题,既需要依据充分、翔实、可靠的史料对教育历史发展的完整过程进行系统和深入的梳理、挖掘、分析,又需要充分运用相关学科的研究成果和成果进行比较、综合、抽象,这需要经过几代人长时间、持续不断的艰苦努力。而教育史作为一个学科至今不过百余年的历史,仍是一个年轻的、成长中的学科,大量的史料有待深入广泛地搜集、挖掘、整理,众多的问题需要进行研究,学科的知识仍处于逐渐积累和丰富的过程中。对于教育史学科而言,探索、逐步接近并最终把握教育历史发展的基本规律,将经历一个漫长的过程。在这方面,旧教育史观的基本错误就在于,通过把被简化了的历史唯物主义的结论简单搬用到教育史研究,就意味着已经终结了探索和发现教育历史发展规律的使命。如果教育历史发展的规律是如此轻而易举就能被发现的话,那么,这还可能是规律吗?

多年来,由于受旧教育史观的影响,将教育历史发展的外部规律等同于或替代了内部规律,教育史研究往往把关注的重心放在分析社会生产力、生产关系以及政治革命如何影响了特定时期或地区教育的变化、不同的哲学流派如何造成了不同的教育理论等问题,对教育"外部史"的重视超过了对"内部史"的探究,其结果是教育系统及其组成部分自身的演化进程则被大大地忽视了,以至于直到现在还留下大量的疑难和问题,例如,在西方历史上,教科书是在什么时间、在什么地区、通过什么方式逐渐取代口授而成为主要教学媒介的? 班级授课制是如何取代个别教学成为主要的教学组织方式的等等。过于注重教育的"外部史"研究,反而导致"内部史"探索的荒废,至少没有得到充分的展开和深入。

更为严重的问题在于,在教育史学界,一直存在着一种观念误区,即把教育史研究的基本目的笼统地确定为探索教育历史发展的基本规律,而未对此做必要与合理的限定,更未进行深入的阐释。其结果是,尽管教育史学界为此付出了多年的艰苦努力,但迄今为止,并没有什么教育历史发展的规律被"发现"。通常所阐述的"规律"实际上或是对历史唯物主义理论的论证,或是在哲学、社会理论和教育理论中早已存在的结论,并不是真正意义上的教育历史发展的基本规律。不仅如此,由于把揭示规律错误地当作教育史研究的目标,实际上造成了教育史研究功能定位的"错位",从而严重地干扰了教育史研究。一个突出的例证是,在一个时期内,教育史学界曾纠缠于"史论关系"，就教育史究竟应当"论从史出"还是"史从论处"进行讨论。就教育史研究而言，这本来不应该成为一个问题，只是因为对教育史研究的功能定位认识发生了偏差，所以才会出现这场本不该发生的"鸡与蛋"孰先孰后的争论。这场争论虽然最终不了了之，但真实反映了旧教育史观影响的严重性。

抽象地看，把教育史研究的基本目的确定为探索教育历史发展的基本规律似乎并无错误。任何事物、任何人类社会活动都存在着客观的、不以人的意志为转移的规律，人类认识的基本目的就是探索这种客观的规律。这虽然是众所周知的常识，但具体到不同的社会活动领域或知识领域，情况则要复杂得多，不是抽象的、大而化之的判断所能穷尽的。

首先，在没有任何确定的限制条件下，强调教育史学科或教育史研究的基本使命是解释教育历史发展的规律，实际上是混淆了不同含义上的"教育史"之间的区别。从知识体系的逻辑看，"教育史"这个概念至少具有四个方面或层次的含义：第一，客观存在的教育历史现象和历史过程，也就是作为人类主体认识对象的客观史实。第二，人类主体对教育历史现象和历史过程的认识活动及其结果，也就是通常所说的教育史研究。第三，人类主体对教育史研究活动本身进行的反思、研究和探讨，也就是教育史学。第四，从更为抽象的意义上对教育历史发展的基础、动力、结构、性质等哲学层面问题进行的探讨，即教育历史哲学。这四个层面的"教育史"具有不同的性质，后三个层面则有着完全不同的对象和目的。笼统地将教育史的目的归结为探索教育历史发展规律，首先在逻辑上就是难以成立的。

麦丁斯基等人显然主要是在"教育史"概念的第二个层面上主张教育史的使命是揭示教育发展的规律的。而这显然是错误的。作为一个具体和微观的知识领域，教育史研究的主要任务和目的是通过占有充分、翔实的史料，还原特定的历史现象或历史过程。即使是宏大叙事式的教育史研究，也只能从某一个特定的方面展现人类教育的历史或历史片断。这些具体和微观的研究充其量只能就特定的研究对象进行概括和抽象，充其量只能揭示特定方面的"规律"，不能也不可能揭示整个教育历史发展的基本规律。揭示教育发展历史的规律，不应是具体的教育史研究的使命，甚至也不是教育史学的职责，而应是教育历史哲学的责任。只有从历史的层面抽象到理论的层面，才有可能揭示教育历史发展的基本规律。

六

旧教育史观的又一个特征是"线性论",即认为与人类社会从原始社会,中间经过奴隶社会、封建社会、资本主义社会,最终达到社会主义(共产主义)社会的发展进程一样,人类教育的历史发展也经历了从低级到高级、直线上升的过程。这个过程的本质是不可逆转的进化过程,即从野蛮到文明、从不完善到完善、从非正规化到正规化、从非制度化到制度化。而判断"低级"与"高级"、"不完善"与"完善"的基本标准就是当代教育发展所达到的水平,或者是当代人对教育的认识或当代人为教育发展所设定的目标。

这种线性的历史观念其实既不是历史唯物主义所独有的,更不是麦丁斯基等人独创的。早在20世纪初,美国教育史家孟禄(Paul Monroe)就非常明确地提出了这样的教育史观。在其著名的《教育史教科书》(1905年)中,当叙述到原始社会的教育时,孟禄指出:"原始社会以最简单的形式展现了它的教育。但是,教育过程的早期阶段却包含了在其高度发达阶段所具有的全部特征。"①与他同时代的克伯莱等教育史家也基本上持有类似的教育史观。他们都强调人类教育历史的本质是教育本身不断从低级到高级、从非制度化到制度化、从非正规到正规发展和进步的过程。这个过程是直线式的、不可逆的,同时也是普遍的和必然的。

这种把发展、进步当作历史进程本质的线性教育历史观念,不管它们自认为受到何种理论的启发,本质上都反映了西方近代以来形成和不断系统化的进步观念的巨大影响,本质上都是进步观念在教育史研究中的具体运用。根据进步观念,发展、进步是人类社会运行的基本规律,人和社会都是不断向前发展的。在这个过程中,人性不断改进,日臻完善,社会则朝着更加美好和繁荣的理想状态不断发展。进步的过程是永远不会停滞和终结的。正如S.波拉德(Sidney Pollard)所概括的那样:"一种进步信念暗含着这样的假设:人类历史中有一种变化的模式,这种模式是可知的,它构成不可避免的仅仅朝着一般方向——人类事物由不甚令人满意的状况逐步改善为更令人满意的

---

① P. Monroe, *A Text-Book in the History of Education*, p. 1.

状况——的变化。"①

在进步观念影响下形成的进化论的线性教育史观本质上是欧洲中心主义或西方中心主义的,它将在欧洲历史上所出现的趋势等同于世界历史的必然规律,断言在欧洲所发生的历史过程将是世界各国和各民族的普遍历史进程。此外,它以西方的文化和价值为判断一切的标准,因此不可避免地具有种族歧视或文化歧视的色彩。例如,孟禄就将东方国家的教育称作"非进步的教育",以区别于"进步的"西方教育②。其次,线性教育史观否定了教育历史进程的多元性、复杂性和曲折性,因此难以形成真正科学的历史认识。众所周知,由于地理的隔绝,世界各民族教育在长时间中都是独自发展起来的。不同的发展进程造成了不同地区、不同民族教育之间的千差万别,因此,世界教育的历史具有丰富的多样性。另一方面,在不同时期,教育与其所生长的社会经济文化环境的关系、教育系统内部的各种关系,都存在着显著的差异,因此,教育的历史演进过程和变化结构既存在空间上的不同,又具有时间上的差异,由此造成了教育历史变迁过程的巨大复杂性,也决定了教育的历史发展不可能是直线式的,不可能只有"进步"没有"倒退"、只有"革新"没有"复旧"。

更为重要的问题是,"线性论"教育史观本质上不仅排除了对人类过去所创造的一切应有的敬意、敬畏与感恩之心,而且包含了对历史、传统的轻蔑、蔑视。按照这种教育史观,过去的一切必定是陈旧和落后的,过去的教育必然处于较低的发展阶段,过去教育的唯一意义是它为建构更高一级的教育奠定了基础、准备了条件或提供了材料(通常的表述是"奠定了历史基础"),而更高一级的(特别是当代的)教育则理所当然地被认为是在科学合理地汲取了先前时代一切有价值因素的基础上建立起来的,是一切优秀历史遗产的唯一合法继承人。既然如此,处于更高发展阶段的当代人就自然有权利对过去的一切评头论足。在这种情况下,口耳相传的教育方式是非正规的教育,当然与正规学校教育不能同日而语;班级授课制必定优越于个别教学;学堂必然在私塾之上;实科教育比古典文科教育更适应近代科学技术和资本主义经济发展的需要。同样地,奴隶社会的教育虽然优越于原始社会的教育,但落

---

① 姚军毅:《论进步观念》,第 112 页。

② P. Monroe,*A Text-Book in the History of Education*,Chapter 2.

后于封建社会的教育,自然更落后于资本主义社会的教育,如此等等。总之,一部教育史就成为不断否定过去、摧毁既往、破旧立新、不断在废墟上重建的过程。如此编纂的教育史虽然不再是硝烟弥漫的阶级斗争的战场,但却成了"今"战胜"古"、"新"取代"旧"的竞技场,是一个没有硝烟的战场。这样的历史除了能满足当代人的自我满足感、助长当代人的自大感和虚荣心之外,别无他用。

应当看到,教育历史是一种客观的存在,不管人们是否去认识或如何认识,它都是实际存在的。虽然每一代史家可以从当代的需要"赋予"它以不同的意义,但这并不意味着它自身没有独立的意义和价值。任何时代的教育都有着独特的内容、方式、方法,都具有特定的产生基础,都具有特定的目的,也都具有特定的作用。不同时代的教育都具有独一无二的特征,都曾经以不同方式、在不同程度上对人类文明的历史进程产生了不同的影响,都曾传承了前代的人类文化、塑造了同时代的文化、探索了人类教育的不同形式,都具有独特的价值和贡献。因此,过去曾经存在的教育现象、教育活动、教育认识并不只是当代教育的"史前史",研究教育史也不只是为了整理当代教育的"谱系",而是对曾经存在的一切教育现象的探索。

七

"工具论"是旧教育史观的又一个基本特征。按照麦丁斯基等人的观点,教育史研究的主要使命是"研究自远古到近代各个历史时期教育、学校和教育学理论的发展。它根据辩证唯物主义的原理揭示阶级社会中教育理论和实践的阶级本质和局限性,揭示在这个领域中唯物主义跟唯心主义的斗争,进步的教育理论跟反动的教育理论的斗争,并且揭示教育理论和实践发展的规律性"[1]。"教育史可以帮助我们抛弃一切对共产主义教育来说是过时的和不需要的东西,另一方面,还可以用批判地改造的形式来吸取一切对马克思列宁主义教育学和共产主义教育的实践有用的东西"[2]。

按照旧教育史观,教育史研究的主要功能即在于运用历史唯物主义的基

---

[1]　曹孚编:《外国教育史》,第1页。

[2]　曹孚编:《外国教育史》,第2页。

本原理,展示历史上教育领域中发生的不同意识形态、不同阶级之间的斗争,并以此为标准,选择"有用的东西",抛弃"过时的和不需要的东西"。按照这种逻辑,教育历史中纷繁复杂的一切都可以划分为两类截然不同的"物质",一类是可以回收利用的有用物质,另一些则是没有利用价值、需要抛弃的垃圾。而教育史学者只需拿着用被简化了的"历史唯物主义"制成的各种标签,对两类不同的物质进行分类,并贴上不同的标签。在这种情况下,教育史研究不仅彻底沦为政治斗争和意识形态斗争的工具,更进一步沦为一种材料甚至垃圾分类分拣的简单劳动,最终则沦为一种荒诞不经的儿戏。幸运的是,教育史学界现在很少有学者会固守这种狭隘的政治化和意识形态化的教育史"功用"观。尽管如此,这种实用主义历史观和"工具论"观念的影响及其对教育史学科发展所产生的消极影响不可低估。

就其基本功用的类型而言,教育史研究功能可以划分为理论功能与实践功能。就其功用的内容而言,又可区分为求真(理论功能)、求善和求用(实践功能)。所谓求真或理论功能,就是强调教育史研究的意义即在于历史认识与理解本身。教育史研究的功能是以确凿的史料和严谨的方法探索人类教育历史的真实过去,从而丰富和深化对教育历史的认识和理解。这种认识和理解不仅有助于增进对人类社会总体历史的把握,也有利于对教育活动本质的领悟;通过这种把握和领悟,有助于开阔眼界、深化思想、增进智慧(从本质上讲,求真本身就是一种"用",而且是最大、最为根本之"用")。所谓求善,就是努力发掘历史的伦理、道德和政治价值,以此启迪、激励和教育后人。就教育史而言,就是通过了解教育史上的各种重要事件和教育家的思想、精神、业绩,掌握教育发展的基本趋势与总体过程,理解教育发展与社会进步的相互关系,以提高未来教师的教育素养,开阔他们的视野,丰富他们的思想,培养他们的创造才能,激发他们的想象力。所谓求用,就是强调历史研究对当代人某些现实需要的满足。具体到教育史,就是提供历史的借鉴,为当前教育改革和发展提供不同形式的服务。

在这三种功用中,求真是教育史研究的本体价值,求善和求用则是教育史研究的衍生价值。求真是教育史研究作为一种知识活动得以产生、开展和进步的全部基础,也是教育史之可能"有用"的基本前提,其他的功用都是在此基础上形成的。从理论上讲,求善和求用应当是在实现了求真功用之后方能追求的"功用",否则,不仅会本末倒置,缘木求鱼,而且将造成教育史研究的功能"紊乱"。

遗憾的是,这种功能紊乱正是教育史学界长期以来存在的真实状况。从大量的教育史研究成果可以看到,由于旧教育史观的作用、"经世致用"的中国治史传统以及当代意识形态的影响,追求教育史研究的实践功用,一直是教育史学界的主导价值追求。之所以注重对教育历史现象和教育史人物进行历史评价或道德评价,就是出于求善功用的需要。而求用则是教育史学界最为注重的功用(在某种意义上,对于很多学者来说,求善也是一种"用")。当然,由于社会条件的不同,在不同时代,对"用"的认识和追求也在不断变化之中。如果说在极端意识形态化的年代,求用主要表现在为政治斗争、阶级斗争和意识形态斗争服务,那么,在当代,则更多地是追求为宏观教育政策和微观教育实践提供历史的借鉴。而这种历史借鉴的提供,通常的情况下,是开展对当代问题的上溯式研究。例如,十余年前开始基础教育课程改革,由此带动了关于课程史的研究;教师教育的改革是近十多年来国内出现的又一个热点,因此促成了教师教育史研究的兴起。近三十年来,教育史研究重点的变换(中国教育史从古代转向近现代,外国教育史从思想史转向制度史)、从职业技术教育史到教师教育史等诸多研究领域的拓展、从素质教育到教育公平等一些过去从未涉猎的问题成为研究的"热点",如此等等,都反映了教育史学界与时俱进、展现或证明教育史研究的实践功用、并以此赢得教育学界和社会的认可、尊重的努力和良苦用心。

但是,严峻的现实是,教育史学界的良苦用心并没有获得期望中的回报。教育史学科在教育学科体系中的地位并没有因为教育史学者所付出的艰苦努力而有所改变,无论是在课程教学体系中所占比重,在高校教育教师队伍建设中受重视的程度,以及在其他可以用作衡量学科地位的关键指标上,都很难发现这种改变的迹象。与此同时,在不断力图满足宏观和微观教育实践需要、为教育改革发展服务的过程中,教育史学科并没有因此真正取得实质性的发展。研究重点的变换、研究领域的拓展和新的研究问题出现,并没有从根本上改变教育史学科的基本特性,并没有因此提升教育史研究的学术化或科学化水平。教育史学科近三十年的变化主要表现在横向的扩展而非纵向的深入,表现在数量的增长而非质量的提升。更为重要的是,为满足现实不断变化的需要,教育史学科研究的主题始终处于变化之中,很少有几个基本的主题或问题为教育史学者所长期持续地关注和研究,从而不断推进和深入,使教育史学科获得宝贵的学术积淀。在某种程度上,片面强调满足当代和当前的需要,使教育史学科渐渐失去了自我,迷失了方向。而失去了自我的教育史学科,则更难以满足当代和当前的需要。如此"恶性循环",最终必将是"两败俱伤"。

包括美国在内的一些国家的教育史学科的发展历程表明,以服务现实教育发展、回应当代需求作为学科建设的主要出发点,是大可商榷甚至怀疑的战略①。作为一个专门的知识领域,教育史与其他一切学科一样,其基本的使命在于认识世界,增进知识,进一步丰富人类的精神财富。作为历史学和教育学的交叉学科,教育史的另一项基本使命是保存知识和传递知识,从而不断延续人类文明。只有在教育史学科首先完成了自身的基本使命、充分实现了本体功用的基础上,才有可能充分实现求善、求用的功用,才有可能真正赢得存在的合法性和独立性,才有可能真正赢得尊重。现在是到了彻底抛弃庸俗的工具论和狭隘的历史实用主义、重新深入思考和科学确定教育史学科功用的时候了。

八

要彻底摆脱旧教育史观的消极影响,首要的前提是进一步解放思想,继续推进老一辈教育史学家尚未完成的对旧教育史观的批判和清算,深入剖析旧教育史观的谬误及其形成原因,具体把握旧教育史观对教育史研究的消极影响。这将是一项长期和复杂的"启蒙"工程。另一方面,对旧教育史观进行批判和清算,其目的并不只是为了批判,而是为正本清源,清理教育史学科的地基,重构教育史观,重建学科研究的本体论、认识论和方法论基础。只有这样,教育史研究才有可能逐步摆脱依附状态,走向独立,走向科学,真正立于学术之林。回顾为的是前瞻,批判为的是重建。

重构教育史观,首先应当科学地确定重建的出发点。只有这样,才不会

---

① Lawrence A. Cremin, "The Role of the History of Education in the Professional Preparation of Teachers", *History of Education Journal*, 1955, Vol. 7, No. 1.

迷失方向。而确定学科重建出发点的根本在于进一步深化对教育史学科研究对象的认识,更进一步地说,是深化对作为教育史学科研究对象的教育历史性质的科学理解。这个问题是教育史学科存在的合法性与合理性的基础。

　　从过去多年的研究实践看,对什么是教育史学科的研究对象(即历史上曾经存在的一切教育现象、教育活动、教育认识等等),教育史学界的认识是明确的,也不存在异议。但对作为学科研究对象的教育历史的性质问题,却并没有进行系统和深入的思考。在旧教育史观的影响下,教育史研究(至少很大一部分研究工作)所关注的实际上是社会各种力量如何推进了教育的改变,而不是教育本身的变化。换句话说,这些研究所关注的其实是教育的"外部史"而不是"内部史",是教育与外部社会关系变化的历史,而非教育自身的演变过程。所以,尽管可以"大谈特谈"资本主义社会的教育如何不同于封建社会的教育,但对不同社会形态下的教育状况及其变化的微观和具体过程往往不甚了了。例如,以外国教育史为例,以人文主义思潮为核心的文艺复兴运动如何从根本上以及在哪些方面改变了14—16世纪西欧的中等教育和高等教育,现有教科书或其他研究成果对这个现象和过程的宏观描述或分析是较为清楚的,但对微观层面的研究(例如,哪些古典作品替代了中世纪所使用的古典作品进入到文艺复兴时期的学校,成为学校的教学用书,从而引发了对古代世界认识的根本改变)却非常缺乏。这样的情形并不是例外(尤其是在外国教育史领域)。诸多教育史研究成果通常描述的都是一些宏大的、波澜壮阔的历史画卷,而往往忽略了画卷中的局部或细节,其结果是画卷本身变得模糊、空洞。在旧教育史观的影响下,本应注重探索微观、具体历史现象和过程的教育史研究,反倒变成了重视宏观、总体研究的"教育历史社会学"。

　　从本质上讲,作为教育史学科研究对象的教育历史是教育自身演变、发展的历史,教育史研究的基本任务就是探索不同历史时期教育的特殊性、差异性、多样性和复杂性,分析不同历史时期教育存在、运行、变化和发展之间的内在联系。这与在教育史研究中运用历史唯物主义的基本原理和基本方法并不矛盾,也不否认教育历史与社会总体历史和人类其他活动历史之间存在的复杂联系,同样也不影响教育史学科借鉴相关学科的研究成果和方法。

　　所谓"教育史首先是教育自身的历史",首先意味着教育历史既不是人类社会历史的附属品,也不是人类社会历史的自然结果,教育历史具有区别于社会总体历史和人类其他活动历史的特殊性和差异性,具有独特的演进轨迹、变迁过程、发展阶段和内在逻辑。对这种独特性的理解和把握,必须依赖于对教育自身演化历程的深入探索,依赖于对大量微观和具体的教育史实的探究,而不能将社会历史研究的结论简单套用到教育史研究,甚至取代对教育历史的具体研究。其次,与人类其他社会活动一样,教育的历史变迁从来受到外部社会力量的影响、作用,教育历史不可能脱离社会环境而独自演变。就此而言,教育史与社会总体历史具有内在的联系,与其他专门史具有共性。但是,作为一种特殊的社会活动,由于其独特的活动形式、内容、机制,教育对外部社会力量影响的接受过程和结果与其他领域的人类活动存在着千差万别的表现,因此,在基本相似或相同的社会背景下,教育的历史演化过程仍然会以不同的方式表现出其个性、差异性和独特性。第三,不同时期、不同区域的教育现象、教育实践、教育认识等具有不同于其他时期和区域的独特性和个性,由此形成了丰富多样的教育历史变化进程和轨迹,造成了教育历史极大的复杂性和差异性。正因如此,教育史研究才具有其独特的对象和丰富的问题,教育史研究方能成为一个专门的学术领域。否定历史现象的独特性,忽视历史现象的自身意义,就失去了历史研究的基础,也就不会有教育史研究。

具体言之,教育自身的历史就是教育作为人类社会活动和精神活动在历史过程中的存在和变化,是在人类历史过程中曾经出现的一切教育现象、教育活动、教育实践、教育制度、教育认识以及所有这些历史存在的生成、变化及其原因和结果等等。所有这一切教育的历史存在,都具有特殊的内容、形式和方法,都有着独特的生成原因,都曾经历了特殊的演化过程,也都获得了特殊的历史意义。这一系列的特殊性及其相互关系,既构成了教育的客观历史,又规定了教育史的基本研究对象。只有首先以这些历史上曾经存在的教育现象、实践和思考为研究的对象,在占有充分翔实的史料基础上,再现"过去的教育"的真实状况,才可能有科学意义上的教育史研究。这也就是说,教育史研究首先应当关注的是具体的史实、现象、事件、活动及其结果,对社会背景的探讨只是为着更为深入地把握研究对象的直接原因,只是为着进一步拓展或加深对史实的认识和理解,它是达到目的的基本和必要的手段而非目的本身。而且,不同的教育历史现象、活动、实践和认识,都是在特定社会历史条件下、受着不同社会力量的影响和作用,因此,应当努力从特定环境下的特定社会因素出发,探讨特定教育历史现象的原因和由不同方面原因所形成的"原因链",而不是从教条出发,搬用"哲学历史公式",将解释人类社会总体发展的规律机械地解释一切具体的、特殊的教育历史现象。在这种情况下,教育史研究就成了"剪刀加浆糊"的史学。

（原载《教育学报》2012 年第 12 期）

冲破藩篱　探索新知

——外国教育史研究访谈录

　　1. 张老师,您好! 受《河北师范大学学报》(教育科学版)编辑部委托,我们对您进行一次访谈。谢谢您接受采访。

　　我们都知道,从求学至今,张老师已在外国教育史这个领域工作了近30年。我们很想了解,张老师当年是怎样进入这个领域的? 外国教育史对张老师的吸引力主要体现在哪些方面?

　　张斌贤:我是1983年开始读研究生的,如果说从硕士研究生开始到现在为止,差不多是29年了。我读的是外国教育史专业的硕士研究生。那时,外国教育史和中国教育史,还有教育学原理都是教育学的二级学科。后来中外教育史专业合并,外国教育史才成为一个专业方向。当年怎么进入这个领域的? 现在回想起来,主要的原因是兴趣。我记得在本科学习阶段,就对教育史感兴趣,特别是对外国教育史的思想部分和中国教育史的制度部分比较感兴趣。那么为什么会报考外国教育史这个专业,这和当年做过的一个工作有关系。我记得应该是在1981年暑假,自己给自己布置了一个"暑假作业",把弗兰克·格莱夫斯(Frank Graves)的《近代教育史》翻译了一部分。后来我们班搞了一个学习交流园地,在教室后面的墙上,把同学们提交的成果都张贴在上面。记得当时王天一老师上课的时候,还专门提到过我这些翻译的东西。这个细节可能对我以后选择外国教育史具有无形的作用。此外,在本科期间,仿效一些年长的同学,对部分国外名著粗浅涉猎也可能是一个直接的原因。归结起来,一是兴趣,二是基础,是当时影响我做出选择的两个原因。当然,主要还是兴趣。

2. 那么，张老师能不能跟我们谈一下，当时全国外国教育史的研究状况是怎样的？

张斌贤：从当时的情况来说，因为正好是"文革"结束不久，正处于拨乱反正、正本清源这样一个时期，那个时候能看到的外国教育史的东西实际上很少。一方面，那个时候作为本科生可能也没有这种意识去读很多这个方面的书籍或者论文。有些东西也是后来读研究生的时候才回过头来，看一些前辈写的文章，包括编的教材和著作。现在看来，从整体上来说那个时候的教育史研究有几个方面的东西对以后的发展还是很重要的。正好赶上思想解放、拨乱反正这样一个时期，教育史（包括中国教育史）做的很多工作，用过去的话讲就是"把四人帮颠倒过来的是非重新颠倒过来"。那个时候在《教育研究》这样一些杂志，经常也能看到一些教育史研究的文章。我觉得那个时候对后来工作影响比较大的可能有这样几点：

一个是对杜威和赫尔巴特的重新评价。当时在中国教育史领域是对孔子的重新评价，外国教育史学科则主要是对杜威和赫尔巴特的重新评价。包括在1982年的教育史年会，也是以教育史人物的重新评价为主题的，后来还把这方面的论文专门出了一个文集，这个文集虽然不厚，但实际上对新时期教育史学科的发展发挥了非常重要的作用。如果没有当时重新评价历史和教育史人物，重新反思教育史学科发展的历程，那么，后来很多的教育史研究工作就很难真正取得比较重大的发展。

一方面工作是"复苏"，实际上就是重新开始建设外国教育史学科，这方面的工作就包括那些教材的陆续出版了。当时印象比较深的，一个是罗炳之先生的《外国教育史》，这是80年代初的。还有一个，就是王天一老师、夏之莲老师、朱美玉老师合编的《外国教育史》教材。要从现在的学科发展水平来看，我们可能会把教材出版的意义仅限于人才培养。但从当时来说，教材和著作的界限不像我们现在区分的那么明确，而且教材本身涉及学术上许多基本的问题，比如说历史观的问题，怎样看待教育历史现象，怎么评价教育历史人物，怎么对教育史进行分期，等等。虽是一本教材，但对整个学科所起的作用，远不是一本教材所能局限的。

3. 当时，对于教育学领域而言，外国教育史学科主要担当了怎样一个角色？

张斌贤：在当时，外国教育史所发挥的作用一个肯定是在教育学专业的人才培养。一直到目前为止,王天一等老师编的教材仍然是发行量最大的外国教育史教材,而且据我所知,到目前为止还有学校在使用这个教材。这是一方面的作用,包括我们这一代人的很多人,在学习教育史期间,实际上是这些教材培养起来的。

再一方面,从改革开放以来,教育研究中有一个基本问题,就是怎样"洋为中用"的问题。洋为中用,既需要了解国外当代教育发展的趋势动态,也要关注这一当代趋势所包含的历史进程和历史基础。就当时整个教育学的发展情况来看,应该说对教育史的重视程度要远远高于现在。有一个很具体的现象,就是教育史课程开设的时间或者说课时数。我记得我们那时候外国教育史、中国教育史各学一个学年,每周有四节课,教学课时量非常大,一般在156个课时左右。就当时情况来说,对教育史在整个教育学当中的地位是给予了比较充分认识的。要说教育史学科发挥什么作用,可能主要就在人才培养方面和借鉴国外经验方面。

从现在来看,可能教育史所发挥的作用就不仅仅是两个方面,更重要一点,还在于积累或者说积淀学科传统。我个人认为,包括教育史在内的教育学科有一个很重要的缺陷,就是它缺乏学科的传承,或者说缺乏很坚实的学科传统,这可以说是教育史学科发展过程中所面临的一个根本性的内在障碍。

4. 如何理解您所说的教育史的积淀学科传统功能?

张斌贤:整个教育学科有两个重要的基础。从客观来说,教育活动本身的历史发展,应该说是构成这个学科的很重要的基础。但更重要的、可视为主观基础的,是这个学科的研究、认识所达到的高度,所形成的知识遗产,这可以说是学科发展的内在资源。其实我们可以看到,新近的学科和传统的、经典的学科在学术积淀方面是有很大差异的,而且差异也影响到学科自身的发展。

相对于传统的文史哲来说,教育学科包括教育史学科应该是很年轻的学科,也因为这样一个原因,它的学科基础和学科的积淀应该是存在着先天不足的。前两年我和一些同行合作编写了《当代中国教育学术思想研究》(中国社会科学出版社2011年)。编写过程中我们发现了这样一个问题,近60年来,很少有几个问题是中国教育学界长期在进行研究的。基本上都是每隔三五年转换一个主题,这个问题我们还没有达到一定认识的时候,我们的兴趣已经转移了,留下的是一堆一堆没完成的课题和没有成熟的认识。这是出于什么样的原因? 我认为根本原因是我们学科的传统没有真正建构起来,它不能有效地规范我们的学术工作。如果学科规范很健全,它会有意无意地制约这样一些失范的活动,但如果学科不成熟,这个规范不存在,它就不可能发挥这样的规范作用。我认为,在建构教育学科的传统方面,不仅需要教育史,而且教育史也是能够发挥作用的。

那么,教育史怎么能在教育学科传统建构中发挥作用? 我觉得我们必须重新思考教育史研究的基本出发点。最近,我完成了一篇《教育史观:批判与重构》的论文,在论文的最后一部分,只是涉及这样一些问题,没有很系统地阐述,有些问题还需要进一步思考。我现在坚持的,也是多年强调的一个观点,就是教育史首先是教育自身的历史,我们应该把教育史研究的主要关注点放在人类教育自身的演变、变化和发展过程上。通过这些东西来丰富我们的认识,从而更好地构成我们的学科传统。关于教育史在构建教育学科传统中能发挥的作用,我现在想到的也就是这些。

当然,教育史自身也存在一个构建学科传统的问题,这也是我们教育史研究今后特别要关注的一个问题,怎么样围绕着一些教育历史发展的重要问题持续不断地开展研究,形成一些新的认识甚至产生一些概念、学说、思想,积淀下来,传给后人? 我想这样才有可能一步步来建构学科的传统,这个工作可能需要很长时间,但如果我们现在有这样一种自觉性和自觉意识,我们可能会少走很多弯路,不至于像以前一样,打一枪换一个地方,我们老在忙碌,但忙碌的同时我们都没有留下很深刻的印迹。

5. 如我们所知,您多年来一直在思考教育史学科它所面临的问题和困难、分析其原因。1998 年,您曾发表了《全面危机中的外国教育史学科研究》,在教育学界产生了不小的影响。去年,张老师您又发表了《重构教育史观:1929—2009 年》一文,从教育史观的历史变迁出发,指出了教育史研究的"重构"。从"全面危机"到"史观重构",您的学科危机感始终存在,您是怎样认识这种学科危机的? 这种学科的危机在当时和当下是不是"危言耸听"?

张斌贤:实际上我对教育史学科面临的问题和困境,关注也好,思考也好,不仅仅是从 1998 年开始的。1986 年我发表了第一篇论文——《浅谈外国教育史研究中的几个问题》,实际上已经涉及外国教育史学科存在的问题和困难。在不同时期,在学科发展的不同阶段,这些问题和困难是有差异的,但总体来说是客观存在的,到今天为止也是如此。所以说,我不认为谈这种学科的危机是危言耸听,或者说是一种夸大其词。而且,就现在来看,我们自己承认我们学科发展存在问题和危机,我觉得是好事情。记得在 80 年代的时候,当时我写这些东西,说实话是有阻力的,或者说是有压力的。那个时候的风气就是,你否定或者批判某个东西,就意味着把这个东西本身完全给否定掉了。我在一段时间之内之所以没有继续做这方面的研究,其实跟这个压力也是有关系的,当然也有别的原因,比如当时业务工作安排的问题。我觉得对一个学科进行自我反思,实际上也证明这个学科本身的成熟。就跟人一样,小孩是不会自我反思的,也只有人成长到一定阶段以后,才会有这样一种自我反思。

不管是在当时还是现在,尽管不同时期面临的困难、危机不一样,但根本性的问题仍然存在着,可以说是始终不变的。在 80 年代,我们可能更多的是要重新批判过去所说的"四人帮"遗留下来的一些思想的"左"倾、极"左"的阴影或者说流毒。那么到现在为止,这样一些问题可能就不存在了。从当时来说,我们教育史研究的问题就是研究范围非常狭隘,主要是关注普通教育、学校教育史。现在这种情况已经不存在了,现在教育史应该说是全面开花。

从具体表征来说,这么多年来问题、困难有变化。但我觉得,根本性的东西实际上没有变化。为什么?这个问题实际上仍是困扰教育史学科发展的一种很内在的因素。第一,就是我们对教育史学科的功能性质的认识存在偏差。从教育史学科产生的根源来说,至少在中国,它是作为近代师范教育发展的一个成果,教育史最初就是师范院校开设的一种课程,我们现在所说的很多教育史著作实际上就是教材。由于这样一种影响,到目前为止,我们现在讲的教育史研究实际上更多是囿于教学领域来谈教育史的问题。但是我觉得,作为一个学科来说,它虽然可以作为一个教学的科目,但更重要的是它作为一个知识的领域。如果我们不能很快地把我们对教育史这个学科性质的认识转变过来,那么教育史的发展仍然会面临很多困难。在我的一些文章中,我就把这个现象称为"教科书传统"。我们研究的东西,很多都求完整,求大。其实真正的研究本身,它就是要"小题大作",就是要追求一种合理的片面性。

其次的问题是以康斯坦丁诺夫和麦丁斯基为代表的原苏联教育史编纂模式所造成的消极影响。在《教育史观:批判与重构》一文中,我从几个方面对这种模式——或者称之为旧教育史观——进行了批判。当然,我所说的只是我现阶段的认识,不一定正确,但至少我提出了一些问题,希望引起教育史学界的关注和思考。

6. 请您具体谈谈这种旧教育史观。

张斌贤:在《教育史观:批判与重构》一文中,我将这种所谓的旧教育史观的基本特征概括为几个方面:

一个就是简化论。旧教育史观把非常丰富、系统的历史唯物主义的原理简化为生产力与生产关系、经济基础与上层建筑这样几个范畴,并把这些范畴进一步简化为一种公式乃至标签,并运用到教育史研究当中,成为剪裁一切历史的公式。我认为,到目前为止,教育史研究从总体而言没有完全摆脱这种简化论的影响。

第二个特征是依附论,认为教育历史发展是完全依附于人类历史发展的,所以适用于人类历史发展的规律或原理必然能够运用到教育史研究当中。我们知道,教育史本身是具有特殊性的。这也是教育史学科之所以成为一门学科的基本原因。没有这样一种特殊性,教育史学科就没有存在的合法性。既然教育史学科存在这样一种特殊性,那么我们在运用、借鉴社会总体历史的原理或者其他专门史的研究成果时,就应该控制在一定界限之内。否则教育史就等同于其他历史的这样一种附庸。这样的教育史研究本身就没有独立存在的基础,我们也就难以把握教育史的基本进程,以及它的客观性,或者我们所说的规律。

再一个特征就是工具论。多年以来,我认为对教育史发展起消极作用的就是这样一种思想观念。教育史研究,作为一种知识探索,它肯定有用,这是毫无疑问的。这种"用"究竟是什么"用"? 是在什么意义上的"用"? 我自己理解可以分为三种类型。所谓的功用,一种就是求真,一种是求善,一种是求用。我们现在谈得比较多的,实际上就是两种。一种是求善,一种是求用。求善本身也是一种用。比如说,我们希望通过教育史课程的讲授,使未来的教师形成一种教育的理想和抱负,这实际上就是在强调教育史的教育功用。

过去的教育史研究为什么重视教育历史人物评价,实际上也反映了这样一种求善的功用。历史历来是作为道德教育的重要途径的,在中外历史上都是如此。很自然地,教育史也被赋予道德教育这样一种功用,这是一种求善。求用,就是我们现在经常讲的,教育史学科应该要为这个服务,要为那个服务。那么这个"用"就是很现实的功用了。还有一个功用就是求真,按照我的理解,在这三种功能当中,教育史首先应当追求的就是求真。它作为一个知识领域的存在,目的首先就是为了认识世界,认识历史。只有在这个基础之上,它才有可能去发挥别的作用。但多年以来,我们强调的就是"用",就是求功用。表现在教育史当中,我们经常看到这样一种现象,比如说,从 2000 年开始搞基础教育课程改革,很多人开始研究课程史,这些年开始重视教师教育这一块,就开始研究教师教育史,实际上都是受这样一种观念的影响。这种影响不能完全说是消极的,它也有积极的方面,实际上是不断拓展我们研究的视野和领域。但问题在于,怎样在这三种功用当中保持一种合理的关系?按照我自己的理解,你不管怎么进行研究,研究什么,首先要完成你的研究任务。在这基础之上,才有可能去完成求善和求用。如果本末倒置的话,完全以功利主义的眼光去看待纯粹的基础学科研究,实际上对教育史这样的基础学科是非常不利的,很有可能就是用现在的眼光去裁剪历史。这是在历史上一直存在的历史实用主义倾向。

旧教育史观还有一个特征,就是所谓的斗争论,把历史唯物主义的历史动力论简化为阶级和阶级斗争理论和方法,并不加限制地运用到教育史研究中,其结果就是教育史就成为一个血淋淋的战场。在这个战场当中,总是充满着先进与落后、革命与反动、唯心主义和唯物主义之间的斗争。我们现在应该知道,这样一种认识实际上是完全错误的。教育历史当中是存在着这样那样的斗争,你称为"冲突"也好,"斗争"也好,但这只是教育史当中的一个方面,甚至可以说不是主要的方面。教育史发展过程中,我认为最主要的线索还是继承和发展的关系,而不是斗争和冲突的关系。一代人没有很好地继承了前代人所遗留的教育遗产,教育发展就不可能达到现在的水平。教育历史的发展并不总是在否定旧的东西的基础之上建立新的东西,而且过去我们所认为旧的东西、保守的东西、落后的东西,现在来看,也未必像我们过去所认识的那样。比如说,过去我们比较强调正规的学校教育,我们认为正规学校教育本身具有很多优越性,特别是有效率。实际上现在我们也知道,在学校教育之外,很多社会教育的形式和内容对人所产生的影响,所发挥的作用,一点不亚于学校教育。如果过于关注某些方面,将会导致对另一方面重要性的忽视。

还有一个特征是规律论。历史发展是不是有我们所说的规律?这个问题实际上是需要不断探索的。人们常说马克思、恩格斯已经揭示了人类历史发展的规律,但也不能把这个普遍的历史规律简单地套用到教育史研究中,更不能取代对教育历史规律的探索。我认为这两者之间是有差异的。更加重要的一点在于,我们过去讲教育史学科一个很重要的任务,就是要揭示教育历史发展的规律,我认为这个判断本身就是错误的,至少是不准确的。为什么这么讲?我们所讲的教育史,也就是"History of Education"这个词本身,实际上包含着几层含义:一个就是通常所说的客观的教育史、教育历史、教育史实;第二层面就是我们所说的教育史学科,就是我们对教育史的研究;第三层意思,就是我们对教育史研究的研究,我们一般把它称为教育史学;还有一层,我们姑且可以称为教育的历史哲学,就是对教育发展的一些最根本问题的认识和把握。不同层次的知识和研究,对象不同、目的不同,不能笼而统之地说教育史的使命就是探索教育发展规律。比如,就教育史的具体研究而言,它的主要功能是研究具体的历史现象和历史过程,它不能承担起研究教育历史规律这样一种功能。如果真的要说研究教育史发展规律的话,那主要是在我们所说的教育历史哲学这个层面上。由于受到旧教育史观的影响,我们在做教育史研究当中经常会有意识地做这样一些事情,通过一个很小的问题企图得到一个很宏大的结论,而这个结论往往不是我们通过研究得出来的,往往就是直接引用历史唯物主义的一些基本原理。我们很难想象通过一个具体的工作能够看到这么大、这么多的东西。那么这个东西怎么提出来的?那就是简单的搬用,而历史研究具体的使命并没有完成。所以很多教育史研究,给人感觉就是它最后讲的东西是无关痛痒的。实际上你不讲这些东西是无所谓的,但是作为一种约定俗成的套路,必须要讲这些东西。

所以,我提出要重构教育史观,重新从学科的起点确定学科发展的起点,这样才有可能使教育史的发展少走弯路,能够在不断取得大量成果的同时使学科本体有真正重大的发展。我觉得这可能是我们这代教育史学者很重要的使命。按照现在比较流行的说法,就是转变学科的发展方式。不仅仅在数量上追求成果,在领域当中追求拓展,更主要的是在学科深层次中产生一种革命。这个革命,什么时候能完成,完成的怎样,直接决定了教育史学科第二个百年的发展。

7. 谈到教育史的学科危机,最近十多年来有没有这样一种摆脱危机的努力?这种努力的成效如何?

张斌贤:我觉得这十几年以来,特别是2000年以来,有一个变化,我感到很欣慰。在这几届教育史年会当中,关于学科危机或者诸如此类表述,应该说是比以往都多。有一个很客观的时机,就是进入了新世纪,大家都感到需要对已经过去的百年进行回顾和反思。2004年在福建召开的教育史年会就出了一个文集,比较集中探讨的问题就是教育史研究百年历程。而且不仅仅说是单纯的赞扬、赞美,更多的还是从批判、反思的角度去回顾这个百年的历程。所以我就觉得这样一种危机的意识,并不仅仅是少数几个学者身上才有,更多学者、包括一些学生,也看到这样一些问题。要解决这个问题不是只需要一个人,而是需要很多人,甚至很多代的努力。所以我就觉得这十多年来一个很重要的变化就是危机的意识普遍存在于教育史学者的身上。

另外一个方面,我们也看到,近年教育史研究本身应该是有很大进展的。我觉得这些年进展一个最重要的标志,就是有越来越多的学校开始承担教育史学科的博士研究生培养,先后出版了许多以博士论文为基础的教育史研究专著。相比过去,这十几年教育史学科发生的一个最重要的变化,就是我们越来越关注微观的东西,我们越来越关注微观的问题,微观的现象,微观的事实。过去通常更为关注通史研究,或者是注重教材编写,这都是对整个学科完整的把握。实际上我们知道,没有一个人有这样一种能力,对中国的教育史,或者对外国的教育史都很精通。只有通过一个个点的微观研究,才有可能使研究深入。而且这种微观的研究本身,相对于我们过去编教材、编通史来说,可能对于我们一般说的史观涉及要少一些。所以我认为,有了这种专题研究的出现,教育史就不太去关注这种完整的教育史观的问题。我觉得这个有消极的作用,也有积极的作用。积极作用就是逐渐摆脱了对苏联教育史模式的沿袭或照搬。消极作用在于,对微观问题感兴趣,脱离对宏观的关注,微观研究可能也会受到影响。

还有一个变化可能是,随着时间的推移,相对来说人们对教育史研究当中的一些禁区不那么心存忌惮,旧东西的影响可能也随着时间的推移逐渐削弱了。但我觉得,这种削弱本身一定是要主观的、自觉的,不能说我没有经过反思,就这样自然消除。这是不可能的,就算表面上似乎消除了,比如说我们很少运用"阶级斗争",我们很少会表述这样的东西,但不等于影响就消失了。没有经过一种自我的反思和批判,这种消极影响始终会以某种方式存在于研究当中。

我觉得这些年来这些变化还是比较明显的。但是要说这些变化已经使教育史学科彻底摆脱了危机,我认为说这句话可能还是为时过早。危机仍然存在,只是程度不一样,或者说具体的表现方式和内容发生了变化。

8. 您认为应该如何摆脱教育史的学科危机?

张斌贤:这个说来话长,也不是我一个人能够讲全的。首先一个,就是前面提到的,重新确定学科建设的出发点,回到教育史作为一个专门的知识领域和一个学术研究领域应有的这样一个起点上去。主要就是探索教育自身发展的过程,在这个基础之上,我们要有意识地学习和借鉴其他相关学科研究的理论和方法。虽然我们关注教育本身,但我们这种关注本身是依托于一个非常扎实的基础之上的,或者说是在一个很宏大的视野下看的教育。不是孤立地看教育的自身变化,而是在教育和社会的复杂联系过程当中把握教育的历史现象和活动。我觉得这样才有可能突破我们教育史研究当中长期存在的一个问题——视野很狭窄,才有可能形成新的知识生长点,或者形成一种新的知识路径。

再一个方面的工作,就是怎样能够从微观的问题开始着手研究,从微观的、具体的、甚至很小的问题来研究。我最近想到一个问题,这也是最近河北大学贺国庆教授发给我的一篇文章给我的启发。比如学徒制,这个现象在世界各国都是存在的,而且可以说在相当长的时间内是非常重要的一种教育方式。那么过去我们为什么很少提这些东西?就是因为我们认为学校里面的东西是教育,学校外面的东西是社会教育,就不是教育主要的东西了。可你别忘了,在教育历史大部分时间当中,对大多数人来说,他们的教育不是在学校里完成,而是在学校之外完成的。如果我们有一种宏大的视野,那么我们就会遇到这样一个问题：我们面对的教育历史不是我们现在教育历史的史前史，它有自己的价值，它过去怎么样就是怎么样。我们不能说，按照我们现在的观念，谈到学校教育，我们就研究学校教育史，对历史上的大多数人来说，学校教育的历史是没有任何意义的。比如说，我还注意到一个问题，原来我想写一篇文章，是关于教育史分期的，但我觉得这篇文章难度很大。我们过去讲教育史的历史分期一般完全按照社会形态的划分，过去讲社会发展的五个阶段，就是原始社会、奴隶社会、封建社会、资本主义社会和社会主义社会，因此教育也是这样。这个完全是外在的，你不能说完全没有道理，但如果我们强调教育自身发展的独特性，就应该从教育自身的变化来划分教育历史的分期。我设想，有没有可能从这样一个角度来重新确认教育历史的分期，比如从西方教育史来说，有一个很重要线索：在活字印刷术之前，西欧的教育包括学校教育，它主要的教学方式就是口耳相传。为什么？那时候纸张奇贵，只有老师一段段念学生一段段地朗诵，一段段地背下来，这是基本的教育方式。可以说，那个时候，有学校，有老师，有学生，但是很难说存在我们现在所理解的教材、教科书。有了活字印刷术以后，书籍大量开始流通，而且成本不断降低，然后逐渐进入到学校。这个变化本身，它不仅仅说明教学的媒介发生了变化——过去是口耳相传，现在有文字做中介，实际上人类传承知识的方式发生了根本性的变化，所以才会产生以后一系列教育的变化，特别是我们后来说的"普及教育"。普及教育是需要一个前提的，前提是什么？就是因为有这样一种东西的存在。如果都是口耳相传，它没法一下子面对这么多人开展教育，我觉得这完全可以说是教育本身划时代的事件。再有一个例子就是我们所说的网络信息技术，虽然它没有完全取代我们的纸质教科书，但无论在知识接受方式还是传递方式上，它已经远远不同于传统的教育方式。用类似这样的视角去分析教育历史，才有可能真正使教育历史变成科学的东西，而不是简单地照抄照搬其他学科里面已经形成的东西。而且有些东西很难说是完全正确的。

可以说，要摆脱困境，一个很重要的东西就是要勇于探索。其实从某种意义上来说，对教育史专业的学生也好，对教育史专业的年轻教师来说，外国教育史这一个学科领域真的是大有可为，因为尽管前人给我们留下很多东西，但是说实话，大量的东西等待着我们进一步去探索，进一步去研究。过去我们讲,外国教育史没有被开垦过的处女地到处都是,只是你有没有眼光,能不能找到真正没开垦过的、并且具有真正价值的处女地。

9. 我们知道张老师一直很重视外国教育史学科的基础建设,特别是在主持外文文献材料翻译工作方面,取得了不少成果。比如《国际教育百科全书》、《欧洲大学史》、"美国研究型大学探索译丛",还有"美国教育经典译丛",这些翻译工作对外国教育史学科发展而言有什么意义?还有,翻译工作是否会存在一种吃力不讨好的处境?

张斌贤:按照现行的学科评价体系,至少从功利角度来说,翻译工作确实是吃力不讨好的事情。因为在计算科研成果时,译著不像著作这样受重视,一般认为翻译是一种再创造,你只能说这是你的译著,不能说是你的著作。而且翻译一本书的工作量和难度不亚于自己写一本书,从这个意义上说,也是吃力不讨好。

但关键问题是从什么角度来看这个问题。我们的学者也好,学生也好,大家的整体外语水平不断在提高,很多学生可以直接阅读外文著作。从这个意义来说,翻译工作的意义跟原来相比已经是不一样了,但为什么还在做?可能有几方面原因,一是给别人提供帮助,尽管外语水平整体在提高,但我相信不是所有人都能够非常流利、快速和准确地阅读外文文献,从这个意义来说,翻译工作本身是在帮助别人更加有效地学习和工作。第二是我们学科的基础建设,外国教育史研究所依据的很多东西,甚至绝大部分东西都来自于国外的文献。如果都靠学习者、特别是那些非教育史专业人员亲自去查询、阅读,是很费力气的事情。我们的翻译本身可以帮助别人,特别是非专业的人员很快查询到,很快来阅读和掌握国外的一些东西。其实对于我们学生来说也是一样,你翻译外国教育史的一些名著,对你更好的理解也发挥很便捷的作用,如果都要去读原文的话,确实在理解上会有很多问题。另外,翻译本身也是文化和学术的一种交流活动。通过把国外的一些特别重要的著作翻译过来,实际上也是系统地在传播一些重要的学术思想,这对我们自身来说也是很重要的。有时候从自己个人的角度来把握也是如此,你看一本书和翻译一本书是完全不一样的,你的把握会深刻也会准确很多。这个工作我们以后也要做,而且我希望可以更系统一些。以前可能是出于一些很偶然的原因,比如兴趣呀,规划还不够,接下去可能想有意识地去做一些,要通过规划来做一些译介工作。

10. 外国教育史研究一向给人的印象是坐冷板凳的,研究国外而非本国,关注历史而非现实,这样一种与当下教育热点相对隔绝的状态,您认为它本身的价值如何体现? 以往教育史研究总要谈有何启示,在新的教育史观下,这种关照现实的"启示"应该如何更好地体现?

张斌贤:教育史从它的学科属性来说,既属于教育学的学科分支,又属于历史学的学科分支,既然属于历史学这样一种基础学科,那肯定要坐冷板凳,不管什么朝代都一样。那么为什么人类要去研究历史,包括研究教育史? 我觉得从本质上来说,可能是人类的一种精神上的本能,需要知道我是怎么来的,就跟我们人自我认识一样。我们作为人类一分子,其实也有这样的困惑,人类是怎么来的,我们的教育是怎么来的。从起源来说,教育史应该源于人的这样一种求知需要,一代代人重写教育史、重写历史,原因就在于人类的这种本能。这样说来,历史确实和现实是脱节的,是远离现实的。不管是已经发生的、最近发生的,它毕竟和我们现在的生活有距离,既然这样为什么还要研究历史? 研究历史对我们当代的思想认识、工作生活有没有帮助? 这就是我们经常所说的教育史功能的问题了,其实我们前面已经涉及到这个问题。

按照我的理解,教育史学科研究本身可能首先是帮助我们认识教育的过去,理解教育的现在,大而言之,教育作为人类社会的一种社会活动,通过了解这种活动的历史变化,实际上我们也在渐渐地认识人类的变化、人类的发展。因此,从教育史来说,首要的功能是求知、求真。在这个功能中,就外国教育史来说,我们涉及世界上很多国家、很多时期的教育变化,这样有助于我们形成一种世界的观念,我们固然要为自己国家的优秀文化遗产和传统感到自豪,同时我们也要放弃或有意识地去扫除一种狭隘的民族主义,去形成一种世界观念。我们创造了很多优秀的东西,别的国家别的民族也是如此。我觉得形成这样一种世界的观念,或者全球的意识,对当代人的精神修养来说是一个非常关键的因素,没有它很难说意识就完全健全或完全合理。

更重要的一点,是我们经常讲的历史和现实的内在联系,历史虽然已经发生了,但它的结果并未随着历史事件的结束而结束,它的影响始终是存在的。我们认识当代的问题,如果不自觉地、有意识地去挖掘它的历史根源和形成过程,实际上我们对问题的认识本身不可能非常深入、全面。这种事例可以说不胜枚举,比如我们经常说的中国当代的很多教育问题,你如果不梳理它的来龙去脉,你对问题只能说是一知半解,用这样的一知半解去解决问题,那么问题解决本身也是非常片面的,不可能真正完整地来解决。包括我们现在所说的教育资源不均衡,在我们看来这是教育中的大问题,那么这个问题是怎么造成的,由什么因素造成的?你不分析这些东西,你对问题就只认识结果,最后还是解决不清楚,它还要阻碍我们的发展。包括学业负担问题,应试教育的问题等等,这些东西其实都是有历史根源的。我觉得这可能是一个功用。

历史就像是人类的一面镜子,通过认识历史来认识我们自己,来帮助我们认识现在。至于我们的认识结果能够对当代产生多少影响,甚至说有所启示或实际作用,并不是教育史学者所能把握的,也远远超出我们的职责范围。教育史研究主要的任务是认识历史本身,如果你所研究的东西确实揭示了历史的本质东西,你不去说启示,它对别人自然也会有启示,如果研究非常肤浅,即使你希望对别人有所启示,别人也不会采纳。所以这么多年来,我一般反对学生在学位论文后面专门设一个部分谈启示,很多学位论文后面写启示都是大而化之,隔靴搔痒的,你做一个这么小的研究怎么可能产生那么大的启示,与其成为一个套路或公式,你还不如不要它。只要研究做得深入、科学,它总会有启示的,不是在这方面有启示,就可能在另一方面有启示。

11. 有人说,外国教育史学科要学会宣传自己,扩大自己的影响力,对此您是如何看待的? 我们知道张老师所带领的外国教育史团队近年来已经取得了不少成果,如何看待现在外国教育史研究的团队力量?

张斌贤:现在一些做法,包括包装、策划、炒作此类的东西,我是不赞成的。别的行当是否可以这么做我不太清楚,但作为学术职业来说,这些东西是最有害的。学者应静悄悄地做自己的研究,不要期望你的研究,特别是我们这样比较冷门的学科能成为显学,甚至能产生很大的经济效益。如果这样追求,路就已经走偏了,所以我不太赞成通过宣传来造成影响,学者也好、学术团队也好,它的影响主要通过也只能通过你所做的工作及其结果来实现。做得好自然就会有影响。而且学者本身就是专家,你的研究可能就是一小撮人在关心,你的同行在关心,或是你的左邻右舍关注,你不要想象着学者像一个影星、歌星一样成为公众人物。如果真成为公众人物,你也静不下心来做学问了。所以应该寂寞,这也是很高的境界,不是什么委屈的东西,只有寂寞才能静下心来,你不寂寞了,心静不下来,就什么也做不成。

应当说这几年,我们北师大的外国教育史团队确实很努力,不管是在科研还是教学方面做了很多工作,也取得了一定的成绩,这都是大家努力的结果。在这些工作中,我们的学生,历届的博士生、硕士生也对这个团队做了很大的贡献,所以每次我写前言后记一定会感谢学生,这不是故作姿态,是真实情况的反映,也是真实情感的流露。

从我们这个团队来说,今后还有几方面需要再加强。第一是我们的语种结构。这是外国教育史多年来的问题,也跟整个中国教育现状有关系。我们的教师基本上都只会一种外国语,一般是英语。当然能把英语学得很好也很方便,但毕竟我们是外国教育史,要研究的不仅仅是英语国家、英语世界,还有很重要的比如说德国、法国这样一些国家的教育史我们现在很难开展,因为我们无法看他们的资料,这是一个缺陷。第二,从我们的学科结构来说,我们现有的人基本都是学教育专业出身的。我希望在未来的三五年中,我们能有一些学历史专业或者其他专业的学生或学者加盟到我们这个团队中,使我们团队的学科结构更加多样化,便于大家相互交流、相互激励,这是我们团队今后需要努力的方面。第三是如何提高国际化程度。当然我们也知道,中国人研究国外的东西,要想把我们的成果变成外文去发表,这个难度是很大的,尽管如此,加强国际交流,提高国际化水平仍是很重要的一步。我们现在也有这样一些考虑和计划,陆续会请一些美国的教育史学者,特别是高等教育史学者到我们这里来访问、交流。另一个方面是让我们的老师出去,这个"出去"不单纯是常规的访学,它有作用,但是还不够。将来要考虑怎样能够有意识地参加一些著名的学术团体的重要学术会议,通过这些来展示我们的科研成果。第四是在人才培养方面。其实这几年我们在这方面下了很多功夫,但我觉得还是有努力空间的。怎样提高我们专业研究生的培养质量,加强外国教育史在本科人才培养中的作用,这方面我们还有很多工作要做。不过现在老师们确实都很忙,本来就很辛苦,又要同时开展这么多工作,确实有负担。怎么合理安排,把这几方面工作按照轻重缓急合理地分工,这也是我们需要考虑的策略性的问题。但不管怎么说我觉得我们这些人还是有理由感到高兴的,老前辈交给我们的学科在我们手里,应该说还是有一定发展的,用过去的话来讲,我们还算是不辱使命吧。希望将来能做得更多更好,对外国教育史学科发展做出更大的贡献,为全国同行提供更多支持和服务。

12. 最后,请您谈谈您的治学之道。

张斌贤:没有"道",也只能说是体会。在这个学术领域当中学习工作的时间也不短了,但你要说有什么特别的,或者说有比较新的,和别人不一样的,特别深入的想法,并不是很多。要说体会,我觉得可能有几个方面,特别是对于学生来说,或者对于教育史学科的后备力量来说,还是希望大家能够做得好一些。

第一是要注重积累。教育史学科作为一个基础学科,一个人将来能发展得多远,能走得多高,可能取决于很多方面因素,但我觉得最基本的因素就是积累。这个积累我想可能有几个方面的东西:一个方面是知识面要开阔,要博闻。我觉得对于文科的学生来说,包括对我们教育史专业的学生来说,没有东西是不值得你去注意的,没有东西是你不需要知道的,一定要有广博的见识。一个是指读书面要宽。对我们教育史的学生,有几个方面的书是必须要读的,否则,你的学养就会有很大的缺憾。就教育史自身来说,两类经典著作是要深读的。一类是历史上曾经出现过的我们所谓的教育经典,就西方来说,远到柏拉图的《理想国》,近到杜威的《民主主义与教育》。第二类经典著作是学科研究当中重要的著作,这是必须要读的,而且不是说一般的浏览。通过这样两类著作的阅读,实际上是在学科的根基方面有比较好的准备。还有几类书,特别是和教育有关的专门史,比如说哲学史、科学史、思想史、文化史,还可以包括经济史、社会史,等等。对这些著作当然不可能读得非常广泛、深入,但至少这个领域当中经典的书你至少要能够深读一些。再有一个自然就是你的见识问题,不仅是读书,平时生活、工作、学习都在帮助你积累,都在拓展你的视野。我觉得学历史很需要一种见识,这种见识要通过阅读,但不仅仅通过阅读。你的经历本身会帮助你来认识所研究的东西,因为你研究的本来就是人和社会。而且这种积累过程本身一定是长期的,不可能指望我在硕士阶段或者博士阶段就完成。积累越深厚越宽广,将来走的路就越长,能发展得越高。所以一定不要用功利的角度去看待平时点点滴滴的学习、思考、研究。

另一方面是要善于学习其他学科的知识、方法。其他的学科对你学科的帮助可能是不一样的,有的可能直接,有的间接,有的重要,有的可能不那么重要,但这丝毫不影响你去学习它。因为其他东西对你有没有用,只有掌握之后才会知道。知识的更新、革命、突破,经常发生在学科交叉的地方。所谓学科交叉,你首先得知道在你的学科之外还有一个学科,否则不会有交叉。这和前面提到的博闻还是有关联的,但这个"闻"就不仅仅是闻了,可能要深入去了解。所以我觉得,我们作为教育史的学生,除了教育史,最好能留心某一个自己感兴趣的学科领域,比如说我对思想的东西感兴趣,我可以留心思想史、哲学史、文化史这样一些学科。只有真正地把这些学科领域基本东西了解了,你才有可能来运用别的学科的方法、结论、成果来丰富自己学科的研究,一定不要满足于我只知道别的学科领域的一些名词、概念、人名,这个太肤浅,解决不了你自己的问题。所以这里面实际上也涉及一个问题,说得严重点就是学风的问题。我们现在很多人有意识去学习别的学科,但你拿来用的话就一定要求深入,能深入到什么程度我们不好说,因为毕竟我不是那行的专家,但至少不能停留在一知半解。这个情况我们在很多学位论文都能看到,运用什么方法或什么理论,实际上后来根本看不到方法、理论的运用。原因在哪呢? 就是你没有把它搞熟。

第二点,在现在这个年代就更难做到了,也不好说是要有定力,不好说是要完全扫除功利的东西对待学问和知识,这些我觉得现在很难做到。但往往就是这样,知其不可为而为之,这是需要巨大勇气的。相对于很多教育学的学科来说,教育史学科确实在当代来说更是冷门学科,以前就是,现在更是。它不像有的学科和现实直接相关,所以将来真的要从事这方面研究,你获得资源的可能性相对而言会比别的学科学生少一些,而且很多学校的教育史师资一般都只配备最基本的数量。在这种情况下,我们的学生会用比较功利的眼光来看待这个学科,看待这个学科的工作,这个不能怪谁,尤其不能怪学生。但我想的是,社会的趋势不是我们个人能把握得住的,今天是合理的东西也可能明天就变得不合理了,今年短缺的东西明年可能就是急需的。如果你对这个专业有兴趣,应当尽可能减少一些这样一种功利主义的干扰。实际上这种功利因素对你来说是一种消极的因素。过去讲学习要"虚一而静",把你心里已有的主观的东西扫除,空下来才有可能很好地吸收。在这种功利因素干扰下,最后可能什么都没得到。由于教育史是相对来说比较纯粹的知识,可能更需要很深入地沉浸进去,才有可能真正掌握到知识的精髓,从而有所提高。你将来做什么不重要,但你有这样一种准备,对将来的发展总是会有帮助的。我是觉得一个人最大的浪费就是光阴的浪费,因为这是不可逆的。人生有时候残酷就残酷在这个地方,你对很多问题有意识的时候就不可能会再做第二遍,人不可能两次踏入同一条河流。要完全让学生避免这样一种东西不可能,但我们每一个人要为自己的现在和将来负责任,尽可能地控制这样一种情绪、心态对自己的不利影响,真正扎扎实实地完成好这个阶段的学习任务,实现这个阶段的目标,这个对你以后做不做教育史不重要,但对你来说,总是一个很有价值的经历。从我自己来看,我认为三年研究生对我是最重要的阶段。为什么研究生三年学业上有所长进? 我觉得很重要的原因是我们心比较静,这和那个时代有关系,但有的时候你要想一个问题,这么多人同处一个时代,不是每个人都这么浮躁的,为什么别人能做到不浮躁,你却不能做到呢? 所以不能把自己的责任全部推到社会,推到他人,这是很不成熟的。

第三,我要说规范意识。我们经常讲严谨、科学,但我觉得严格说这是更高层次的东西,最基本的层次是做什么事情都要规范。我觉得从我们教育学科、包括教育史学科来说,存在一个很大的问题,就是规范的问题。现在从本科生开始到博士生,一直都在讲授研究方法,但一到学生要展示研究成果的时候,很多低级的错误还是不断在发生。我想可能是几个方面的问题,一个方面,是我们的研究方法课本身有问题,或者是我们研究方法课的内容或者是方法有问题。老师讲了方法,你没去用方法,所以一到用的时候就不会用。还有一种,就是方法本身就没有进到脑子里去。你知道有哪些方法,这些方法的具体流程你可能也知道,但方法的精髓你不知道,所以方法使用起来,本来是科学方法你一用就是不科学的方法了。我现在的基本态度就是,用一种规范的方法做一个重复的研究,它也是研究,用不规范的方法去做很好的题目,它也不可能成为好的研究。重复研究至少还有一个好处,就是验证别人的结论,有可能在验证的过程中不光是证明还证伪了。

我觉得还有一个很重要的问题是学术上的诚实。我觉得大家都知道我们现在做研究是基于前人基础之上的,在你的研究成果当中你怎么对你的同行(以前的同行和当代的同行),表示这种敬意和尊重,怎么在研究成果中反映你对他们的继承？这不用说是规范，不用上课也应该知道，没有这样一种诚实，你学研究方法，照样也可以用得很歪。规范应该说表现在很多方面，我们现在说的比较多的是研究方法问题，但我觉得可能也表现在伦理方面。

　　还有一个，除了诚实，就是客观。人为什么很难认识自己？原因就在于，人对自我的认识不客观。你看别人也可能还会稍微冷静一些，看自己你很难避免主观性，当然看别人也很难避免主观性，但相比较而言，客观地看自己要比客观地看别人更难，客观性本身是需要追寻的东西。我知道有的同学写东西时，有用的东西、支持我观点的东西就拼命用，不支持的就当作没有这个东西存在，这样做，研究本身就毫无价值了。我不太赞成过去讲斗争论，一讲斗争，阵营两方总得分出敌我，这样就没有客观的研究了，没有客观的研究就不是研究了，你做它干什么呢？我反对那种片面的工具论，实际上也是为了保证一点。抛除旧观念，才可能使我们的学科待在它本来应该在的地方。也可能我们很难真正做到纯粹客观，但我觉得这种东西是要追求的，学科里没有这种东西，它很难说是一个科学、成熟的学科。

　　第四是自我驱动。怎么自我驱动？我觉得还是要有志向，现在这个词我们不怎么讲，什么立志高远，可能都不这么讲，因为现在确实是一个消费主义的年代，快餐文化盛行的年代，甚至可以说是平庸的年代。没有人会、至少不会像当年把追求崇高这些东西作为人生目标。但我觉得越是在这样一种纷扰的时代里，脑子越要清楚，自己一定要想清楚，我已经来到这个世界上了，有一天我总要离开这个世界，来了这一趟留下点什么东西，来证明我曾经存在过？人要有志向，有抱负。你的志向、抱负最后能不能实现，不完全取决于你自身的努力，这是毫无疑问的。有很多因素来决定你是否能成功，能不能达到你对自身的目标。但如果你自己没有抱负，没有志向，那么说得难听点，就像没头苍蝇似的，你的生活没有方向感。我觉得可以有一个相对清晰的目标，不一定非常明确和具体的，尤其不要把它附着在一个很具体的东西上。简单来说，目标就是尽可能追求卓越。我的能力是有限的，通过调动我自己的能量，我能把事情做得超出我的能力之上，在这个过程中，我就一步一步地在前进，你每一次进步都在以前经过充分努力、工作的基础上，而不是老是在平地走。就我对生活、工作的理解，自我激发，自我激励，使自己始终处于一种良好的工作状态，这样工作本身对你来说是非常幸福的。每年都有很多青年教师进入高校,他们很多在大学或博士阶段都是同学,三年、五年之后分化出来,五年、十年之后差别更大,为什么?原因可能有很多很多,可能每个人都是不一样的,但我觉得从共性上来说,就是这样一种不断的持续的自我激励。学术工作本身是具有创造性的工作,它必须在一种心灵非常自由的状态下才能进行,也就是说,它的动力是来自于你自身的,你的困惑,你的惊异,这样你才可能不断地持续做下去。你完全指望外界的东西,一方面外面给你的压力本身就带有某种强制性、被迫的东西,你的心灵被捆绑了,你怎么可能做出很有创新的工作?而且外面提供的动力,它是不稳定的,今天有动力,明天可能就没有动力。学术工作本身就是一个长期的过程,不像歌手那样可以一曲成名,一夜走红,一辈子靠一首歌能吃很长时间,学术工作不是这样。在这样一个快速发展的年代,知识更新非常快的时代,过去是各领风骚数百年,现在也只能几年时间,数十年都做不到,必须不断持续地努力。所以我觉得内在的激励对一个学者、学生的成长来说,至少就我个人经历而言,我认为是至为关键的东西。

还有一个,就是追求崇高的东西,追求我们所谓的抱负、志向,我觉得也使我们的生活本身或者使我们人自身的生活更具有意义。也可能我们达不到我们所追求的高度,但我觉得始终有这样一种信念在里面,这个人生才会感到非常充实。如果真的把学术工作作为一种谋生的工具,当作饭碗,我可以断定,既不能很好地做好这些工作,这工作本身对你来讲也是很痛苦的工作,这样的情况我们在生活中接触的多了。其实有的时候一个人的学术成就,我觉得可能跟智力有关的东西不是很多,大部分和态度有关系,所以我觉得自我激励、追求崇高是很重要的事情。

(原载《河北师范大学学报》〔教育科学版〕2012年第11期)

第二编　西方大学史研究

西欧中世纪大学的特权

　　中世纪大学不仅是西欧中世纪最为珍贵的遗产之一,也是现代大学直接的历史渊源。中世纪大学的制度(如学位制度)和结构(如学院和系的结构),为现代大学的形成和发展,奠定了重要的历史基础。

　　特权(privileges),历来被认为是中世纪大学特有的、也是非常重要的现象。凡涉及中世纪大学的研究,都难以完全回避特权的问题。但据文献调查,无论是中文文献①还是英文文献②,均少有对中世纪大学特权的专门研究。

　　本文旨在以前人对西欧中世纪大学的研究为基础,借鉴相关学科的研究成果,探讨:(1)什么是中世纪大学的特权和特权的范围;(2)中世纪大学的特权是如何获得的;(3)特权在中世纪大学的变迁中发挥了何种作用。

---

　　①　据文献检索,从1960年至今的四十多年间,中文关于西欧中世纪大学的专门研究计8种(其中包括1篇译文)。它们是:施子愉:《略论欧洲中世纪大学兴起的社会背景》,《武汉大学人文科学学报》1960年第5—6期。朱锡强:《中世纪欧洲大学》,《徐州师范学院学报》1979年第2期。王养冲:《论十二、十三世纪法国各地学院与巴黎大学的兴起》,《华东师范大学学报》(哲社版)1981年第3期。许美德:《西方大学的形成及其社会根源》,俞理明译,《教育研究》1981年第12期。单中惠:《关于中世纪欧洲最早的大学的质疑》,《辽宁高等教育研究》1982年第3期。姜文闵:《欧洲中世纪大学的兴起及特点》,《河北大学学报》1982年第4期。潘后杰:《欧洲中世纪大学兴起的原因、特点及其意义》,《四川师范大学学报》(哲社版)1993年第3期。张斌贤:《欧洲中世纪大学的历史地位》,《教育史研究》1995年第2期。

　　②　根据对ProQuest学术研究期刊数据库和PQDD博硕士论文数据库的检索,未发现关于中世纪大学特权的专门研究论文。在Hastings Rashdall, *The Universities of Europe in the Middle Ages*(3 vols.),Oxford:Oxford University Press,1936;Gabriel Compayre, *Abelard and the Origin and Early History of Universities*, New York:Charles Scribrer's Sons,1910;Hilde de Ridder-Symones(eds.),*A History of the University in Europe*,Vol I:*Universities in the Middle Ages*,Cambridge:Cambridge University Press,1992;Gordon Leff,*Paris and Oxford Universities in the Thirteenth and Fourteenth Centuries:An Institutional and Intellectual History*,New York:Robert E. Krieger Publishing Company,1975等著作中,部分章节涉及到中世纪大学特权。

一

英文 privilege(特权),源于拉丁文 privilegium。在罗马法中,这个术语的含义是"对一个人或一个阶层的照顾性条件,对其负担或其他义务性规则的豁免"①。

把本属于某些特殊阶级的特权赋予学者、教师和大学,并不始于中世纪。早在罗马帝国时期,皇帝维斯帕先(Vespasian)就曾向在罗马和一些大市镇中教授自由七艺(seven liberal arts)的教师和医生授予免除皇家税、免服兵役和免除各种市民义务的特权。以后,这些特权进一步扩展到了君士坦丁堡大学。公元 321 年,罗马皇帝君士坦丁发布诏书,重新确认了以前授予的特权②。

中世纪大学之获得特权,始于 1158 年。这一年,腓特烈一世(Frederick Ⅰ)在巡视意大利时,接受了博洛尼亚大学部分师生的授予博洛尼亚大学师生的一个名为 Habita 的国家法令。在这一具有历史意义的文件中,这位德国皇帝不但肯定了知识的价值,而且对那些为了追求知识而被迫远离家乡的人表示钦佩,并愿意对他们施与保护,他授予到博洛尼亚学习的学生尤其是学习神学和宗教法的学生有在城市中居住和自由活动的权利以及其他特权。后来,这一法令适用于各地的学生和教师。

1170 年,亚历山大三世(Alexander Ⅲ),1198 年,教皇西里斯丁三世(Pope Celestine Ⅲ),1200 年,腓力二世(Philippe Ⅱ),1231 年,教皇格雷戈里九世(Gregory Ⅸ)等先后向大学授予特权。从此以后,大学便频繁地从皇帝、教皇获得种种特权。大学是伴着特权的争取与获得而不断发展壮大的。这些特权主要包括以下几方面的内容:

1. 内部自治权

内部自治权是中世纪大学享有的特权中最重要和最核心的特权。它允

---

① 彼德罗·彭凡得:《罗马法教科书》,黄风译,中国政法大学出版社,1992 年,第 12 页。

② Lynn Thorndike, *University Records and Life in the Middle Ages*, New York: Columbia University Press, 1944, p. 32. Gabriel Compayre, *Abelard and the Origin and Early History of Universities*, p. 74.

许大学管理自己的组织和成员,学生应遵守的是大学的法规而不是国家或地方的法规。大学有权逮捕违法者,将他们押送到学校设立的特别法庭,通过罚款或者监禁来进行惩戒。大学生在其他地方违法,也要交由大学来处理,外人不得干涉。这一特权有利于大学基本上独立于教会、国家及市政当局的管理之外。这一特权的有关规定,我们可以从腓特烈一世于公元1158年发布的授予博洛尼亚大学特权的文件中看出来。文件中规定:大学生可以自由通行不受阻碍,保证大学所在地的安全不受侵犯。侵犯大学,使大学蒙受损失的人必须课4倍的罚款赔偿给大学。大学教授有司法裁判权。凡外人与大学生诉讼时,均由大学审理。如果起诉者将学生拉到其他法官面前,即使有理也会因此而败诉①。公元1200年,法王腓力二世授予巴黎大学特权的文件中也有类似规定:凡巴黎市民一旦发现有人侵害学生时,应当立即报告,并有权将犯法者押送法庭;任何官员或法官不得以任何理由对学生动手,也不能把他们投入监牢;巴黎的学生不论犯了什么罪,法官也不能侵犯他们的动产;全体巴黎市民都要在学生面前发誓,保证履行上述规定②。

2. 罢课权和迁徙权

大学师生同城市当局或教会发生矛盾,或者教学、研究工作受到干涉时,可以举行罢课(cessatio)(相当于现在学术领域内的罢工),以示抗议,如得不到满意解决,可以自行迁校(migratio)。1231年,教皇格雷戈里九世授予巴黎大学这一权利,规定在房价提高而受到损失,或者丢失东西或身体受到令人难忍的伤害,或受到非法的逮捕时,大学可以立即中止讲课。③

罢课权和迁徙权是欧洲中世纪大学使用得最经常的权利之一。当城市当局提高地租和食物价格或者大学生遭到攻击、甚至是被市民杀害时,大学常常采取罢课罢教的手段以示抗议,而大学这一行动的结果常常是获得赔偿;如果问题没有得到满意解决,整所大学或大学的一部分就会迁到另一个城市去。例如公元1209年牛津大学的罢教事件,那时有个正在牛津大学文科学习的教士,由于偶然原因杀伤了一个妇女。当他发现那个妇女已

---

① E. P. 克伯雷选编:《外国教育史料》,华中师范大学出版社,1990年,第169—170页。

② E. P. 克伯雷选编:《外国教育史料》,第170—171页。

③ Lynn Thorndike, *University Records and Life in the Middle Ages*, p. 35.

经死了之后,便逃走了。城市的执法警和其他人到达现场后,发现妇女已死,便到凶手的住宅去抓人。同凶手住在一起的还有三个教士。执法警没有抓到凶手,却把另外三个教士抓住了。而这三个人对凶手几乎是毫无所知,但竟被投入监牢。几天以后,根据英王的命令,不顾教会的特许权,这三个人被驱逐出城外并处死。为表示抗议,近三千名教士、教师和学生离开牛津,整个大学未留一人。其中有些人到剑桥大学文科学习,有些人到瑞丁,而牛津城却空了①。

3. 颁发教学许可证的特权

在大学组织出现之前,颁发教学许可证(Licentia docendi)的制度就已经存在了。这种教学许可证是对在特定城市或主教辖区进行教学的一种许可。在巴黎,根据宗教法的规定,只有巴黎教会中负责教育事务的教务长(chancellor)才有权颁发教学许可证。随着大学的发展壮大,在教皇的帮助下,大学逐渐从教务长的手中夺得了这一权利。1219 年,教皇洪诺留三世(Honorius Ⅲ)规定,只要学生达到了标准,不管巴黎的教务长愿不愿意,大学都可以向学生颁发教学许可证。1252 年,大学从英诺森四世(Innocent Ⅳ)手中完全获得了此项权利。

原则上来说,一个人若获得了教学的资格,那么这种资格在整个由教皇统治的基督教世界中都应该是有效的,但实际上这种资格却受到了限制。因此,为了能使自己的成员顺利地到各地去传播和交流知识而不受阻碍,大学还需要获得颁发另外一种教学许可证的权利,即到各地教学的许可证(Licentia ubique docendi)。在 1292 年罗马教皇尼古拉四世(Nicholas Ⅳ)的训令中,正式授予巴黎大学此种权利,其中规定:巴黎城内任何学生通过学习,考试合格后,都可以获得在他们系科担任教学工作的许可证,并且在其他地方也享有教学权利而不用经过考试和检查②。后来,牛津、剑桥等其他大学也逐渐获得了此项权利。但是需要指出的是,由于巴黎和博洛尼亚大学在当时的特殊地位和声望,其他大学这项权利是在确保这两所大学颁发教学许可证的权利

---

① E. P. 克伯雷选编:《外国教育史料》,第 179 页。

② Hastings Rashdall, *The University of Europe in the Middle Ages*, pp. 401—402; E. P. 克伯雷:《外国教育史料》,第 181 页。

不受侵害的前提下才被授予的。这项权利为中世纪的人才流动提供了制度上的保证。

4. 免税、免役权

免税与免役的特权意味着大学师生可以豁免各种赋税和服兵役的义务。

中世纪的平民和农民承担着沉重的税收。税收名目繁多、五花八门，当时的税收主要包括以下几大类：一是运输税，如通行税、过境税、桥梁税、运货车税、河流税、渡头税；二是货物税（也称货物通行税），各种日用品、食物、饮料、原材料、制成品都在征税之列，共有几百种之多；三是葡萄酒税，包括按桶、按瓶、按容量所征收的税和酒店税，或旅馆售酒税；四是市场税和售货税，码头税、港口税和摊位税等皆属此类；五是度量衡使用税；六是关税①。在中世纪，税收完全来自平民和农民，贵族和教士是免税的，大学的师生们也逐渐享受了与贵族和教士相同的待遇。

1340 年，腓力六世（Philippe Ⅵ）授予巴黎大学此项特权，规定任何俗人，不论地位、声望如何，都不得对学生和教师进行打扰，或用其他方法进行敲诈勒索，不准以捐税、地方税、关税以及人头税或其他形式的苛捐杂税为借口进行勒索②。1386 年，在海德堡大学获得的特许状中，对这一特权作了更具体的规定。即学生和教师所携带的一切东西和生活所需要的一切物品都免除捐税、进口税、租税、监务税以及其他所有苛捐杂税，师生在购买粮食、酒类、肉、鱼、布匹以及为维持他们生活和地位所必需的一切东西时也免除上述税收③。

不仅是免税，大学也被免除了兵役。这一豁免不仅包括战争时期的兵役，也包括为了保卫城镇而参加民兵团的义务。法国国王的特许状中有这样的规定："除非危险即将来临，大学所有的成员都免除各种巡查和放哨的义务"④。同样的特权在意大利也有，但这些特权没有那么广泛，免服兵役权只被授予给了大学的高级成员。如 1264 年费拉拉（Ferrara）大学的一条章程具

---

① 金志霖：《英国行会史》，上海社会科学院出版社，1996 年，第 48 页。

② E. P. 克伯雷选编：《外国教育史料》，第 176 页。

③ E. P. 克伯雷选编：《外国教育史料》，第 175 页。

④ Gabriel Compayre, *Abelard and the Origin and Early History of Universities*, p. 86.

体说明这项特权只授予给法律、医学和文学的博士。但是,据说师生们有时候为了大学的荣誉会自愿履行兵役义务,如 1356 年,巴黎面临英国的高压时,大学决定在校长的指挥下拿起武器保卫城市①。

5. 其他特权和特权涉及的范围

以上所列举的是大学在当时所获得的一些主要的特权,除此之外,实际上一些大学还获得过其他一些相对来说不那么引人注目的权利。例如,1412 年建立的都灵(Turin)大学拥有这样的特权:城市里如果有演出,喜剧演员们要送 8 张免费入场券给学生的领导。同样,每一位酒贩子也要在主显节的盛宴上给大学供奉一些酒水和食物。当时的法律还保护大学生们的娱乐活动。在奥尔良,亨利四世(Henry Ⅳ)批准德国民族团的学生佩剑、匕首等武器。

值得注意的是,大学的特权不仅授予教师和学生,为大学服务的那些人也相应地享有这些特权。那些被称为 supposita 的低级随从、差役、抄写员、登记员、送信人以及教师和学生的家仆,甚至为学生提供书和纸的商人、羊皮纸制造者、图书管理员都可以享受那些特权②。我们可以从 1386 年授予海德堡大学的特许状中看到这些规定:"我们还希望……和巴黎大学一样,各种服务人员都享有教士学生享受的各种特权,因此在海德堡建校伊始,我们以更慷慨的态度通过这个文件,给所有服务人员,如事务员、图书馆员、低级职员、准备文凭的成员、抄写员、装饰书稿的人员和其他所有服务人员,无论个人或全体,不折不扣地享有教师学生现在和将来所获得的相同的特权、公民权、豁免权和自由。"③不过,情况并非一成不变,这些特权也有受到限制的时候:13、14 世纪图书管理员的人数并不多,因此所有的图书管理员都可以享受到大学的各种豁免权,后来,从事这一职业的人数增加了,享受特权的图书管理员人数便减少到了每所大学一到两名④。特权恩及的范围这样广,难免会有滥用的情况,当时许多不是学生的人也自称是学生,借机享有那些巨大的好处。

① Gabriel Compayre,*Abelard and the Origin and Early History of Universities*,p. 87.
② Hastings Rashdall,*The University of Europe in the Middle Ages*,pp. 420—425.
③ E. P. 克伯雷选编:《外国教育史料》,第 173—174 页。
④ Gabriel Compayre,*Abelard and the Origin and Early History of Universities*,p. 93.

二

在具体涉及大学特权的范围之前,首先有必要对特权的来源进行分析。从已有史料来看,中世纪大学所具有的特权主要有三个来源:(1)教皇的训令。(2)皇帝敕令。主要有1158年腓特烈一世颁布的敕令,1200年法国国王腓力二世颁布的有关授予巴黎大学特权的敕令等。(3)大学特许状。应当指出的是,这三种不同来源的特权,实际上是有较大不同的。教皇的训令与皇帝的敕令所涉及的特权,主要与大学师生的民事权利相关,而特许状主要涉及大学的学术事务。

关于中世纪大学特权的来源,国内以往的有关研究大多持"斗争说",即认为,大学所具有的种种特权主要来自大学与教会、国王和城市的斗争,是大学及其师生为维护自身权利而斗争的结果①。另一种主张则是"利用说"②,即认为国王或教会为了利用大学,而向大学授予种种特权;或者认为大学巧妙地利用了国王与教会之间的矛盾,而获得了特权。这两种观点对于解释大学特权的起源,诚然是有益的,但它们却不能真正全面地说明大学特权的来源,尤其不能具体地说明,在大学所获得的种种特权中,哪些是斗争的产物,哪些是利用的结果。

事实上,除了"斗争"和"利用"之外,大学特权还有第三种来源,即"自然"。古列维奇告诉我们:"中世纪某些事物的存在取决于它拥有的法律地位,……一个城镇要想得到认可,首要的事情就是争取授予特定的法律权利。一个行会、一所大学或任何其他合作团体,从获得它的特许权那一时刻起,才得以合法地存在。"③

从11世纪开始,欧洲社会逐渐在经济、政治和文化等各方面出现了复兴的生机。由于经济的复苏、自治城市的发展以及社会对较高水平人才需求的增长,学术活动也得以在繁荣的城市里活跃起来。著名的学者来到城市里讲

---

① 施子愉:《略论欧洲中世纪大学兴起的社会背景》,《武汉大学人文科学学报》1960年第5—6期。朱锡强:《中世纪欧洲大学》,《徐州师范学院学报》1979年第2期。

② 潘后杰:《欧洲中世纪大学兴起的原因、特点及其意义》,《四川师范大学学报》(哲社版)1993年第3期。张斌贤:《欧洲中世纪大学的历史地位》,《教育史研究》1995年第2期。

③ 古列维奇:《中世纪文化范畴》,庞玉洁等译,浙江人民出版社,1992年,第221页。

学,传授自己的思想,各国的学生也纷纷慕名而来求学。聚集在城市里的教师和学生多了,自然就需要一定的形式将他们组织起来。在当时的自治城市中,除了宗教组织之外,行会组织是市民阶级中最普遍的一种组织形式。行会(guild)①是中世纪城市中的商人和手工业者为了在物质上和精神上能互相帮助而结成的个人之间的自由联盟,这种联合,对内可以管理和监督自己的成员,对外可以保护组织的利益不受侵害。在中世纪,行会无疑是在强大的教会势力和封建势力控制下最能保持一定自主权的组织形式,学者们看到了这种组织形式的好处,也开始模仿商人行会和手工业行会,组成了属于他们自己的行会,称为"Universitas"②。学者行会也像其他行会一样,从教皇、国王和市政当局那里不断争取具有法人性质的特许状和其他特权,成为自治性组织。在意大利,博洛尼亚城从事法律研究的学生们组成了学生行会,而在巴黎,教师们结合在一起组成了教师行会。这两种不同的行会形式后来分别发展为中世纪大学两种不同类型的领导体制:一种是"学生大学",大学中的一切事务由学生来管理:如由学生聘任校长、主管校务,教授的选聘、学费的数额、学期的时限和授课的时段均由学生决定。另一种是"教师大学",由教师来掌管学校中的一切事务。12世纪初,意大利和法国出现了最早的几所"大学":意大利的萨勒诺大学(Salerno)、博洛尼亚大学(Bologna)和法国的巴黎大学(Paris)。以后的大学都是以这几所大学为样板建立起来的。虽然这几所大学是公认的最早诞生的大学,但是关于大学在中世纪欧洲大陆上出现的确切形式和确切时间,不同的人有不同的说法③。一种看法认为教会和政府颁发给大学特权的特许状承认它们为大学才是大学正式并且合法建立的标志。尽管大学不是哪一位教皇或君主有意建立起来的、不是在一夜之间就可以诞生的,但是这种说法也不无道理。事实上,只有从1158年腓特烈一世授予博洛尼亚大学特权开始,大学才真正成为中世纪社会中一种合法存在的组织。"在中世纪,许多事物的存在都取决于它拥有的法律地位,如果一个城镇想要得到认可,首要的事情就是争取授予特定的法律权利;一个行会、一所

---

① 又称为基尔特。有关中世纪行会的具体情况可以参阅金志霖:《英国行会史》。
② 原是罗马法中的一个词,意为组合、共同体、协会、行会,后来专指教师和学生的行会。
③ 有关说法可以参见单中惠《关于中世纪欧洲最早的大学的质疑》一文。

大学,只是从它获得特许权的那一刻起,才得以合法的存在。"①在接下来的几个世纪中,许许多多的大学正是通过这种形式在欧洲大陆上扎稳脚跟并且获得巨大发展的。

随着西罗马帝国的分崩离析,欧洲强大的中央政权不复存在,中世纪的西方再也没有一个中心具有至高无上的权威和权利,欧洲成为一个四分五裂、高度分权的文明之地。"在它的政治意识和理智意识的中心是基于教皇吉莱西的双剑说的二元论,即世俗的与宗教的、帝国的与教皇的,神圣罗马帝国与罗马主教管区,两者双方都声称是古代罗马皇帝的合法继承者。"②这种二元论把中世纪社会分成了泾渭分明的两种势力:一边是以教皇为主导的教会势力,包括大主教、主持和教区的牧师;另一边是以皇帝为核心的世俗势力,包括国王、贵族和庄园主。两种势力均有各自适用的法律形式——世俗法和教会法,相应地也有处理法律事务的法庭。因此,两种势力之间的财力和权力之间的矛盾与斗争是不可避免的。尤其是从 11 世纪开始,各世俗国家正随着商业的复苏和城市的兴起逐步形成并且力量强大,而此时教会也不肯放松甚至要加强对西方世界的统治,教权与皇权在中世纪社会的政治舞台上展开了激烈的、此消彼长的斗争。中世纪后期独特的政治形势为大学的产生与发展提供了有利的外部条件。

宗教势力和世俗势力都希望获得各种支持来战胜对手、加强自己的力量,他们既需要物质上的支持,也需要智力和知识上的支持。当大学作为一种传播知识的学术机构在城市中出现的时候,他们也看到了大学的独特作用。腓特烈一世在 1155 年颁布的有关学习自由的法律中提到,正是通过知识,世界才得以启蒙,生命才会服从于上帝③。这一陈述精确地表明了最高世俗权威的观点:学术既能丰富知识,也能保持社会秩序的稳定。

宗教权威也有同样的认识,1255 年,教皇亚历山大四世(Alexander Ⅳ)在发布的通谕《好像树木的生命》(Quasi Lignum Vitae)中也声称:"巴黎各学校的科学在教会中,好像生命树在地上乐园那样,是灵魂之殿堂中一盏光芒四

---

① 李秋零、田薇:《神光沐浴下的文化再生》,华夏出版社,2000 年,第 402 页。

② 伯顿·克拉克编:《高等教育新论》,王承绪等译,浙江教育出版社,1988 年,第 26 页。

③ Hilde de Ridder-Symones, *A History of the University in Europe*, Vol. Ⅰ: *Universities in the Middle Ages*, p. 14.

射的明灯……正是在巴黎，因原罪而残废、因无知而盲瞎的人类，才通过神圣科学发出的真正光明的知识，恢复了自己的视力和美貌。"①教皇对大学情有独钟，因为大学能为他们传播教义，能使他们的教义在诸多宗教团体中巩固地位，同时在与不断扩大的异端邪说的斗争中取胜。这样不但加强了罗马教皇的中心权利，也能防止世俗权利和地方封建势力的扩大。另外，他们也希望能从大学中招收到一些受过良好教育的新成员作为接班人。教皇西里斯丁二世（Celestine Ⅱ）和西里斯丁三世（Celestine Ⅲ）以及亚历山大三世（Alexander Ⅲ）都曾是阿贝拉得（Abelard）的学生。从 13 世纪以来，很多教皇都曾经在大学中学习过，因此，教皇与大学有着密切的关系，弄清楚这一点能帮助我们理解为什么当大学与其他各方面发生矛盾时教皇总能站在大学一边。

中世纪的欧洲社会，除了教权与皇权的斗争之外，从 11 世纪往后，城市的自治运动也风起云涌。城市作为手工业和商业中心，居民们必须创造适合手工业和商业发展的环境，但封建领主的剥削和压迫阻碍了城市的发展。居民们要求封建主保障人身自由、保障城市和平、减免封建负担、维护市场的安全等等。这些要求与封建主的利益相抵触，不能轻易获得。城市反对领主的斗争随着市民阶级的兴起和壮大日益激烈，斗争的形式也各种各样。有时是以暴力方式来反抗封建势力要求自由，有时是以和平方式即向封建主缴纳一笔巨款，从而换取一份特权证书，得到一定的自由和自治的权利。特权证书的内容大多是保障人身自由和贸易自由，批准城市自治，减免赋税和劳役，授予一些司法审判的权利等等②。大学获取特权的运动与城市的自治运动有着不可分割的联系，从某种程度上来说可以看作"城市公社自治运动产生的连锁反应之一"③。

大学刚刚在自治城市中出现时，并没有引起市政官员们多大的注意。为了求知，师生们到处活动，从一个国家到另一个国家，从一座城市到另一座城市。当师生们的数量越来越大时，城市开始为这种难以控制的国际人口大伤脑筋，所以在大学诞生的早期阶段，对大学基本上持一种排斥的态度。但是

---

①　转引自克里斯托弗·道森：《宗教与西方文化的兴起》，长川某译，四川人民出版社，1989 年，第 226—227 页。

②　汤普逊：《中世纪经济社会史》（下册），耿淡如译，商务印书馆，1984 年。

③　张泽乾：《法国文明史》，武汉大学出版社，1997 年，第 204 页。

后来,随着经济的发展,城市对有基本的数学能力和读写能力的公证人和抄写员的需求越来越大,跨地区的交易需要人们接受更高级的教育,所有这些需求都可以从大学中得到满足。从13世纪后期起,大型商业城市从大学那儿获得了巨大的好处,大学不仅为城市培养了不少文职人员,也提供了能解决法律纠纷的律师。因此,官员们很快意识到这种好处,希望市民们都将子女送到当地的大学中去接受教育。不但积极寻求与大学的合作,更企图控制大学以便获得更大的利益:一方面,城市想方设法阻止大学教师带着自己的学生迁移到其他城市去,另一方面,对其他城市的大学发出诚挚的邀请,以各种优惠条件吸引大学师生到自己城市里来。

但是,城市里的居民与大学师生的关系却并不和谐。当地居民与大学师生之间不但在文化上存在差距摩擦,在经济、社会甚至政治、商业矛盾重重。英语中的一个特定词组 Town and Gown(城镇与学袍)反映的就是城市中的居民与大学之间的矛盾。来自外国的大学生讲的是拉丁文,在跟城市居民打交道时难免产生交流上的困难,大学生又年轻气盛,经常在城市居民开设的酒馆中喝酒闹事,居民们本来就对这么多外国人不但不用负担经济上的义务反而使自己的负担变得更重感到不满,因此也经常伺机刁难大学的成员。例如,权威们规定城市中的居民不能在房租、食宿方面剥削大学师生,于是城镇的居民便抬高了市场上食物、燃料和蜡烛的价格。尽管遭到诸多妒忌和抱怨,但大学能自始至终坚持自己的特权地位,每一次与城市的冲突不但没能打击大学,反而导致大学特权的不断扩大。

总的来说,中世纪后期欧洲的社会环境是有利于大学的发展的。但是大学获得特权、争取自由的道路却并非一帆风顺[1]。

罗马帝国虽然衰落下去,但它的法律传统却在中世纪传袭了下来。在中世纪里,许多事物的存在也取决于它拥有的法律地位。因此,为了在复杂的社会环境中生存下来,中世纪的人们都在努力争取授予特定的法律权利,争取从各种权威那儿获得各种"照顾性的条件"。教士们享有特权、封建贵族们享有特权、自治城市及其中的社会团体也孜孜不倦地争取特权。各个阶层各种社会机构只有获得一定的特权才可能在中世纪社会立足。大学作为中世

---

[1]　Gabriel Compayre, *Abelard and the Origin and Early History of Universities*, p.74.

纪的新生事物,许多社会力量都对他们保持警惕,企图控制它们,大学也不得不为了自身的自由与独立而与各种社会势力展开激烈的斗争。

首先是与教会势力的斗争。大学兴起之前,欧洲的教育事务处在教会势力的控制之下。当大学这种独立的教育机构出现时,教会自然不愿意放松它对教育的控制,企图对大学的教学和管理等各方面都进行干涉。大学当然不甘于教会的控制,为了争取独立自主,摆脱教会的干涉,大学与教会之间展开了一系列斗争。大学的一些特权就是在这一过程中获得的。例如审核教师资格、颁发教学许可证的权利。起初巴黎大学审核教师资格、发放教师教学许可证的权利操纵在巴黎教会中负责教育事务的教务长手中,一个人要取得教师资格,必须得到教务长发给的教师执照。而巴黎教会的教务长常常利用这种职权来干涉学校事务,压制学校师生。有时对不合格的教师滥发执照,有时对合格的教师拒发执照。13 世纪 80 年代大学与教务长之间的冲突就是因为教务长 Philip de Thri 在没有征得教师们同意的情况下,把教学许可证颁发给了阿拉贡(Aragon,西班牙东北部地方)国王的兄弟,而他有时又专横地拒绝大学中申请教学许可证的学士,更有甚者,他还不遵守教皇法令中对主考官的规定,委任不具备主考资格的教师担任助手施行考试①。大学教师们对教务长的做法非常不满,坚持认为教务长只享有教师任命权而无教师资格审核权,教师资格审核应该是大学教师自己的事。大学师生为了摆脱巴黎教会教务长的控制,在 12、13 世纪时与其进行了长期的、顽强的斗争。

其次是与世俗势力的斗争。世俗国王为了使大学能为他们的王国带来更多的财富和名声,同时使大学成为对大小官吏进行教育的场所,试图取得对大学的控制。腓特烈一世赐予博洛尼亚大学的教师和学生特权,除了拉拢大学的目的之外,实际是想取得大学的最高统治权。地方当局强制教师们在一个城市终身居留,让他们之中一些人当上公职人员,并且干预他们职称的授予。而在地方上的市民与大学师生发生争端和纠纷的时候,当地的法庭当然是袒护本地市民。世俗势力的一系列干涉和与大学的冲突触发了大学争取自主权的斗争。斗争的结果使得各大学相继获得了独立自主。例如,1229年,在举行圣灰礼仪的星期三后几天,巴黎大学的学生因为住房问题与房东

---

① Hastings Rashdall, *The University of Europe in the middle Ages*, p. 398.

老板产生了摩擦,交手中学生受了伤。次日,学生对老板进行报复。巴黎主教提出起诉。当时的国王下令追查,抓捕学生,引起不满。在这场斗争中,许多学生被国王的卫队杀死,巴黎大学的大部分人员参加罢课,并离开巴黎去奥尔良等地。罢课两年以后,到 1231 年,教皇格雷戈里九世(Gregory Ⅸ)出面调停,发布谕旨,同意颁布新的章程,使巴黎大学最终从主教的控制中解脱出来,并拥有了一些重要的权利。国王圣路易也确认了巴黎大学的法人资格,使巴黎大学完全摆脱了被监护的地位,作为一个独立的团体正式成立。

再次,欧洲中世纪大学巧妙地利用了教会与世俗政权之间的矛盾冲突来扩大自己的特权。在这个时期里,各派政治力量,特别是教会和世俗政权,都在尽量扩大自己的权利而削弱对方的势力。因此,他们都争相赋予幼年时期的大学以种种特权,以拉拢当时的这种最高智力机构,使之能站在自己一边,帮助巩固自己的统治。如巴黎大学建校初期,适逢教皇与国王之间产生矛盾,它机智地避免了卷入漩涡,而且借此机会取得了种种特权。当巴黎市民干扰巴黎大学时,它求助于法王路易七世(Louis Ⅶ)以躲开锋芒,并于公元 1180 年得到路易七世的认可。当法王腓力二世对大学施加压力时,该校又求援于教皇而取得教会的支持,并于 1198 年由教皇西里斯丁三世(Celestine Ⅲ)赐给巴黎大学许多特权。当时,巴黎大学校长的权力很大,除了对内进行最高监督外,对外与后来的最高法院、宗教裁判所和巴黎市政会议打交道,帮助处理他们之间的矛盾冲突。例如法王腓力二世和英王亨利八世的离婚都是由大学做出决定的。在"铅锤党人"起义时,艾金纳·马赛尔、巴黎人和宫廷间发生了争论,巴黎大学应邀做过居间调停工作。在这种情况下,巴黎大学在很长时期内与教皇和国王都有着特殊的关系,它不但是"法兰西国王的大公主",也是"教会的第一所学校",并在神学事务中扮演国际仲裁人的角色[1]。正是凭借这种地位大学获得了许多其他社会团体无法获得的特权。

欧洲中世纪大学为什么会在争取特权的斗争中获胜呢?大学自身的生存和发展需要使师生们在斗争中异常坚定和团结是原因之一。在中世纪,一个人住在外国是要自己承担风险的,而他又没有对其冒险进入的国家提出任何要求的权利,所以他最能保障自己安全的机会,便是与在该国的同胞联合

---

① 雅克·勒戈夫:《中世纪的知识分子》,张弘译,商务印书馆,1996 年,第 129—130 页。

起来。大学的师生们经常来往于各大学之间讲课和求学,对于大学所在的城市而言,他们大都是外国人。因此他们不但希望人身安全得到有效保障,而且需要自己所在的组织更多的保护,使教和学不受干扰和侵袭。因此,师生们联合起来争取相应的特权是十分必要的。

原因之二在于当时欧洲中世纪大学所拥有的一些特权同时也是它们争取更多特权的强大武器。例如罢课、罢教和迁徙权。因为早期的大学一般没有固定的资产,校舍大都是租来的,也没有图书馆或者实验室,对他们来说迁移是一件很容易的事,所以大学经常因为一些表面上看来微不足道的理由用罢课和迁徙这一武器来威胁城市当局和教会。

原因之三是教皇在背后的支持。早期的大学只是学习行会进行自我保护的组织,但是随着斗争的日益剧烈,困难的日益增长,这种自我保护的力量实在是太弱小了,因此它开始不断地从罗马教廷的教皇那里寻求庇护。而教皇是乐意庇护大学的,因为教皇想要大学的师生们臣服于教廷,利用大学为基督教世界服务,将基督教教义广为传播并且发扬光大。

而真正重要和本质的原因是大学的存在给教会和城市带来的好处。大学对于城市而言,是重要的消费单位。起初,大学师生的罢课和搬离城市并没有引起城市当局的重视,可是几年过后,城市当局发现把大学赶走不仅使他们的城市丧失了科学中心的声誉,而且也失去了由大学团体的活动而带来的一笔数目可观的收入。同时,大学还是为城市和教会培训顾问和官员的教育场所。因此,城市当局为了自身利益,一般都会对大学的要求做出让步,授予大学一些特权以留住大学,甚至提出优越的条件以吸引别的大学迁徙到本城来。例如1229年巴黎大学暴动事件发生以后,英格兰为了招徕一些有名的大师和学生,国王亨利三世(Henry Ⅲ)发出了邀请:如果巴黎大学的师生们愿意转移到英国来,不但可以任他们挑选城市和住所,而且尽量满足他们的其他要求①。1228年,一伙教师和学生对在巴都亚所受待遇不满,迁移到意大利另一城市维切利。在那里创建大学时,他们同城市订立了一个很详细的合同:城市要以低于普通利率的优惠借钱给学生,市场要充分供应他们的食品而不加价,大学教师的薪金要由城市负担,城市要为大学配备抄写员,学

---

① Lynn Thorndike, *University Records and Life in the Middle Ages*, p. 32.

者及其代理人在城市所管辖的区域内不交纳贡物……①由此可见城市对大学的重视程度。因此大学采取的罢课和迁徙举动每每奏效也就不足为奇了。

三

从 15 世纪后期开始,西欧各国政体逐渐趋向专制化,王权日益得到加强。在这种情况下,大学原有的特权逐步消失或失去了原来的意义。

在法国,随着国王政治力量的加强,曾经在中世纪的政治舞台上发挥了独特作用的大学,现在开始一步一步地沦为"国王的掌中之物"②。巴黎大学的骄傲自大、目中无人、对政治事务的指手画脚令国王再也无法忍受了,1467年,路易十一世(Louis XI)借口一些大学成员在战争中与敌人勾结,下令禁止大学干涉政治事务,甚至在有关信件中也不许他们探讨政治问题,并命令恢复皇家官员监督校长选举的法规③。而大学曾经拥有的斗争精神也开始消失得无影无踪。一方面,大学在财政上越来越多地依附于国王和议会;另一方面,由于大学内部在琐碎事情上的分歧越来越大,例如校长选举过程中的争吵,大学在这种事务的处理上开始越来越频繁地求助于国王和议会,大学曾经激烈地反抗外界的干涉现在却积极主动地寻求④。大学从国王桀骜的"大公主"变成了温顺的"小女儿"。

大学拥有的那些特权曾经是自卫的最好武器,现在也似乎变得难以使用,变得与时代的发展不协调了。财产的增长和固定设施的完善使大学逐渐失去了迁移的可能性。过去国王慷慨授予的特权,现在国王也能轻而易举地将它们收回去。"1437 年,国王查理七世(Charles VII)撤销了巴黎大学的税务特权;1445 年,巴黎大学的法律特权也被撤销,大学被置于议会的管辖之下。"⑤路易十二世(Louis XII)在位时,古老的特权受到了最后的打击,被称为"大学之盾"的罢课权也停止了。1449 年,国王颁布了限制特权使用范围和防止特权滥用的诏书。大学想采用罢课的手段来表示反抗。虽然整个巴黎

---

① E. P. 克伯雷选编:《外国教育史料》,第 177 页。
② 雅克·勒戈夫:《中世纪的知识分子》,第 132 页。
③ Hastings Rashdall, *The Universities of Europe in the Middle Ages*, p. 429.
④ Hastings Rashdall, *The Universities of Europe in the Middle Ages*, p. 430.
⑤ 雅克·勒戈夫:《中世纪的知识分子》,第 132 页。

都贴出了煽动罢课的海报,宣布要开始新的罢课,但国王带着全副武装的军队在巴黎走了一圈,大学就屈服了,最后一次罢课就这样不了了之①。从此以后,大学就再也没有采取过罢课的手段。这意味着巴黎大学失去了它的罢课权。到了 16 世纪,政府到处致力于废除欧洲大陆上中世纪体制中遗留下来的地方性豁免权和阶级特权,大学的种种特权也随着这种清扫运动永远地消失了。虽然大学失去了自由的形式,但大学自由的精神却并没有随着特权的衰落而永久地丧失,特权对大学发展所做出的贡献是巨大的。

从最早的居住权、豁免权到免役免税权再到罢课罢教、迁徙权、司法审判权,教会和世俗政权授予大学这一系列特权,原本是为了更好地控制大学,使大学成为教会或国家的一个从属机构。但相反的是,这些权利的获得,逐渐使大学摆脱了教会势力和世俗势力的控制,自身不断地完善和发展,成为一种巨大的社会力量,在以后几百年的历史过程中发挥了独特的价值。

一方面,特权的获得促进了大学的产生和发展。对于国王,大学利用教会赐给的特权来保护自身的利益,对于教会,大学又利用国王批准的特权,使大学处于相对独立的地位,这样保证了大学能够在斗争激烈的时代生存下来并且发展壮大。罢课、罢教和迁徙权的使用,不但保护了大学的利益,使大学获得了进一步的特权,更重要的影响是造成了大学的普遍兴起。例如,牛津大学和巴黎大学的迁移形成了剑桥大学;博洛尼亚大学师生的脱离使意大利一时在摩德纳雷齐奥—艾米利亚、维琴罕、阿雷佐、维切利、锡耶纳和特雷维索都出现了大学。在 14 世纪,欧洲还只有 25 所大学,到了 16 世纪,大学达到了 75—80 所。

另一方面,促进了知识的传播与交流。大学的内部自治权为当时的大学免除了来自政治的、宗教的和世俗的种种外来干涉,使教学工作得以正常进行,知识的保存和传播能够持续不断。学者们的游学安全得到保障使中世纪大学具有真正的国际性和超国界的精神:知识和人才的流动得以畅通无阻,学术交流日益广泛。教师资格审核和颁发教学许可证的权利的获得,意味着是大学而不是教会证明一个人是否有资格教学,打破了教会对教学资格的垄断,有利于大学的学者从宗教和神学的世界中解放出来,以世俗权威统治教

---

① Gabriel Compayre, *Abelard and the Origin and Early History of Universities*, p. 90. Hastings Rashdall, *The Universities of Europe in the Middle Ages*, pp. 430—432.

学,为以后自然科学的兴起准备了必不可少的条件,而且在相当程度上为欧洲的宗教改革和文艺复兴起动作了准备。

最为深远的一点影响是为近代欧洲大学中学术自由思想的兴起奠定了基础。虽然现在普遍承认学术自由观产生于 19 世纪初期德国的柏林大学,但是如果没有欧洲中世纪大学拥有的这些特权作为基础,学术自由的思想是不会凭空产生的。尽管大学在中世纪获得的特权主要集中在行政管理方面而不是在思想和信仰方面,但至少为科学探索和学术繁荣创造了某些有利的客观条件,为当时专门知识阶层提供了活动的场所,使后来欧洲的学术自由观有实践的可能。

后来欧洲中世纪大学特权的丧失和逐渐国家化也许是必然的结果。但是,这些存在过并且发挥过巨大作用的特权对大学发展历程造成的影响却是根深蒂固、永远不会磨灭的。当时的自治权对于今天我们处理大学与政府之间的关系问题依然有不少值得借鉴的地方。

（本文与孙益合作完成,原载《北京师范大学学报》〔人文社会科学版〕2004 年第 5 期）

柏林大学建校史:1794—1810 年

1810 年 10 月 6 日,随着第一批 6 名大学生到校登记注册,柏林大学开始了其辉煌的历史。

在创办之初,柏林大学就显示出其独一无二的特性。首先,她诞生于德意志民族生死存亡之际,承载着国家和民族复兴的全部希望。几乎没有哪一所大学在其尚在孕育时期就被赋予了如此重大和崇高的历史使命。其次,从其建校过程中可以看到,与我们过去的认识不同的是,柏林大学的办学理念和原则并不只是洪堡、施莱尔马赫等少数几位学者或官员的主张,而是经历了一个较长时间的形成过程。在这个过程中,国王、官员和学者们等都从不同的立场和角度发挥了自己的影响。而柏林大学正是这种"思想综合体"的产物。很少有一所大学是在这样一个特殊时期、经历了这样一个特殊的过程而创建的。从这个意义上可以说,欧洲许多古老的大学是自然演化的结果,而柏林大学则完全是"人造"的产物。更为重要的是,由于其创办者所怀抱的超越时代的思想理念,柏林大学被赋予了全新的本质、功能和形式,并由此开启了大学历史发展的新纪元。本质上,柏林大学的独特性就在于,她的建立不仅意味着德国新增了一所大学,不仅意味着欧洲新增了一种大学类型,而且意味着大学进入了一个全新的历史时期,由此掀开了世界现代大学教育发展的新篇章。柏林大学不仅是德国的和欧洲的,更是全世界的。

2010 年 10 月,是柏林大学创办 200 周年。为纪念这个具有重大历史意义的事件,进一步深入探索柏林大学对世界高等教育发展的历史贡献,本文力求在较为丰富的第一手史料的基础上,对国内学界以往关注不多的柏林大学纷繁曲折的建立过程进行考察,以期促进对这所伟大大学的诞生过程及其历史意涵的理解。

一

与法国、意大利和英国相比,德意志的大学出现较晚。直到 14 世纪后期,才出现了第一批德意志大学,其中布拉格大学建立于 1348 年,维也纳大学建立于 1365 年。由于文艺复兴、宗教改革和世俗政府力量的壮大,德意志大学不断发展,陆续出现了海德堡大学(1385 年)、科隆大学(1388 年)、莱比锡大学(1409 年)、弗赖堡大学(1460 年)、巴塞尔大学(1460 年)、耶拿大学(1556 年)、哈勒大学(1694 年)、哥廷根大学(1737 年)等[1]。到 1789 年,德国共有 34 所大学,约占全欧洲大学总数(143 所)的 24%[2]。

但从 18 世纪后期开始,由于紧张的政治局势、频繁的军事争端与激烈的社会变革,包括德国在内的欧洲大学发展受到严重阻碍。以普鲁士大学为例,从西至东都出现了学生人数下降、大学经费紧张的现象[3]。为数众多的德国大学(其中一些早已破败不堪)最后大约都在 18 世纪末、19 世纪初的法国大革命风暴中停办了[4]。从 1789—1815 年,全欧洲 143 所大学仅剩 83 所,德国 34 所大学中消失了 18 所[5]。

在大学发展处于危机四伏的时期,普鲁士王国内部(特别是学术界)却一直在酝酿在首都柏林兴办一所新的大学。以文字形式出现的第一篇公开主张在首都建立大学的文献是刊登在 1794 年《柏林月刊》(*Berliner Monatsschrift*)[6]的

---

① 包尔生:《德国大学与大学学习》,张弛等译,人民教育出版社,2009 年,第 1 卷。

② Walter Rüegg(ed.),*The History of Universities in Europe*,Vol. 3,Cambridge:Cambridge University Press 2004,Introduction.

③ 如 1805 年时,位于普鲁士王国西部领土的杜伊斯堡大学仅有 12 位教师和 21 名学生,年收入仅 6130 塔勒。详见 Rudolf Köpke,*Die Gründung der Friedrich-Wilhelms-Universität zu Berlin*,Buchdruckerei von Gustav Shade,1860,p.16。

④ 包尔生:《德国大学与大学学习》,第 52 页。

⑤ Walter Rüegg(ed.),*The History of Universities in Europe*,Vol. 3,Introduction.

⑥ 也就是在同一年(1794 年),康德的《回答一个问题:何谓启蒙》("Beantwortung der Frage:Was ist Aufklärung?")发表在这份月刊上。

一篇文章①。这篇文章主要透露了两个重要的信息:第一,在柏林建立大学的想法已日益成为启蒙思想学者思索和私下讨论的热点问题并渐渐进入开明政客的视野;第二,这一构想却长期为当时的王室与政府所反对与漠视。

在当时的学者们看来,在柏林建立一个高等教育机构是很自然的。这是因为,欧洲各国在首都建立大学已有传统②。此外柏林具有建立一所优秀大学的良好基础,一方面,大学可以利用1700年柏林科学院成立前后不断建立的众多学术机构,继而统一整合各种科研机构③;另一方面,柏林在18世纪末已因其浓厚的文化氛围而倍受称赞:"各个领域的科学研究与艺术活动都能在柏林找到",而"到1800年时,柏林城内已经生活着超过1200名知识分子"④,众多科学家、医生、律师、艺术家的存在使得柏林充满了丰富多彩的学术活动。一所大学的建立能够更好地满足知识分子们学习与工作的需求。

而普鲁士王室与政府对于在首都建立大学的构想则持漠视与反对的态度。这种态度的根源来自于上层对政治形势的判断以及当时已经明显出现的国家财政困难。长期以来,普鲁士当局虽然对启蒙思想持开放态度,启蒙思想在各种报刊、大小读书会、各色沙龙逐渐传播,但弗里德里希·威廉二世国王却始终对新思想与相应的改革持警惕态度,担心过度的思想自由会导致国家根基的崩溃。因此,尽管在他执政期间普鲁士也通过颁布《普鲁士国家通用法》等举措施行一系列教育改革⑤,但却同时实行严厉的书报审查制度,

---

① 见 Rüdiger Vom Bruch, *Formen ausserstaatlicher Wissenschaftsförderung im 19. und 20. Jahrhundert : Deutschland im europäischen Vergleich. Formen ausserstaatlicher Wissenschaftsförderung im neunzehnten und 20. Jahrhundert*, Stuttgart : Steiner, 1990, p. 259。

② 如巴黎大学(13世纪初)、布拉格大学(1348年)、维也纳大学(1365年)、哥本哈根大学(1475年)等。

③ 当时柏林已经拥有一批成熟的科研机构,如柏林科学院、艺术院、皇家图书馆、植物园、天文观象台、钱币收藏所、兽医学校、皇家画廊等。

④ Helmut Klein(Hg.), *Humboldt-Universität zu Berlin: Überblick 1810—1985*, VEB Deutscher Verlag der Wissenschaften Berlin, 1985, p. 11.

⑤ 1794年,颁布《普鲁士邦法》,该法典就大学与国家的关系作出了明确的规定,为日后柏林大学的筹划与其中国家的支持奠定了重要的法律基础。详见周丽华:《德国大学与国家的关系》,北京师范大学出版社,2008年,第76页。此外,18世纪末,官员选拔制度发生了重要变革,引入了考试制度,普鲁士的这部法典确定了考试选拔人才的制度,大学学历成为晋升高级职位与应聘科学职位的必要前提,而等级制原则受到削弱,直接使得社会流动性进一步加大,促使了一部分非容克贵族出身的官僚步入政坛,如拜默、洪堡等。可参见徐健:《近代普鲁士官僚制度研究》,北京大学出版社,2005年,第40页,第110页。

极力限制言论自由①。另一个更为实际的原因则在于当时普鲁士已经出现的财政困难。由于多年的穷兵黩武,到 1797 年 11 月 16 日驾崩时,弗里德里希·威廉二世给继任者留下了一个近乎破产的国家。

弗里德里希·威廉三世继任后,普鲁士的教育改革被提到了政府的议事日程。从 1797 年开始,当时的普鲁士内政部部长、主管教育工作的马索夫(Julius von Massow,1750—1816 年)②"面对巨大的财政困难",积极推进教育改革。但是,他的工作重点是建立专门学校(Spazialschule)和中小学教育的改革上③。在高等教育方面,由于深受法国模式的影响,马索夫认为,建立专门学校是高等教育改革的最佳方向,只有专门学校才能满足国家的现实需求,因此,他在 1800 年明确指出:"大学应该被专门(高等)学校与科学院所取代。"④

尽管如此,弗里德里希·威廉三世的即位还是成为普鲁士大学发展的新契机。一方面,在 1806 年普鲁士战败前,他就已经比几位前任国王更加重视教育改革,在促进大学与科学院发展的问题上给予了更多的重视。更为重要的是,弗里德里希·威廉三世"重新开启了普鲁士的宗教与学术自由"⑤,学者开始敢于公开谈论新思想并就改革问题在公共场合与私人信件中阐发自己的意见。1798 年后,各界人士对大学事务的关注日益增加,在数量繁多的书信往来中,都可以看见政客和学者们开始"以历史的、批判的"角度思考和审视大学问题,其中当然也包括在柏林兴建一个新的高等教育机构的设想。

---

① 1788 年 12 月 18 日弗里德里希·威廉二世制定了一套严厉的出版物审查制度,以压制言论自由。此外,在其任内,最著名的限制学术言论自由的例子当属他对康德言论的屡次限制与压制,并最终使康德被迫"在威廉二世陛下有生之年,放弃一切有关宗教题目的公开学术活动"。

② 尤里乌斯·冯·马索夫在威廉三世即位后直至 1807 年任司法部长,之所以由他来掌管当时的教育事务与改革是因为当时主管教育的部门宗教司尚隶属于司法部。

③ 关于马索夫对于教育改革的观点,可详见:Rudolf Köpke, *Die Gründung der Friedrich-Wilhelms-Universität zu Berlin*, p.23;Max Lenz,*Vierter Band:Urkunden*, p.36;Rüdiger Vom Bruch,*Formen ausserstaatlicher Wissenschaftsförderung im 19. und 20. Jahrhundert:Deutschland im europäischen Vergleich. Formen ausserstaatlicher Wissenschaftsförderung im neunzehnten und 20. Jahrhundert*, Stuttgart : Steiner, 1990, p. 259;Willi Göber(Hg.), *Forschen und Wirken:Festschrift zur 150-Jahr-Feier der Humboldt-Universität zu Berlin 1810—1960*, VEB Deutscher Verlag der Wissenschaften Berlin, 1960, p.2。

④ 陈洪捷:《德国古典大学观及其对中国的影响》,北京大学出版社,2002 年,第 22 页。

⑤ Rudolf Köpke,*Die Gründung der Friedrich-Wilhelms-Universität zu Berlin*,p.12.

1804 年,已近人生尽头的席勒怀着思想与创作的冲动来到柏林,在感受了柏林的气氛后,他于 7 月 14 日在魏玛家中写下对柏林状况的思考:"人们致力于学术,渴望建立大学,在柏林应该会发生些什么。"1806 年,费希特(1762—1814 年)的《关于爱尔兰根大学内部组织的一些想法》得到了时任柏林首席财政顾问的阿尔滕施泰因(Karl Sigmund Franz Freiherr vom Stein zum Altenstein,1770—1840 年)的高度重视与赞同。在文中,费希特"把对自由的科学反思的要求提高到大学课程的一切专业之上"①,他认为,新的大学生应该学会思维而非拥有大量知识。费希特的思想唤醒了一种根植于德意志哲学的教育理念,它延续了康德《系科之争》中对哲学与实用知识关系的思考,拓展了政府高层的决策视野。在这之后,摆脱法国模式、"建立一个不是旨在进行职业教育,而是旨在扩大和介绍科学知识的大学"②成为一种较为广泛的共识。

伴随着政权更迭与新政改革的进行,一批非贵族出身的开明政客也逐渐登上普鲁士的政治舞台,在越发开放的气氛中与学者们共同思考国家的未来,思索教育事业、高等教育机构的改革方向。这其中就有非贵族出身的拜默(K. F. Beyme,1765—1838 年)③。在 1807 年接替马索夫负责普鲁士大学改革之前,拜默就已经开始关注在柏林建立高等研究机构这一设想,并与学者们就建校方案等问题进行交流。1802 年 3 月 13 日,哲学家英格尔(J. J. Engel,1741—1802 年)④致信拜默,系统阐述了在柏林建设一个与传统大学完全不同的、与科学院相联系的高等教育机构的计划。英格尔的思想对拜默产生了重要影响,成为拜默筹划高等教育机构建立的直接动因。1807 年上任后,拜默在给沃尔夫等人的信中反复强调了英格尔对柏林大学建设计划的重要

---

① 威廉·格·雅柯布斯:《费希特》,李秋零、田薇译,中国社会科学出版社,1989 年,第 162 页。

② 威廉·格·雅柯布斯:《费希特》,第 162 页。

③ 卡尔·弗里德里希·冯·拜默(Karl Friedrich von Beyme)出身资产阶层(市民阶层),自威廉三世登基后任普鲁士内阁枢密大臣,与皇帝交情甚深。1804 年拜默的劝谏使国王加强了政府高层中改革派的势力。1806 年他调任外交部长并在此期间主管教育工作,1808 年在与施泰因的政治冲突结束后,拜默任司法部长直至 1810 年,后与洪堡几乎同时在哈登贝格上任的情况下被迫去职,是柏林大学建设初期的筹划者。

④ 约翰·雅克布·英格尔(Johann Jakob Engel)先后担任威廉·冯·洪堡与普鲁士国王威廉三世的家庭私人教师(主要教授哲学与形式逻辑),是当时著名的启蒙学者。他是提出在柏林建设一所与科学院相联系的新式大学的第一人。

意义。施莱尔马赫(1768—1834 年)也认为,英格尔是第一位详细提出柏林大学建设计划的思想者。

然而,在拿破仑军队入侵前,普鲁士王室与政府对在柏林建立新的大学依然没有多大的兴趣。主要原因有两个方面。首先,普鲁士其时已经存在不少大学了。在普鲁士王国的旧帝国版图内有奥得河畔法兰克福的维亚德利纳大学(1506 年)、柯尼斯堡大学(1544 年),此外王国还拥有埃尔福特大学(1392 年)、耶拿大学(1558 年)、杜伊斯堡大学(1655 年)、哈勒大学(1693年)、布雷斯劳大学(1702 年)、哥廷根大学(1737 年)与爱尔兰根大学(1743年)①。其次,1797 年威廉三世登基之时,除哈勒大学外,其他大学的没落情况使国王在手持有限经费的情况下只得选择"改革现有大学,同时暂时停止建立新大学的设想"②。自威廉三世改革新政以来,改革的确直接影响了大学的重新兴盛,在普鲁士的大学中,教育经费逐渐增多,学生人数也开始稳步增加③。

随后出现的政局骤变搅乱了普鲁士的改革步伐。在拿破仑的军队在欧洲肆虐之初,普鲁士在 1795 年至 1806 年间,一直对法国和反法同盟之间的战争持中立态度。但随着神圣罗马帝国瓦解,拿破仑建立了依附于法国的莱茵联邦,普鲁士日益感受到拿破仑所带来的威慑。此后,由于拿破仑在

---

① Helmut Klein(Hg.),*Humboldt-Universität zu Berlin:Überblick 1810—1985*,p. 6.

② Rudolf Köpke,*Die Gründung der Friedrich-Wilhelms-Universität zu Berlin*,p. 13.

③ 威廉三世即位初期(至《提尔西特合约》签订前)的高等教育改革已经取得了初步的成绩,从学生数字统计上我们可以看出,原有的普鲁士大学呈现出了稳中有升的发展趋势。自 1796 年至 1805 年,奥得河畔法兰克福的维亚德利纳大学、科尼斯堡大学和哈勒大学的就读学生总数(人)统计如下:

	1796	1797	1798	1799	1800	1801	1802	1803	1804	1805
奥得河畔法兰克福维亚德利纳大学	170	174	178	170	181	207	281	332	300	307
科尼斯堡大学	334	346	312	317	330	283	292	289	332	333
哈勒大学	754	762	722	720	753	680	603	578	796	944

从统计中我们也可以看出,哈勒大学在当时普鲁士大学中所具有的不可替代地位,是无可置疑的最好大学,而科尼斯堡大学则在康德之后长时间里处于停滞发展的状况,奥得河畔法兰克福的维亚德利纳大学虽然取得了明显的进步,但仍只能取得有限的发展。因此,《提尔西特合约》生效后,新王国中的两个大学无法填补普鲁士教育失去哈勒大学所产生的空白。数据来源:Max Lenz,*Vierter Band:Urkunden*,Akten und Briefe,1910,pp. 4—23)

与英国的和谈中表达了将汉诺威归还英国的想法,普鲁士宫廷感觉受到了欺骗,国内开始出现对法国进行军事干涉的呼声。1806 年 7 月 25 日,不顾施泰因男爵(Baron Heinrich Friedrich Karl Reichsfreiherr vom und zum Stein,1757—1831 年)的反对,普鲁士与俄罗斯签订条约,加入第四次反法同盟。1806 年 10 月 14 日,普鲁士与法军爆发了耶拿会战,也称耶拿—奥尔施塔特之战(Schlachten von Jena und Auerstedt),普军遭遇惨败,几乎丧失了主要作战力量,并随即被迫退出第四次反法同盟。10 月 27 日,拿破仑带领法军占领柏林,普鲁士王室和政府要员逃往东普鲁士,一些学者如费希特则流亡至旧都柯尼斯堡。

如果说耶拿会战的失败标志着普鲁士在军事和政治上的双重失败,那么普鲁士与法国于 1807 年 7 月 9 日签署的《提尔西特和约》(Tilsit Friede)则彻底宣告了普鲁士在各个方面沦为欧洲的二流国家:普鲁士丧失了大半的领土,最富有和最肥沃的省份都被割让出去,人口数量丧失大半,税收也大幅减少;此外,普鲁士还被迫削减兵力,并被课以高达一亿法郎的战争赔款。普鲁士的教育事业也同时受到了毁灭性的打击。随着领土的丧失,新的普鲁士王国丧失了原先易北河以西的所有大学,只留下了柯尼斯堡大学与奥德河畔法兰克福的维亚德利纳大学;原先作为普鲁士最好大学的哈勒大学也被移交给了在易北河西新建立的、由拿破仑幼弟耶罗姆统治的威斯特法伦王国。

正当耶拿会战激战正酣之时,黑格尔在耶拿匆忙地完成了《精神现象学》的写作。他将"耶拿会战"称为"历史的终结",意即新历史的开始。新思想的到来将驱使普鲁士重构为新型的国家。拿破仑的到来摧垮了普鲁士王国与其封建专制的社会基础,却也为普鲁士的改革之路扫除枝蔓。黑夜依然,但黎明已经到来。一场巨大的改革即将来临,更为开明的官僚与自由的思想将引领普鲁士走向复兴之路,而在柏林建立一个大学的设想成为一系列改革中必备的组成部分。

二

《提尔西特和约》的签订直接促使原有的各种建立柏林大学的计划浮出

水面。1807 年 8 月,已经辞去一切职务的前哈勒大学校务长(Kanzler und Direktor der Universität)①施马尔茨(T. Schmalz)带领部分教授来到东普鲁士的小城麦默尔(Memel),觐见正在此地处理政务的威廉三世。8 月 22 日,施马尔茨向国王面呈了两篇报告,一篇是希望国王将哈勒大学迁至柏林的请求书,另一篇则是施马尔茨起草的"论在柏林建设大学"的备忘录,希望能以哈勒大学教师为基础在柏林建立大学。威廉三世答道:"好,有勇气! 国家应以精神的力量来弥补在物质方面所遭受的损失。"1807 年 9 月 4 日,威廉三世在给拜默的命令中明确了在柏林建立大学的意愿:"我亲爱的内阁枢密大臣拜默,介于易北河一岸的割让,国家丧失了哈勒大学这一最重要、最完备的普通教育机构。填补这个空缺应该成为国家重建之中首要考虑之事,而法兰克福与柯尼斯堡的大学并不适合……我决定在柏林建立这样一所新的教育机构(neue Lehranstalt)②,并使之与科学院建立合适的联系……应给哈勒的拨款将用于其中。"③柏林建立一所新的教育机构的任务正式交付给了拜默。同一天,威廉三世也将这一批准以及对拜默的委任信息通过内阁传达给了施马尔茨。

在给拜默命令的结尾部分,威廉三世要求拜默做三件事,(1)确保新大学教师(哈勒与其他地区)的聘任事宜,(2)咨询学者对新教育机构建立的意见,(3)尽快撰写呈交建立计划咨文。1807 年 9 月 5 日,也就是拜默接到命令的第二天,他便就"在柏林建立一个新的教育机构的问题"向三位学者沃尔夫(Wolf)、费希特与施马尔茨发出信函,希望得到他们的建议。与此同时,拜默开始起草教员的任职邀请函。

1807 年 9 月 19 日,沃尔夫首先递交了他对建立新教育机构(neue Lehrin-stitut)的计划书,在致拜默的信中,除了就建立新大学提出建议之外,沃尔夫还推荐威廉·冯·洪堡参与新大学的建立。沃尔夫认为,洪堡"具有将学者们统一的能力",应该委以重任。10 月 3 日,费希特也将自己的计划提交

①　该职位为政府委任的大学事务主管人员,与由校务委员会选举产生代表大学学术自治的校长职位(Rektorat)不同。

②　从拜默以及其他当时学者使用的词 Lerninstitut 或 Lehranstalt 中,我们便能发现,拜默要建立的并非是大学(Universität)。在他的设想中,"原来的大学进行专业的培养,为国家培养实用的专门人才"。见陈洪捷:《德国古典大学观及其对中国的影响》,第 23 页。

③　Rudolf Köpke, *Die Gründung der Friedrich-Wilhelms-Universität zu Berlin*, p. 16.

拜默。

　　1807 年的秋天,正当筹建开展之时,普鲁士政局发生了巨大的变化。1807 年 10 月 8 日,之前因拒绝参与普法战后谈判而被威廉三世驱逐的施泰因男爵再次受命,担任王国首相,主持改革大局。这一变化对建立大学计划的最大冲击是拜默辞去了内阁大臣职务,但仍负责大学改革事务。在其后的几个月里,柏林建立高等教育机构的筹划虽然紧锣密鼓地进行着,但逐渐遭遇到各种预想不到的困难。

　　从 1807 秋到 1808 年,拜默陆续收到来自沃尔夫、施马尔茨和胡夫兰德(Hufeland)等人的 13 封建议书,信中广泛讨论了师资、经费、建筑等多方面问题。这些建议都认为新的高等教育机构只能设立在柏林①。但作为内阁首相的施泰因却对在首都建立新教育机构的设想持保留态度。他的顾虑不仅仅"来自王室圈子",也同样来自当时各色人等在"柏林繁多的论战小册子中夹杂的"关于校址问题的争论。在施泰因看来,一方面,"离柏林不远的奥得河畔法兰克福已经有了一所大学"②,另一方面,柏林本身也不是建立大学的好地点,大量年轻学生的涌入易于造成城市的混乱与道德败坏,同时大城市也不适宜学生进行严肃认真的学习。他提议,即使最终同意请求,也应该在位于柏林之旁的小城波茨坦建立新的高等教育机构。

　　1810 年年初,施莱尔马赫在写给官员诺特(Nolte)的信件中发表了自己的见解,阐述了学者们一致确定在柏林建立新的高等教育机构的原因。在他看来,作为大城市,柏林"地域过广、物价偏高、诱惑过多、鱼目混杂、年轻人过度涌入也容易引发暴力事端",此为柏林建设高教机构之弊端。然而,柏林同时"拥有众多科研机构、物资丰富、人才济济"的优势,最为重要的是,新机构的建立当"以与科学院之联系"为根本条件。

　　如果说校址问题之争主要在学者和政府官员之间进行,那么,在如何建设这个教育机构的问题上,争论就更为复杂。1807 年,费希特起草了《在柏林创立一所高等教育机构的演绎计划》。对于这份充满柏拉图式理想的报告,拜默表示难以理解。到 1808 年,施莱尔马赫在其《关于德国式大学的

---

①　Rudolf Köpke, *Die Gründung der Friedrich-Wilhelms-Universität zu Berlin*, p. 163.

②　Rudolf Köpke, *Die Gründung der Friedrich-Wilhelms-Universität zu Berlin*, p. 40.

断想,附"论将要建立的大学"》中,阐释了与费希特完全不同的建校观点①。在费希特的设想中,大学作为国家的教育机构应该在外部与内部都遵循国家治理,大学生们可共同居住,身着统一制服,同教师一起严守学校管理制度,学习过程所需的物资可由国家供给,学习步骤与环节同样应受到一定约束;大学生最重要的任务就是接受哲学教育,培养其自身的理智、了解(作为科学基础的)哲学的观念,以为日后的科学研究与社会工作打下良好的基础。而在他看来,科学研究仅仅是人们对某一具体事务的关注,科研活动不需要在大学中进行。而在施莱尔马赫看来,大学的建立与正常发展虽然离不开国家与政府的支持和保障,但以求知、求真为最终目的的科学活动不应该受到国家的过多干涉,否则极易受到启蒙运动下国家所青睐的"以知识的实用性为价值导向"的影响,大学应该谋求经济独立与学术自由,学生应获得在精神生活与物质生活方式上的双重自由,同时教师应具有在教学与研究上的自由。尽管费希特与施莱尔马赫在"应教会学生学习"、"哲学作为大学学习的基础"等问题上达成一致,但在诸多核心理念上却存有极多分歧。自康德《系科之争》发表以来,德国学术界开始了新一轮关于大学理念的争论。费希特与施莱尔马赫之争,不仅使原有的争论被激化,而且使新建高等教育机构的工作变得更加困难。同年,拿破仑在法国建立了帝国大学,继续贯彻务实的教育改革理念,这又进一步促使普鲁士朝野关于高等教育改革的意见出现分化。

对于新高教机构建设计划影响最大的还是拜默的去职和他对花费数年心血的计划的彻底放弃。这其中的原因是多方面的,综合有关文献分析,主要有以下四个方面:第一,法军的占领。在拜默制订计划时,柏林仍处于法军占领之下。法军对于普鲁士的严厉控制,使任何类似建立高等教育机构这样的举动都会遭遇巨大的困难。正如洪堡的助手苏弗恩(Süvern)在1809 年 3 月 25 日写给官员舒茨(Schütz)的信中所言:"唯有外部条件安宁,国家才会建立这样一所机构。"②费希特在 1808 年 1 月 2 日致拜默的信中也认为,当时思想自由与政治开放的有限程度(以及财政情况)可能也决定了这一设想在诞生不久即将遭到诸多阻碍。第二,政治环境。拜默与施泰

①　F. W. 卡岑巴赫:《施莱尔马赫》,任立译,中国社会科学出版社,1990 年,第 117 页。

②　Rudolf Köpke, *Die Gründung der Friedrich-Wilhelms-Universität zu Berlin*, p. 49.

因紧张的政治关系以及对改革的不同理解使得双方的关系始终不睦。拜默有可能受到施泰因政治集团的排挤，其改革的努力难以得到有效的支持，因而选择离职，等待时机①。第三，知识界的反对。拜默在柏林建立一个新的教育机构的计划引起了广泛的争议，并在柏林科学院遭到了一定程度的抵制。在奥得河畔法兰克福，维亚德利纳大学的师生在计划出现的一年内多次举行了抵制柏林计划的活动，并撰写了许多相关文章。而在拜默的"（高等）教育机构计划"的设想中，这个在柏林新成立的机构并非大学，而主要以招收优秀的中学毕业生进行科学研究为目标。这种构想引发了柏林科学院学者的不满，他们开始撰文指出计划中存在一系列问题，并着重就"大学教师与科学院研究者的根本不同"进行了讨论②。第四，拜默本人的能力与意愿。与洪堡相比，拜默既不具备对于文化、思想的深刻理解与把握，也没有像洪堡那样获得学术界的认可。与洪堡以后所做的不同，面对学者们矛盾、纷乱的意见，拜默从来没有"将自己的想法统一并给予清晰的阐发，而只是满足于了解其他人的构想"③。这就意味着拜默难以清晰地阐发建设计划，有效地说服持不同意见的各界人士，因而也就难以获得学者与政客们的信服。当施莱尔马赫、费希特及大批原哈勒大学的教授长期滞留在柏林，为计划的可能搁浅而忧心忡忡，并因爱国主义行为被法国军队威胁甚至逮捕时，拜默却逐渐淡出柏林大学的筹建，并最终去职。这一举动招致了一批学者的不安，并开始陆续离开柏林，去往他处任职谋生。这进一步加大了筹建柏林大学的难度。这也成为日后洪堡招揽学者时屡遭拒绝和消极回应的一个原因。

随着拜默的离职，王室与政府寻找下一位普鲁士教育事业负责人的工作也开始紧锣密鼓地进行。渐渐地，一个名字开始出现在首相施泰因、财政部

---

①　威廉三世即位后，非常依赖作为内阁顾问的拜默，在几乎所有政策制定与实施过程中都要征询他的意见，使得像哈登贝格和施泰因那样仅仅成为部门首长的内阁大臣们感到不满。耶拿会战后，国王本希望施泰因出任外交大臣，但施泰因提出若要他接受任命必须免去拜默的职务。而当时，拜默仍是国王手下重权在握的内阁顾问，而且施泰因不愿受命参与与法国的和谈，因此被国王愤而撤职。9个月后，经过劝说施泰因重新回到政府，被任命为首相，成为普鲁士政府与改革的总指挥。而此时他与拜默的关系再度紧张起来，拜默提出辞职。最终，鉴于王后的恳求，拜默才得以留在政府高层，其后转任为司法部部长。正是在这段时间里，拜默放弃了他已筹划多年的柏林学校建设计划。

②　Rudolf Köpke, *Die Gründung der Friedrich-Wilhelms-Universität zu Berlin*, p. 255.

③　Rudolf Köpke, *Die Gründung der Friedrich-Wilhelms-Universität zu Berlin*, p. 55.

长冯·阿尔滕施泰因与其他官员、学者往来的信件中①。他就是后来仅仅参与普鲁士教育事业 16 个月便促成柏林大学建立的威廉·冯·洪堡。

三

1808 年 10 月 8 日,施泰因重新成为王国首相的第二天,他立刻颁布一系列命令,着手开展各项改革,其中包括教育改革。而在有关教育的事务中,选择一位拜默的继任者,显然是一件非常重要的事项。

一直以来,洪堡的"非容克贵族出身"及他早年在著作中表达的对建立一个新式国家的自由主义理想使得洪堡渐渐进入施泰因的视野。施泰因将威廉·冯·洪堡视为与自己能力、才华相媲美的优秀同僚。1808 年 7 月 21 日,施泰因在信中称洪堡"是一位已经在德国获得承认的学者"②。在另外一封信中,施泰因明确表示他对洪堡胜任普鲁士教育改革的信心。在他看来,洪堡对于教育改革有着深刻的理解,并且具备改革所需要的人格魅力,"兼具社会关系与科学视野"③,因此"能满足所有目前需估计到的问题"。事实上,洪堡的最终正式任命也"来自施泰因的影响"④。

1808 年 10 月 14 日,正在担任普鲁士驻罗马使节的洪堡启程前往德国。直接促使他归国的动机,不是施泰因的召唤,也不是祖国的沦陷,而是出于对"物质方面的关心"——洪堡家族在柏林泰格尔(Tegel)的老宅被法国人洗

---

① 一直以来学术界存在着一个问题,即威廉·冯·洪堡是否政府与王室在文化与公共教育司司长位置上的第一候选人。最为著名的质疑来自于凯勒(S. A. Kähler),他试图证明威廉的弟弟亚历山大才是首先被推荐的人选,洪堡的任命只是一种"角色替换"(彼得·贝格拉:《威廉·冯·洪堡传》,袁杰译,商务印书馆,1994 年,第 67 页)。这种猜测一方面来自当时施泰因书信中出现的"v. Humboldt"所带来的歧意,更多地来自亚历山大不逊色于威廉的优秀学识及其在知识界中的广泛影响。随着施泰因私人信件的不断发现与公开,部分学者对于该问题通过研究有了比较明确的解释。施泰因在洪堡任职前的其他信件中明确表达了对"Wilhelm von Humboldt"而非"Alexander"的充分肯定与信赖,因此这种争论已经暂时得到了消解。见 Heinrich Deiters, "Wilhelm Von Humboldt als Gründer der Universität Berlin", Willi Göber(Hg.), *Forschen und Wirken*:*Festschrift zur 150-Jahr-Feier der Humboldt-Universität zu Berlin 1810—1960*, VEB Deutscher Verlag der Wissenschaften Berlin,1960,p. 19.

② Conrad Grau, *Die preußische Akademie der Wissenschaften zu Berlin eine deutsche Gelehrtengesellschaft in drei Jahrhunderten*, Spektrum Akademischer Verlag Heidelberg, Berlin, Oxford, 1993, p. 132.

③ Rudolf Köpke, *Die Gründung der Friedrich-Wilhelms-Universität zu Berlin*, p. 62.

④ Max Lenz, *Geschichte der königlichen Friedrich-Wilhelms-Universität zu Berlin*, Erster Band: *Gründung und Ausbau*, HALLE A. D. S. Verlag der Buchhandlung des Walsenhauses, 1910, p. 161.

劫,因此洪堡决定请假返回柏林处理财产问题。而在慕尼黑,"即洪堡回到德国土地的第一站",他便得知,自己在罗马的职务已被撤销,而"施泰因男爵已经将他选定为普鲁士教育事业的负责人"①。12 月 15 日,内阁敕令,委任洪堡担任普鲁士"内政部下属文化与公共教育司司长兼枢密院成员"(Sektion des Kultus und des öffentlichen Unterrichts mit dem Titel eines Geheimen Staatsraths)。

最初,洪堡对这一任命的反应是迟疑与矛盾的。一方面,这是他"第一次有机会在政府中担当如此高的职务"②,继而可以实践自己早年曾经探索过的国家理念。但在另一方面,洪堡对这项任命的顾虑也是多重的。虽然在 1808 年年底,法国出于整体战略而放松了对普鲁士的军事压力,法军也于 1808 年 12 月 3 日撤离柏林,但拿破仑政府的威慑依然存在。施泰因的改革举措迅速引起了拿破仑的警觉。在法国的压力下,1808 年 11 月 24 日,威廉三世被迫将施泰因免职。1808 年 12 月 10 日,施泰因更因拿破仑政府宣布其为"国家敌人"而被迫逃亡。政治形势的险峻、普鲁士政府财政上的捉襟见肘、他本人对于教育政务的陌生以及施泰因的去职,都使洪堡极为担心将在这个职位上面临的巨大困难。此外,就行政组织而言,1808 年 12 月底普鲁士王国政府机构改组后,旧的内阁被新的五个部门(内政、国防、财政、外交、司法部)所取代,而洪堡的委任职务隶属于内政部下。虽然洪堡同时也被委任为枢密院成员,意味着具有在文化教育事务上的联署权和表决权,但司长的地位也就意味着洪堡的官职将屈居于各部大臣之下,因而没有向国王定期汇报工作并对重要提案组织联署的权力。这一制度上的隐忧是以后造成洪堡去职的原因之一(直至 1817 年,普鲁士教育行政部门才从其他部门独立成为教育部,而这时,洪堡早已脱离文教事务,进入政治生涯的尾声)。

1809 年 2 月 20 日,长期处于犹豫之中的洪堡最终决定接受委任,自此开始了为期 16 个月的普鲁士内政部文化与公共教育司司长的工作。他选择了尼克洛维乌斯(Nicolovius)、苏弗恩与乌登(Uhden)为其助手,共同处理宗教、文化保护、书报检查等政务并共同协作进行普鲁士中小学、科学院与高等教

---

① 彼得·贝格拉:《威廉·冯·洪堡传》,第 67 页。

② Heinrich Deiters, "Wilhelm Von Humboldt als Gründer der Universität Berlin", Willi Güber(Hg.), *Forschen und Wirken*: *Festschrift zur 150-Jahr-Feier der Humboldt-Universität zu Berlin 1810—1960*, p. 12.

育的改革。

　　洪堡的上任并没有立刻使已经搁浅的建立柏林教育机构的计划重新启动,反倒增添了人们对这一计划的忧虑。他们"不清楚洪堡的想法",但同时又认为洪堡"将决定这一计划的成败"。但实际上,早在 1809 年 2 月 28 日正式履职前,洪堡就已经决心建立柏林大学并开始与政府高层、学者沟通,为未来的大学"招兵买马"。经过艰苦的努力,洪堡以政府支付滞留费等方式为未来大学留下了费希特、施莱尔马赫等一部分建校初期的骨干成员。洪堡深知:"学者、土地、资金是大学建立的三个不可或缺的东西"①,而这些都需要获得王室与政府的认可与资助。

　　1809 年 4 月,洪堡动身前往当时王室与大量政府机关所在的柯尼斯堡,一方面意在融入政府决策圈、了解政治环境,另一方面则试图在适当条件下加速国王与高层官员们对柏林大学建设计划的决定,并请求王室的物质资助。起初,在与国王、王后路易莎、内政大臣多纳等高层人物会晤后,洪堡在 5 月 13 日给施莱尔马赫的信中表示,关于大学的建立问题,没有发现明显的异议,但仍需等待最终的决定。然而不久,在申请拨款、赠地的问题上,洪堡就遭遇了任职以来的首次阻碍。5 月 14 日,洪堡以内政部之名向国王申请拨款并请求王室赠地,希望以海因里希王子宫殿为日后大学之用。一直以来,海因里希王子宫殿都被视为日后大学的理想所在。一方面,宫殿已经闲置多年,并已经多次被用于公共事业,尚可自由支配,另一方面,宫殿恢弘大气的风格也适宜大学作为学术场所。在洪堡之前,"拜默早先已经将之选中为大学赠地,而沃尔夫、胡夫兰德等人也先后在信件中表达了这一愿望"②。7 月 2 日,财政部长阿尔滕施泰因回复洪堡,以国王对柏林大学计划的种种担心暂时拒绝了洪堡的建议。柏林的不安定、财政的紧张状况、对现有两所大学(柯尼斯堡、法兰克福)的潜在损害以及王室赠地不被《新房屋法》许可等诸多因素,使君王和阿尔滕施泰因都对柏林大学建设计划持保留态度。

　　针对种种疑虑,洪堡在 7 月 10 日起草了著名的"致国王陛下:枢密院成员洪堡对在柏林建立大学的申请"(Antrag des Geheimen Staatsraths v. Hum-

---

①　Rudolf Köpke,*Die Gründung der Friedrich-Wilhelms-Universität zu Berlin*,p. 62.

②　Rudolf Köpke,*Die Gründung der Friedrich-Wilhelms-Universität zu Berlin*,p. 65.

boldt bei den Königs Majestät auf Errichtung der Universität zu Berlin），并于 7 月 24 日以文化与公共教育司之名上呈。这份申请一直以来都被视为一份政治报告杰作。在报告中，洪堡不仅对以往王室与政府官员对于柏林大学建立计划存在的种种质疑有针对性地给予回应与解释，打消了高层的重重疑虑，并且在兼顾政治与学术利益的前提下，明确地提出了大学内外建设过程中的种种建议，最重要的是，他还在文中清晰有力地阐述了柏林大学建设的必要性。

在报告开始部分，洪堡回忆道，早在 1807 年 9 月 4 日，"在柏林建设教育机构"便被国王所批准，然而距离真正实施却总是缺少决定性的第二步准备。随后，他阐释了当下实施这一计划的双重理由与必要性：柏林大学这一新的国家机构的建立可以使普鲁士在德国成为最好的文化与教育之国，并继而对其他国家施以决定性的道德与学术影响，得到他国的重视；在德国领土或被战争蹂躏或被外邦人占领之时，若国王可以躬亲保证并支持大学的建设，则可激励人民在振兴学术的同时，促成国家的繁荣复兴。

接着，洪堡阐释了柏林作为建校地点的原因。他首先列举了柏林已经具备众多可以扶持大学发展的学术机构，继而指出，如果在其他地方建立大学则花销将巨大得难以想象。他随之提出将大学、科学院、艺术院等"柏林所有学术机构"在各机构保持独立的同时"组成一个庞大而统一"的学术组织的构想。关于普鲁士已经存在的两所大学，洪堡则建议暂时保留，但希望最终在普鲁士只保留柯尼斯堡大学与柏林大学。

在此后的部分中，洪堡向国王申请每年向大学拨款 15 万塔勒，并就大学建设中的资金来源与运作提出了一套方案。最后，他在归纳全篇内容的基础上概括出了包括"将海因里希王子宫殿作为赠地交付大学"等七项建议。

1809 年 8 月 16 日，在洪堡上呈申请三周后，威廉三世发布了致财政部部长阿尔滕施泰因、内政部部长多纳与司法部部长拜默的内阁命令，正式批准在柏林建立大学，并在决定保留奥德河畔法兰克福维亚德利纳大学的基础上，同意了洪堡的全部主张与七项建议。这一天也成为柏林大学成立的时间。

1809 年 8 月 28 日，洪堡连同三位受命参与大学建设的部长及几位枢密院成员第一次就大学建立召开会议。9 月 22 日，柏林科学院与艺术院接到了关于大学建立的内阁敕令,这之后洪堡开始逐步与两个机构开展联系,就机构与人员问题进行实质性的接触与沟通。10 月 13 日,海因里希王子宫殿被正式交付大学,但仍保留原名。同日,四大未来建校骨干——施马尔茨、费希特、沃尔夫与施莱尔马赫,应洪堡的要求,在王子宫殿进行了"并非面向公众而完全学术化"的演讲。尽管拨款问题时有周折,但至 1809 年末,洪堡已将两年前已濒死的计划重新开启。

在通过政治智慧基本解决土地捐赠、建校拨款问题并获得了来自官方与柏林科学院等学术机构的联合许可后,洪堡开始筹建学校内外建设,思考具体的理念与制度问题,并着手解决教师聘任问题。

在如何建立柏林大学的问题上,面对英格尔、费希特、施莱尔马赫等人各不相同的意见,洪堡发展了自己的大学建设理念。不同于一般学者的政治家背景使得洪堡在思考中不仅倾注了自己多年来对国家与文化、教育关系等问题的思考,也同时顾及到了大学建立中若干亟待解决的现实问题。在未完成的《论高等学术机构的内部与外部建设》(Über die innere und äußere Organisation der höheren wissenschaftlichen Anstalten)一文中,洪堡清晰地表达了自己对国家与大学之间关系的思考。在他看来,"寂寞(Einsamkeit)与自由(Freiheit)"①可谓是大学内外组织建立中最基本的原则,而如何保证它们,就需要认真审视国家与大学的关系。

首先,大学在建立与发展过程中无疑需要国家在"制度(Formen)与资金(Mittel)上的保障",然而国家的种种支持却势必会对大学"有所损害","精神与崇高之物必堕为低层次的物质实务"②,而大学是从事科研活动的特殊机构,旨在追求科学之真,始终处于对未知的探索之中,因而应"独立于国家的所有组织形式之外"。在此意义上,如果大学能够通过政府先期资助、赠地等手段逐渐实现经济独立则可使大学日后自主治校成为可能。正是出于这种理想,洪堡才在接受职务任命不久即开始解决大学建设中的国家拨款与王室赠地问题。

①　Wilhelm von Humboldt,"Über die innere und äußere Organisation der höheren wissenschaftlichen Anstalten",A. Flitner K. Giel,*Humboldt Werke in fünf Bänden*,Vierter Band:Schriften zur Politik und zum Bildungswesen,Deutscher Verlag der Wissenschaften Berlin,1964,p. 255.

②　Wilhelm von Humboldt,"Über die innere und äußere Organisation der höheren wissenschaftlichen Anstalten",A. Flitner K. Giel,*Humboldt Werke in fünf Bänden*,p. 257.

在解决经费、赠地问题之外,洪堡的另一个艰巨的任务就是如何让这个新成立的大学获得尽可能多的更好的学者。在这个问题上,洪堡采用了"通过国家任命大学教授"①的方式。在很多人看来,这一决定仅仅解决了当时的问题,而没有顾及到大学的自由。实际上,洪堡让国家选择进入大学教员的举措同样出自他对国家与学术自由的深刻思考。在他看来,"对自由的威胁不仅来自国家,更同样来自于机构自身,比如(机构中的人们)在起初接受了某个思想之后,便易于将其他思想扼杀在萌芽之中。国家必须预防由此所产生的这一弊端"②。洪堡的初衷是借国家之力破除大学中的门阀之争,使得各种不同的思想在大学内自由生长、繁衍,然而从德国大学的发展来看,这一方式最终使大学自治与学术自由受到了损害:政府推荐、聘任、确定教授任命的传统最终在百年后结下了苦果,在政治—学术界形成了饱受争议的"阿尔特霍夫体制"(Althoff System)③。不过,从柏林大学的建立史来看,国家聘任学者的策略使这个新生的大学在短时间内具备了对学者巨大的吸引力。国王聘任、国家付给薪水、内阁给予批复允许,这种方式使柏林大学迅速招徕了萨维尼(Savigny)等一大批优秀学者。

尽管邀请到了一批知名学者,洪堡的招聘工作依然困难重重。拜默失败的前车之鉴、混乱的时局、出于对个人利益的考量使得许多学者在获得聘任后仍长期对任职柏林持保留和观望的态度。对此,既是政客又身为学者的洪堡在1810年5月22日的与妻书中这样写道:"学者们是最不受约束和难以被满足的群体了——始终为利益、羡慕、妒忌、乐趣所支配,并且每个人都持着片面的观点,认为只有自己的学科才值得被资助和促进。"④尽管在招聘、拨款等问题上依然存在着许多问题,但无论如何,学者聘任、土地、资金等诸多问题的逐步解决使得柏林大学的建设在洪堡的努力下日益完善起来。

---

① Rüdiger vom Bruch, " Friedrich-Wilhelms-Universität Berlin vom Modell Humboldt zur Humboldt-Univerisät 1810 bis 1949", Alexander Demandt (Hg.), *Stätten des Geistes Große Univerisäten Europas von der Antike bis zur Gegenwart*, Böhlau Verlag Köln Weimar Wien, 1999, p. 265.

② Wilhelm von Humboldt, "Über die innere und äußere Organisation der höheren wissenschaftlichen Anstalten", A. Flitner K. Giel, *Humboldt Werke in fünf Bänden*, p. 256.

③ 关于"阿尔特霍夫体制",可参见马克斯·韦伯:《韦伯论大学》,孙传钊译,江苏人民出版社,2006年,第1—58页,第65—76页;玛丽安妮·韦伯:《马克斯·韦伯传》,阎克文等译,江苏人民出版社,2002年,第228—229页;周丽华:《德国大学与国家的关系》,第104—113页。

④ Helmut Klein(Hg.), *Humboldt-Universität zu Berlin: Überblick 1810—1985*, p. 13.

但是,好景不长。风云变幻的政治舞台使洪堡如拜默一样在上任后不久就遭遇了种种困难。随着哈登贝格(Karl August von Hardenberg,1750—1822年)在普鲁士政坛上的回归,新的一轮政治制度改革开始缓慢进行。1810 年 4 月,当普鲁士国王签署命令,"将枢密院变成一个没有决定权的临时咨询机构,而又没有改变部门领导人的地位及其与大臣的关系时"①,洪堡感到升职的希望日益渺茫,而长期以来关于大学建设拨款等诸问题他又由于职位的限制无法向国王直陈,种种矛盾与失望促使他于 1810 年 4 月 29 日提出辞呈。而就在此前不久(4 月 9 日到 14 日),洪堡还在家中与费希特、施莱尔马赫等人讨论柏林大学的内外建设。

按照当时普鲁士政坛的惯例,官员在递交辞职信、但未正式批复并调离前,仍将负责原有事务。1810 年 5 月 23 日,洪堡向威廉三世上呈了"关于柏林大学于 1810 年开放的申请",希望大学能于 9 月 29 日开放。5 月 30 日,国王颁布了内阁敕令,同意了洪堡的申请。同一天,洪堡筹建了"建校委员会",他自己任委员会主席,委员会其他成员为苏弗恩、乌登和施莱尔马赫。校务委员会的筹建,成为洪堡为柏林大学所做的最后工作。

1810 年 6 月 4 日,柏林大学的初期策划者、时任司法部部长的拜默鉴于哈登贝格政治集团的排斥提出辞职。6 月 7 日,哈登贝格正式出任普鲁士首相。6 月 14 日,洪堡的辞呈得到批准。7 月 14 日,洪堡接到任职令,将出任维也纳公使。7 月 27 日,他"主持了教育司的最后一次会议"。1810 年秋天,洪堡携妻儿离开柏林。柏林大学之父、雄心勃勃的威廉·冯·洪堡重返外交界,告别了其作为政治家的最后辉煌,从此一去不复返。

四

洪堡离任,其同僚尼古洛维乌斯暂当其职②。这时,柏林大学内外建设的原则已经基本确定,大学的筹建进入最后的冲刺阶段。洪堡与施莱尔马赫更具自由主义理想的构想成为了计划主体,而费希特更为强调"国家与教育关

---

① 彼得·贝格拉:《威廉·冯·洪堡传》,第 84 页。
② 1810 年 11 月 20 日,冯·舒克曼(von. Schuckmann)被任命为新任教育司司长,成为洪堡的后继者。

系"的主张则最终如他先前担心的那样"被束之高阁"①。1810 年 8 月 24 日，施莱尔马赫撰写了临时的《大学普通规章》，详细阐述了大学的内外制度，共计 19 条，后被扩充至 24 条，三个月后的 11 月 24 日，临时规章开始施行。临时规章中确定了柏林大学与柏林科学院、艺术院的关系，并且根据学术与行政人员编制顺序依次规定了各个职位所享有的权利、任务、职位招聘的条件以及任命权的归属，包含了注册、婚姻等学生问题，并在第 23 条指出"一切大学及其中在职编内教授的出版物不接受审查"②。9 月 8 日，施莱尔马赫与萨维尼"共同确定了 5 塔勒的注册费"③。9 月 24 日，原定于 9 月 29 日举办的庆典由于此时大学还未开放、学生不足而宣布取消。9 月 28 日，通过内阁命令，校长与四个学院的院长得到委任，原哈勒大学校务长施马尔茨被任命为柏林大学的第一任校长④，施莱尔马赫、比内尔（F. A. Biener）、胡夫兰德与费希特分别被任命为神、法、医、哲四个学院的院长。之所以采用任命而非选举的方式是因为"当时负责选举工作的委员会还没有成立"。10 月 1 日，文化与公共教育司要求校长准备开始学生注册工作。10 月 2 日，校长与四个院长分别得到正式的委任状。

10 月 6 日，第一批六名学生前来注册，这标志着柏林大学正式开放。在随后的"1810 至 1811 冬季学期，共有 256 名学生注册学籍，其中绝大多数来自市民阶层家庭，只有 36 人为贵族出身"⑤。

---

① 鉴于费希特、施莱尔马赫和洪堡等人在柏林大学的内外建设问题上意见不一，各自的大学理念也不尽相同，思想之间并非简单的对立、统一或融合关系，而本文篇幅有限，因此只在此列出部分研究文献以资参考：Rudolf Köpke, *Die Gründung der Friedrich-Wilhelms – Universität zu Berlin*, pp. 56—59,75；Max Lenz, *Vierter Band：Urkunden*, pp. 80—129,176—189；Helmut Klein（Hg.）, *Humboldt – Universität zu Berlin：Überblick 1810—1985*, VEB Deutscher Verlag der Wissenschaften Berlin, 1985,p. 11；Rüdiger Vom Bruch, *Formen ausserstaatlicher Wissenschaftsförderung im 19. und 20. Jahrhundert：Deutschland im europäischen Vergleich. Formen ausserstaatlicher Wissenschaftsförderung im neunzehnten und 20. Jahrhundert*, Stuttgart：Steiner,1990,p. 259. 详细阐述了施莱尔马赫的观点。此外，以下著作也是重要的参考书，分别阐述了当时重要思想家们对于大学理念等基本问题的相关思考：E. Müller（Hg.）, *Gelegentliche Gedanken über Universitäten von J. J. Engel, Erhard, Wolf, Fichte, Schleiermacher, v. Humboldt, Hegel*, Leipzig, 1990. 该主题可作为另一研究课题进行探讨。

② 具体条目可见网络资源 http://edoc. hu-berlin. de/miscellanies/g-texte-30372/all/hu_g-texte. pdf（《柏林大学建立 200 周年纪念：基础文献汇编》）。

③ Rudolf Köpke, *Die Gründung der Friedrich-Wilhelms-Universität zu Berlin*, p.86.

④ 国内许多文献中，费希特被认为是柏林大学的第一任校长。实际上，依校史，费希特是施马尔茨的继任者。1811 年 7 月 11 日，费希特成为柏林大学第一任经选举过程当选的校长。

⑤ Helmut Klein（Hg.）, *Humboldt-Universität zu Berlin：überblick 1810—1985*, p. 9.

此时,教师的聘任工作也近尾声,共计 58 名教员包括"24 位编内教授（Ordinarien,professors ordinarii）、9 位编外教授（Extrardinarien,professors extraordinarii）、14 位私人讲师（Privatdocenten）、6 名科学院成员以及 5 名语言教师"①。除去 5 位语言教师,53 名学者在新学期共举办了 116 个讲座,其中神学院 10 个,法学院 10 个,医学院 34 个,哲学院 62 个。

1810 年 10 月 10 日下午 4 点,柏林大学召开了第一届校务委员会,连同校长与各院长共有 16 位教职员参加了活动,许多已经成为柏林大学教师的学者因滞留、度假等各种原因缺席。这次会议是教职员第一次在大学建筑中的聚会,同时也即柏林大学开放典礼。在写有"Universitati Litterariae"（知识的总和、各学科的联合）的金字条幅下,众人在布伦塔诺（Clemens Brentano）所作"康塔塔"的伴奏下歌唱,庆祝大学的开放。

通过拜默,洪堡继承了其年少时家庭教师英格尔在柏林建立一个大学的理想,并最终将之化为现实。当然,早在 1809 年 7 月,洪堡便已明白这一现实终将远远超出了恩师最初的设想,"无论一年后是否继续在这个职位上负责,我所做的都将留下痕迹","国家的教育事业将经由我重焕生机"②。怀着不同于一般政客的理念,秉承学者所持有的历史感,洪堡将促成柏林大学建立作为一项事业而不仅仅视为任务,而他也因而在现代大学史上留下了浓重的一笔。1810 年 10 月 29 日,柏林大学举办了建校来的第一场讲座,从此开始了它的传奇。

（本文与王晨、张乐合作完成,
原载《高等教育研究》2010 年 10 期）

---

① Rudolf Köpke,*Die Gründung der Friedrich-Wilhelms-Universität zu Berlin*,p. 88.

② Helmut Klein（Hg.）,*Humboldt-Universität zu Berlin:überblick 1810—1985*,p. 9.

"施潘事件"与德国的学术自由

一

1901 年,时为德意志第二帝国直辖领土阿尔萨斯地区的斯特拉斯堡大学哲学系出现了一个历史学教授职位的空缺。正当斯特拉斯堡大学哲学系按照德国大学长期以来实行的教授聘任方式,拟出聘任推荐候选人名单,准备上报教育行政当局时,却突然接到了政府公告:德意志第二帝国宗教、教育及卫生部已决定在斯特拉斯堡大学哲学系增加一个历史教授职位,并且直接任命了新增教席的教授——年仅 26 岁的天主教徒、历史学者马丁·施潘(Martin Spahn,1875—1945 年)。

这一任命立即激起了斯特拉斯堡大学哲学系教授们的强烈不满。1901年 9 月 9 日,斯特拉斯堡大学哲学系以"不寻常的方式直接地向皇帝提出抗议"①,表示拒不接受这一任命,并将矛头直指主导这次任命的官员——德意志第二帝国宗教、教育及卫生部主管高等教育与大学事务的教育司司长弗里德里希·阿尔特霍夫(Friedlich Theodor Althoff,1839—1908 年)。但是,出乎斯特拉斯堡大学哲学系教授们意料的是,皇帝迅速表示支持阿尔特霍夫的决定,不容分说,"发送电文至哲学系告知其任命马丁·施潘为斯特拉斯堡大学教授"②,并"将电报内容公布在柏林的媒体上"③。

施潘的任命立刻在德国学术界引起了巨大的反响,成为德国主要媒体报

① Arnold Sachte, *Friedlich Althoff und sein Werk*, Berlin: Verlag bei E. S. Mittler & Sohn,1928,p. 137.
② Arnold Sachte, *Friedlich Althoff und sein Werk*, p. 137.
③ 周丽华:《德国大学与国家的关系》,第 10 页。

道和议论的中心事件。当时最重要的自由主义报刊《法兰克福报》等都站在斯特拉斯堡大学这一边,对政府出于政治目的而粗暴干预大学的行为进行了严厉谴责。1901 年 11 月 15 日,著名历史学家、同时也是阿尔特霍夫好友的蒙森(Theodor Mommsen,1817—1903 年)在《慕尼黑晚报》上发表了题为"科学的无前提性"(Voraussetzungslosigkeit der Wissenschaft)的文章①。蒙森指出,教育行政部门根据信仰任命教职的做法直接侵害了大学的学术自由,这种行政行为使人感到德国大学在学术自由问题上的倒退。

　　经过慎重考虑和与同事协商后,时任慕尼黑大学校长的布伦塔诺(Lujo Brentano)教授组织发起了一场大规模的抗议活动,组织不同大学的教授联名向有关部门提交请愿书。这次抗议活动"得到了普鲁士以外的德国大学 73% 教授的支持"②。

　　德国学术界对任命施潘的质疑和指责的焦点主要集中在:政府在聘任一事上完全忽视了大学传统的教职推荐权(Vorschlagsrecht),在人选上没有与大学进行任何沟通就进行了独断的干预,这种行为严重破坏了大学的学术自治和学术自由。而在"国家事务学科"(包括中世纪史与现代史)的教席上安置一个天主教徒,则更令教授们震惊。此外,由于当时学术界与社会中普遍存在的对天主教徒及天主教思想破坏学术自由的担忧,这场抗议也因施潘的天主教背景而演变为一场关于学术与宗教关系的大规模争论与学术抗议活动。

　　此外,学术界对施潘的任职资格产生了质疑。在被委任前,施潘只是波恩大学一名年仅 26 岁的历史学编外教授(außerordentlicher Professor),并无出色的学术成就。如此年轻且业绩平庸便被任命为教授,这无法不令人猜疑这项任命背后的动机。学者们很快得知,这位年轻学者的父亲是当时德国具有重要影响的天主教中央党(Zentrum)的党魁彼德·施潘(Peter Spahn),这更引起学界对这项任命的不满,他们对阿尔特霍夫的这种向党派与高位的"谄媚"行为表示极度的厌恶和鄙视③。

　　由于学术界的强烈反应以及其他方面的压力,同年秋天,马丁·施潘拒

---

① Arnold Sachte, *Friedlich Althoff und sein Werk*, p. 141.

② 周丽华:《德国大学与国家的关系》,第 109 页。

③ Arnold Sachte, *Friedlich Althoff und sein Werk*, p. 128.

绝了这一任命。在他看来,这种情况会令别人对他产生误解,即他在学术聘任中享有优先权(此后,他在科隆大学任教,讲授近代史,并积极致力于政治事务)。一场轰动一时的学术—政治事件(即"施潘事件")至此结束,但其后续效应却并未因此而消失,其中所包含的意义至今仍发人深思。

二

在学术界强烈反对任命施潘的同时,在政界,虽然部分"老派普鲁士政客"对阿尔特霍夫的"有利于天主教"的政策表示不满,但大多数政客和官员都对阿尔特霍夫的行为表示理解和支持①。当阿尔特霍夫由于"施潘事件"频遭攻击而萌生退意的时候,许多政客为其辩解、叫屈,德皇则极力挽留②。之所以会出现政界与学界的尖锐对立,是因为施潘的任命具有复杂的政治—宗教背景。

1871 年,由于法国在普法战争中战败,原属法国的阿尔萨斯—洛林北部被割让给德意志帝国,并由帝国政府直接负责管理。由于长时间为法国的属地,阿尔萨斯—洛林地区 80% 的居民信奉天主教,宗教与教育事务的管理保留了法国的原有体制。

1872 年,德意志帝国在阿尔萨斯—洛林地区的首府斯特拉斯堡重新建立斯特拉斯堡大学。尽管地处天主教徒占人口绝大多数的地区,但斯特拉斯堡大学依然保留了"传统的新教色彩"与自由主义风格③,天主教徒与犹太教徒受到排挤。斯特拉斯堡大学学生中"只有 1/3 是天主教徒"④。教师的情况也是如此,"在 111 名讲师中,有 11 位天主教徒、83 位新教徒、15 位犹太教徒以及 2 位无信仰者;在 44 名教席教授中,仅 2 人为天主教徒、4 人为犹太教徒;35 位编外教席教授中也只有 4 名天主教徒、5 名犹太教徒"。与此同时,由于沿袭法国原有的做法,大学不设神学院,教士的培养由当地天主教会直接管理的大小神学校(Seminar)负责。大学与宗教教育的分离使得教士培养被严

①　Arnold Sachte, *Friedlich Althoff und sein Werk*, p. 124.

②　Arnold Sachte, *Friedlich Althoff und sein Werk*, p. 148.

③　Arnold Sachte, *Friedlich Althoff und sein Werk*, p. 130.

④　周丽华:《德国大学与国家的关系》,第 108 页。

重地"法国化"了。早在阿尔萨斯—洛林地区割让德国之初,德国政府就努力推行旨在削弱天主教会对教育的影响、通过世俗教育实现"德国化"的各项政策。在斯特拉斯堡大学重建时,德意志帝国首相俾斯麦就曾提出建立神学院的设想,但"最终因政府与主教对于学院教师推荐权的分歧而搁浅"①。

斯特拉斯堡大学乃至阿尔萨斯—洛林地区的种种问题有着更为广泛的背景。早在德国统一前,普鲁士政府就与罗马教廷频频交恶。统一后,德国与罗马教廷的冲突不断加剧。1868—1870 年间,罗马教廷召开大公会议,再次重申"教皇永无谬误"的原则,双方的关系进一步恶化,并于 1872 年中止外交关系。为削弱天主教势力在德国(特别是在教育和语言事务)的影响,德国先后颁布了一系列限制德国天主教机构及天主教徒发展的法令。俾斯麦政府与罗马教廷的这些冲突,史称"文化斗争"(Kulturkampf)。

"文化斗争"的结果对德国造成了诸多不良后果。由于罗马教廷对德意志帝国的有关政策的指责和批评,严重影响了德国境内天主教徒占人口多数地区的社会安定,直接导致了国内各地区天主教团体对帝国的疏离。由于罗马教廷一直对阿尔萨斯—洛林地区的归属权提出非议,因而影响了该地区天主教徒对德国的认同。与此相关的是,"文化斗争"进一步强化了宗教改革以来新教徒对天主教的厌恶、偏见与歧视,进一步扩大了新教徒与天主教徒的社会分化。

阿尔特霍夫是在阿尔萨斯—洛林地区开始走上仕途的,他以法律顾问的身份参与当地宗教与学校事务的管理,并获得斯特拉斯堡大学的教职。在当地的亲身经历使阿尔特霍夫深切意识到,帝国的稳定统一,仰赖于国民的国家认同,而唯有通过教育,才能借由共同的语言、文化获得"相似的意志与生活习惯"。作为政府官员,他也十分认同俾斯麦政府发动"文化斗争"背后的政治动机。在他看来,在阿尔萨斯—洛林这样以天主教徒为居民主体的地区,失去了对天主教教士培养与天主教活动的控制,意味着无法保障该地区的稳定与发展,无法真正实现德意志帝国的统一。

与此同时,阿尔特霍夫亲眼目睹了俾斯麦政府在阿尔萨斯—洛林地区争夺教育权的失败。这使阿尔特霍夫开始认真思考阿尔萨斯问题与天主教问

---

① Arnold Sachte, *Friedlich Althoff und sein Werk*, p. 130.

题的关系。在他看来,阿尔萨斯—洛林地区教育中出现的问题造成了地区的不安定。由于"许多人将天主教徒视为社会下层,并认为他们信仰的唯一性不利于科学、艺术、技术的发展",因此,天主教徒接受高等教育的权利受到了限制。他认为,造成这种情况的深层原因不仅在于天主教与新教、宗教与世俗力量的利益冲突,还在于大学当局忽视国家利益、地区形势而只考虑自我利益①。因此,解决阿尔萨斯—洛林问题的关键是不仅要消除神学校对宗教教育的控制,也要改变斯特拉斯堡大学的反天主教政策。在斯特拉斯堡大学建立神学院,则可以一举解决这两个问题②。

正是在阿尔萨斯—洛林地区的经历与思考,从 1898 年起,已经担任德意志第二帝国宗教、教育及卫生部教育司司长的阿尔特霍夫开始为在斯特拉斯堡大学建立神学院的计划进行精心准备。为此,他不时派人或亲自了解皇帝、政府高层、教廷高层、阿尔萨斯地区主教以及斯特拉斯堡大学学者对于建立神学院的态度。由于各方意见难以统一,综合种种因素,阿尔特霍夫放弃了建立神学院的设想,而决定参照之前在波恩大学和布雷斯劳大学的方式,聘任一位信奉天主教的教授在斯特拉斯堡大学担任教会史、圣经学或哲学教授。同时,他开始精心地考察适宜的人选,希望选聘一位今后既能与天主教会谈判、又能在未来的大学神学院中独当一面的学者③。"经由多位学科权威教授大力推荐",阿尔特霍夫决定聘任他早就相识的、"年轻但具备学术天赋"④的马丁·施潘。此外,阿尔特霍夫也注意到了当时在德国境内积极致力于"反对社会主义革命"的天主教中央党。他认为,虽然中央党代表天主教势力,但由于该党的反社会主义立场与帝国政府一致,因而有可能成为德国与罗马教廷之间的"桥梁"。因此,他着力于扶持帝国境内各种天主教机构(尤

---

① Arnold Sachte, *Friedlich Althoff und sein Werk*, p. 126.

② Arnold Sachte, *Friedlich Althoff und sein Werk*, p. 136.

③ 阿尔特霍夫上任后,一直"希望政府能够分享大学管理中的所有重要问题的决策",借以保障国家的利益。"他以其对国家的忠诚以及对学术自由的理解,在普鲁士乃至德意志帝国推行了一种强调国家调控和管理的高等教育及科学管理制度,史称'阿尔特霍夫体制'"。阿尔特霍夫将大学学术任命(Berufung/Ernennung/Anstellung)视为教育管理中的重要环节,把挽留和招聘到有才华的年轻学者视为大学发展中的根本因素。他对当时普鲁士大学所推荐的所有教职候选人都进行深入的考察,并且经常亲自通过调查与面谈,挑选出最具有学术与原创性能力的人才,继而开出丰厚的条件或采用其他手段使他们留任。与此同时,阿尔特霍夫也常常因各种原因忽视大学的建议,否定大学提出的候选人。

④ Arnold Sachte, *Friedlich Althoff und sein Werk*, p. 137.

其是中央党),提携信奉天主教的政客与官员。德国学术界质疑任命施潘的政治动机,似乎也并非空穴来风。

三

"施潘事件"发生后,阿尔特霍夫的政治密友冯·赫尔特灵男爵(Georg von Hertling,1843—1919 年)作为帝国的代表"带着帝国(关于阿尔萨斯地区天主教教育)的建议来到罗马,进行协商"①。赫尔特灵男爵向教廷表示,德意志帝国希望罗马教廷能支持帝国正在开展的促进天主教事业的政策,同时也暗示,"会谈的失败也就意味着天主教中央党的失败"②。1902 年 11 月 5 日,梵蒂冈与德意志帝国的代表达成一致,决定在当时称为"威廉皇帝大学"的斯特拉斯堡大学设立神学院。依据双方的协议,斯特拉斯堡大学神学院将取代原有的神学校,负责培养该地区的天主教教士。主教负责神学院的考试事务,并授予学位。与此同时,原有的神学校被保留用以承担天主教教育的其他任务。为弥补阿尔萨斯地区天主教神职人员和信徒在文化上的巨大劣势,所有的神学院学生都被要求在学习神学前必须完成在其他学院的专业学习。

"施潘事件"所引发的一系列政治事件解决了德意志帝国的诸多难题。一方面,由政府直接管理的天主教教育在随后几年里改变了当地的形势,逐渐消除了阿尔萨斯—洛林地区民众原有的"法国化"与"反德意志"情绪,安定了地区的局势。另一方面,解决了俾斯麦留下的宗教问题,德意志帝国缓解了与罗马教廷长期以来的紧张关系,并且通过帝国高层对于天主教事业与天主教信仰的支持与宽容促成了天主教机构与天主教徒对帝国的融入。此外,顺利地完成了阿尔萨斯—洛林地区教育的世俗化,为进一步推行俾斯麦的"德国化"政策打下了坚实的基础。由于阿尔特霍夫的非凡贡献,德意志帝国与罗马教廷先后向他颁发了勋章。

作为典型的德国官僚,阿尔特霍夫不仅具有良好的学术造诣,而且接受了严格的职业官员的训练。双重修养使他具有"开阔的眼界",并在"观察事

---

① Arnold Sachte, *Friedlich Althoff und sein Werk*, p. 139.

② Arnold Sachte, *Friedlich Althoff und sein Werk*, p. 139.

物时比大学教授更为全面"①。作为在洪堡"文化国家观"背景下成长起来的教育行政官员,阿尔特霍夫试图构建国家与大学间的和谐关系,主张国家应为大学研究事业提供支持,并作为自由的"代理人"承担保障学术自由的责任,而大学与研究机构同样有责任成为国家事务的积极合作者,成为培育国民心智的教育机构,而非只是学者进行"纯粹研究"②的乌托邦。为此,他力图运用高超的政治策略以满足学术事业发展的需要与帝国的利益。

在阿尔特霍夫长达 25 年的官宦生涯中,虽然从未担任第二帝国的政府高官,并且主要从事普鲁士的教育行政事务,但却被称之为"隐秘的德意志文化部长"。他不仅实际负责当时整个德意志帝国的教育事务管理,并且凭借着庞大的人际网络、与皇帝和宫廷良好的关系以及巨大的社会影响力,"比洪堡更为成功地"③推行了建立在自由理念之上的教育改革,不仅"将普鲁士大学提到了一个非常高的水平"④,也使德国大学与学术事业在 20 世纪初获得了前所未有的国际声誉。他被评价为"德国教育事业之俾斯麦"——不仅因其对德国教育产生的重要影响与贡献,更因为他与俾斯麦类似的独断风格、对政治形势的深刻理解、对德意志国家命运的深切关怀以及马基雅维利式的决策智慧与政治手腕。如果说洪堡教育改革的初衷立足于"通过精神的力量弥补普鲁士物质上的损失",使普鲁士重新获得"德意志地区"的尊重、完成对欧洲"道德上的征服"⑤,那么阿尔特霍夫则肩负着借助文教力量使刚刚统一的德意志帝国稳定发展、雄踞世界的责任。在不同的历史背景下,他们的改革都获得了成功,皆是缘于他们对于国家形势的准确把握。

四

"施潘事件"引发了全德国范围的激烈争论。这场争论最终演变为"学术界的文化斗争"。学者、政客、宗教人士以及各个群体之间展开了关于大学管理与政治—宗教事务关系的大讨论。"施潘事件"及其所涉及的学术自由成

---

① 周丽华:《德国大学与国家的关系》,第 130 页。
② Arnold Sachte, *Friedlich Althoff und sein Werk*, p.129.
③ Arnold Sachte, *Friedlich Althoff und sein Werk*, Vorwort.
④ 上山安敏:《关于〈韦伯的大学论〉——代解说》,马克思·韦伯:《韦伯论大学》,第 130 页。
⑤ Thomas Nipperdey, *Nachdenken über die deutsche Geschichte*, Muechen: Verlag C. H. Beck, 1986, p. 142.

为争论的焦点。几乎所有的人都不得不开始认真思考这样的问题:天主教信仰是否会影响学术研究的自由? 如何才能保障学术自由? 学术自由的涵义又是什么? 站在不同的立场上,不同的人给出了不同的答案。

蒙森的批评引发了学术界对阿尔特霍夫的猛烈指责,进一步扩大了争论的影响。在"科学的无前提性"的声明中,蒙森清晰地表达了自己反对天主教徒进入学术研究领域的立场。在他看来,科学研究的前提当是自由的思考,研究本身不应该掺杂任何价值预设。而天主教徒对教义信条的坚信违反了这一原则,因而会使自由的研究活动受到限制。因此,出于政治目的和根据天主教的信仰来选择大学教职的人选势必损害学术研究的自由。

尽管影响广泛并为许多大学同僚所赞同,蒙森的观点也遭到了一些人的嘲讽。在反对者看来,蒙森提出的学术研究"无前提性"并不符合现实生活中学术研究的状况。1901 年 11 月 14 日,正在关于"科学的无前提性"争论如火如荼之时,冯·赫尔灵男爵就在给其堂兄弟——当时大力支持蒙森的布伦塔诺的信中这样写道:"根本就不存在一个'没有前提'的研究,我们的研究与知识都是建立在大量的前提之上的。"蒙森声明发表后,梵蒂冈方面便传来声音,希望有人能来解释一下"学术自由"的意义。此外,教会高层更有人打趣道,蒙森的立论连自己的思想都解释不了:"没有前提"本身就是一个前提,况且这种观点也只能产生于他"新教—反天主教"的价值前设①。

几乎在蒙森提出批评的同时,米歇利斯(Adolf Michaelis,1835—1910 年)将矛头直指阿尔特霍夫以及官僚机构对于大学事务的干涉。在米歇利斯看来,即使政府的行为旨在恢复学术自由,这种忽视大学权利、干预大学管理的行为本身已经破坏了德意志大学的自由传统。"大学所谓的推荐权完全变得虚幻,这已经成为普鲁士大学历史上最黑暗的一夜"②。在他看来,对马丁·施潘的任命,实际上是把学者的信仰置于其学术能力之上,学术之外的因素成为取得教职的必备条件,从而破坏了"科学的无前提性"。更为严重的是,在"施潘事件"中,阿尔特霍夫以行政力量取代大学自治的管理行为从根本上违背了大学的学术自由传统。

而在阿尔特霍夫等官僚们看来,蒙森等人的观点从根本上违背了思想自

①　Thomas Nipperdey,*Deutsche Geschichte 1866—1918*,Münschen:Verlag C. H. Beck,1998,p. 574.

②　Arnold Sachte,*Friedlich Althoff und sein Werk*,p. 143.

由、信仰自由的前提,严重危害了大学在研究中的学术自由。很难想象这种带有强烈的保守性与自利色彩的思想会出自大学,但这恰恰准确地反映了大学的中世纪行会(Zunft)的特性,"大学至今仍然未能彻底根除行会制度的某些排外性与职业保守性"①。与其他社会机构一样,大学的主要构成群体——知识分子在标榜"大学超越市场、城市的习惯标准和具体的社会利益,追求真知"的同时,却在行动中奉行"以大学本身利益为主导"的封闭原则,继而在大学中形成了形形色色以思想观点为界的"卡特尔"。这种学术门阀在当时德国大学普遍地存在,他们或依据信仰或依据某种已经在团体内部奉为圭臬的学说,建立自己的"秘密团体"。大学中产生的"学术卡特尔"相比其他行业中因技术垄断或人事集权出现的门阀更加难以被规范与清理。一方面,"学术卡特尔"把特定的价值标准作为加入其组织的资格,并据此规范团体成员的言行。但在另一方面,他们又打着"学术自由"、"价值中立"的旗号,禁止外界进行干涉,继而将其保守性与排他性合理化。在这种情况下,大学"超越自身利益与眼界、实现纯粹学术自由"的理念只能成为各个小团体追求自我利益的借口。

对知识分子团体自律的不信任使得"阿尔特霍夫们"决定成为"文化国家"中学术自由的代理人。作为典型的普鲁士官僚,他们"以超然的社会角色、无个人利益、无政治动机自居"②。在他们看来,与缺乏政治理解、无视国家利益、自闭而又自利的学者团体相比,他们能够以广阔的视角超越具体团体的利益,因而真正成为大学、研究机构"学术自由"的保障者与仲裁者。这样,"阿尔特霍夫们"以政治强力干预大学事务的做法也就有了合理的依据。

上述两方面截然不同的观点实际上揭示了"学术自由"面临的两难处境:大学教师群体难以保持自律,而政府对"学术自由"的保障又势必建立在诸如阿尔特霍夫等官僚对于大学事务的直接干预之上。是通过政府机构的权力保障所有学者在学术事业中的"平等",还是寄希望于大学内部对"学术自由"进行自我约束?

---

① 刘易斯·芒德福:《城市发展史——起源、演变和前景》,宋俊玲、倪文彦译,中国建筑工业出版社,2005年,第296页。
② 周丽华:《德国大学与国家的关系》,第90页。

五

1901 年,当德国的知识分子们正为"施潘事件"向阿尔特霍夫口诛笔伐之时,年轻的韦伯(Max Weber,1864—1920 年)由于患病没有参与这场关于"官僚行政与学术自由"的争论。不过,长期以来对于政治和官僚权威下德国大学问题的关注,使韦伯对阿尔特霍夫及其体制一直保持着冷静的思考。在其学术生涯中,他发表了多篇关于阿尔特霍夫以及行政与德国大学学术自由的论述。在其论述中贯穿始终的是他对于"官僚制"这一现代社会产物的深刻理解。

韦伯与阿尔特霍夫之间曾因韦伯的大学教职问题而互存抵触。但如同当时几乎所有知识分子一样,韦伯对阿尔特霍夫个人的品格倍加推崇,将阿尔特霍夫视为优秀的德意志官僚,对于阿尔特霍夫的政治行为有着充分的理解。他认为阿尔特霍夫的行为完全是出自他纯粹的爱国精神,他对权力的追寻也更多的是为了实现其政治主张,保障国家利益。阿尔特霍夫在政治事务上的广阔的视野也令韦伯钦佩和赞许。

对于大学教师组成"卡特尔"的现状,韦伯与阿尔特霍夫有着同样的忧虑。学术小团体因其"秘密组织"的存在严重限制了大学在教职聘任与学术研究中的自由。在这种认识下,韦伯对当时弗洛伊德(Sigmund Freud,1856—1939 年)在创建学派时将反对、怀疑其学说的人从小团体里驱赶出去的"学术保护"行为始终予以批评,认为这违背了学术研究中基本的伦理价值,将自己的学说变成"教义",根本上拒斥了开放性的客观研究。

然而,相比学者们组成的"小团体"对于学术自由的损害,韦伯认为国家的官僚制度对于大学事务的干涉更具危险系与破坏性。就此,他对于"阿尔特霍夫无视大学及教授的权利,明目张胆地干涉大学教师人事权表示了极大的愤慨"[1]。在他看来,一方面,阿尔特霍夫以一种马基雅维利式的行为方式完全将对施潘的任命视为官僚政务的一环,以"工具理性"的方式看待作为知识分子的施潘。另一方面,他已经清晰地洞察到:阿尔特霍夫体制中所强调

---

[1]　周丽华:《德国大学与国家的关系》,第 111 页。

的官僚政治对大学管理介入造成的大学内部的"官僚化"终将对知识分子产生一种"腐蚀性的影响"。

德国大学的官僚化发展是渐进的。在整个 19 世纪,随着资本主义体制下各种组织日益出现的科层化倾向①,德国大学内部的行政与管理制度渐渐偏离了能有效制约官僚制度发展的传统体制,大学经费分配制度和人事制度变得日益官僚化。一方面,"德国大学的经费来源方式是德国大学内部产生官僚化的重要因素"②。大学经费主要来自政府预算,而政府预算又受到官僚机构的控制,例如,在阿尔特霍夫任内,他主持建立了"吸引和聘任杰出教师"的基金并直接影响这一资本的分配。这种现实恰恰反映了教育领域出现的异化(Entfremdung):作为文化生产者的大学教师与他们所需要的生产工具相分离了,而对于生产资料的需求决定了国家对于大学、官僚对于学者的支配关系。

另一方面,人事制度的改变强化了这一支配关系。在"施潘事件"中,大学已经完全丧失了教职推荐权。对施潘的任命完全符合韦伯关于官僚制的描述:施潘"是由上级任命"而非"被支配者选举出来的",因此,与经选举(即大学提出的候选人)相比,他能够"精确地执行任务",并更易于建立与"上级紧密的关系"③。

此外,阿尔特霍夫还曾推行了一项重要的教育政策,即将私人讲师(privatdozent)的延聘纳入到国家聘任体系中。众所周知,私人讲师是德国高等教育制度中的独特"风景"。在德国,有志献身学术研究的年轻人通常都是从担任私人讲师开始其学术事业④。在通常情况下,私人讲师没有固定的薪酬,缺乏必要的物质支持;由于未来的学术生涯的不确定性,他们对于必须"承担的极大风险"往往需要以内心对于学术研究的极大热忱来支持。在传统上,私人讲师必须获得学术团体的承认,才有可能获得正式的教职。而由于阿尔特霍夫推行的政策,私人讲师们有机会通过成为"政府的代理人"而晋升为编外教授。

---

① 上山安敏:《关于〈韦伯的大学论〉——代解说》,马克思·韦伯:《韦伯论大学》,第 118 页。

② 上山安敏:《关于〈韦伯的大学论〉——代解说》,马克思·韦伯:《韦伯论大学》,第 121 页。

③ 马克思·韦伯:《经济与社会》(下卷),林荣远译,商务印书馆,2004 年,第 283 页。

④ 马克思·韦伯:《学术与政治》,《韦伯作品集》(第 1 卷),钱永祥、林振贤等译,广西师范大学出版社,2004 年,第 155 页。

于是,"当国会或君主……因政治原因干预学术界的用人时",一些"平庸之辈及一心上爬的人会开始垄断贤路"。大学内外便会出现许多"为了达到个人职业上晋级的目的","趁机捞取因为宗教上或政治上的原因强加给大学的'惩罚教授①'之职的人"。知名的学者由于这种大学"官僚化"也会"充当政治家式的中介人"。越来越多的"官方认可的'先知'"开始"在政府赋予特权的讲堂里拼命地以'科学的名义'就世界观问题做出权威性的讲台裁决"②。

正是在这个意义上,韦伯猛烈批判阿尔特霍夫体制。在韦伯看来,阿尔特霍夫的工作恰恰与美国顶尖大学的优秀校长们的工作是一致的。他招揽人材的能力在当时的政府官员中无人能及。但问题在于,阿尔特霍夫不是大学的校长,而是一位政府官僚。阿尔特霍夫在聘任教师中显示出的马基雅维利手腕让年轻的学者们欣悦地臣服于他的领导下。而政府对学术的支配深刻地影响了学者在研究中的基本价值判断,这毫无疑问地将对学术自由产生严重伤害。这也可以解释韦伯为什么严厉批评当时大学从财界得到资助开设那些有附加条件的讲座。面对学术界人士由于依附"权贵"而出现的伦理上的堕落,韦伯才提出了"价值无涉"的原则。"价值无涉"的提出旨在唤醒沉迷于利益纠葛的知识分子,让他们正视学术研究的伦理意义,提醒他们时刻保持知性的诚实。韦伯揭示了随着现代国家的日益成熟,官僚化、科层化的影响已经无孔不入。由于国家机器的日益成熟和强大,"学术自由"日益被作为一种"政治正确的学术自由",正如阿尔特霍夫所追求的那样。"施潘事件"的独特性,在于其深刻地预示了现代社会中大学与国家关系的发展方向以及在这个过程中不可避免地出现的国家、政府与大学、学者之间的价值、利益和文化的多重冲突。

(本文与王晨、张乐合作,原载《教育研究》2012 年第 11 期)

---

① 在当时,当普鲁士政府见到不顺从当局的学者获得教授职位时,就会任命一位迎合政府政策的学者当教授,通过这样的任命来使他们相互对立,消除前者的影响力,具有对前者惩罚的意味。所以韦伯等把后者取得的职位叫做"惩罚教授"。参见马克斯·韦伯:《贝恩哈德事件》,见马克斯·韦伯:《韦伯论大学》,第 2 页,注释 2。

② 马克思·韦伯:《学术与政治》,《韦伯作品集》(第 1 卷),第 159 页。

学术职业化与美国高等教育的发展

　　职业化(professionalization)原本是一个社会学概念。职业化的基本指标包括:(1)以一套系统理论为基础;(2)具有为委托人认可的权威;(3)广泛的团体约束和对这些约束的认同;(4)具有一整套规范职业内部成员之间相互关系以及与委托人之间相互关系的伦理标准;(5)具有由正式职业协会支撑的职业文化①。

　　亨廷顿(Samuel P. Huntington)在其《士兵与国家》(1957年)中,曾经对职业的概念进行了分析。他认为,作为行业(vocation)的一种特殊类型,职业(profession)的突出特征在于其具有专门知识(技能)、责任和法人团体②。他指出:"职业人(the professional man)是在人类努力的某个重要领域具有特殊知识和技能的专家。他的专门知识只能来源于教育和经验。这是使他区别于外行的职业能力客观标准的基础,也是衡量职业相对能力客观标准的基础。"③关于职业的责任,亨廷顿指出,职业人在社会环境中工作,并对社会提供服务。社会成了每一种职业的主顾。因此,社会责任就成为职业的特征,而职业也就成为具有指导其成员行为的某些价值和理想的道德单位。亨廷顿还认为,由于共同的训练、工作联系和特殊的社会责任,一种职业的成员通

---

① Howard M. Vollmer and Donald L. Mills (ed.), *Professionalization*, Englewood Cliffs: Prentice-Hall, Inc., 1966, p. 9.

② Samuel P. Huntington, *The Soldier and the State: The Theory and Politics of Civil-Military Relations*, Cambridge: The Belknap Press of Harvard University Press, 1957, p. 8.

③ Samuel P. Huntington, *The Soldier and the State: The Theory and Politics of Civil-Military Relations*, p. 10.

常都具有某种团体意识,因而形成了职业组织的身份感①。

本文的主要目的是借鉴职业社会学的相关研究成果,通过探讨 1636—1914 年间(特别是 19 世纪后期)美国社会中发生的学术职业化过程以及在这个过程中发挥作用的主要因素,分析美国高等教育发展的内在动力机制。

一、作为学院教师的助教(1636—1721 年)

美国高等教育的历史始于 1636 年哈佛学院的创建,但这并不意味着,哈佛学院的创建同时也是美国学术职业化进程的开端。这是因为,在当时及其后的近一百年间,无论是在哈佛学院,还是在其他殖民地学院,都不存在真正意义上的职业化的大学教师(教授或讲师),或者说,当时并不存在学术职业。

在 1636—1721 年间,在哈佛学院和其他殖民地学院中,承担初步教学任务的是所谓的“助教”(tutor)。1643 年,在哈佛学院,出现了最早的“助教”。这一年,哈佛学院监事会任命两名“助教”,作为校长的助手,在校长因故离校时,协助校长向学生宣读课文,学校每年向助教支付 4 英镑②。从 1643—1685 年,哈佛学院共有助教 41 人。在哈佛学院之后,其他学院也先后出现了助教。

这些助教的基本特征是:(1)年龄在 20 岁左右,未婚;(2)他们生活在学校,其职责是监督学生的日常生活和学业;(3)他们通常都是未来的教士,他们之所以在学院担任助教,是为了获得担任神职所必需的硕士学位(M. A.),而这通常需要三年时间的学士后(post-baccalaureate)学习。由于这个原因,“在他们的心目中,教学这个行当只是打发时光的一种方式,所以,一旦有机会得到神职,他们就马上辞去助教的工作”③。

在这个时期,学院教师的聘任期很短,通常的情况是,一个年级的学生还没有完成四年的学业,而管理他们的助教就已经离开了学院。例如,在哈佛学院的 41 名导师中,只有 6 人的任期超过 3 年。1653 年,哈佛学院的校长亨

---

① Samuel P. Huntington, *The Soldier and the State: The Theory and Politics of Civil – Military Relations*, Cambridge: The Belknap Press of Harvard University Press, 1957, p.10.

② Richard Hofstadter and Walter Metzger, *The Development of Academic Freedom in the United States*, New York: Columbia University Press, 1955, p.85.

③ Samuel Morison, *The Founding of Harvard College*, p.449.

利·邓斯特(Henry Dunster)就抱怨说,助教们进进出出的频率太高了,以致于安排给他们的工作最后又落到了他自己的身上①。类似的情况在耶鲁、布朗、达特茅斯等学院都普遍存在着。把助教比做"旋转门"(revolving door),反映了当时高等教育机构中教师任职的基本状况。

从1636—1721年间,在美国学院中任教的教师大多没有受过系统的学术训练,他们通常只接受过本科阶段的教育。另一方面,他们在学院中的主要职责并不是教学,而是监督或管理学生。例如,在哈佛学院,直到1707年,助教仍被当作高年级的学生(senior students),他们的主要任务是在纪律和教学方面协助校长工作②。从助教方面看,在学院任职只是一个临时性的安排或过渡,他们并不把在学院的任职作为一种终身的职业。

两个方面的原因可以解释上述现象。第一,当时的劳动分工状况。在当时,美国劳动力的80%—90%从事农业生产,只有1%—2%的劳动力从事着所谓的职业化工作(神职人员、律师和医生)③。这也就是说,在这个时期,由于经济、社会发展水平的限制,既不存在较为复杂的社会劳动分工和职业划分,也没有对职业化的普遍需求。在这样的背景下,没有人会认为高等教育是一个专门化的机构,也没有人会认为在高等教育机构中任职的人必须受过特殊的训练。由那些不断进进出出的助教们构成学院教师的主体,也就不足为怪了。第二个原因是,在这个时期,美国学院主要受着英国大学(特别是牛津大学和剑桥大学)的影响,高等教育的目的被认为是,通过"学院的生活方式"(a collegiate way of living),达到对"上帝和耶稣基督的认识"④。

二、旧式学院教授——教师(1722—1880年)

从18世纪20年代开始,在美国高等教育机构中出现了一种非常重要的趋势,这就是教授职位的出现。1722年,最早在哈佛学院,设立了两个教授职

① Samuel Morison,*Harvard College in Seventeen Century* (Vol. 2),Cambridge:Harvard University Press,1936,p.15.

② Philip Altbach and Martin Finkelstein,*The Academical Profession:The Professoriate in Crisis*,New York:Garland Publishing,Inc.,1997,p.24.

③ Samuel Morison,*The Founding of Harvard College*,p.251.

④ Philip Altbach and Martin Finkelstein,*The Academical Profession:The Professoriate in Crisis*,p.25.

位,一是神学教授,一是数学和自然哲学教授。获得这两个职位的分别是爱德华·威格尔斯沃斯(Edward Wigglesworth,他在这个职位上工作了 44 年)和艾萨克·格林伍德(Isaac Greenwood,他在这个职位上工作了 11 年)①。1746年,耶鲁学院最早的教授职位于 1746 年设立,1767 年,普林斯顿学院设立了三个永久性的教授职位。此后,在其他学院相继设立教授职位。

与先前在学院中成为教师主体的助教不同,这个时期出现的教授并不承担一个年级的管理,他们的主要职责是在诸如自然哲学、神学和古典语言等专门领域中的教学工作;其次,教授们通常相对年长一些,他们的平均年龄至少比助教大 5—10 岁;再次,教授中的大多数人都受过学士后阶段的教育。例如,在这个时期布朗学院任职的 8 位教授中,有 7 人受过学士后阶段的教育,而同时期哈佛学院的 10 位教授均受过这种教育②。

教授与助教的更为重要的差异在于,与助教不同,教授职位具有某种永久性。例如,在 18 世纪后期,耶鲁学院教授任职的平均时间从 21.5 年增至36.8 年;布朗学院教授任职的平均时间从 30.7 年增至 36 年;哈佛学院教授任职的平均时间则为 42.5 年③。任职时间的延长不仅保证了学院教学工作的稳定性和延续性,更为重要的是,它使学院教师的工作有可能成为一种职业,而不是一时的生计。

但在另一方面,教授与助教在某些方面也存在着一致性或相似性。第一,与助教一样,教授也承担着监督学生背诵和宿舍生活的职责,也承担着维持纪律的工作。在这方面,教授们的责任与助教实际上是一致的。第二,与助教们相似的是,教授们通常都是教士或至少受过神学的训练。1795—1844年间,联盟学院的 130 位教授中,55 人是教士;1828—1862 年间,达特茅斯学院三分之二的教授接受过神学训练;1841 年,拉法耶特学院的教师全部由教士组成;1868 年,耶鲁学院的 10 位教授中,有 7 人是长老会的教士④。

尤其值得注意的是,尽管与助教相比,这个时期美国学院的教授们通常接受了更多的教育和训练,但是,他们所接受的基本上仍然是传统的古典学

---

① Altbachand Finkelstein,*The Academical Profession:The Professoriate in Crisis*,p. 24.

② Altbachand Finkelstein,*The Academical Profession:The Professoriate in Crisis*,p. 25.

③ Frederick Rudolph,*The American College and University:A History*,New York:Alfred A. Knopf,1962,p. 160.

④ Frederick Rudolph,*The American College and University:A History*,p. 160.

科的训练或神学训练,而不是专门领域的训练。与此相联系的是,在这个时期,美国学院的教授职位虽然是在某些专门领域(神学、古典语言、自然哲学等)设立的,但很少有教授在自己任职的专门领域进行研究,有些教授甚至以不进行研究为荣。威廉—玛丽学院的著名教授马克·霍普金斯(Mark Hopkins)曾对他的同事说:"你读书,我不读书;事实上我从来不读书。"①霍普金斯的同时代人、联盟学院的名教授伊利法莱特·诺特(Eliphalet Nott)也曾对他的同事(一位希腊语教授)说:"我比你更不把希腊语当回事,我也不把书籍当回事……"事实上,在这个时期,由于美国高等教育仍然把养成虔诚的信仰作为基本的目标,所以,学院教授们所关心的主要是,如何把自己对上帝的信仰很好地向学生传递,而教授所需要具备的素养也主要是坚定的信仰和传递信仰的能力②。这个时期的教授与其说是学者,倒不如说是绅士。正是由于这样的原因,著名高等教育史学家鲁道夫(Frederick Rudolph)把这个时期美国学院的教授称为"旧式学院教授"(the old-time college professor)③,以区别于现代意义上的大学教授。

三、职业化学者——教师(1880—1914 年)

南北战争结束后,特别是从 19 世纪 70 年代中期开始,受德国大学的影响,以及美国国内经济社会领域中出现的职业化趋势和知识领域中出现的学科化趋势,美国学术职业化的进程明显加速并于 20 世纪初基本完成。这主要表现在以下三个方面。

第一,职业化的学者成为大学教师的主体。从 19 世纪 80 年代开始,美国高等教育机构对教师任职资格的要求出现了明显的职业化倾向,即更为注重申请者所受的专业教育和训练,或者是申请人的学术声望和成就。到 1900 年前后,哲学博士(PH. D.)已经成为在大学当中讲授主要学科的资格证书,它代表持有人已经接受了长期的、专业的和理论性的训练,是优秀研究人才

---

① Frederick Rudolph, *The American College and University: A History*, p. 159.

② Frederick Rudolph, *The American College and University: A History*, p. 160.

③ Roger Geiger, *To Advanced Knowledge: the Development of American Research Universities, 1900—1940*, New York: Oxford University Press, 1986, p. 39.

的标志;它也标志着持有人应以增长人类的知识为其服务意向。

查尔斯·W.埃里奥特(Charles Eliot)在晚年曾回忆,在他初掌哈佛大学时,很难对学者的学术成就进行判断,因此他倾向于选择那些在哈佛大学已有良好社会关系的初级教师担任教授。但到 1892 年时,哈佛大学三分之二的教授公开发表了自己的学术成果,或者具有哲学博士学位,或者曾在欧洲进行过专业学习,同时大多数教师来自哈佛之外。这种情形在当时的美国大学(特别是研究型大学)是较为普遍的。它实际上反映了一种基本的趋势:那种以学术研究作为业余爱好的旧式教授正在为职业化的学者所取代。大学成为著名学者的主要工作场所。

20 世纪初,卡特尔(J. M. Cattell)曾对 10 个学科领域的 1000 名最杰出的美国科学家进行了抽样调查,结果发现,其中 18% 分布在非学术机构(100 名属于政府机构);大约 1/4 的著名科学家零星分布在各种机构;其余的科学家分布在大学。在那些服务于大学的科学家中,三分之二分布在 13 所研究型大学,另外三分之一分布在 38 所中等声望的学院和大学当中。

表1   1000 名著名的美国科学家的分布(1906 年[①])

(已退休 = ½)

机构分布		人　数	
研究型大学	哈佛	66½	403
	哥伦比亚	60	
	芝加哥	39	
	康奈尔	33½	
	约翰·霍普金斯	30½	
	加利福尼亚	27	
	耶鲁	26½	
	密执安	20	

①　Geiger Roger, *To Advanced Knowledge: the Development of American Research Universities*, 1900—1940, p. 37.

续表

机构分布		人　数	
研究型大学	麻省理工学院	19½	403
	威斯康星	18	
	宾夕法尼亚	17	
	斯坦福	16	
	普林斯顿	14½	
	明尼苏达	10	
	伊利诺伊	6	
其他的学院和大学		193	
联邦政府		110	
其他非大学的部门		24	
无特定的归属		270	
总计		1,000	

　　第二,专业团体和组织的出现。1860 年以后,知识的发展和不断学科化推动了知识组织形式和生产方式的变化。各种专业团体和由专业人员组成的协会如雨后春笋般大量涌现,进一步加速了学术职业化的进程。1914 年美国大学教授协会(AAUP)的成立是学术职业化完成的重要标志之一①。

表 2　主要的学术团体和出版物年表

年　份	学术团体	出版物
1842 年	美国东方学学会*	
1848 年	美国科学促进会	
1865 年	美国社会科学协会*	

---

　　① Richard Heydinger and Hasan Simsek,*A Genda for Reshaping Faculty Productivity*,Denvor:State Higher Education Executive Office,1992,p. 7.

年　份	学术团体	出版物
1869 年	美国哲学协会	（学报…）⁻
1876 年	美国化学学会（纽约）(1892a)⁺	（学报…）⁻
1878 年		美国数学杂志
1879 年	美国考古学研究所	美国化学学会学报(1892a)⁺
1880 年	圣经文学和解释学会	（杂志…）
		美国化学杂志
		美国哲学杂志
1882 年	美国希腊古典研究学会(1879)	
1883 年	a) 美国博物学家学会	科学
	b) 现代语言协会	（刊物…）⁻
1884 年	a) 美国历史协会	
	b) 华盛顿化学学会(1892a)⁺	
1885 年	美国经济学会	美国考古学杂志
1886 年		政治科学季刊
1887 年		美国心理学杂志
		经济学季刊杂志
1888 年	a) 美国数学学会	（公告…）⁻
	b) 美国地理协会	（公告…）⁻
1889 年	美国政治和社会科学学会	
1890 年	美国动物学学会	
1892 年	a) 美国化学学会	哲学评论
	b) 美国心理学协会	（…评论）⁺
1893 年	美国植物学学会	物理评论 1899a
		地理杂志

续表

年　份	学术团体	出版物
		政治经济学杂志
1895 年	美国罗马古典研究学会(1879)＋	美国社会学杂志
		美国历史评论
		天文物理杂志
1896 年		物理化学杂志
1899 年	a)美国物理学会	
	b)美国天文和天体物理学会	
	c)美国微生物学学会	
1901 年	美国哲学协会	
1902 年	美国人类学学会	
1903 年	美国政治学学会	(…评论)﹣
		现代哲学
1904 年	美国地理协会	美国实验动物学杂志
1905 年	美国社会学学会	(出版物和会议记录)﹣

注：＊母社团

　　＋以后与其他协会合并

　　﹣在该年所创立的协会的出版物

　　第三,专业期刊的出现。在 19 世纪后期的美国,不但从事知识生产的主体和知识生产的方式发生了变化,知识传播的形式也出现了巨大的变化。其中,对于学术职业化进程而言具有特殊意义的是大学创办的各种专业期刊。专业期刊的出现,不仅为学者提供了交流学术研究成果的阵地,更主要的是它提供了对学者的学术水平和声望的评价标准,从而使学者的研究工作得到外在的客观的评价。

　　约翰·霍普金斯大学是第一所出版学术期刊的大学。此后,其他的研究型大学纷纷仿效。到 20 世纪初,几乎所有的研究型大学都创办了不同学科的学术期刊(各主要大学学术期刊出版的时间见表3)。

表 3　研究型大学的主要学术出版物以及首版日期（截至 1906 年）

加利福尼亚大学	
	美国考古和人种学杂志（1903）
	古典哲学杂志（1904）
	植物学杂志（1902）
	动物学杂志（1902）
芝加哥大学	
	古典哲学研究（1895）
	经济学研究（1895）
	美国社会学杂志（1896）
	美国闪族语言和文学杂志（1884/92）
	美国神学杂志（1897）
	天文物理杂志（1882/95）
	圣经世界（1883/93）
	古典哲学（1906）
	政治经济学杂志（1892）
	现代哲学（1903）
	学校评论（1893）
哥伦比亚大学	
	历史学、经济学和民法研究（1891）
	政治学季刊（1886）
	哥伦比亚大学哲学和心理学文献（1884）
	哥伦比亚大学圣经丛书（1894）
	哥伦比亚大学地质学丛书（1906）
	哥伦比亚大学罗马哲学和文学研究（1902）
康奈尔大学	
	古典语言学研究（1887）
	康奈尔哲学研究（1900）

续表

	哲学评论(1892)
	物理评论(1893)
	物理化学杂志(1896)
哈佛大学	
	哈佛历史研究(1896)
	哈佛古典哲学研究(1890)
	哲学和文学研究和注释(1892)
	哈佛东方学丛书(1891)
	经济学季刊(1886)
	哈佛法律评论(1887)
	数学年鉴(1889)
伊利诺伊大学	
	英国和德国哲学杂志(1897/1906)
约翰·霍普金斯大学	
	美国数学杂志(1878)
	美国哲学杂志(1880)
	美国化学杂志(1879)
	历史和政治经济学 JHU 研究(1883)
	现代语言注解(1886—1890)
麻省理工学院	
	技术季刊(1887)
密歇根大学	
	密歇根法学评论(1902)
明尼苏达大学	
	无
宾夕法尼亚大学	
	天文学丛书(1895)

续表

	动物学图书馆文献(1893)
	哲学和文学丛书(1891)
	政治经济学和民法丛书(1885)
普林斯顿大学	
	(地理学、心理学和哲学非正式出版物)
斯坦福大学	
	(不定期的专题著作)
威斯康星大学	
	经济学、政治学和历史丛书(1894)
	哲学和文学丛书(1898)
	科学丛书(1894)
耶鲁大学	
	耶鲁心理学研究(1892)
	耶鲁英语研究(1898)
	耶鲁法学杂志(1891)

　　从以上叙述中可以看到,美国高等教育的发展是与学术职业化的进程相一致的。在某种程度上,学术职业化实际上是推动美国高等教育发展的基本的内在动力之一。这从另一个方面昭示人们,促进高等教育发展的因素是多元的,那些看似隐性的要素实际上发挥着某些显性要素难以比拟的作用。

（原载《北京大学教育评论》2004 年第 2 期）

学术自由在美国的制度化历程

　　学术自由不是一个抽象的固定不变的概念,而是一个具体的、历史的概念。中世纪的大学自治已经萌发了学术自由的思想,19世纪初德国柏林大学明确提出了学术自由的原则。美国在19世纪中叶前后,引入了德国的学术自由的观念。学术自由在美国的历史是一个充满斗争和分歧的历史。只有把学术自由放在美国特定的历史背景之中,才能展现在美国大学、学院发展的不同历史时期,社会条件的变化如何提出了学术自由的要求,人们为争取学术自由的斗争又怎样扩展了学术自由的内涵。根据美国大学、学院发展的不同历史时期学术自由的内容、学术自由的社会条件以及学术自由的主体的变化,学术自由在美国的发展大致经历了殖民地学院的信仰自由时期、德国学术自由思想的移植时期(19世纪中后期)、美国学术自由制度化时期(19世纪末至20世纪上半叶)与二战后学术自由的危机与挑战时期几个大的阶段。

一、殖民地学院信仰自由的萌发

　　为了研究学术自由思想在美国发展的历史,有必要了解美国早期学术自由的状况。早期美国的殖民地学院多由各教派创办,宗教派系纷争遏制了学院的学术自由,宗教正统观念就是当然的准则。学院由教会神职人员构成的董事会进行管理,教学内容与教师的聘任、校长的遴选均强调与该教派的信仰相一致,教师的信仰和良好的品行远比学术上的能力重要,教师只能在特定教派的教义下从事教育工作,否则将被逐出学院的大门。9/10的大学校长来自牧师,牧师担任学术职务通常由教会的发起人委任。"学院不存在无教派的校长,校长必须反映他所属教派的教义并为之服务","学院的教师只有为学院存在的自由,而无在学院内的自由"①,充分反映了这个时期学院的学术自由状况。哈佛学院的第一任院长邓斯特(Dunster)因怀疑浸礼会未成年人再洗礼的合法性,拒绝给其第四个孩子进行洗礼,受到了藐视学院清教徒的指控,被迫辞职。爱德华·威格尔斯沃斯(Edward Wigglesworth)在被任命为哈佛学院的第一位神学教授之前,哈佛校监会要求校务会考察其宗教信仰是否与正统的教义相一致;1756年耶鲁学院的第一任神学教授拉发利·戴格特(Naphali Daggett)也同样受到这种考察②。对候选人进行宗教信仰的考察几乎成为殖民地学院通行的做法。教授的宗教派别成为能否被聘用的重要影响因素。教派的政治活动甚至进入到了表面上中立的州立大学。美国内战前存留下来的州立大学有21所,教会为了控制这些大学,在大学的董事会中安排自己的代表,或者建立新的大学与之竞争,从而阻碍了这个时期州立大学的发展。北加利福尼亚、田纳西、佛蒙特、肯塔基、迈阿密、印第安纳、阿拉巴马等大学先后受到不同教派的影响和控制。在东北部各州以及南部和西部的六个州,由于教会的反对,直到美国内战后才创立州立大学。州立大学并不是不重视宗教,它们从建立之日起,就通过读经课、每天的祷告、强制性的礼拜活动对学生进行宗教信仰的教育。在杰斐逊计划创办的弗吉尼亚大学,尽管比其他大学更加强调宗教与教育分离的原则,但仍然允许学生有一定的自由时间同他们的牧师一起做礼拜,在大学神学院以外为教工提供宗教信仰活动的场所,要求伦理学教授重视宗教信仰的价值。只是为了避免教派之间的冲突,杰斐逊才禁止正式的神学教学,反对聘用神职人员担任教授以及教派对学校任何形式的控制。然而,就是这种宗教与教育有限度分离的做法,仍然招致了内战前激进教派对弗吉尼亚大学的极端仇视。

　　各个教派为了扩大势力范围,加强了对学院控制权的争夺,常常发生学院内各个教派争夺学院控制权的冲突。战前由长老派教会控制的49所学院

①　Walter P. Metzger,*Academic Freedom in the Age of the University*,New York:Columbia University Press,1955,p.43.

②　Richard Hofstadter,*Academic Freedom in the Age of the College*,New York:Columbia University Press,1955,p.155.

中,卫理公会教派控制了 3 所;有 3 所学院成为了州立大学;7 所落到了公理会教派手中;1 所学院由圣公会创立,后又被长老会教派短时控制,最终走向独立;1 所与长老会教派相联系的半州立化的学院,后被浸礼教会接管;8 所学院逐渐获得实质性的独立;1 所学院(Transyvania)先后多次经历了不同教派的控制,先是由浸礼会教徒控制,然后过渡到新圣公会教徒,再到长老会教徒、卫理公会教徒,最后到基督教会教友派控制。由于教派的更替,学院面对不断变化的宗派信仰而感到无所适从。教派对学院控制权的争夺,威胁到学院的正常生活和教育的连续性,从而引发了学院对整个教派制度的不满,反对教派主义的斗争不断高涨。迈阿密大学与长老会教派有着密切的联系,19世纪 30 年代断绝了与长老会教派的联系。校长罗伯特·汉密尔顿主教认识到教派之间的冲突无论是对教会还是对学院都是有害的,因而致力于寻求教会的团结以及学校中思想的自由。伊利诺伊州学院的一位忠实的基督徒斯特蒂文特(J. M. Sturtevant),对长老会派对其教学活动的调查感到十分恼火,转而声讨教派主义的狂热、偏执。查尔斯·艾略特(Charles Eliot)声称:"一所大学决不能建立在教派的基础之上"[1],并且内战后一直坚持这一办学的指导原则。

　　学院对教派主义的反对萌发了宗教宽容和信仰自由的思想,而 19 世纪初学院面临的严重的财政危机,迫使学院实行更为宽容的宗教政策。为了吸引更多的学生,缓解经费匮乏的局面,学院宣称没有教派之间的对立,强调学院不对学生进行任何形式的宗教测试,学院也禁止对教师的宗教考核,也不允许教派对学院的控制。在美国学院发展历史中,思想自由最初是以学生的信仰自由的形式出现的[2]。18 世纪美国的学院一直为学生享有信仰自由和对学生宗教信仰的宽容而自豪,主要因为学生的学费是学院经常性财政收入的重要来源。哈佛学院在 17 世纪末,就已经出现对学生宗教信仰的宽容的趋势,1746 年后随着各学院日益激烈的生源竞争,这种趋势更为明显。大多数学院的管理者已经认识到教派主义不仅不利于生源的扩大,而且限制了其他教派可能对学院的捐赠,从而会影响学院的发展。为了改变这种状况,学院极力表明自己的非教派立场,规定必须招收不同教派的学生,允许不同教

---

①　Walter P. Metzger, *Academic Freedom in the Age of the University*, p. 28.

②　Richard Hofstadter, *Academic Freedom in the Age of the College*, p. 153.

派的教师在学院占有相应的比例。然而,有关教师自由的认识最早可追溯到
1772 年普林斯顿学院约翰·威瑟斯庞(John Witherspoon)院长。他认为学院
应当充满自由的空气,而不该是教派的偏见。学院作为知识的发源地,应该
有一种内在的自由精神。教师的聘用主要取决于其能力和品格,而不应该屈
从于教派或政府的压力。普林斯顿学院由于从不依附于某个利益集团的支
持,所以必须寻求各种社会力量的支持,"因为我们不依靠任何特定的势力,
所以才能公正地对待所有支持我们的力量"①,学院的教师来自不同的教派,
具有不同的宗教信仰,也不得不相互适应,从而有助于学院形成自由和宽容
的环境。约翰·威瑟斯庞在普林斯顿学院的改革,表明学院的宗教政策有了
明显的进步,为保护教师自由而采取的相应措施也具有重要的意义。

　　18 世纪后期,美国的学院开始萌发的宗教宽容和信仰自由的思想并非现
代大学意义上的学术自由,然而却为学术自由的发展奠定了思想基础。而教
派主义对殖民地学院的思想钳制,更加激发了学院对思想自由的渴望,为学
术自由在美国的发展提供了现实的需要。

二、内战后美国学术自由思想的确立

　　内战后的美国学院和大学深受德国大学模式的影响。19 世纪下半叶,先
后有近万名学生和学者到德国求学或从事研究。14、15 世纪开始的文艺复兴
运动到 18 世纪的欧洲资产阶级启蒙运动,打破了封建专制和宗教蒙昧主义
的精神枷锁,欧洲自由主义思潮成为德国学术自由的思想源泉。宗教改革运
动打破了中世纪欧洲的整体性,原本带有国际性的中世纪大学,变成了各民
族国家的学术机构,资产阶级民族国家形成的过程加强了对教育的控制,欧
洲民族国家构成了对大学自治的威胁。学术自由正是对国家干预大学事务
的反应;此外,学术自由思想也适应了 17、18 世纪科学的迅速发展和科学对
自由研究、探索的需要。

　　18 世纪的德国大学经过了两次改革运动。第一次大学改革运动始于
1649 年创办的哈勒大学,由于最先倡导学术自由和创造性的科学研究,哈勒

---

① 　Richard Hofstadter, *Academic Freedom in the Age of the College*, p. 154.

大学被史家誉为不仅是德国的而且是欧洲的第一所具有现代意义的大学。哈勒大学的成功,引起了其他大学的效仿。哥廷根大学就是效仿哈勒的产物,哥廷根大学禁止排斥持"异端"观点的教师,神学开始丧失它在大学一直享有的凌驾于其他学科之上的特殊地位,这些措施实际上已显出学术自由的萌芽①。哈勒和哥廷根大学的改革获得极大的成功,从而直接影响到18世纪后期德国的第二次大学改革运动,并进而为19世纪德国的大学改革和柏林大学的创立奠定了基础。在洪堡、费希特等人的共同努力下,1810年柏林大学正式开学,费希特当选为哲学系主任,次年当选为校长,以《论学术自由惟一可能遇到的干扰》为题,发表了就职演讲,他说:"这所大学的产生将以建立在近代科学和数学基础上的近代哲学取代统治了欧洲许多世纪的亚里士多德的那种权威学说;这所大学以'不听信不足够的理由'为其学术自由的思想,这所大学的教学和科研以追求真理为主旨;这所大学是以国家和民族的长远利益,以人类进步和人的完善发展,以自由探索真理为办学的主旨。"②柏林大学自创立之日始,就把尊重自由的学术研究作为办学的根本思想,坚持大学自治、学术自由、教学与研究统一的原则,洪堡反对传统大学将知识的传授作为主要职能的做法,主张大学的主要任务是追求真理,开展科学研究。教学只有与科研结合起来,通过创造性的科研活动、学术交流,才能培养出高质量的人才。同时他还主张学术自由,对学术问题必须遵循自身的规律去解决,政府不能强行干预,政府的作用只是提供研究所需要的设备和条件以及合理的制度。正是基于这种认识,柏林大学注重高深的科学研究,充分发挥教师和学生的独创精神,在大学内部实行教学自由,保障教师拥有自由讲授和自由科研的权利,允许学生享有充分的学习自由,包括选科、选择教师和转学的自由。柏林大学确立的学术自由原则,为现代大学树立了典范,成为现代大学学术自由思想和实践的策源地,其后德国以及欧洲新建的许多大学都以柏林大学的办学模式和思想为榜样。

美国留学生回国后不仅把德国先进的科学带回了美国,而且把学术自由的种子也移植到了美国的土地上。任何一种观念或制度的形成和发展,都会有其特定的历史背景和社会条件。德国大学的学术自由思想之所以能够移

---

① 贺国庆:《德国和美国大学发达史》,人民教育出版社,1998年,第24—25页。
② 陈列、俞天红:《西方学术自由评析》,《高等教育研究》1994年第2期。

植到美国大学并被接纳,是因为美国大学的客观环境提出了学术自由的需要。达尔文进化论的传播和科学的迅速发展,进一步促进了美国学院教育的世俗化、科学化,推动了美国学院向大学的过渡。1879 年霍普金斯大学成立,充分借鉴德国柏林大学学术自由、教学与科研相结合的精神,从而确立了科学研究在大学中的重要地位。科学研究以及对真理的追求,极大地促进了学术自由的发展。同时,资产阶级自由、民主、平等的人权思想在美国的推广普及为大学的学术自由思想充实了新的内涵。此外,美国大学的学术自由思想还从广泛的社会生活和制度中吸取了许多共同的主张,从现代科学中吸取了不断探求新知,保护研究自由的思想;从商业上吸取了自由竞争的观念;从现代国家政治中吸取了言论自由、出版自由以及在一个多样化的社会中应当尊重各种观点的宽容思想①。然而,学术自由思想得到广泛的承认和接受也并不是一帆风顺的,自从留德的美国留学生引入大学学术自由思想以后,大学就一直没有停止过争取学术自由的斗争。

美国虽然移植了德国大学学术自由的理念,但是受文化传统中经验主义和实用主义思想的影响,从而形成了不同于德国的特点。德国学术自由包含了教学自由(Lerfreiheit)即教师在大学内教学和研究的自由,以及学习自由(Lernfreiheit)即学生在学习方面免受行政上的强制,有自由转学和自由选择课程的权利。美国学习德国大学学术自由的思想是从确立学生的学习自由权利开始的,而最能体现德国大学学习自由的选修制则是美国学习的重点。美国早期引进学术自由观念时,主要强调学生的学习自由,要求大学改革课程内容,减少必修课,增加选修课,给学生提供更多选课的自由。1885 年普林斯顿学院的院长安德鲁·F. 韦斯特(Andrew F. West)发表的一篇论文中,提出学术自由就是选修制、科学课程和自愿的礼拜活动②。自 1636 年哈佛建院以来,美国学院主要仿效英国牛津、剑桥大学,实行固定课程和古典课程,培养社会精英和教会的牧师。随着美国社会的世俗化进程的加快与学院教育的职业化趋势的产生,古典课程越来越不适应美国社会发展形势的需要,遭到一些杰出人物的批评,同时学生对过于古典的课程的学习也缺乏浓厚的兴趣。美国最早尝试选修制改革的是托马斯·杰斐逊创办的弗吉尼亚大学,学

①　别敦荣:《中美大学学术管理》,华中理工大学出版社,2000 年,第 64 页。

②　Walter P. Metzger,*Academic Freedom in the Age of the University*,p. 123.

生享有选择学习专业的自由,可以从古典语、现代语、数学、自然科学、自然史、解剖学和医学、道德哲学、法学等八大领域选择自己学习的专业,但是一旦选定了某个专业,获得该专业的学位所必须学习的课程则是规定好了的。哈佛大学是选修制的发祥地,蒂克纳(Ticknor)在哈佛大学允许高年级学生选修一定数量的课程。1869年查尔斯·艾略特当选为哈佛校长,强调大学必须为学生提供选择学习的学科的自由,把推行选修制的课程改革作为实现学生学习自由的突破口。经过艾略特的改革,1875年哈佛大学除了一年级新生外,其他年级全部实行选修制,必修课程仅限于修辞学、哲学、历史学、政治学几门课程;1883—1884年选修制扩展到包括一年级新生的所有年级,一年级新生的必修课程减少到两门英语和一门现代外国语;1897年哈佛的必修课只剩下一年级的一门修辞学课程。此外,韦兰(Francis Waland)在布朗大学,塔潘(Tappan)在密歇根大学也进行了选修制的课程改革①。

选修制在美国大学的推行,打破了古典课程的垄断局面,新兴的科学课程和实用课程开始进入大学,适应了学生对专业性和职业性课程的需要,极大地调动了学生学习的积极性。尤为重要的是学生的学习自由权利在一定程度上得到了尊重和保护,确立了学习自由在美国学术自由思想中的地位。不仅如此,选修制也引起了教师角色的转变,由原来的知识传授者不断向新知识的探索者转变,教师的研究成果可以通过开设选修课的方式进入大学课堂,从一定程度上也促进了教师的教学自由和研究自由,美国学术自由思想又向前迈出了重要的一步,丰富了学术自由的内涵。

三、20世纪上半叶美国学术自由思想的制度化

19世纪末美国资本主义工商业急速发展,宗教和神学势力在美国大学的影响不断减弱,先前那种表现为科学与神学之间的冲突,现在公开地表现为科学与政治、科学与财富之间的斗争。大学内董事会成员中原有的神职人员的地位逐渐为企业家或工商业人士所取代,使得大学与企业的关系日益密切,美国大学日益面临着企业和政府对学术自由的严重威胁,大学教师几乎

---

① John S. Brubacher & Willis Rudy, *Higher Education in Transition*, New York: Harper & Row, Publishers, 1976, pp. 106—122.

沦为企业的雇员,只要教师的言行招致了董事会内的企业家的不满,随时都可能被解雇。大学教师的学术自由权利遭到了粗暴的践踏,教授因学术原因而被迫辞职、免职或受到起诉的事件时有发生。仅在 19 世纪末期,就发生了二十多起因为大学教授与大学董事会意见的对立,而解雇大学教授的事件。1895 年美国著名的学者爱德华·比米斯(Edward W. Bemis)因为反对企业垄断而被芝加哥大学解聘。1897 年经济学家本杰明·安德鲁斯(E. Benjamin Andrews)因为主张自由货币政策被布朗大学解聘。1900 年发生在斯坦福大学的罗斯案最为引人注目。罗斯(Edward A. Ross)是当时美国非常有名的社会学家,因为公开发表演讲批评政府的亚洲移民政策,支持公共设施国有化的主张,引起斯坦福大学的董事利兰·斯坦福夫人的强烈不满,从而遭到解雇。几名教授愤而辞职,以示抗议,但仍然无济于事。为了保护大学教师的学术自由权利,维护教师职位的稳定性,在约翰·杜威等人的倡议下,1915 年美国部分大学的教授联合起来成立了美国大学教授协会(AAUP),公布了关于学术自由和教授任期的原则声明(1915 年),声明在阐述了学术权利的基础、学术职业的性质和学术机构的职能之后,提出实行学术自由的原则,保障教授教学和研究的自由权利,以及在专业领域探讨深奥的和有争议的问题并以个人的名义发表思想观点的自由,就一般的社会和政治问题以体面的适于教授身份的方式发表意见的自由。为了保证研究和教学自由,声明建议,在解雇和处罚大学教师之前,应先由学校专业人员,即教授、副教授和所有讲师以上职位的人员组成的适当的公正团体进行审议,并主张讲师以上职位的专业人员任职 10 年以上均应永久聘用①。

  1915 年大学教授协会关于学术自由和教授任期的原则声明,把教师教学自由、研究自由的权利制度化,并通过制定教师任期内应享有的权利以及解聘教师应该履行的程序等制度,使大学争取学术自由的斗争走上制度化的道路,标志着西方学术自由思想由人们向往的一种大学理念变为一种大学实践活动,并逐步演化为一种现代大学制度。1915 年声明得到了美国学院协会(AAC)、美国大学协会(AAU)等组织的认同,但随后而来的第一次世界大战和 30 年代的经济危机都暴露出这些原则的脆弱。许多教授因为反战和在政

---

① Louis Joughin, *Academic Freedom and Tenure*, Madison: The University of Wisconsin Press, 1967, pp. 174—176.

治上持左派观点而被解雇。1940 年,美国大学教授协会与美国学院协会联合发表原则声明,对 1915 年的声明进行补充性说明,特别强调大学和学院的教师不是普通的公民,而是有知识的行业的成员和教育机构的官员,在社会中的特殊地位赋予其特殊的责任,教授在行使学术自由权利的时候,不要忘记公众可能根据其言论来判断其所在的专业和学校。因此,他要始终注意自己的形象,实事求是,尊重他人的意见,同时表明自己不是学校的发言人。此外,声明提出了教师的终身任期制,第一次给任期程序以明确的界定,规定大学的教师和研究人员经过最长不超过 7 年的试用期,经同行评议,就应享有永久的任职资格,除了财政危机或教师个人的道德原因之外,终止任期必须有充足的理由[①]。

然而在第二次世界大战和冷战时期,不管是美国大学教授协会还是其关于学术自由的原则都没能保护教授免于效忠宣誓和阻止麦卡锡把不少教授指控为共产党人。二战以后,美苏冷战开始,美国社会陷于一种"赤色"恐怖的阴影之中,20 世纪 50 年代麦卡锡主义在美国大学掀起了一场清除共产党人教师的反共主义运动,使美国的学术自由遭到了有史以来最为严重的打击。60 年代美国校园的学生运动,再次使学术自由面临新的困境。1957 年联邦最高法院在斯韦泽诉新罕布什尔州一案的判决中,最高法院的首席大法官认为:"对我们的学院和大学的智力领袖横加任何束缚都会葬送我们国家的未来。"[②]最高法院的判决从法律上保护了大学的学术自由权利神圣不可侵犯。美国大学教授协会又分别在 1958 年、1970 年对学术自由的有关问题进一步作了补充解释,截至 1977 年美国已有 177 个各类高等教育联合组织正式签署赞同 1940 年声明的原则,从而在很大程度上使得学术自由和关于教师聘任的原则在美国高等学校中制度化。学术自由的思想经过美国大学教师和美国大学教授协会长期不懈的斗争逐步取得了社会的认同,并成为大学教师不断探索真理、献身科研的有力保障。

中世纪的大学自治萌发了学术自由的思想,经过德国柏林大学的实践,奠定了学术自由成为经典大学理念的基础。美国大学为争取大学学术自由

---

① Louis Joughin, *Academic Freedom and Tenure*, p. 37.
② 别敦荣:《中美大学学术管理》,第 65 页。

的斗争,促进了学术自由的制度化。今天,学术自由不仅作为一种大学理念为各国的大学所认同,而且已成为一种现代大学制度。各国为了确保大学的学术自由,纷纷颁布相关的法律、法规,通过法律保护大学的学术自由,实现了学术自由的法律化。从某种意义上讲,世界一流的大学都在学术研究最为自由的国家,世界一流的大学也往往是学术研究最为自由的大学。我国要建设世界一流的大学,保障大学的学术自由权利,是一个基本的条件。否则,我们永远不可能建设世界的一流大学,永远不可能出现学术繁荣、文化进步和科技的创新。

(本文与李子江合作完成,原载《沈阳师范大学学报》〔社会科学版〕2003 年第 5 期)

美国教育学界精英形成的
社会条件和内在机制

19 世纪末 20 世纪初,是美国教育史上一个具有里程碑意义的时期。这个时期的一个突出特征是出现了一种"井喷"效应,即在较短时间内集中涌现出了大批著名的教育家,形成了一个由众多著名教育家组成的教育学界精英群体。以往的教育史研究较多地注意到杜威、桑代克、巴格莱、克伯莱、孟禄、克伯屈、康茨等教育家个体的活动和思想及其历史贡献,却很少关注他们作为一个群体的知识生产活动以及对 20 世纪美国教育学科发展的贡献,因而更少分析这个群体的形成条件和机制。鉴于此,本文所关注的研究问题是:到底是怎样的社会文化条件造就了美国教育学界精英的崛起? 美国教育学界精英是如何建构教育知识及其学术秩序的? 围绕这两大问题,本文旨在分析美国教育学界精英群体形成的一般社会文化条件和内在机制。

一、美国教育学界精英形成的黄金时代

在美国教育史上,涌现出了数量众多的知名教育家。约翰·厄尔斯(John Ohles)主编《美国教育家传记辞典》和弗里德里克·厄尔斯(Frederik Ohles)主编的《美国现代教育家传记辞典》收录了总计 1972 名教育家。按时间分布,1851—1925 年间出生的人数占总数的 57%。很显然,美国历史上出现的知名教育家,近一半以上都集中在这一时期[1]。这一时期美国教育学界

---

[1]   康绍芳:《美国教育界精英群体的分布特征及其原因分析》,《清华大学教育研究》2011 年第 6 期。

精英进行了大量开创性的研究,在密集的学术互动中,他们所确立的教育学术研究传统以及形成的学术秩序最终成为美国教育研究路向的根基。从某种程度上来看,学科知识的发展与学科先驱所开拓的已有思维方式之间存在密切关系,学科精英及其经典著作为学术研究提供了一个模式和有限的维度,并成为学科发展的"移山者"①。

在教育学科领域,早在学科发展初期,就开始讨论教育是不是一门科学这一问题。1891年《教育评论》(*Educational Review*)创刊号第一篇文章即为《教育是一门科学吗?》(Is There a Science of Education?)②,而这个问题也成为一直以来困扰教育研究者的基本问题。几代教育学家就这一问题进行了持续的辩论,不管是思辨式、实证式还是实验主义的解释,都没有脱离早期教育学界精英已有研究的有限维度。时至今日,19世纪末20世纪初由少数杰出教育家所开创的教育学术传统与核心阵地依然影响着美国教育研究的整体样态,据统计,在最知名教育学术期刊中,65%左右的教育知识是由少数精英大学的著名教育研究者生产的③。

精英(élite)一词源于拉丁文"eligere",意为选拔。《辞海》中对"精英"一词的解释,是指社会上具有卓越才能或身居上层社会并有影响作用的杰出人物。与一般天才和优秀人物不同,精英在一定社会里得到高度评价和合法化的地位,并与整个社会的发展方向有联系,因其散布于各行各业,从而可窥测到社会分层现象。从其内涵看,精英一词关涉权力与地位,处于领导地位的精英群体其社会身份的获得和维持主要依赖两种途径,一是身居上层社会,二是具备卓越的才能;一般这一群体会通过向社会施加影响力来保持其权力和地位。本文中教育学界精英是指在学术职业化初期,那些供职于大学从事教育理论和方法研究的杰出学者,这些杰出学者在教育学术研究中取得了卓越成就和学术声望,掌握了控制教育学术话语、学术精英选拔与传承等方面的资源,并在教育学科制度化过程中,成为学科知识与学术秩序的生产者和

---

① 在古代的《塔木德经》研究院中曾有过一种有趣的习俗,靠后的长凳总是由较差的学者来坐,当他们逐渐能够显示出自己的聪明才华时,他们就移向靠前的长凳了。最前面的长凳只能由最聪明和最有创造性的学者来坐,他们被称为"移山者"。

② Josiah Royce,"Is There a Science of Education?",*Educational Review*,Vol. 1,No. 1,pp. 15—59.

③ Geraldine Jonçich Clifford and James W. Guthrie,*Ed School: A Brief for Professional Education*,Chicago: University of Chicago Press,1990,p. 55.

建构者。

二、美国教育学界精英产生的社会文化条件

19世纪末20世纪初是美国教育学界精英崛起的黄金时代,这一时期大批不同领域的知名学者将职业兴趣向教育领域转移。一般而言,在对有着非常多智力巨人出现的时期进行思考时,待解释的现象也许并不是超凡的自然才能的倍增,而是超凡才能在有关的几种职业上的集中①。通过对保罗·贝兹(Paul Betz)和马克·卡内斯(Mark C. Carnes)主编的《美国国民传记》各学科学者的统计发现,19世纪末20世纪初也是其他学科领域知名学者集中涌现的时期,但与其他学科领域杰出学者相比,教育职业领域明显集中了数量众多的知名学者,1851—1900年间出生的教育家人数达到409人,是同一时期其他人文社会学科学者的几倍甚至十几倍之多,足见这一时期人们对教育职业的兴趣之大。如此数量众多的知名学者将职业兴趣转移到教育研究领域,原因何在?

各学科领域产生杰出成就的原因可能是多方面的,一个人智力超群或才艺过人,不一定就能做出成就,必定还有其他原因在起作用。对"其他原因"最早做出解释的是19世纪末的英国人弗朗西斯·高尔顿(Francis Galton),他认为产生杰出成就的具体原因是能力、热忱与勤奋三种因素的合力。高尔顿虽然强调个人智力在其成就中发挥的重要作用,但他也承认环境对杰出人物社会成就的限制。他对传记和家谱等资料进行了统计排列,由此得出了具有广泛适用性和极为惊人的结论,即对于有一些差异的活动领域来说,遗传在相当程度上对杰出人物的成就做出说明,而环境则能更多地对出现杰出人物的领域做出说明②。

第二种解释则是罗伯特·默顿(Robert K. Merton)提出的"马太效应"原理。他指的是《马太福音书》中的25:29节:"因为凡有的,还要加给他,叫他有余;没有的,连他所有的也要夺过来。"默顿所提出的解释,侧重后天优势累积或者说社会因素在造成杰出人物职业成就中的作用。他认为,个人的自我

---

① Theodore de Laguna, *The Factors of Social Evolution*, New York: F. S. Crofts & Co, 1926, p. 131.
② 转引自罗伯特·默顿:《科学社会学散忆》,鲁旭东译,商务印书馆,2004年,第42页。

选择过程与机构的社会选择过程相互作用,影响了在既定活动领域相继获得机会结构的概率。当个人的表现达到了体制要求的标准,特别是当它大大超过了这些标准时,就开始了优势累积的过程,在这个过程中个人获得日益增长的机会,甚至更加有效地去推进他的工作。既然精英机构有比较大的资源来开展它们专业领域中的工作,有机会进入这些机构的人才就增加了获得逐渐积累优势的潜力①。

事实上,有许多问题是无法简单用一种内因推论来解释的。内因论并不能充分地解释那些有创造性人物的社会和时代的分布状况。也不能把知识的几个分支领域中同时发生而又独立的变迁,当作一种巧合。一种特殊的才能在整个社会还不需要它的时候是很难充分表现出来的。因此,一些杰出人物的同时出现,并不能被轻易地归结为偶然共生,即这些人物赋有倾向于某些特定活动领域预先设定的才能,更合乎情理的解释应该从各种社会结构与时势中去寻找,这种时势倾向于把该时代天才们的注意力聚集在一些特定的探究领域。

"精英与时势"既是一个令人感兴趣,又是使人困惑的问题。19 世纪末 20 世纪初教育学界精英群体的崛起作为一个事件和问题,事实上也可以折射出造就教育学界精英产生的一般社会文化条件。从一般意义上看,在教育学界精英产生的过程中,社会时势与主观意愿究竟哪一种是根本性的力量? 本文认为,教育学界精英的产生在很大程度上依赖并取决于总的社会结构和时势。首先是总的社会形势,其次是总的形势产生特殊倾向与特殊才能,这些倾向与才能占据主导优势以后造就一些中心人物,最后通过制度化的奖励系统肯定中心人物的倾向与才能,形成一个相对封闭的学术共同体。

从整体发展脉络看,这是教育学界精英产生和发展的四个阶段。而这四个阶段与学科的发展进程也是相对应的。一般来说,学科和研究领域在开始阶段的发展是相对缓慢的,以后表现为指数增长时期,接下去的是线性增长时期,最后是缓慢的不规则增长时期。② 可以说,教育学界精英的崛

---

① 罗伯特·默顿:《十七世纪英格兰的科学、技术与社会》,范岱年等译,商务印书馆,2000 年,第 9 页。

② 黛安娜·克兰:《无形学院——知识在科学共同体的扩散》,刘珺珺等译,华夏出版社,1988 年,第 11 页。

起也正是教育学科知识指数增长的时期,学科知识增长的黄金时期,这也为知名人士将职业兴趣向教育研究领域转移提供了直接契机。同时,教育学界精英群体特殊的社会特质则在某种程度上限定了教育学科知识的增长速度和方向。

具体来说,首先,20世纪上半叶,教育学界精英作为一个整体,他们所生活的时代氛围和社会舆论气候中,"教育"是当时美国社会非常热门的讨论话题。据统计,1905—1930年间期刊杂志中关于教育问题的讨论成倍增长,大众对教育兴趣的急剧高涨成为20世纪上半期社会兴趣和态度的主要趋向之一。据美国《期刊文献读者指南》(The Readers' Guide to Periodical Literature)①所提供的文献资料显示,与其他话题相比,社会对教育的兴趣指数出现了惊人的增长势头。自1905年起,关于教育方面的话题在美国各类期刊杂志中占据的比例逐年上涨,到了1928年前后,美国各类杂志版面中与教育有关的讨论主题,从1905年的29.7‰上涨到54.9‰。与此同时,有关宗教话题的讨论却在逐年下降,从1905年的22‰下降到15.7‰②。另外,有关科学的讨论话题虽然在美国各类期刊杂志中所占的绝对比例不高,但是其增长率却是明显的,尤其是有关应用科学的文献出现了极快的增长势头。宗教在公共生活中的影响力不断下降,教堂对年轻一代的吸引力逐渐减弱,知识界开始获得越来越多的自由,文化与社会亟需重建。在这一过渡阶段,美国人处于一种困惑迷茫的状态,美国社会需要新的文化中心来重新整合社会结构的变化,而科学技术所带来的革新力量,使美国人对未来社会改革表现出非常乐观的态度。

在科学与宗教的交替变化中,教育研究也在经历相应的变化。自19世纪90年代以来,以科学的态度研究教育的兴趣不断增长,但同时也有学者对教育能否称为科学表示怀疑。有趣的是,1900年之前,许多学者往往都

---

① 《期刊文献读者指南》由威尔逊公司(H. W. Wilson Company)自1901年以来每两年出版一册,该指南是对最近发表的杂志和学术期刊所做的参考文献指导手册,是目前美国公众和学术界广泛采用的基本工具书。《期刊文献读者指南》中的各篇文章都按主题划入它所主要涉及的那个领域。为了把各个领域的绝对数字放到一个可比的基础上,给定年份各领域中的文章数目都被该年份所有领域里的文章总数(1000)所除,从而获得各个领域的兴趣指数。

② Hornell Hart, "Changing Social Attitudes and Interests", *Recent Social Trends in the United States*: *Report of the President's Research Committee on Social Trends*, New York: McGraw-Hill Book Co., 1933, Vol. I, p. 440.

是以一种非常肯定的态度回答这个问题①。到了 1918 年前后,教育研究的观念开始牢固确立下来。标准化教育测试开始广泛使用,公共学校系统和教师培训机构也建立起教育研究部门,当前所使用的大部分教育设备和技术在这一时期基本建成,并完成了许多重大的教育研究工作,教育系开始开设统计和其他研究技术课程。同时,教育研究的经费开始大范围的增长,1926 年投入到教育研究的捐赠经费达到 300 万美元(不包括城市和大学日常行政支出),可以保守估算,教育研究方面的捐赠经费大约每年达到500 万②。

从社会舆论气候的性质看,人们对教育抱有极大的信心和乐观态度。面对 19 世纪末 20 世纪初美国工业—城市文明出现的社会变革,科学、宗教慈善等社会力量逐渐向教育汇流,社会结构转型中教育学界精英人数的倍增,与科学的崛起、宗教的式微存在非常密切的关系。在这种双重变化中,教育研究及其从业者也承担了发展科学与社会救赎的双重使命,并获得了成就其职业生涯的社会契机。

其次,从教育学界精英群体社会结构特征上看,他们主要是以"中下层—白人—男性—新教徒(其中主要以公理会、长老会、浸礼会、卫理公会等教徒为主)"为基本特征。在 19 世纪末 20 世纪初,美国由乡村向城市社会过渡过程中,那些出身中下层的社会群体更倾向于以教育研究为业,有相当一部分教育学界精英的父辈是农场主和手工业者,这些教育学界精英的中小学教育基本上是在乡镇公立学校完成的,他们在接受学校教育中也见证了公立学校变革的过程。一方面,教育学界精英群体的社会出身与教育背景会直接影响他们看待和解释社会现象和问题的方式。作为乡村与城市之间的过渡群体,他们的数量是非常庞大的,并亲身经历了从乡村到城市生活方式的适应过

---

　　① 当时相关的几篇文章及著作中,除了罗伊斯(J. Royce)在《教育是一门科学吗?》(Is There a Science of Education) 中持否定态度外,其他文章都对教育科学持有乐观态度,如:J. Payne, "Science of Education", *Barnard's American Journal of Education*, 26:pp. 465—468, 1876. Jerome Alan, "Have We a Science of Education?", *Education*, 2:pp. 284—290, January, 1882. A. Bain, *Education as a Science*, New York:Appleton Company, 1884. W. H. Payne, *Contributions to the Science of Education*, New York:American Book Company, 1886. E. W. Scripture, "Education as a Science", *Pedagogical Seminary*, 2:pp. 111—114, 1892. J. J. Findlay, "The Scope of a Science of Education", *Educational Review*, 14:pp. 236—247, October, 1897.

　　② Walter Scott Monroe, et al., *Ten Years of Educational Research*, Urbana:University of Illinois, 1928, p. 50.

程,这一过程本身会反过来激发教育家对社会结构以及相应问题的集体反
思。另一方面,特定的社会出身和宗教信仰,使一大批不同知识领域的优秀
学者投身教育研究。可以说,教育在当时同时承载着许多社会改良人士的社
会理想,在科学勃兴、宗教式微的时代语境中,教育获得了非常重要的发展契
机,教育依托科学所倡导的方法来适应社会结构调整的同时,也承载着以往
宗教所一贯奉行的道德和文化重建工作。这种独特组合也可以在教育学界
精英群体的宗教信仰和知识背景中折射出来。新教徒在职业活动中强调改
造现世的价值,在职业选择上,他们更倾向于选择那些对公共福利最有贡献
的职业,最能为公众行善的职业。教育家投身教育研究本身是一种宗教情感
的世俗化表达,是"世俗化的福音主义"。1900 年到 1920 年之间,新教从传统
主义向现代主义转变,新教徒所从事的宗教活动逐步从灵性交流向社会活动
转变。这一时期,卫理公会教徒、浸礼会教徒和公理会教徒,大部分成为现代
主义的信徒,而知名教育家群体在宗教出身上也正是由公理会、长老会、浸礼
会、卫理公会等教徒为主构成的职业群体,可见宗教出身对教育家职业选择
及其趣味的影响力。

　　总的来说,19 世纪末 20 世纪初是美国由乡村社会向城市社会转型的重
要时期,也正是在社会结构转型过程中,塑造了一批乡村—城市过渡性群体。
伴随工业化和学校体制结构的变革,这批过渡性群体成为适应乃至变革美国
社会的新职业群体。与此同时,在科学与宗教力量的双重刺激下,众多知名
学者,开始从不同知识领域开始关注教育问题,并对教育以及相关研究产生
了广泛的兴趣。

三、知识生产的制度化:
教育学界精英成长的内在机制

　　教育学界精英的崛起,不是也不可能仅仅只是一个偶然或某种利益的
驱使,不过一旦结构趋势与个人意愿联合起来,造成教育学界精英的崛起,
那么其成员就会为此竭尽全力争取获得的权利和相应的资源。教育学界
精英群体的集中涌现在根本上依赖于总的社会时势,一旦在某种有利社会
局势中崛起一大批教育学界精英,少数学科精英所创立的一系列学术研究

规范及其奖励机制，将成为教育知识生产及学术精英培养的内在机制和理智环境。

在教育学术秩序确立过程中，哥伦比亚大学、芝加哥大学成为早期美国教育学界精英培养以及知识生产的核心阵地，并涌现出以桑代克、杜威、贾德等为代表的教育学界精英群体；在研究方法上，测量、统计、调查为核心的教育学术研究传统以哥伦比亚大学教师学院和芝加哥大学为先导开始向各类教育研究机构渗透。

从哥伦比亚大学教师学院和芝加哥大学教育学院教育学术研究取向的变化走势看，表现出相似的变化趋势（以教师学院为例，见表1、图1）。1910年前后是美国教育学术研究的分水岭，无论在课程设置上，还是在博士论文选题与研究方法上，新的教育研究范式正在逐步确立，以测量、统计、调查为核心的教育学术研究传统以哥伦比亚大学教师学院和芝加哥大学为先导开始向各类教育研究机构渗透，最终控制了美国教育研究的基本思维方式。据统计，1890—1929年期间，美国教育研究类文章所采用的研究方法中，统计、测量、调查等方法成为教育学术研究的主流方法（见表2）。

表1　1902—1922哥伦比亚大学教师学院教育类主要课程学分变化情况统计①

课程类别	学分		
	1902—1903	1913—1914	1921—1922
教育历史与哲学	9	32	52
教育心理学与测量	9	28	135
教育管理与学校督导	4	15	47
初等学校教学法	10	20	67
中等学校教学法	4	12	66

① Teachers College of Columbia University, *Teachers College Bulletin*, *School of Education Announcement*, New York：Teachers College, Columbia University, 1902—1922. 除了上述课程外，还有比较教育、教育社会学、教学督导、幼儿教学法、师范学校教学法等课程，本研究主要对1902年最初设置的五个系部：教育历史与哲学、教育心理学、教育管理学、初等教育教学法、中等教育教学法等类别的课程学分进行统计（暑期课程除外）。另外，在课程列表中，有部分课程以课时形式出现，在此不计入统计。

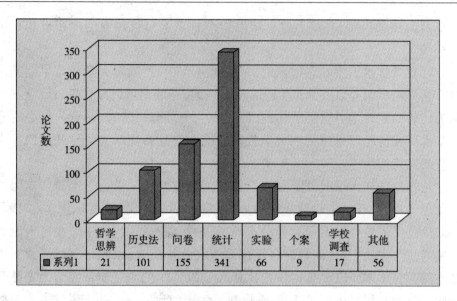

图 1　1905—1930 年哥伦比亚大学教师学院教育类博士论文研究方法阶段变化①

表 2　1890—1929 年美国教育研究类文章②所采用的方法分布情况③

研究方法	文章数量	百分比
历史法	37	1.3
比较—调查	132	4.63
问卷—通信—访谈	476	16.69
统计法	1154	40.44

①　Carter V. Good, "Fields and Types of Research in Education, 1918—1931", *The Journal of Educational Research*, Vol. 24, No. 1 (Jun., 1931), p. 42.

②　作者选取了当时美国教育研究类 13 种有代表性的期刊中 2867 篇文章进行统计分析,在期刊筛选上,作者主要有 4 个标准,一是在教育内容和思想上具有代表性;二是一般分布法 (General Distribution);三是文章材料类型;四是在教育家中获得的认可度。最终筛选出的 13 种期刊分别是:1. *Education*;2. *Educational Review*;3. *Elementary School Journal* (formerly Elementary School Teacher);4. *Journal of Educational Administration and Supervision*;5. *Journal of Educational Method*;6. *Journal of Educational Psychology*;7. *Journal of Educational Research*;8. *Journal of National Education Association*;9. *North Central Association Quaterly*;10. *Pedagogical Seminary*(Journal of Genetic Psychology);11. *School and Society*;12. *School Review*;13. *Teachers College Record*.

③　Paul R. Franke and Robert A. Davis, "Changing Tendencies in Educational Research", *The Journal of Educational Research*, Vol. 23, No. 2 (Feb., 1931), p. 136.

续表

研究方法	文章数量	百分比
实验法	714	25.02
个案调查法	59	2.07
活动分析——社会调查法	281	9.85
总计	2853	100

　　在新的研究范式形成过程中,出现了两种不同风格的教育学术研究取向,一是以杜威为代表的实验主义取向,二是以桑代克、贾德为代表的科学主义取向。本文借助 Web of Science 文献引证索引数据库对 19 世纪末 20 世纪初知名的教育期刊杂志进行文献引证分析发现,杜威、桑代克、贾德等知名教育家在美国教育学科知识生产及其扩散中影响力巨大。

表 3　引证关系:教育学界精英著作

及论文被引证频次与学术影响力(1898—2012)

序号	作者	文章数	被引频次总计	每项平均引用次数	h 指数①（学术影响力）
1	桑代克	96	655	6.86	10
2	贾德	113	171	1.51	6
3	杜威	63	290	4.60	6
4	巴格莱	33	17	0.52	2
5	孟禄	14	11	0.79	2
6	萨顿	6	8	1.33	2
7	克伯莱	—		—	
8	哈努斯	14	2	0.14	1

---

　　① h 指数(h-index)是用来检测一名科学家或学者出版作品的产出率和学术影响力,是由赫奇(J. E. Hirsch)编制并发表在《美国国家科学院记录汇编》(*Proceedings of the National Academy of Sciences of the United States of America*)中,是指科学家或学者有 h 篇论文分别被引用了至少 h 次;一名学者的 h 指数越高,证明他的学术知名度和影响力越大。h 指数是基于学者论文被引证频次得以确定,该指数也可以用来分析一组科学家或学者的知识生产率和学术影响力,如一个学系或者一所大学等。

表4 前向引证关系:被引证频次与学术影响力(1898—2012)

序号	被引作者	直接引用该作者的文章数	被引频次总计	每项平均引用次数	h指数
1	杜威	3029	28872	9.53	71
2	桑代克	791	28293	35.77	67
3	贾德	156	4343	27.84	33
4	巴格莱	16	124	7.75	5
5	孟禄	25	56	2.24	4
6	萨顿	18	148	8.22	7
7	克伯莱	409	2180	5.33	20
8	哈努斯	—	—	—	—

　　20世纪初,杜威和桑代克的思想成为主导美国教育思想、学术以及实践的两大流派,他们提出的一些经典概念至今依然是教育哲学和教育心理学领域的核心概念①。桑代克试图用自然科学的测量方法确立一种不受主观干扰的教育知识模型,他将教育科学视为客观知识的宝库,这些知识是由专家在实验室和人为控制的研究项目中生产出来的。而杜威则认为教育科学是理性解决问题的方法,它可以也应该被各个层次实践者运用。在教育研究取向上,杜威更倾向于一种合作式的教育研究,而不是狭隘的专业主义取向的教育研究。在杜威看来,教育研究需要许多不同的人合作建立合作伙伴关系,大学不同学科的学者、中小学教师、学校督导、家长等都应是教育研究的参与者,任何人为的分割都会阻碍教育研究的发展。以桑代克为代表的科学主义研究取向为大学教育学院和教育研究的学科基础提供了一个符合教育界日益明确的组织模式的思路。与此相反,杜威的教育方法主张跨学科的综合研究、各学科之间的对话与协作,因此,他的方法与不断发展的职业化潮流相对抗,桑代克的方法则强调依赖专业化知识,并积极促进教育研究成为一门科学。杜威式的实验主义教育研究取向及其学术部落更像是田园型研究模式,他们在学术部落建构上要

① Jonas F. Soltis, "Dewey and Thorndike:The Persistence of Paradigms in Educational Scholarship", *Canadian Journal of Education / Revue canadienne de l'éducation*, Vol. 13, No. 1 (Winter, 1988), pp. 39—40.

相对松散,研究主题及其方法的选择也比较广泛;而科学主义的教育研究取向则更像是都市型研究模式,这种研究模式下的学术部落结构趋于科层化,注重学术资源的控制与竞争,研究主题与方法更加具体和具有操作性。

在教育学科初创期,教育理论家们为试图确立一种独特的学术身份,他们把研究重心主要放在学科的自主性方面。可以判断,这一时期,部分教育学界精英,例如贾德,有可能在开始的时期急于获得实际成果,以便证明他们活动的正当性,因此在教育研究中他们专注于实际问题,而明显地摈弃了杜威的哲学式理论建构模式。在学术竞争中,桑代克、贾德等教育理论家最终控制了大部分教育研究的资源及其话语权,并培养了一批坚定地拒绝采用哲学研究方法的门徒,从而形成了规模庞大的教育学术共同体。而这种教育研究网络的发展典型地对应于学科发展的早期阶段的基本贡献,后续的工作通常主要是对这些基本贡献做进一步的完善。因此,在这个领域里的大多数成员对这项工作赋予足够的重视之前,创新性工作的主要部分就已经完成了。这意味着,错过了最初的阶段之后,取得惊人的科学进步的机会以及获得不同寻常的专业认可的机遇就大大降低了。当一个范式或研究框架刚刚被人们普遍接受时,它会确定一系列重要且需要去解决的问题,而这些问题就给了工作在相关领域里的人们很多机会,去获得专业的认可、职位晋升、学术满足感等,并通过优势累积效应持续控制学术共同体的整体思维方式。科学主义取向的教育研究正是在这种优势累积中成为美国教育研究的主导话语,量化实证式的教育研究方式也成为美国大学教育学术共同体基本的工作模式。

教育学界精英不同取向之间的互动与争论,极大地促成了教育学科制度化的进程,同时也为美国教育学科发展和学术精英的培养提供了稳定的制度安排。这一代教育学界精英群体在学术互动中逐渐确立了为这个领域招募新成员的模式,培训和教育的程序,以及学科内部人员的交流、评价、承认、奖励和资源分配的规范体系等。这些制度安排还包括基本的交流模式,其中既有非正式的交流模式,也有那些在杂志中所确立的、在或大或小的程度上提供给这个学科的交流模式,以及为诸如研究、教学、调查、出版、任命以及参加学术会议等工作提供各种便利条件、机会和奖励。这种学术共同体及其奖励制度的建立将教育知识的生产制度化,从而成为教育学界精英成长的内在机制和基本的制度环境。

　　知识生产的制度化主要表现在认知身份和专业身份两方面。在认知身份方面,知识生产的制度化过程中逐渐生成相应的工具、技术、方法、理论方向、问题等;另外还有专业身份方面的特征,如奖励、研究经费、研究设备、社会声望、荣誉头衔等,这些与职业相关联的机会和奖励对教育学者在学科领域的研究提供了巨大的动力[1]。一种理性活动不一定在所有方面都是制度化的,但只有基本的制度化,也可以富有成效地进行一种理性活动。教育学科,虽然无法称为严格意义上的科学,但也是一种理智活动。教育学术研究及其相关的反思活动是理性的活动,作为一种理性的活动,它是在教育学术秩序传统及其制度环境下进行知识生产的。知识生产的制度化本身可以强化研究的重点以及认知与理解经验的方式,制度催生知识的生产并成为传统的一部分,制度也能够创造共享的理智环境。

　　知识生产的制度化不仅仅是价值观的变化,也涉及相应教育学者融入到已确立的权威角色中。芝加哥大学和哥伦比亚大学之所以成为美国教育学术研究的核心阵地,不仅是因为其无与伦比的教育学界精英群体,另外一个重要的原因则是这两所大学在教育学术研究中更加制度化,两所大学创造了大量足以引起关注和尊重的高产又高质的教育学术成果。在知识生产链条中,极高的学术声望使得这两所大学能够吸引大批优秀的学生接受芝加哥和哥伦比亚大学式的学术培训,通过师承关系确保其在美国教育学术研究的话语权和控制力。

　　在知识生产制度化的进程中,那些生产重要研究成果的学科精英,最终他们的成果被广泛认可,他们自身也成为学术共同体的权威。这种权威在多个方面塑造了早期的科学杂志和评审制度。首先,越来越多的学者希望获得富有名望和能力的学者评判其研究成果,或者说同行评议,这种早期的学术互动逐渐催生出知识生产的奖励和评议制度。早期知识权威所取得的合法性,逐渐成为学术研究的标准和正统[2]。学术共同体的成员之间互相阅读彼此的研究成果,有些成果甚至是在发表之前。他们或多或少会阅读相似的文献,许多成员之间不仅通过阅读研究成果进行沟通,也会通过通信、学术会议等方式交流学术观

---

　　[1]　Arnold Thackray and Robert K. Merton, "On Discipline Building:The Paradoxes of George Sarton", *Isis*, Vol. 63, No. 4(Dec. , 1972), p. 473.

　　[2]　Harriet Zuckerman and Robert K. Merton, "Patterns of Evaluation in Science:Institutionalisation,Structure and Functions of the Referee System", *Minerva*, Vol. 9, No. 1, 1971, pp. 72—73.

点。当然,学术共同体内部在研究工具、研究结果及其相应的理解方面都会存在分歧,但在专门化、制度化的学术秩序中,成员会逐渐倾向于通过对研究技术和方法的标准化来避免未来研究中可能出现的分歧,从而强化教育学术共同体的内聚力。

不同种类的教育知识是受群体的特殊形式所限定的。教育学术共同体的形式决定了它本身对知识的传承模式,这些知识作为确定的东西代代相传,逐渐成为结构化的教育知识和学术规范体系。美国社会学家巴伯认为,科学知识及其方法实体在任何给定时刻,都是相对结构化的,因而在内部发生的事并非是完全随机的。由于已有的科学理论和知识结构,使新颖性的形成有很大的选择性,当然这一结构并非完全自动地演变的,而是受社会其他部分的影响①。从教育学术共同体的形成及其知识生产的制度化过程看,教育知识指数增长和学术精英的成倍增长正是发生在这种逐渐结构化和制度化的教育学术环境中。这样,在一个研究领域中,信息迅速扩散和新成员迅速被吸引到该领域中来,从而推动教育学科的发展。

综上所述,社会形势与时代氛围在造就教育界学界精英过程中存在一种根本性的因果关系。教育学界精英的产生在很大程度上依赖并取决于总的社会结构和时势,首先是总的社会形势,其次是总的形势产生特殊倾向与特殊才能,这些倾向与才能占据主导优势以后造就一些中心人物,最后通过制度化的奖励系统肯定中心人物的倾向与才能,形成一个相对封闭的学术共同体。一旦在某种有利的社会局势中崛起一大批教育学界精英,学科精英所创立的一系列学术研究规范及其奖励机制,将成为教育知识生产及学术精英培养的内在机制。教育学界精英在构建学术传统及其秩序中同样遵循了默顿学派研究中提出的马太效应,即围绕教育学界精英形成了核心圈子和学术阵地,他们控制着教育研究的话语权和大部分教育学术资源,并将其制度化,这种学术等级制度一旦结构化,就会在马太效应的作用下,成为一种稳定的教育学术共同体互动模式。

　　　　　　　　　(本文与康绍芳合作完成,拟发表于《教育研究》)

---

① 伯纳德·巴伯:《科学与社会秩序》,顾昕等译,生活·读书·新知三联书店,1991年,第235页。

美国大学与学院董事会成员的职业构成

——10 所著名大学的"案例"

一、引言

众所周知,在美国大学的管理体制中,董事会(Governing Board)是一个非常具有特点的环节,是美国高等教育决策的主要特征①。1982 年,卡内基教学促进基金会在其发表的《校园的控制:关于高等教育管理的报告》中指出:"董事会构成了(美国)高等教育管理结构的基石。"②

1966 年,美国大学教授协会(AAUP)、美国教育理事会(ACE)和大学与学院董事会协会(AGB)联合发表了"关于学院和大学管理的声明",就董事会的职责做了详尽的说明。根据这项联合声明,大学和学院的董事会具有"决定性的制度权力",它的特殊使命是,"确保大学或学院的历史将发挥作为通向未来的序幕和灵感的作用"。

根据这项"声明",董事会的具体职责如下:(1)把管理行为委托给管理官员(校长、院长),把教学和研究行为委托给教师;(2)保证规定机构全面政策和程序的声明的公开;(3)在以下方面发挥中心作用:(a)寻求未来可预见需要的资源;(b)有责任节俭地使用捐赠;(c)有责任获得所需的资本和运行

---

① Arthur Levine, *Higher Learning in America 1980—2000*, Baltimore: The Johns Hopkins University Press, 1993, p. 223.

② Carnegie Foundation for the Advancement of Teaching, *The Control of the Campus: A Report on the Governance of Higher Education: A Carnegie Foundation Essay*, Washington, D. C. : Carnegie Foundation for the Advancement of Teaching, 1982, p. 72.

经费;(d)关注人事政策。为履行上述责任,董事会有权要求管理机构和教师提出长期的规划;(4)当机构或其中的任何部分受到恶意的威胁,董事会必须提供支援①等。

除了在1978年美国大学教授协会对上述声明又增加了两条注解外,这个声明至今一直没有修改。随着时间的推移,董事会的职责问题日益受到关注。1973年,卡内基高等教育委员会发表了《高等教育的管理:六个优先考虑的问题》的报告,其中提出,董事会最好能履行六项职能:(1)为了机构的长远利益,掌握和使用"托管"权;(2)在社会和校园之间扮演"缓冲器"的角色,以抵制外界的干扰,同时又能与变化着的社会保持合理的关系;(3)在涉及管理者、教师和学生的内部冲突中,扮演仲裁人的角色;(4)"变化的动力",决定进行何种变化和何时发生变化;(5)在校园的经济利益方面,承担基本责任;(6)最为重要的是,提供机构的管理②。

1983年,约翰·内森(John Nason)在为大学与学院董事会协会撰写的报告中,提出了董事会的13项基本职责,其中包括:(1)维持托管的完整;(2)任命校长;(3)确保机构的良好管理;(4)批准预算;(5)提高工资;(6)管理捐赠;(7)保证必要的物质条件;(8)监督教育项目;(9)批准长期计划;(10)在学校和社区之间扮演桥梁和缓冲器;(11)保持机构的经济运行;(12)扮演上诉法院的角色;(13)知情③。

1991年,原陶森州立大学校长费舍(James L. Fisher)在为美国教育理事会撰写的报告中,又提出了新的主张。他认为,大学和学院董事会应当承当的职责包括:(1)任命校长;(2)对机构进行评估;(3)评价董事会的政策;(4)支持校长;(5)评价校长的业绩;(6)批准长期计划;(7)考察机构的宗旨;(8)监督教育项目;(9)保证财政实力;(10)保持机构的独立;(11)代表机构和公众;(12)扮演上诉法院的角色;(13)决定董事会工作④。

①　American Association of University Professors,"Statement on Government of Colleges and Universities", *AAUP Bulletin*,1966,52,pp. 375—379.

②　Carnegie Commission on Higher Education, *Governance of Higher Education: Six Priority Problems*, New York:Mc Graw-Hill,1973,p. 32.

③　John W. Nason, *The Nature of Trusteeship:the Role and Responsibilities of College and University Boards*, Washington D. C. :Association of Governing Board of Universities and Colleges,1982,pp. 19—46.

④　James L. Fisher, *The Board and the President*, New York:American Council on Education Macmillan, 1991,pp. 93—105.

　　从以上文献可以看到,在美国高等教育机构的管理中,董事会居于举足轻重的地位。尽管关于董事会的职责,美国高等教育界还存在着分歧,但从中至少可以了解到董事会的基本职能和权限。因此,了解董事会,是具体认识美国大学管理体制的一个非常重要的角度。

　　对董事会的研究,自然也有不同角度。国内目前已有一些学者涉及,如刘宝存博士的《美国私立高等学校的董事会制度评析》,从私立高等学校董事会制度的历史沿革、现状以及趋势等方面,对美国私立大学的董事会制度进行研究。① 这种研究固然是了解董事会的重要视角,但倘若从董事会成员的职业构成与分布进行研究,则可以更为具体地看到美国大学管理的一些基本特点。

二、相关数据

　　通过对美国十所著名大学(这十所大学是:哈佛大学、普林斯顿大学、耶鲁大学、斯坦福大学、麻省理工学院、芝加哥大学、加州大学伯克利分校、达特茅斯学院、哥伦比亚大学和密歇根大学)1996 年董事会成员所从事的职业的分类和统计,可以对美国具有代表性的大学的董事会的职业分布进行分析。

　　1996 年,上述十所大学董事会成员的职业分布情况分别是:

　　1. 哈佛大学:学术管理人员:2(其中 1 人为主席);律师:2;教师:2;医生:2;工商企业董事:11;教授:1(来自加州大学);公共事务官员:4;作家:1;应用物理学家:1;基金会董事:1;投资银行家:1;神经生物学家:1;法官:1。总计:30 人

　　2. 普林斯顿大学:律师:3(其中 1 人为主席);工商企业董事:17;投资顾问:1;投资银行家:1;记者:1;作家:1;研究分析家:1;学生:1(来自哈佛大学);基金会董事:1;建筑学家:1;风险投资家:1;教授:1(来自哈佛大学法学院);研究生:1(来自哈佛大学);医生:5;管理人员:1;博物馆馆长:1。总计:38 人

---

　　① 刘宝存:《美国私立高等学校的董事会制度评析》,《比较教育研究》2000 年第 5 期。

　　3. 耶鲁大学:管理人员:2;学术管理人员:1(任主席,时为耶鲁大学校长 Richard Levin);大学管理人员:1(时为俄克拉荷马大学校长);法官:1;工商企业董事:7;公共事务官员:1;基金会董事:1;宗教领袖:1;政治家:1;教师:1。总计:17 人

　　4. 斯坦福大学:工商企业董事:16(其中 1 人为主席);投资顾问:2;投资银行家:2;律师:2;法官:1;大学管理人员:1(时为斯坦福大学校长 Gerhard Casper);社会工作者:1;公共事务官员:1;学术管理人员:2(来自加州州立大学);教授:1(来自哈佛大学法学院);私人医生:1。总计:30 人

　　5. 麻省理工学院:工商企业董事:47 人;学术管理人员:7(其中 1 人为主席;1 人来自杜克大学);记者:1;教授:5(均来自其他学校);医生:1;律师:2;退休教师:1;学生:1(来自牛津大学);基金会董事:1;科学家:1;公共事务官员:1;基金会管理人员:3;法官:1;学术咨询人员:1。总计:73 人

　　6. 芝加哥大学:工商企业董事:23(其中 1 人为主席);律师:6;银行家:1;公共事务官员:2;学术管理人员:1;报社董事:1;志愿者:2;基金会董事:1;出版业董事:1;教师:1(时为芝加哥大校长 Hugo F. Sonnenshein)。总计:39 人

　　7. 加利福尼亚大学(伯克利校区):工商企业董事:6;公共事务官员:7;律师:6;学术管理人员:2;基金会董事:2;医生:1;志愿者:1。总计:25 人

　　8. 达特茅斯学院:工商企业董事:5;投资顾问:2(其中 1 人为主席);教授:1(来自耶鲁大学法学院);记者:3 人;律师:2;学术管理人员:2;公共事务官员:1(为新罕布什尔州州长)。总计:16 人

　　9. 哥伦比亚大学:工商企业董事:13(其中 1 人为主席);律师:1;投资顾问:3;学术管理人员:1;职业运动队的管理人员:1;教授:2(均来自外校);教师:1。总计:22 人

　　10. 密歇根大学:工商企业董事:5;律师:1;公共事务官员:1;学术管理人员:1(主席)。总计:8 人①

　　上述 10 所大学董事会成员总计 298 人,按其所从事的职业进行分类,可以看出董事会成员的职业分布情况(见表 1)。

――――――――――

　　① Martin Anderson,*Imposters in the Temple*:*a Blueprint for Improving Higher Education in America*,Stanford:Hoover Institution Press,1998,Appendix.

表1　10 所著名大学董事会成员的职业分布

职业＼学校	工商企业董事	公共事务官员	学术管理人员	律师	法官	医生	教授·教师	管理人员	学生	基金会董事	银行家	作家	记者	科学技术人员	社会工作者	志愿者	其他①
哈佛	11	4	2	2	1	2	3			1	1	1		2			
普林斯顿	17		1	3		5	1	1	2	1	3	1	1	1			2
耶鲁	7	1	2		1			1	2	1							2
斯坦福	16	1	2	2	1	1	1			4					1		
麻省理工学院	47	1	7	2	1	1	6		1		4		1	1			1
芝加哥	23	2	1	6			1			1	1					2	2
伯克利	6	7	2	6		1				2						1	
达特茅斯	5	1	2	2			1				2		3				
哥伦比亚	13		1	1			3										1
密歇根	5	1	1	1													
总计	150	18	21	25	4	10	17	3	3	10	14	2	5	4	1	3	8

　　从表1可以看出,上述10所大学董事会成员的职业分布和构成大致有以下几个特点:

　　第一,工商企业董事和律师所占比重较高。在上述10所大学298名董事会成员中,来自工商企业的董事会成员高达150人,占总数的50.3%,超过其他17个职业从业人员的总和。其次为律师,总计25人,占总数的8.4%,居于第三位的才是大学的学术管理人员。这说明工商企业的高级管理人员和律师在美国大学(至少是在上述10所著名大学)高级决策机构处于非常重要的地位。当把工商企业董事和律师在上述10所大学董事会成员中所占比重与其他职业从业人员进行比较,就可以更为清晰地看到这一点(见表2)。

---

　　①　被列入"其他"类的8人中,1人为研究分析家,1人为宗教领袖,1人为政治家,2人为新闻出版业的董事,1人为职业运动队的代表,1人为博物馆馆长,1人为学术顾问。

表2　不同职业从业者在10所大学董事会中所占的比例和排序

职业	工商企业董事	律师	学术管理人员	公共事务官员	教授、教师	银行家	医生	基金会董事	记者	法官	科学技术人员	管理人员	学生	志愿者	作家	社会工作者	其他
排序	50.3	8.4	7	6	5.7	4.4	3.4	3.4	1.68	1.3	1.3	1	1	1	0.6	0.3	2.7
比例(%)	1	2	3	4	5	6	7	7	9	10	10	12	12	12	15	16	17

第二,非学术界人士占主导地位。从上述10所大学董事会成员所从事的职业看,从事学术职业(包括大学管理人员、学术管理人员、教授、教师、学生、科学技术人员)所占的比例是很小的,而从事非学术职业的人士所占的比例则远远高于学术职业的从业人员的比例。在上述10所大学董事会成员298人中,从事学术职业的董事为45人,从事非学术职业的董事为253人,分别占总数的15%和85%(见表3)。

表3　10所大学董事会成员中学术职业与非学术职业人士所占比例

学校	哈佛	普林斯顿	耶鲁	斯坦福	麻省理工学院	芝加哥	伯克利	达特茅斯	哥伦比亚	密歇根
学术职业人士	7	5	3	3	15	2	2	3	4	1
比例(%)	23.3	13.2	17.6	10	20.5	5.1	8	18.8	18.2	12.5
非学术职业人士	23	33	14	27	58	37	23	13	18	7
比例(%)	76.7	86.8	82.4	90	79.5	94.9	92	81.2	81.8	87.5

第三,校外人士占压倒多数。在上述10所大学298名董事会成员中,来自校内的教授(教师)、管理人员和学生总计22人,占总数的7.4%,来自校外的人士为276人,占总数的92.6%。表4说明这10所大学校内外人士在董事会成员中所占的比重,从中可以更为具体和明确地看出不同大学董事会成

员的构成情况。

表 4　10 所著名大学董事会成员中校内外人士所占比例

学 校	哈佛	普林斯顿	耶鲁	斯坦福	麻省理工学院	芝加哥	伯克利	达特茅斯	哥伦比亚	密歇根
校内	4	1	3	1	4	2	2	2	2	1
比例(%)	13.3	2.6	17.6	3.3	5.5	5.1	8	12.5	9.1	12.5
校外	26	37	14	29	69	37	23	14	20	7
比例(%)	86.7	97.4	82.4	96.7	94.5	94.9	92	87.5	90.9	87.5

　　第四,至少在上述 10 所大学范围内,不论是私立大学还是公立大学,其董事会成员职业分布和构成的特点,是非常接近的。在上述 10 所大学中,哈佛、耶鲁、麻省理工学院等是私立大学,而加利福尼亚大学伯克利校区、密歇根则为公立大学。大学在"属性"或产权归属上的差异并没有对其董事会成员的构成产生明显的影响。

　　上述 10 所著名大学的董事会的构成如此,那么,美国其他大学和学院的情况又怎样呢? 相关资料说明,在全美 3200 多所大学和学院中,共有 48000 多名董事,其中 86% 分布在私立学校,平均每所学校有 28 名董事(公立学校为 9 名)。对其中 1000 所学校的调查表明,董事中 80% 为男性,90% 以上为白人,70% 以上年龄在 50 岁以上,90% 没有获得过博士学位,多数为工商企业、金融界、法律界和政府的名流①。

三、分析与讨论

　　众所周知,董事会是美国大多数大学和学院的最高权力机构,那么,为什么美国大学(至少上述 10 所美国著名的大学)的董事会成员的职业构成与分布会呈现以上这些特点呢? 或者,为什么美国的大学会把自己"交给"大多数

---

① 舸昕编著:《从哈佛到斯坦福——美国著名大学今昔纵横谈》,东方出版社,1999 年,第 105—106 页。

来自本校以外、并且大多数几乎是学术的门外汉来控制呢？

历史的和传统的因素无疑是决定美国大学和学院的董事会构成的最为重要的原因。美国大学董事会的组成模式最初是在哈佛大学形成的。从1638年夏正式开学起的5年中，由马萨诸塞议会任命的委员会负责管理哈佛学院的各项事务，这个委员会由总督、副总督、司库、3名地方行政官和6名牧师组成①。1642年，根据马萨诸塞议会的立法，该委员会成为哈佛学院的董事会，并正式命名为监事会(Board of Overseers)，监事会由21人组成，其中包括11名政府官员、9名公理会牧师和哈佛学院院长。1650年，马萨诸塞议会颁布特许状(又译作宪章)，在哈佛学院成立第二个董事会，称为"哈佛法人"(The Harvard Corporation)，法律上称之为"哈佛学院院长和同事"(the President and Fellows of Harvard College)。哈佛法人由哈佛院长、司库和5名哈佛的教师组成。由此形成了哈佛特有的监事会与董事会并存的双重董事会体制(the dual board system)。

在17世纪相当长的时间内，哈佛学院的这种体制造成了监事会和"法人"之间一系列的矛盾和冲突。有鉴于此，当1702年，10名公理会牧师(其中9人是哈佛的毕业生)被康涅狄格议会任命为受托管理人(trustee)，创办耶鲁学院时，他们没有仿效哈佛的体制，而采取了单一的董事会体制(the single governing board system)。1754年，康涅狄格议会颁布特许状，成立有9人组成的"耶鲁学院院长和同事"法人(即董事会)。耶鲁的这种单一董事会体制以后为大多数美国大学和学院的董事会所效法，成为迄今为止美国大学和学院最广泛采用的体制②。

这种形成于二百多年前的体制之所以至今仍在发挥作用，一个基本的原因是，无论是双重董事会体制，还是单一董事会体制，其产生的法律基础(即宪章或特许状)至今仍在发生效力。二百多年来，发生变化的只是董事会成员的职业构成。其中最为显著的一点是，随着时间的推移，牧师在董事会中的绝对支配地位逐渐削弱，神职人员在董事会成员中所占比例大幅度下降

---

① W. H. Cowley, *Presidents, Professors, and Trustees: The Evolution of American Academic Government*, San Francisco: Jossey-Bass Publishers, 1980, p. 38.

② Arthur M. Cohen, *The Shaping of American Higher Education: Emergence and Growth of the Contemporary System*, San Francisco: Jossey-Bass Publishers. 1998, pp. 41—42.

（在上述 10 所大学的董事会成员中,仅耶鲁大学一校为神职人员保留了席位)。与此形成鲜明对照的是,工商企业界的代表在董事会成员中所占的比重不断提高,其地位日益重要。这种变化的外部原因是社会的变迁和职业相对重要性的改变,但也应当看到,在哈佛、耶鲁等校的特许状中,虽然连董事会成员的名姓都一一提及,但却并没有明确规定董事会成员的职业构成①。这事实上为以后董事会成员职业构成的变化,提供了必要的法律依据或至少没有设置法律障碍。

　　二百多年来,美国大学和学院董事会成员职业构成虽然发生了显著的变化,但校外人士在董事会中占据支配地位的格局却始终没有发生实质性的改变。其中的根源依然与美国高等教育的传统有关。

　　众所周知,殖民地时期,美国在创办哈佛等学院时,从西欧特别是从英格兰、苏格兰、爱尔兰等地的高等教育机构(包括剑桥大学、牛津大学、都柏林大学)学习了许多经验,其中也包括董事会体制。但与上述高等教育机构不同的是,美国的高等教育机构并不是自发形成的,而是由“社区”创办的。因此,从一开始,美国的高等教育机构就是由“校外势力”控制的:学校由议会颁布特许状设立,学校经费由议会提供,校长和教师由董事会聘任,学校的管理按照议会的特许状实施,如此等等。由此形成了创办人具有主办权的惯例。在这种情况下,“校内势力”便很难在机构中发挥实质性的作用(在相当长的时间中,哈佛、耶鲁的校长都不是董事会成员)。尽管 20 世纪以来,校长、教授和学生相继在学校的一些事务上逐渐获得了很大的权利,董事会也从最初的包揽一切逐渐过渡到主要负责有关事务,但这个惯例并没有因此失效。这也就是为什么美国大学和学院会存在所谓“外行领导内行”的局面。

（原载《比较教育研究》2002 年第 12 期）

---

　　① Sol Cohen(ed.),*Education in the United States:A Documentary History*(Vol. 2),New York:Random House,1974,pp. 660—661,672—675,685—686,704—705.

美国大学与学院的生师比和班级规模

　　高等学校的办学效益,是高等教育界近年来普遍关注的重要问题。在探讨这个问题时,生师比和班级规模是学者和管理者尤为重视的两个方面。无论在对这两个方面问题的理论探讨还是在实际工作的决策中,国外的先进经验(尤其是国外著名大学或一流大学的经验)常常是立论或决策的依据。那么,国外大学的先进经验究竟是什么呢? 或者,国外大学的生师比和班级规模的真实情况究竟是什么? 本文将依据相关的资料,为读者提供一些有关美国大学和学院生师比和班级规模的基本事实。

一、美国大学与学院的生师比

　　根据《美国新闻与世界报道》最新发布的 2002 年美国大学和学院"排行榜"中提供的相关数据,可以多少看到一些美国大学和学院的生师比。

　　该排行榜把美国大学和学院分为有权授予博士学位、有权授予硕士学位和有权授予学士学位三大类。在有权授予学士学位的大学和学院中,又分为"自由艺术学院"(Liberal Arts Colleges)和综合学院(Comprehensive Colleges)两类;在有权授予硕士学位的大学和学院以及有权授予学士学位的综合学院中,又按照四个区域(即北部、中西部、南部、西部)进行排行。作者将根据排行榜中提供的有关数据,进行整理和分类,以便更加清晰地看到美国不同类型的高等教育机构中的生师比。

1. 有权授予博士学位的大学和学院的生师比
在有权授予博士学位的大学和学院中,排行居前 10 位的大学和学院分别是：普林斯顿大学、哈佛大学、耶鲁大学、加州理工学院、麻省理工学院、斯坦福大学、宾夕法尼亚大学(简称宾州大学)、杜克大学、哥伦比亚大学、达特茅斯学院和芝加哥大学(后三所学校并列第9位)。这11所学校毫无疑问都是所谓的"世界知名大学"或"世界一流大学"中的重要成员。那么,在这些一流大学中,生师比的情况如何呢？

表1　11所著名大学的生师比

学校	普林斯顿	哈佛	耶鲁	加州理工	麻省理工	斯坦福	宾州大学	杜克	哥伦比亚	达特茅斯	芝加哥
生师比	6:1	8:1	7:1	3:1	7:1	7:1	7:1	9:1	7:1	9:1	4:1

(资料来源:http://www.usnews.com/usnews/edu/college/rankings/natudoc/tierl/tlnatudoc.htm)

2. 有权授予硕士学位的大学和学院的生师比

有权授予硕士学位的大学和学院的排行是按不同地区进行。表2、表3、表4和表5分别反映了在美国北部、中西部、南部和西部四个地区居前10位的大学和学院的生师比。

表2　北部地区居前10位的大学和学院的生师比

学校	威拉诺瓦	罗耀拉	普罗威登斯	费厄费尔德	罗切斯特理工	新泽西学院	斯克兰顿	伊塔卡	桑尼	阿尔弗雷德	本特利
生师比	13:1	14:1	13:1	13:1	14:1	13:1	13:1	12:1	19:1	12:1	15:1

(资料来源:http://www.usnews.com/usnews/edu/college/rankings/univmas/umnorth tierl/tiunivmas_n.htm)

表3　中西部地区居前10位的大学和学院的生师比

学校	瓦尔普雷索	克赖顿	德雷克	巴特勒	布雷德利	约翰·卡罗尔	杜鲁门州立	夏威尔	汉姆拉恩	伊文斯威尔
生师比	14:1	14:1	13:1	12:1	14:1	14:1	15:1	15:1	14:1	13:1

（资料来源：http://www. usnews. com/usnews/edu/college/rankings/univmas/ummidwest / tierl/tlunivmas_w. htm）

表4　南部地区居前10位的大学和学院的生师比

学校	里奇蒙	詹姆斯·麦迪逊	罗林斯	斯戴逊	山姆福德	斯塔德尔	罗耀拉—新奥尔良	梅塞尔	艾伦	塞特纳雷	麦勒德斯
生师比	10:1	17:1	12:1	11:1	13:1	15:1	13:1	15:1	16:1	10:1	12:1

（资料来源：http://www. usnews. com/usnews/edu/college/rankings/univmas/umsouth/tierl/ tlunivmas_s. htm）

表5　西部地区居前10位的大学和学院的生师比

学校	三一大学	圣克莱拉	冈察加	罗耀拉—玛丽蒙特	卡尔珀利—圣路易	太平洋—路德	波特兰	威特沃斯	圣玛丽	西雅图大学
生师比	11:1	12:1	11:1	13:1	20:1	14:1	13:1	12:1	13:1	12:1

（资料来源：http://www. usnews. com/usnews/edu/college/rankings/univmas/unwest/tierl/ tlunivmas_w. htm）

3. 有权授予学士学位的大学和学院的生师比

在有权授予学士学位的"自由艺术学院"中排名前 10 位的大学和学院学校的生师比情况如表 6。

表 6　"自由艺术学院"中排名前 10 位的大学和学院学校的生师比

学校	阿姆赫斯特	斯沃斯莫尔	威廉斯	威尔斯利	鲍德温	卡勒顿	哈沃福德	坡蒙那	米德尔伯雷	戴维逊
生师比	8:1	8:1	9:1	9:1	10:1	10:1	9:1	9:1	11:1	11:1

（资料来源：http://www.usnews.com/usnews/edu/college/rankings/libartee/tllibarteel.htm）

如上所述，有权授予学士学位的综合学院是按地区进行排名的。限于篇幅，本文不再对有权授予学士学位在综合学院中居前 10 位的大学和学院的生师比按地区一一介绍，只提供一个总体情况，从中仍可以看出综合学院的生师比。

根据计算，在北部综合学院居前 10 位的大学和学院的平均生师比为 13.1:1；在中西部综合学院居前 10 位的大学和学院的平均生师比为 13.5:1；在南部综合学院居前 10 位的大学和学院的平均生师比 12.8:1；在西部综合学院居前 10 位的大学和学院的平均生师比为 14.4:1[1]。

4. 比较与分析

从以上数据中可以看到，在美国，三种不同类型（分别授予博士、硕士和学士学位）的大学和学院在生师比方面，是存在着较为明显的差异的。基本的情况是，在有权授予博士学位的大学和学院中，生师比相对较低。从表 1 可以看到，在有权授予博士学位的大学和学院中居前 10 位的 11 所院校的平

---

[1]　资料来源：

http://www.usnews.com/usnews/edu/college/rankings/ccbach/ccnorth/tierl/tlccbach_n.htm

http://www.usnews.com/usnews/edu/college/rankings/ccbach/ccmidwest/tierl/tlccbach_mw.htm

http://www.usnews.com/usnews/edu/college/rankings/ccbach/ccsouth/tierl/tlccbach_s.htm

http://www.usnews.com/usnews/edu/college/rankings/ccbach/ccwest/tierl/tlccbach_w.htm

均生师比为6.73∶1。通过对表2至表5的相关数据进行计算,可以看到,在四个不同地区有权授予硕士学位的大学和学院中居前10位的学校的平均生师比依次是:北部为13.7∶1;中西部为13.8∶1;南部为13.1∶1;西部为13.1∶1。四个地区有权授予硕士学位的大学和学院中居前10位的学校的平均生师比为:13.4∶1。在有权授予学士学位的排名前10位的"自由艺术学院"的平均生师比为9.4。在有权授予学士学位的排名前10位的综合学院的平均生师比为13.45∶1。

总的结论是:有权授予硕士学位排名前10位的大学和学院平均生师比是有权授予博士学位排名前10位大学和学院的1.991倍;有权授予学士学位排名前10位的"自由艺术学院"的生师比是有权授予博士学位排名前10位大学和学院的1.397倍;有权授予学士学位排名前10位的综合学院平均生师比是有权授予博士学位排名前10位大学和学院的1.999倍。

有权授予博士学位的大学和学院的生师比之所以远远低于美国其他类型的大学和学院,其中主要的原因是,第一,有权授予博士学位的大学和学院往往同时也是研究型大学,因此,这些学校的研究生(特别是博士研究生)的人数要远远高于本科生。第二,有权授予博士学位的大学和学院通常是美国最富裕的学校,在财力和师资等方面具有很大的优势,因而可以承担较小的生师比所需花费的人力、财力和物力方面的成本。

到此为止,我们可以清晰地看到,在美国的高等教育机构中,通常我们认为的世界一流大学和世界知名大学恰恰不是生师比较高的学校,事实正好相反,只有在那些"层次"和规格相对较低的大学和学院中,才存在着较高的生师比。另外,即使在那些"层次"和规格相对较低的大学和学院中,也因为专业和学科的不同,存在着明显的差异。一个突出的现象是,以培养本科生为主的"自由艺术学院"的生师比远远低于有权授予硕士学位大学和学院的生师比。

二、美国大学和学院的班级规模

生师比的高低往往是与学校的班级规模的大小直接相关的。按照通常的推论,只有当单位班级保持在一个较大的规模时,才有可能保证生师比的总体扩大。这也是为什么一些学者和官员不断强调扩大班级规模、上大班课的主要原因。据说,这也是借鉴了国外大学的先进经验。

以下,将根据《美国新闻和世界报道》2002 年大学排行榜中提供的有关数据以及其他相关资料,对美国大学和学院的班级规模情况做一些介绍和分析。

1. 有权授予博士学位的大学和学院的班级规模

表 7 所反映的是,在有权授予博士学位的大学和学院排名前 10 位的学校的班级规模。从表中所提供的数据,可以看到,在这 11 所大学中,20 人以下的小班规模所占的比例是很高的,平均比例为 68.2%。而 50 人以上的大班规模所占的比例却很低,平均比例为 9.55%。

表 7　排名前 10 位学校的班级规模①

学校	普林斯顿	哈佛	耶鲁	加州理工	麻省理工	斯坦福	宾州大学	杜克	哥伦比亚	达特茅斯	芝加哥
班级规模（Ⅰ）	71%	69%	75%	76%	58%	69%	70%	69%	68%	57%	68%
班级规模（Ⅱ）	11%	13%	8%	5%	16%	14%	8%	7%	9%	11%	3%

（资料来源:http://www.usnews.com/usnews/edu/college/rankings/natudoc/tierl/tlnatudoc.htm）

2. 有权授予硕士学位的大学和学院的班级规模

如上所述,有权授予博士学位的大学和学院因其以学术研究和培养研究生为主要功能,因而生师比较低,班级规模相应地也不会很大。那么,其他类型学校的情况如何呢? 表 8—11 分别说明四个不同地区、有权授予硕士学位的大学和学院排名前 10 位学校的班级规模。

---

①　班级规模（Ⅰ）为 20 人以下班级所占比例。班级规模（Ⅱ）为 50 人以上班级所占比例。下同。

表 8　北部地区居前 10 位的大学和学院的班级规模

学校	威拉诺瓦	罗耀拉	普罗威登斯	费尼费尔德	罗切斯特理工	新泽西学院	斯克兰顿	伊塔卡	桑尼	阿尔弗雷德	本特利
班级规模（Ⅰ）	42%	44%	54%	37%	55%	36%	43%	60%	37%	66%	19%
班级规模（Ⅱ）	6%	0.1%	3%	1%	3%	1%	0.2%	3%	3%	5%	0.2%

（资料来源：http://www. usnews. com/usnews/edu/college/rankings/univmas/umnorthtierl/tiunivmas_n. htm）

表 9　中西部地区居前 10 位的大学和学院的班级规模

学校	瓦尔普雷索	克赖顿	德雷克	巴特勒	布雷德利	约翰—卡罗尔	杜鲁门州立	夏威尔	汉姆拉恩	伊文斯威尔
班级规模（Ⅰ）	54%	50%	44%	55%	52%	44%	45%	46%	46%	63%
班级规模（Ⅱ）	2%	4%	8%	4%	3%	0.2%	2%	1%	2%	2%

（资料来源：http://www. usnews. com/usnews/edu/college/rankings/univmas/ummidwest/tierl/tlunivmas_w. htm）

表 10　南部地区居前 10 位的大学和学院的班级规模

学校	里奇蒙	詹姆斯—麦迪逊	罗林斯	斯戴逊	山姆福德	斯塔德尔	罗耀拉—新奥尔良	梅塞尔	艾伦	塞特纳雷	麦勒德斯
班级规模（Ⅰ）	55%	34%	67%	59%	57%	42%	47%	48%	45%	66%	69%
班级规模（Ⅱ）	1%	12%	0.5%	0.2%	3%	2%	2%	1%	0.4%	0%	1%

（资料来源：http://www. usnews. com/usnews/edu/college/rankings/univmas/umsouth/tierl/tlunivmas_s. htm）

表 11   西部地区居前 10 位的大学和学院的班级规模

学　校	三一大学	圣克莱拉	冈察加	罗耀拉—玛丽蒙特	卡尔珀利—圣路易	太平洋—路德	波特兰	威特沃斯	圣玛丽	西雅图大学
班级规模（Ⅰ）	52%	35%	53%	55%	29%	55%	42%	55%	46%	36%
班级规模（Ⅱ）	2%	3%	1%	1%	6%	2%	2%	4%	0%	1%

（资料来源：http://www.usnews.com/usnews/edu/college/rankings/univmas/unwest/tierl/tlunivmas_w.htm）

根据表 8—11 中的数据进行计算，可以了解到四个不同地区有权授予硕士学位的大学和学院排名前 10 位学校的平均班级规模（表 12）。如果做进一步计算，那么，还可以看出全美国的一些情况。在四个地区居前 10 位学校中，小班所占比例的平均数为 48.5%，而大班所占比例的平均数为 2.35%。

表 12   不同地区前 10 位大学和学院的班级规模

地区	北部	中西部	南部	西部
小班平均比例	44.8%	49.9%	53.5%	45.8%
大班平均比例	2.3%	2.8%	2.1%	2.2%

3. 有权授予学士学位的大学和学院的班级规模

表 13 反映了在有权授予学士学位的"自由艺术学院"中排行前 10 位学校的班级规模情况。这 10 所学校小班规模所占比例平均为 67.1%，而大班所占比例平均为 3.4%。

表 13　"自由艺术学院"中排名前 10 位的大学和学院学校的班级规模

学校	阿姆赫斯特	斯沃斯莫尔	威廉斯	威尔斯利	鲍德温	卡勒顿	哈沃福德	坡蒙那	米德尔伯雷	戴维逊
班级规模（Ⅰ）	64%	71%	63%	64%	61%	66%	73%	80%	71%	58%
班级规模（Ⅱ）	6%	1%	6%	2%	7%	1%	4%	1%	6%	0%

（资料来源:http://www.usnews.com/usnews/edu/college/rankings/libartee/tllibarteel.htm)

四个地区综合学院排名前 10 位学校的平均班级规模情况见表 14。

表 14　四个地区综合学院排名前 10 位学校的平均班级规模情况

地区	北部	中西部	南部	西部
小班平均比例	54.9%	51.4%	68.6%	60.8%
大班平均比例	1.9%	1.63%	0.21%	4.27%

　　如果把在四个地区分别居前 10 位的综合学院的班级规模加以综合计算,那么,可以看出全美的一些基本情况。在四个地区居前 10 位的学校中,小班所占比例的平均数为 58.9%,而大班所占比例的平均数为 2%。

4. 结　论

　　通过以上的数据分类和整理,可以发现几个特点。第一,在上述三类美国大学和学院中,20 人以下的班级在全部班级中所占的比例都是很高的(博士:68.2%;硕士:48.5%;学士:63%)。虽然,有权授予博士学位的大学和学院的小班比例仍然高居榜首,但它与有权授予学士学位的学校之间的差距并不显著(令人感到疑惑的是,有权授予硕士学位的大学和学院的小班比例却明显低于有权授予学士学位的学校)。这事实上说明,与我们的一些专家和官员所认识的正好相反,至少在美国,综合实力较强、学术声誉较高的大学和学院,最为重要的教学组织形式恰恰是小型班级。

第二,在上述三类美国大学和学院中,50人以上的大班所占比例普遍较低(博士:9.55%;硕士:2.35%;学士:2.7%)。同样令人疑惑不解的是,正是在有权授予博士学位的著名大学中,大班所占比例最高,分别是后两类学校的4.64倍和3.54倍。联系前面列举的生师比,这个现象更令人费解。

第三,如果把生师比和班级规模结合起来分析,将会看到,与人们通常所理解的截然不同的是,一所学校或一类学校生师比的高低与班级规模之间并不存在必然的联系。从以上数据可以看出,在生师比远远低于其他两类学校的有权授予博士学位居前10位的美国11所著名大学中,大班的比例却远远高于其他两类学校。而在生师比相对较高的学校中,大班的比例反而较低。这说明,生师比与班级规模之间的关系远比人们所想象的复杂得多。

（原载《教育发展研究》2002年第1期）

"大学发展不能摆脱历史"

——《欧洲大学史》第一卷《中世纪大学》译介

一

从 1982 年开始,欧洲大学校长和副校长常设会议(the Standing Conference of Rectors,Presidents,and Vice-Chancellors of the European Universities,简称 CRE)开始组织欧洲各国和美国有关学科的专家开展一项合作研究,以探讨欧洲大学历史发展的基本过程和基本问题。这项合作研究的主要成果之一就是编写了四卷本《欧洲大学史》(*A History of the Universities in Europe*),总主编为原法兰克福大学校长沃尔特·劳格(Walter Rüegg)。《欧洲大学史》第一卷《中世纪大学》由国际大学史委员会秘书长希尔德·德·里德-西蒙斯(Hilde De Ridder-Symoens)主编,于 1992 年由剑桥大学出版社出版。1996 年出版了该书第二卷即《近代早期的大学(1500—1800 年)》,第三卷《19 世纪和 20 世纪早期的大学(1800—1945 年)》于 2004 年出版。

本文的目的是就《欧洲大学史》第一卷《中世纪大学》的基本内容、结构及其价值,提供一个轮廓,以使读者更好地把握本书的特色①。

在这套《欧洲大学史》出版前后,用英语写作的有关中世纪大学的著作和论文可谓汗牛充栋,例如,拉希德(Hastings Rashdall)的三卷本《欧洲中世纪大学》(1895 年)②、桑戴克(Lynn Thorndike)的《中世纪的大学记录与生活》

---

① 本书中译本由河北大学出版社 2008 年出版。

② Hastings Rashdall,*The Universities of Europe in the Middle Ages*(3 vols.),Oxford:The Clarendon Press,1895.

(1949年)①、鲍德温和古德威特(J. W. Baldwin and R. A. Goldthwaite)的《政治中的大学:中世纪后期和近代早期的个案研究》(1972年)②、科班(A. B. Cobban)的《中世纪大学及其发展与组织》(1975年)③、莱夫(Gordon Leff)的《13—14世纪的巴黎大学与牛津大学》(1975年)④、伊泽温和帕奎(Jozef Ijsewijn and Jacques Paquet)的《中世纪后期的大学》(1978年)⑤、班德(Thomas Bender)的《大学与城市》(1988年)⑥、梅鲁(Alfonso Maieru)的《中世纪欧洲的大学训练》(1993年)⑦、彼德森(Olaf Pedersen)的《最早的大学——大学馆与欧洲大学教育的起源》(1997年)⑧等等。那么,与此前出版的有关中世纪大学史著作相比,本书有什么特点呢?

根据我的初步认识,本书的主要特点和价值有四:

1. 首先是编写的组织方式

如前所述,本书是由欧洲大学校长和副校长常设会议组织编写的。这个常设会议是一个非政府组织,成立于1964年,总部设在瑞士日内瓦,其成员包括欧洲27个国家的超过470个高等教育机构。由于常设会议成员的普遍性,因此得以组织起一个庞大的编写队伍,集中各国相关学科的专家共同探讨。本书的作者就包括来自英国、法国、德国、美国、波兰、瑞典、瑞士、意大利、西班牙、比利时、丹麦等11个国家的16位学者。其中大多是相关学科领

---

① Lynn Thorndike, *University Record and Life in the Middle Ages*, New York: Columbia University Press, 1949.

② J. W. Baldwin and R. A. Goldthwaite(eds.), *Universities in Politics: Case Studies from the Late Middle Ages and Early Modern Period*, Baltimore/London, 1972.

③ A. B. Cobban, *The Medieval Universities: their Development and Organization*, London: Methuen & Co. Ltd., 1975.

④ Gordon Leff, *Paris and Oxford Universities in the Thirteenth and Fourteenth Centuries: An Institutional and Intellectual History*, New York: Robert E. Krieger Publishing Company, 1975.

⑤ Jozef Ijsewijn and Jacques Paquet, *The Universities in the Later Middle Ages*, Louvain: Louvain University Press, 1978.

⑥ Thomas Bender, *The University and the City: From Medieval Origin to the Present*, New York and Oxford: Oxford University Press, 1988.

⑦ Alfonso Maieru, *University Training in Medieval Europe*, Trans. By Pryds D. N., Leiden and New York: E. J. Brill, 1993.

⑧ Olaf Pedersen, *The First Universities: Studium Generale and the Origins of University Education in Europe*, Cambridge: Cambridge University Press, 1997.

域国际上有广泛影响的学者,如已故的芝加哥大学社会思想和社会学教授、《密涅瓦》(Minerva)杂志的创办人爱德华·希尔斯(Edward Shils),著名社会史学家、原牛津大学沃斯特学院院长阿萨·布里格斯爵士(Asa Briggs)以及本书总主编、原法兰克福大学校长沃尔特·劳格等。

与学者个人独立撰写的著作相比,这种编写方式尽管可能存在着一些不可避免的局限(例如语言风格的差异、思想的连贯性不足),但毋庸置疑的是,它也避免了由于学者学术兴趣和视野的局限而带来的著作内容的不平衡。更为重要的是,由于聚集了一些在中世纪史不同领域(如社会史、经济史、法学史、科学史等)各有专长的知名学者,因而保证了著作本身在整体上的高水平。并且,为避免多人合作所造成的种种问题,《欧洲大学史》的"编辑委员会选择了一个非常复杂的程序。首先,为每一卷和每一章所涉及的主题都制定了一套实质的和方法的指南,并邀请那些愿意合作的人士参加第一轮讨论。在这些讨论中,通过扩展或约定拟承担写作章节的内容,那些未来的作者同意写作的分工。在讨论的过程中,这种合作完成的著作所必需的共识和互相理解得以形成。在第二轮讨论中,各章的初稿被认真审读和详细讨论。来自各国的通信员在主编和作者未被告知的情况下,被邀参加讨论。接着,由这些讨论形成的第二稿由主编经过一次或多次会议反复修改,直到通过编辑委员会的程序,各章被整合到一个统一的模式中。"①

2. 作者的学科背景

在我国,由于教育史学科最初是作为教师教育的重要科目,因此,包括大学史在内的教育史研究主要是由设有教育专业或学科的师范院校的教育系(学院或研究所)的教学科研人员承担的,其他人文社会学科领域的科研人员很少介入教育史研究(值得欣慰的是,近年来一些院校历史学、政治学等相关学科的科研人员开始"涉足"教育史研究)。由于研究人员学科背景的单一性,因此,不可避免地导致教育史研究中就教育而论教育的普遍现象,从而极大地限制了对教育历史的认识和理解。从这个意义上讲,本书的一个突出特点是作者学科背景的多样性。在书中所介绍的 16 位作者中,既有从事古典

---

① 见该书第 xxvi 页。中译本第 14—15 页。

语言的学者如莫妮卡·阿斯塔罗斯(Monika Asztalos),有从事社会史学研究的阿萨·布里格斯,从事教会法史研究的安东尼奥·加西亚·Y·加西亚(Antonio Garcia Y Garcia),从事中世纪史研究的埃尔克桑德·盖伊什托尔(Aleksander Gieysztor)、戈登·莱夫、彼得·莫劳(Peter Moraw)、雷纳·克里斯托夫·施温格(Rainer Christoph Schwinges)、南茜·斯雷斯(Nancy Siraisi),从事法律史研究的保罗·纳尔第(Paolo Nardi),从事哲学史和科学史研究的约翰·诺思(John North)、奥拉夫·彼德森,从事大学史研究的希尔德·德·里德-西蒙斯、雅克·韦尔热(Jacques Verger),以及从事社会学研究的沃尔特·劳格、爱德华·希尔斯等。

多样化的学科背景对于大学史研究是必不可少的前提。这是因为,与中小学不同,大学从其产生之日起,就不仅是作为教育机构和文化机构而存在的,它同时也是一种学术机构、社会机构,大学承担着多重社会功能。正因如此,大学历来与社会生活的诸多领域(政治、经济、社会、文化、宗教)具有密切的相关。大学是在与社会的复杂联系中经历变迁、得到发展的。如果仅仅从教育的角度或把大学只当作教育机构,那么,就不可能认识和理解大学的历史变迁,也不可能有真正科学的大学史研究。就此而言,如果本书是一部反映西方学术界关于中世纪大学史最新进展的重要著作,那么,它的成功在很大程度上应当归因于作者多样的学科背景。

3. 本书的内容范围

与同类著作相比,这部《欧洲大学史·中世纪大学》在内容的范围上的特点是非常突出的。迄今为止已经公开出版的关于中世纪大学史的著作,大多是以专题研究或专门研究为主,或者是关于中世纪大学起源的研究(如彼德森的《最早的大学——大学馆与欧洲大学教育的起源》),或者是关于中世纪某一时期的大学研究(如伊泽温和帕奎的《中世纪后期的大学》),或者是关于中世纪大学与社会关系的研究(如班德的《大学与城市》),或者是关于中世纪大学内部某一方面问题的研究(科班的《中世纪大学及其发展与组织》、梅鲁的《中世纪欧洲的大学训练》),或者是关于中世纪大学的个案研究(如莱夫的《13—14世纪的巴黎大学与牛津大学》),如此等等。本书虽然是以专题研究为基础,但就其专题所涉及的范围而言,它实际上是一种综合性的专题研究。在空间上,它涵盖了包括东欧、中欧、西欧在内的整个欧洲,在时间上,它则跨越了从大学产生之初直到 16 世纪初的三百多年;在广度上,从大学的管理、财政、建筑,到大学的学科、学院组织、招生、教学、学位授予、考试,直到学生的生活、学习、活动等等,几乎无所不包,同时还广泛地涉及大学与外部世界(教会、王国、城市)的关系。

就本书所涉及的内容范围而言,唯一能与之相比拟的是拉希德在一百年前出版的三卷本《欧洲中世纪大学》。尽管拉希德的著作一直被认为是研究中世纪大学的经典之作,但与之相比,本书的特点仍然是非常清晰的。二者之间最为重要的差异在于,拉希德的著作主要侧重在博洛尼亚大学、巴黎大学和牛津大学这三所大学的历史(尽管也涉及诸多国家的大学)和国别大学史,而本书所要反映的不是(或主要不是)不同大学或不同国家的大学在中世纪的发展,而是欧洲大学的不同侧面以及由此构成的整体在 12—15 世纪这三百多年间的变迁。

4. 本书的结构

四卷本《欧洲大学史》是一部关于欧洲大学发展的通史类著作,但它又与一般的编年史不同,是一部"欧洲大学的比较史",或者说是一部以专题研究为基础的欧洲大学通史。由于是以专题研究为基础,因而确保了整套《欧洲大学史》的结构的一致性,也因而保证了全书的整体性。根据主编的介绍,《欧洲大学史》各卷均分为四个部分,各卷的第一部分提供主题的导引和该卷所考察时期大学的分布和发展的综合描述;第二部分共三章,叙述大学的结构,首先是大学与公共当局的关系,然后是大学的内在组织,它的财政、校舍和设备、管理机构及其决策的方式、大学的教师,在第 2、3、4 卷中,还将有第四章探讨欧洲高等教育机构在其他国家的扩展;第三部分共四章,涉及大学的一个主要使命,即学生在科学和学术知识方面的训练,大学学习的社会的、经济的和理智的前提,学习科目、学生的日常生活、考试和职业;第四部分的四章,涉及大学的另一个主要职能,即运用批判的方法,证明、更新和扩展人类的知识(本书第一卷主要涉及文学院、法学院、医学院和神学院这四个学院或知识领域)。

就历史的编撰而言,很难简单地判断何种结构是好的,而其他的结构是不好的。历史著作结构的不同主要取决于研究对象本身的特点,取决于作者的历史观念、作者对研究对象的认识等等。就大学的历史而言,由于大学机构、大学功能以及大学与社会关系的复杂性,由于不同国家、不同地区和不同类型的大学发展的特殊性,因此,似乎难以运用编年史的方法和结构,尤其是当研究的对象范围涉及一个广大的区域。在这种情况下,以专题研究为基础的历史编撰,可能是较为现实可行的合理方法。通过对不同时期、不同地区和不同类型大学发展的基本过程的梳理,从中抽象出大学发展的主要问题,并进而形成一个具有逻辑联系的结构,这确实是值得关注的一种历史编撰方式。

我以为,这种编撰方式的一个更为重要的价值在于,有助于通过把握不同时期、不同地区、不同类型大学发展的共同问题在不同历史条件下的延续、变化,认识和理解大学的不同方面、不同部分以及由它们所构成的整体在历史过程中的演变。这样,人们既有可能得到对大学某一个方面或部分的历史变迁的纵向认识,也有可能真正理解作为一个整体的大学历史。由此得到的不再是平面的、静止的和孤立的大学史,而是立体的、动态的和整体的大学史。

除了以上四个方面的特点之外,诸如史料之丰富,史料涉及语种之多,叙述分析之细微具体,以及在相关专题的研究中自然地运用比较方法等等,也都是本书的特色。

二

由于语言、资料、研究力量等方面的原因,国内教育学术界对中世纪大学的研究是非常有限的。近四十多年来,在国内发表的关于欧洲中世纪大学的专门研究成果仅有十余篇论文(其中包括译文)[①],但奇怪的是,大量的论文和著作在讨论相关问题时,都会非常频繁地涉及中世纪大学,似乎我们对中世纪大学已经有了非常充分和全面的了解。其实,我们的了解大都局限在:中世纪大学是一个学者与学生组成的行会或法人团体;这个团体从教皇、皇

---

① 张斌贤、孙益:《欧洲中世纪大学的特权》,《北京师范大学学报》(人文社会科学版)2004年第4期。

帝和国王那里获得了包括内部自治、罢课、免税、免除徭役、自由迁徙等特权；中世纪大学通常由文学院、法学院、医学院和神学院等组成；按照管理模式的不同，中世纪大学可以分为以博洛尼亚大学为代表的学生大学和以巴黎大学为代表的教师大学；中世纪大学已经建立了由学士、硕士和博士学位组成的学位制度；中世纪大学是现代大学的直接起源等等。而且，在我们有限的知识中，有许多是不确定的，有些则完全是以讹传讹。我相信，本书对于有兴趣的读者丰富关于中世纪大学的知识和了解，从而深化对大学起源和大学本质的认识和理解，将发挥特殊的作用。

在关注本书的结构和内容的同时，我以为，读者还应当关心本书编写的动机。关于这一点，本书总主编沃尔特·劳格在前言中的一段话是值得格外注意的：

"科学的和学术的知识与理解的共同体重要性的不断增加、由于对这种重要性的认识而产生的高等教育机构的前所未有的扩张，使欧洲大学不堪重负。尽管在法国、意大利和奥地利的中央的、政府的大学管理体制与联邦德国的联邦体制，以及与英国大学的法律自治之间，存在着差异，但它们所面临的问题是相同的：大学被期望承担的职责五花八门、不断变化、相互矛盾；大学在不断增长的压力下，被要求把各种职责与其传统的目的保持一致。"①

这也就是说，欧洲大学校长和副校长常设会议之所以组织编写这套四卷本《欧洲大学史》，是因为在 20 世纪 70—80 年代欧洲大学发展面临着现实的挑战和危机。第二次世界大战后欧洲各国所进行的一系列大学教育的改革、大学机构的急速扩张，非但未能使大学教育真正满足社会的需要，反倒使大学自身陷入功能冲突的困境。大学的发展向何处去？大学教育当前所面临的主要矛盾是什么？如何真正有效地解决大学所面临的问题？

要解答上述问题或难题，"向前看"固然是必须的，但"向后看"也同等重要。正如沃尔特·劳格所说："第二次世界大战后 10 年间改革大学的各种努力的失败已经表明，如果没有对大学的发展和悠久传统的深入认识，是不可能获得解决大学问题的真正有效的方法的。"②

众所周知，中世纪大学是现代大学的共同渊源，中世纪大学在其发展过

---

① 见该书第 xxi 页。中译本第 10 页。
② 见该书第 xxi 页。中译本第 10 页。

程逐渐形成的一系列制度和原则,为现代大学的建立奠定了坚实的历史基础。大学源于中世纪法律所具有的法人社团的性质,不仅保证了大学在中世纪异常纷繁复杂的社会环境中的生存和发展,而且为学术自治作为现代大学的基本原则的确立提供了强有力的历史依据和法律依据;中世纪大学所建立的学院、学舍制度,不仅进一步确立了西方传统的学科分类和知识分类,从而为知识的发展奠定了重要的基础,而且为大学教育的有效进行提供了制度保障;中世纪大学的学位制度不仅在制度上为现代高等教育的学位制度提供了范式,甚至其形式也经过改造一直保持至今;其他诸如招生、学生管理、学生与教师的组织、教学过程、教学方式和方法、考试以及大学在与外界交往和冲突中逐渐形成的行为模式等等,都对 16 世纪以后大学的历史产生了直接和深远的影响。没有中世纪大学,便没有现代大学的迅速崛起。从这个意义上讲,了解中世纪大学的历史,是把握现代大学发展规律的必由之路。没有对中世纪大学历史的深入和全面的认识,是难以真正完整、深刻地理解现代大学的本质的。

　　由此,我想到在我国正如火如荼开展的一轮接着一轮高等教育的改革。根据我的认识,在酝酿高等教育的改革(无论是整个高等教育体制的改革还是高校内部的改革)时,高等教育界的领导人和学者们非常关注的主要是两个方面的问题,一是改革的需要和现有体制的问题,二是西方发达国家(尤其是美国)当代的类似做法,而很少冷静地系统回顾大学发展的历史,更不用说中世纪大学的历史。但在实际上,正如其他领域中的改革一样,缺乏历史感甚至轻视历史,是我们轻易犯错误、不断犯错误和犯很多错误的基本原因之一。由于轻视历史和历史研究,我们为我们的改革支付了我们实际上难以承受的巨大代价。

　　众所周知,中国现代大学教育制度并非直接发源于我国古代的高等教育,而是从西方移植而来的。由于这个原因,中国的现代大学教育制度存在"先天不足"的缺陷,既缺乏文化传统的滋养,又缺乏社会相关制度的支持。而且,自现代大学教育在中国生根以来的一百多年间,接连不断的内乱外患使中国大学始终未能长时间得到真正稳定的发展。粗略计算一下,一百多年来,中国大学教育相对稳定发展的时间在 40 年左右(即 20 世纪 20 年代初至抗日战争爆发前的十多年和 1978 年改革开放以来的二十多年)。从大学发展的历史来看,中国的大学实际上还处于幼年时期,大学的机体依然非常娇嫩,易于接受外界的有利和不利的影响。在这种情况下,任何会影响大学自然生长的改革措施(尤其是那些全局性的和根本性的改革),都应该慎之又慎。更何况我们是在一种非常特殊的国际背景和社会环境下从事高等教育的改革事业,既无先例可循,又没有现成的方案。在这种情况下,既需要改革者的勇气和胆识,同样需要如履薄冰般的小心谨慎。须知改革本身并不是目的,改革是需要支付成本的。在历史上,并不缺乏这样的事例,即改革所造成的不良后果远远大于改革所带来的实际效益。对改革的评价并不取决于改革者的勇气和胆识,也不取决于改革的速率和幅度,而只在于它所造成的整体的和长远的结果。为了避免改革的重大失误,对于明智的改革者来说,对历史的审视无疑是一种最为"经济的"选择。对历史的审视似乎是一种实验,它虽然不会提供现成的改革方案,也不能预测改革的结果,但至少它会告诉人们不要做什么。在人类生活的许多情况下,选择不做什么其实远比选择做什么更需要智慧和胆识。在巍峨的历史大厦面前,人是需要有一种敬畏之心的。

(原载《清华大学教育研究》2006 年第 6 期)

第三编　美国学校教育史研究

圣路易斯市公立学校变革：1865—1880

19 世纪后半叶,圣路易斯市(St. Louis)被称为美国的第四大城市,该市位于美国中部的密苏里州(Missouri),地处密西西比河中游河畔,从地理位置上看几乎位于美国国土的中心。南北战争之后,圣路易斯的公立学校在威廉·托利·哈里斯(William Torrey Harris,1835—1909 年)①等人的领导下,经过战后十几年的改革与发展,成为当时美国公立学校中的典范。

19 世纪后期圣路易斯的公立学校一直是美国公共教育史研究所关注的对象,一方面由于这一时期教育史上诸多重要事件汇集于此,如美国第一所公立幼儿园的建立,第一所手工训练学校(Manual Training School)的创立等;另一方面,由于圣路易斯的公立学校督学(superintendent)威廉·哈里斯日后成为美国教育专员(U. S. Commissioner of Education,1889—1906 年),在当时美国教育界享有举足轻重的地位,圣路易斯市的教育改革思路与经验也在一定程度上被哈里斯带向了全美。因此,考察与梳理圣路易斯的公立学校变革进程,能够从一定程度上反映当时美国教育领域的发展状况。

本文聚焦南北战争之后至 19 世纪 80 年代以前圣路易斯公立学校的变革,这一时段处于美国现代社会形成的初期,内战后密西西比河航线贸易

---

① 威廉·托利·哈里斯出生于美国康涅狄格州,是 19 世纪美国著名教育家、哲学家。他早年求学于耶鲁大学,由于对当时的耶鲁课程感到失望,他在 1857 年离开耶鲁前往西部,后抵达圣路易斯。他从 1858 年开始进入圣路易斯的公立学校系统工作,并于 1868 年至 1880 年担任圣路易斯公立学校督学。同时,哈里斯是当时美国黑格尔主义者(American Hegelian)的代表人物之一,他于 1867 年创办的《思辩哲学杂志》(*Journal of Speculative Philosophy*)被认为是美国历史上第一本致力于纯粹哲学探究的杂志,在当时的知识界影响很大。哈里斯在美国教育界的活跃时期处于公立学校运动时代与进步时代之间,教育史家克雷明将哈里斯视为"两个时代之间的过渡人物"。

的繁荣与大量铁路的修建给圣路易斯城带来了工商业发展的契机,同时,作为西进运动的重要起点之一,圣路易斯汇集了大量来自美国东部和外国的移民。这一时期,城市化、工业化与移民浪潮开始改变圣路易斯乃至整个美国社会的面貌,公立学校的变革始终与当时的社会变迁过程紧密相连。

一、制度与系统:圣路易斯城市学校管理改革

1876 年正值美国独立一百周年纪念,美国人在费城举办了声势浩大的百年纪念博览会(the Centennial Exposition),哈里斯在这一年的年度报告中汇报了他在博览会中的见闻与感受。谈及他所观看的教育展览,哈里斯表示:"城市学校与乡村学校之间在精神和方法上的巨大差别已经开始显现。"[①]在这种差别中,学校体系的规模固然是一个重要的方面,但除此之外,还表现在"乡村学校中没有学生分级与晋级制度,使得同一个班级中的学生程度不一,学习内容混杂,教师面对多样化的学生只能采取最机械、最狭隘的教导方式,而这些在城市学校中则完全是另一个面貌"。在学校管理者看来,秩序是这一时代美国的城市学校与乡村学校区别开来的关键因素,这也是当时圣路易斯学校改革所追求的主要价值。

南北战争后,美国的城市化进程加快,在威廉·哈里斯开始担任公立学校督学的 1868 年,圣路易斯市分为十二个区,城中适龄入学儿童为 46,100人[②],到他卸任的 1880 年,分区的数量达到了二十八个,城中的适龄入学人口达到了 106,372 人[③],比十二年前翻了两倍以上。要在城市学校运行经费有限的情况下满足不断扩大的入学需求,并且对数量日渐增多的公立学校进行有效的统筹,学校体系的秩序与效率变得尤为重要。在这一时期的圣路易

---

①　"Reflection on the Educational Significance of the Centennial Exposition", *Twenty-Second Annual Report of the Board of Directors of the St. Louis Public Schools, for the Year Ending August 1, 1876*, St. Louis: Slawson Printer, 1877, p. 197.

②　"General Statistics", *Fourteenth Annual Report of the Board of Directors of the St. Louis Public Schools, for the Year Ending August 1, 1868*, St. Louis: George Knapp & Co., Printers and Binders, 1869, p. 13.

③　"School Statistics", *Twenty-Sixth Annual Report of the Board of Directors of the St. Louis Public Schools, for the Year Ending August 1, 1880*, St. Louis: Slawson & Co., Printers, 1881, p. 21.

斯,公立学校主要通过形成双重学校监管体系,以及整合公立学校系统来强化其运行秩序。

1. 公立学校监管体系的形成

1868 年,威廉·哈里斯正式担任圣路易斯公立学校的督学。督学一职下属于圣路易斯公立学校董事会,除督学外,董事会还设有主席、副主席、秘书、律师、执事(bailiff),以及一到两名督学助理。董事会每年向公众发布一份详细的年度报告,报告主要由董事会主席的简要年度总结和督学对当年各方面学校工作的详尽汇报组成,后者主要呈现一学年来公立学校的财政开支、学生入学与升学数据、各级学校的组织情况等。

督学一职在 19 世纪美国学校中普遍存在,是学校管理工作的具体执行者和监督人,但根据各城市的不同状况,督学的职责也各不相同。就哈里斯上任之初以及他的前几任督学的情况来看,圣路易斯公立学校督学所负责的事务通常包括:组织建立新学校,选拔与调动教师,以及处理众多日常事务,如接待市民与家长,听取其对公立学校的意见,撰写季度与年度报告,遇教师生病或请假时设法填补空缺,以及常规性地走访各学校等。威廉·哈里斯在其上任第二年的年度报告中反映,"督学与两位助理发现他们自己始终处于工作负担过重的状况",并建议在新的基础上重新组织学校管理事务。

从 1869 年开始,哈里斯主张在公立学校体系中推行"主任教师本校监督"(local supervision of principals)制度,即赋予各学校主任教师(principal teacher)一定的监管职责,使其有权力处理本校的教师监管等事务,同时,组成一个主任教师委员会,每周召集这些教师与督学开会讨论管理工作中出现的问题[1],这种监管方式在当时的波士顿、辛辛那提、芝加哥等地都已采用,哈里斯在 1876 年的年度报告中将这种做法概括为"双重监管体系"(two-fold system of supervision)[2]。

在此之前,圣路易斯公立学校有若干名助理教师(assistant teacher),一到

---

[1] "School Organization", *Fifteenth Annual Report of the Board of Directors of the St. Louis Public Schools, for the Year Ending August 1, 1869*, St. Louis: Missouri Democrat Book and Job Printing House, 1870, pp. 131—133.

[2] "Methods of Organization and Supervision", *Annual Report of 1876*, p. 195.

两名副主任教师(assistant principal teacher),以及一名主任教师。主任教师在承担日常教学任务的同时负责统筹学校的日常事务,并不是全职的学校管理者。通过将主任教师提拔为负有监管职责的人员,公立学校体系内部实际上形成了"督学—主任教师—助理教师"的监管层级,主任教师也逐渐从教学岗位中分离出来,成为后来俗称的"校长"(principal)。

由此,原先由督学一人负责的监管事务初步形成了一套体系,这也使得外在于公立学校的监管与学校内部的实践结合起来。正如美国教育史研究者泰亚克(David Tyack)所言,"在试图对城市学校进行系统化的过程中,19世纪后半叶的督学们寻求教育领域的结构和决策过程的转变"①。哈里斯在1870年的年度报告中表达了对组织(organization)与系统(system)的信心,他说:"正是组织与系统有效地帮助个体,补充其自身无法平衡之处。"②监管体制带来的价值,用哈里斯自己的话来说,是"极大地减少了教学的开支,同时增强其价值与效率"③。在双重监管体系下,督学的功能主要在于"观测教学方法上的总体趋势,对其进行比较与综合,并与主任教师协商,以及偶尔与助理教师讨论"④。可见,随着监管体系的形成,督学本人也开始逐渐由执行者和监督人向综合管理者的身份过渡。

2. 公立学校系统的整合

南北战争以前,圣路易斯不同等级与功能的学校逐渐建立,公立学校系统已初步形成。当时,整个学校系统包含一所师范学校(1857年建立),一所中学(High School,1853年建立),若干所夜校(Evening School),以及若干所地区学校(District School)。地区学校的数量最多,分布于城市各区,提供初等教育,其内部又分为初级(Primary)、中级(Intermediate)和语法(Grammar)三个级别,每个级别内部再分为二至三个年级。内战期间,一些学校停课甚至

---

① 戴维·泰亚克:《一种最佳体制:美国城市教育史》,赵立玮译,上海人民出版社,2010年,第41页。

② "School Organization", *Sixteenth Annual Report of the Board of Directors of the St. Louis Public Schools, for the Year Ending August 1, 1870*, St. Louis:Plate,Olshausen & Co. ,Printers and Binders,1871,p.197.

③ *Seventeenth Annual Report of the Board of Directors of the St. Louis Public Schools,for the Year Ending August 1, 1871*, St. Louis:Plate,Olshausen & Co. ,Printers and Binders, 1872,p.8.

④ "Methods of Organization and Supervision",*Annual Report of 1876*,p.195.

关闭,学生人数下降,部分教师在战争中去世,学校系统受到很大影响。经过
战后几年的恢复,公立学校逐渐呈现出发展态势,并通过新机构的建立与原
有机构的改革实现了公立学校系统的整合。

内战后的整合强调学校系统的完备功能与各机构之间的联系。1867 年,
三所非白人学校(Colored School)在圣路易斯建立,接纳城中的非白人适龄儿
童入学①。1868 年,奥法隆工艺学院(O'Fallon Polytechnic Institute)开办,作
为公立学校体系的一部分,承接原有的夜校,成为更高级别(相当于中等技术
教育)的工艺培训机构②。1869 年,圣路易斯的图书馆协会(Library Society)
将其对公立学校图书馆(Public School Library)所拥有的一部分产权转移到公
立学校董事会,公立学校图书馆成为公立学校系统中的独立机构③。1873
年,公立学校董事会正式通过将一所地区学校中的教室用作设立幼儿园
(Kindergarten)的提案,圣路易斯市建起了全美首个公立幼儿园④。至此,圣
路易斯的公立学校系统已涵盖了从幼儿园到中学的各级教育,初等教育与中
等教育中又包括普通的日间学校与进行工艺培训的夜校两个类别,同时,还
有一个为这些学校师生服务的公立学校图书馆。

在设立新机构的同时,圣路易斯公立学校内部的结构也发生了一定的变
化,其中最为显著的变革是由威廉·哈里斯主导的"季度晋级制"(quarterly
promotion)。圣路易斯公立学校自 19 世纪 50 年代起陆续将"兰卡斯特制"
(Lancasterian System)改为年级制,学生每学年晋级一次。哈里斯在 1872 年
的年度报告中专门针对这种年级制度提出了意见,他认为在当时的以一年为
期进行升级的制度下,升级与否取决于由督学主持的一年一度的考试,那些

---

① "Colored Schools",*Annual Report of 1867*, pp. 31—33. 在当时这些学校主要提供的是初等年级
(Primary grades)的教学。

② "The Evening Schools",*Annual Report of 1869*, p. 75.

③ "The Public School Library",*Annual Report of 1869*, p. 116.

④ "The History of the Establishment of the Kindergarten",*Annual Report of 1879*, p. 194. 在 19 世纪中
期,美国已存在由德国移民经营的私立幼儿教育机构,这些机构主要模仿德国在 18 世纪已出现的幼儿园
而建。19 世纪 70 年代,后来被称为"美国幼儿园之母"的圣路易斯市市民苏珊·布洛(Susan Blow,1843—
1916 年)向威廉·哈里斯介绍了幼儿园的理念,以及它在德国的成功实践,希望在圣路易斯的公立学校系
统中建立幼儿园。1873 年,圣路易斯教育委员会正式通过在一所公立学校中建立幼儿园的提案,布洛成为
幼儿园的主管。到 1880 年,圣路易斯的公立幼儿园已经由最初的 68 个学生增加到 7828 人,同时配有 166
名教师。

未通过考试的学生回到原先所在年级,然而,如果学生只需再经过一个季度的复习便能通过考试,那么他的学业进展便被这种过长的年级划分拖累了①。他批评这种现象为学习"被日程钉牢"(nail to the calendar),即学业进展的方式十分刻板,学生进步是由日程安排而非本人发展来决定②。因此,他建议在圣路易斯公立学校中增加学生晋级的次数,采用每个季度举行一次考试的方式,使得学业较好的学生快速升到较高年级,未通过考试的学生也可以缩短留级的时间。这样一来,由于部分学生升级的速度加快,公立学校每个年级可容纳的学生人数也增多了。

此外,由于当时圣路易斯公立学校之间的教学状况差异较大,哈里斯又对整个公立学校系统进行了一种"标准化"改革,要求学校在各个学科采用同样的教科书,教师教授统一的内容,使在不同学校就读的学生接受同样的信息。截至1878年,各级公立学校的统一课程与教科书方案基本成型,在这一年的年度报告中,整合后的课程内容以表格的方式详尽地呈现出来③,圣路易斯的公立学校初步实现了课程与教学的统一。哈里斯在报告中表示,"学习成果的相互对照,以及保证转校学生所使用教科书的一致性,是分级并统一课程所带来的主要优势"④。

通过公立学校监管体制的改革与学校系统的整合,圣路易斯初步形成了一套较为完备的公立学校体系,为扩大公立学校的规模与提升教学质量起到了一定作用。不过,这一时期城市学校对于秩序与效率的追求,以及形成的具有官僚制特性的管理体制,日后也将受到下一代学校工作者与观察者的诟病⑤。

二、工业时代与世俗道德:公立学校的道德教育

圣路易斯的第一所公立学校于1838年开办,与美国北方一些州在公立

---

① *Annual Report of 1872*, p. 27.

② *Annual Report of 1872*, p. 47.

③ "Course of Study and Text Books with Tabular Views", *Annual Report of 1878*, pp. 129—204.

④ *Annual Report of 1878*, p. 133.

⑤ 例如,1893年,赖斯(Joseph Mayer Rice)在《论坛》(*Forum*)"教育揭幕"系列的一篇文章中,对比了圣路易斯与印第安纳波利斯(Indianapolis)的公立学校,他批评圣路易斯的监管办法只考虑教师工作的结果,使得教师们都只保留有利于他们的结果,没办法反映事实,而学生也只能为符合教师的利益而被扭曲。见 J. M. Rice, "The Public Schools of St. Louis and Indianapolis", *Forum*, Dec 1892, p. 429.

学校运动时期所面临的情况类似,在圣路易斯公立学校创办早期,关于"由公共税收支持的学校应当为谁的孩子提供教育"这一问题,曾经存在这样的分歧:一部分人支持建立一个免费、自由而高效的公共教育体系,对所有阶层的市民开放;另一部分人则想建立只为穷人服务的免费学校,且认为对他们的教学无需超过初级英语水平①。最终,前一种意见获得了大多数人的支持,公立学校的普适性理念得以确立。

然而,公立学校运动时期所奠定的学校理念只在一般意义上为学校的发展划定了框架,具体而言,在何种程度上,服务于所有阶层的教育机构可以与其他机构区分开来,从而有权享受大量的公共经费支持? 通过公立学校授以学生怎样的共同价值,塑造怎样的人格,才可谓服务于公共利益? 上述问题都未在公立学校建立的早期得到充分澄清。在时代变迁与公立学校体系发展过程中,有关这种体系存在合理性的讨论从未消失。同时,内战之后的美国与19世纪30年代面临着不同的社会状况,城市的蓬勃发展,工业生产的飞速进步,政治形势与公共事务的日益复杂……一系列社会巨变正在展开,公立学校又应如何回应时代的声音?

南北战争之后,在圣路易斯公立学校快速发展之时,质疑之声主要来自宗教教派,这些质疑从根本上触及公立学校的合理性问题,公立学校管理者们通过回应其质疑,不断明确或重新阐释着公立学校的理念及其所培养之人的特性。

1. 圣路易斯天主教力量的冲击

1849年,圣路易斯开始通过征收"米尔税"②(mill tax)来支持教育,公立学校体系得到了更为广泛的公共经费支持③。在19世纪前半叶,与公立学校共同存在的其他教育机构十分盛行,如教派学校、私立学校等。当圣路易斯公立学校获得了公共税收支持时,这些由私人或个别团体资助的学校及其捐助者开始产生疑问,公共教育经费应当如何分配? 私立学校的拥护者认为,公立学校是为交不起学费的穷人设立的,富裕阶层无需资助这类学校;教派

---

① "Historical Sketch of the St. Louis Public Schools", *Annual Report of 1867*, p. 109.

② 米尔(mill)是货币单位,1000米尔等于一美元。

③ *Annual Report of 1867*, p. 107.

学校的拥护者则认为,最穷困的孩子们其实并不在公立学校体系中受教育或获得看护,而主要分布在由教会设立的孤儿院、救济院、医院,以及教派学校中,因此,他们完全可以要求与公立学校一样分得公共经费①。同时,教会力量还认为,公立学校中排除了宗教因素,使其学生面临道德堕落的风险。一直到内战之后,这些对抗的声音仍未消失。

1870 年,圣路易斯的天主教徒开始为他们自己开设的学校争取公共经费,一位名为奥雷立(O'Reilly)的神父发表了一个公开演说,他认为,所有天主教徒必须接受专门的宗教教育,而公立学校中只有清教教导或是完全缺乏宗教训练②。1871 年,圣路易斯爱尔兰天主教慈善协会(Irish Catholic Benevolent Society)的一位牧师费兰(Phelan)带头签署了一份决议,指责现存的公立学校体系"忽视所有超自然权威,使得关于上帝的第一位的知识成为最末位的,这是对我们国家的诅咒,它将引向无神论,导致文明、社会、国家的堕落"③。

19 世纪天主教对公立学校的攻击并不只在圣路易斯发生,这一现象最早出现在 19 世纪三四十年代的纽约④,到了 1853 年,在美国七个州都发生了教派学校要求政府资助的争论,此后,在波士顿等城市中,天主教力量与公立学校的冲突频繁发生⑤,在这些纷争中,双方就公立学校中能否有专门的宗教教育,教派学校是否可以为所有阶层服务,以及公立学校经费是否可以被划分等问题产生了严重分歧。

哈里斯在 1871 年的年度报告中以较大的篇幅集中讨论了道德教育与宗教的关系,积极为公立学校的道德教育辩护⑥。他首先明确指出现代社会中宗教与国家已经分离,现代历史中"宗教的"与"世俗的"是两个不同的因素:"一方面是神圣的庙堂,上帝的真理与自由以教义的形式铸入人心,引导行动;另一方面是国家与公民社会,在此基础上建立起正义和道德感。"为了保

---

① *Annual Report of 1869*, p. 21.

② "Our Public Schools", *Missouri Republican*, January 31, 1870. 转引自 Selwyn K. Troen, *The Public and the Schools: Shaping the St. Louis System, 1838—1920*, Columbia, Mo. : University of Missouri Press, 1975, p. 43.

③ "Common Schools Denounced as a Flood-gate of Atheism", *New York Evangelist*, 1873, p. 44.

④ Daniel Dorchester, *Romanism verse Public School*, New York: Phillips & Hunt, 1888, p. 9.

⑤ H. K. Carroll, "The Conflict over the Public School Question: an Outline of Its History", *The Independent Devoted to the Consideration of Politics, Social and Economic Tendencies*, Jan 11, 1894, p. 4.

⑥ *Annual Report of 1871*, pp. 21—26.

证宗教与国家各自的完善,二者必须分开考虑,虽然现代国家并非建立在否认宗教重要性的基础上,但是只有教会与政府这两种机构分离,各自的功能才能实现。在哈里斯看来,正因为公立学校是属于国家一方的机构,教会是为宗教服务的机构,所以公立学校中无需专门的宗教教育。"公立学校向所有人开放,但并不意味着公立学校要承担对儿童的所有教育。此外,学校的教学时间限制在每周五天,每天五个半小时,本就留出了许多时间用于诸如宗教等其他事务。"

2. 工业社会的世俗道德

在哈里斯看来,公立学校是否应当进行专门的宗教教育取决于这样一个问题:道德是否可以在专门的宗教教育之外教导。通过分析道德的结构,同时与正在形成的工业社会相联系,他进一步阐述了应当由公立学校教授的世俗道德。

哈里斯认为,人的责任(human responsibility)是所有道德体系的基本前提,这种责任可分为两部分,法律责任是国家法律所规定的外在需要;道德义务则取决于个体的主观意愿。其中,道德义务包括个体对自己的义务和与他人关系中产生的义务。个体对自己的义务主要包括维持生命,追寻理性,为更高的义务适度控制个人需求,为精神存在而牺牲自然存在状态等。个体与他人的结合包含三个层次:家庭、文明社会与国家,个体对他人的义务也是就这三个方面而言的,对于家庭而言,慈爱与尊敬构成其基础;对于文明社会,诚实、正直、审慎、守时和守规矩等是最重要的美德;对于国家而言,最重要的德性而是正义①。这些德性所反映的基本思想在于人作为自然生物与人之为人的区别,因此,人的责任的根本依据在于"自我牺牲"(self-sacrifice),即"洞察到个体通过超越自然欲求而实现真实自我的必要性"。

在道德义务的实践中,"服从"(obedience)是首要条件,这种服从具有几个层次:(1)守时,或言遵守外在时空的要求;(2)秩序与规则——对掌握外界事物运行规律的遵从;(3)毅力——对目的的遵从;(4)真诚——外在举止遵从内心;(5)正义——对普遍行为准则的遵从;(6)诚实——言行与实际相符;

---

① *Annual Report of 1871*, pp. 28—29.

(7)勤劳——行为符合社会规定的方式。服从是自我牺牲的一个方面,另一方面则是善良(kindness),包括同情、容忍、体贴、仁慈、博爱等等,善良是最接近宗教的道德义务,也正是这一德性能够形成与宗教的联结①。

在公立学校的道德教育中,上述道德结构中的各成分占有怎样的地位,又应当如何传授呢? 哈里斯认为,公立学校教育的第一要务是秩序,"每一位学生必须首先被教会使自己的行为符合一般准则,唯此学校方能存在并实现其功能"。为培养学生的良好行为,可将其划分为具体的几个方面:(1)守时;(2)守规矩;(3)安静;(4)诚实;(5)正义;(6)善良或仁爱。在这几方面行为准则中,哈里斯尤其强调守时和守规矩,他认为这二者是"最为基础的道德准则"。

哈里斯所阐述的学校道德教育内涵与他对自身所处时代的认识密切相关,他称其为"大工业生产的时代"(the age of productive industry),在这个时代,通过机器,所有的社会成员从为满足其自然需求而进行的劳作中解放出来。"而对于这一代作为机器操纵者的人们而言,一种普遍的训练尤其必要,即守时和守规矩的习惯。"②同时,在这个时代,大量修建的铁路成为覆盖全国的网络,使人与人之间,个人与社会之间形成前所未有的紧密而频繁的联系,"正是在文明越来越复杂,越来越依赖于每个人与社会联结的时代,守时成为一种美德"③。对于守时的强调几乎出现在圣路易斯公立学校每一年的年度报告中,这些报告一般以7—10页的篇幅列出公立学校中一学年来既未缺勤也未迟到的学生名单,可见其对这一品质的重视。

威廉·哈里斯对于公立学校价值及其培养的世俗道德的论述,为这一时期的教育者们普遍接受。1872年,美国部分州督学及地方督学在华盛顿召开会议,为即将在维也纳举办的美国教育状况展览做筹备工作,会后由包括哈里斯在内的几个人负责撰写一个简述美国教育状况的文件,这份文件中的道德教育部分出现了与哈里斯在年度报告中相似的表述:"必须培养学生立刻服从教师的习惯,并以不同的形式锻炼其自我控制力,使他为将来那种鲜有能够对其施加控制的强制性权威的生活做好准备。"④克雷明在《学校的变

---

① *Annual Report of 1871*,p. 29.

② *Annual Report of 1871*,p. 31.

③ *Annual Report of 1875*,pp. 20—21.

④ U. S. Bureau of Education,*A Statement of the Theory of Education in the United States of America*,*as Approved by Many Leading Educators*,Washington:Government Printing Office,1874,p. 13.

革》中这样评价这种观念："哈里斯教育学的特征显然是保守的。他的重点是在秩序上，而不是在自由上；是在学习上，而不是在游戏上；是在努力上，而不是在兴趣上；是在规定上，而不是在选择上；是在有条不紊、缄默以及'保存和拯救我们的文明社会'的工业上。"①然而，正是这一时期公立学校中对于符合工业社会要求的道德价值的强调，使学校跟上了社会变迁的步调，成为工业社会中不可或缺的大众机构。也正是在这个意义上，克雷明认为哈里斯的贡献在于"最终使公立学校制度合理化了"②。

三、熔炉之惑：圣路易斯公立学校德语教育的兴衰

圣路易斯是西进运动的重要起点，城内不仅居住着来自美国东部一些州的西迁人口，还有很多从欧洲远道而来的移民，因此，市内人口的种族、宗教构成纷繁复杂。来自德意志、爱尔兰、东欧的大批移民涌入，带来了种族和文化的多样性，如何在学校中实现对文化背景不同的儿童的共同教育，成为圣路易斯公立学校中的难题。以德语教学在圣路易斯公立学校中的兴衰为例，可以初步了解移民文化与公立学校互动过程的复杂性。

1. 德语教学在圣路易斯公立学校的引入

在圣路易斯公立学校建立早期，德裔市民便向公立学校董事会请愿，要求将他们的母语引入学校，然而，在公立学校建立后的三十年里，这一要求始终未获得董事会的通过。作为替代性选择，一些德国移民在城中建起了使用德语进行教学的私立学校，德国移民们纷纷将子女送入这些学校。在此期间，几任督学逐渐认识到，在公立学校中只教英语很可能将外来移民的后代们排除在外。1864 年，公立学校董事会任命的一个特别委员会开始考量将德语作为公立学校正规学科的提议，该委员会建议，在至少四所公立学校中，将德语作为一门正规学科进行教学，董事会采纳了这一建议，并于同年九月开始，在四所公立学校中进行德语教学的试验。在这些学校中，所有学生只要完成了一定的英语和地理学习并达到相应要求，便可选修德语。

---

① 劳伦斯·克雷明：《学校的变革》，单中惠、马晓斌译，上海教育出版社，1994 年，第 23 页。
② 劳伦斯·克雷明：《学校的变革》，第 17 页。

1864—1865 学年,共有 450 名学生接受了德语阅读、写作和翻译的教学①。1866 年,董事会通过了针对圣路易斯公立学校德语科的相关规定,其中包括两条重要措施,第一,在说德语的学生超过 100 人的学校可以组成德语班级;第二,将德语教学延伸至低年级,但在低年级只进行实物教学(object lesson),不使用书本②。从 1866—1867 学年开始,德语教学从一年级开始进行,与英语教学平行,同时,教授德语的公立学校增加到 9 所,公立学校董事会设专门的德语助理督学(Assistant Superintendent)一职,负责统筹和监督各学校的德语教学③。这一学年,选修德语的学生人数也从最初的 450 名增加到了 1,446 名。

自此,德语教学在圣路易斯的公立学校快速发展,同时,公立学校管理者们在论证德语教学必要性时,从最初吸引德裔学生入学这一实用取向上升到了维护美国社会民主特性的高度。1869 年,威廉·哈里斯在年度报告中表示,将德语作为地区学校中的一个学科,旨在"赋予我们的公立学校体系以稳定性,使它们在更加广泛的意义上有益于城市。公立学校是为守护真正的民主原则而设的机构。……建立在出生、财富或地位之上的特权统治绝无可能在一个给予所有人同等机会的学校体系中继续存在。随移民而来的人口差异同样突显了这一待解决的问题,而且这一问题比语言差异要困难得多"④。

通过论述德语教学对于公立学校接纳来自不同文化背景儿童的重要性,哈里斯将公立学校中不同语言的教学与维护民主的价值联系起来。同时,他认为德意志民族与盎格鲁—撒克逊民族的人民在个性上存在互补之处,其结合能带来极佳的效果:"德意志民族内心丰富,具有理论性,是方法的发明家,科学而精确;盎格鲁—撒克逊民族具有实干倾向,是法律规则的创造者,实用器物的发明家。通过两种对立性格所提供的如此广泛的基础,它们的结合将带来怎样的精神结构!"⑤哈里斯对于共性的强调在以后论述德语教学的意义时屡次出现,但他明确表示,"共性应建基于受过教育的智慧而非无知之上",

---

① "Report of the Assistant Superintendent for the German Department",*Annual Report of 1866*,p. 38.

② "Rules and Regulations Concerning the German Department of the Public Schools of St. Louis",*Annual Report of 1867*,p. 76.

③ *Annual Report of 1867*,p. 132.

④ "German-English Instruction",*Annual Report of 1869*,p. 83.

⑤ *Annual Report of 1869*,p. 30.

因此,公立学校的教育在创造共性的过程中起到关键作用,公立学校的最重要功能在于"消除共同体中的阶级差异"①。

据统计,1870年,圣路易斯共有252,792位居民的父母或其中一位亲人出生于美国之外,不到100,000的人双亲皆出生于美国,城中72%的人父母是外国移民,而德裔占了54%②。进入19世纪70年代,圣路易斯公立学校系统中的德语班级稳步发展,1869—1870学年,学习德语的学生共有6,213人,这其中,有504人属于盎格鲁—撒克逊血统,即他们的父母出生于美国本土或爱尔兰,母语是英语③。1873—1874学年,公立学校中学习德语的英裔美国人与德裔美国人的比例为一比二,前者从三年前的504人增加到了5,128人④。据此,哈里斯不无骄傲地指出:"英裔美国人针对德裔美国人表现出本土主义(nativism)或排外情绪的趋势已经几乎被清除,……在我们的学校中,不同阶层的人口实现了完美的结合,而学习德语的学生中有三分之一是英裔美国人这一事实,彰显了这种阶级情绪被多么彻底地打破了。实际上,通过过去八年来在我们的公立学校中引入德语教学,人们已经发展出了共性。"⑤但是,圣路易斯人在19世纪70年代后期对德语教学的攻击证明,哈里斯这一乐观估计为时过早。

2. 德语教学的兴衰与移民教育的悖论

从德语教学引入圣路易斯公立学校以来,在学习德语的学生人数增长的同时,有关德语教学具体实施状况的质疑从未停止过。德裔学生的家长们抱怨公立学校中德语学习的程度远远不够,尤其在低年级,由于董事会规定低年级不得用书本进行德语教学,口头的练习无法使学生习得正确的拼写规则。此外,公立学校的教师和校长们反映,由于每天一个半小时的德语教学在固定的教室进行,学生在换教室时难免发生纪律混乱的情况,致使学校的秩序和管理存在一定问题。针对这些具体问题,公立学校董事会在督学和德语助理督学等人的建议下不断地调整德语教学的具体形式和范围,例如取消

---

① "German-English Instruction", *Annual Report of 1875*, p.112.

② *Annual Report of 1874*, p.170.

③ *Annual Report of 1870*, p.31.

④ "German-English Instruction", *Annual Report of 1874*, p.170.

⑤ *Annual Report of 1874*, p.171.

对低年级德语教学使用书本的限制。为缓解德语课和英语课之间的冲突,董事会还采纳了一项提议,要求"学习德语的学生应当在这一学科上和其英语学习处于同一等级"①,以避免处在不同英语等级的学生从不同教室进入共同的德语教室,打乱各级别的英语教学。

德语教学形式、范围等具体问题在董事会的不断调整下得到了一定的解决,学习德语的学生在最初十五年一直处于增长态势,显示了人们对于德语的学习热情。从学习德语学生人数的增幅来看,圣路易斯公立学校中的德语教学在1874年左右迎来了发展的最高峰,1873—1874学年学习德语学生较前一学年的增幅达31%。然而,从1874—1875学年开始,虽然学生人数仍在增长,增幅却低于10%(1874—1875学年为9%;1875—1876学年为5.6%;1876—1877学年为3%),在1878—1879学年,由于开设德语教学的学校数增加,学习德语的学生也随之增加了11%,为1875年后增幅最大的一年,但从1878—1879学年开始,大批英裔美国学生退出德语学习,公立学校中学习德语的总人数较上一学年减少了2%,在德语教学引入学校的第十五个年头第一次迎来了负增长②。

七十年代末期德语教学的发展放缓甚至倒退与公立学校外部反对德语教学的声音有关。1878年2月,一位爱尔兰裔人迈克尔·格林(Michael Glynn)向公立学校课程委员会提交了一项提议,要求在课程中增加盖尔语(Gaelic)③的学习。委员会在三月份否决了这一提议,一部分人认为董事会资金不足,一部分人则认为这一提议根本没有益处④。然而,有关这一问题的讨论却将公立学校中德语教学的存废问题推向了舆论的前端,引发了不同团体的激烈争论,也造成公立学校中学习德语的非德裔学生大幅减少。

在德语教学最初被引入公立学校时,由于德裔市民在移民中占大多数,而爱尔兰移民本就掌握英语,因此,德语教学自然被视为吸引移民子女进入公立学校的最重要手段,也成为圣路易斯公立学校守护美国民主的象征。然而,依照这一逻辑,任何移民所属的民族语言都应当被引入公立学校,包括爱

---

① *Annual Report of 1875*,p. 119.
② "German-English Iinstruction",*Annual Report of 1879*,p. 98 Table I.
③ 盖尔语在当时的爱尔兰和苏格兰地区使用,为一部分爱尔兰人的母语。
④ Selwyn K. Troen,*The Public and the Schools*,p. 69.

尔兰人的盖尔语在内,连同法语、希伯来语等也同样适用,可是当时公立学校的财政情况根本不可能满足这一要求。同时,由于圣路易斯当时浓厚的德国文化氛围,英裔美国人对德语学习并不排斥。但随着时间的推移,德语教学受到许多方面的攻击,一方面来自其他民族对于公立学校中只照顾德国移民的反感,如爱尔兰人,另一方面,德语教学本身也开始显示出一定的问题,如支付专门德语教师的工资耗费了过多的公立学校资金,升入中学的考试也并无德语要求,使许多学生家长将德语学习视为无关紧要,甚至认为它会影响学生对英语的学习。

在七十年代末期,公立学校管理者们仍然试图保留学校中的德语教学。为了缩减德语教学的支出,1878—1879 学年,"德语—英语"教师计划开始实施,公立学校将只聘任那些能够同时胜任英语教学的德语教师,以减少专门德语教师的薪酬支出[1]。同时,对于德语学习的价值,管理者的说法从以往偏重其融合不同文化群体的社会意义转向德语学习的实用功能,例如,1780 年,负责监管德语教学的助理督学图特格克(L. W. Teutegerg)在其报告中开始论证学习德语对于学生的英语学习有何助益[2]。然而,这些措施并未成功保留德语教学,圣路易斯公立学校最终在 1887 年取消了德语科目。

德语教学在圣路易斯的公立学校中的出现可谓一种折中的熔炉策略,既将德国移民的子女吸引到公立学校中,学习以英语为主的课程,又通过保留其母语使其不完全失去本群体的文化属性。正如威廉·哈里斯谈到这个问题时所阐述的原则:"使得在国外出生的儿童美国化,但并不疏远他们与其血脉的关系。"[3]然而,德语教学在公立学校的引入和退出,也正印证了哈里斯当初在年度报告中所言:"这一问题比语言差异要困难得多。"移民群体本身的多样化带来了对教育的不同需求,如何在公立学校内部既保存这种差异性,又提供创造共性的机会,实施切实有效的美国化教育,仍是挑战下一代公立学校领导者智慧的难题。

---

① "German-English Instruction", *Annual Report of 1879*, p. 96.

② "Report of Assistant Superintendent", *Annual Report of 1880*, p. 127.

③ Kurt F. Leidecker, *Yankee Teacher: the Life of William Torrey Harris*, New York: Philosophical Library, 1946, pp. 274—277.

结语:"镀金时代"的公立学校变革

南北战争之后,美国迎来了城市化与工业化的大潮,在这一时期,圣路易斯的公立学校体系将秩序、服从、文化融合等价值以及机构的顺畅运行放在了更为重要的位置,这与进步主义时期的下一代学校改革者们强调自由、儿童本身以及机构与社会的互动存在分歧。然而,这一时期同样是美国公立学校发展的重要阶段。此前的公立学校运动为公立学校在美国的大规模创建打下了基础,而随着南北战争后城市化与工业化浪潮的到来,正规公共教育的普及与完善成为美国社会的迫切需求。贺拉斯·曼等早期公立学校奠基人的伟大事业在于使公立学校这种形式在美国教育中扎根,到了19世纪后半叶,如何使公立学校体系更加正规、系统、优质与普及,则是第二代学校管理者与改革者要面对的关键问题。因此,处在公立学校运动与进步主义教育运动之间的这段历史,实际上是美国公立学校现代化进程的重要组成部分。

从战后重建(Reconstruction)到进步时期(Progressive Era)之间这几十年在美国历史中通常被称为"镀金时代"(the Gilded Age)①,它象征着工商业发展所创造的巨大社会财富。"镀金时代"不仅有马克·吐温小说所揭露的贪婪、腐败等社会丑恶面,还是美国走向现代的关键时期,随着交通运输、城市建设与贸易流通而来的是美国社会的初步现代化。"镀金时代"的公立学校变革与美国现代社会的开端紧密相连,城市化、工业化、移民潮等多方面的社会变迁使得公立学校面临诸多新的挑战。

在以往的研究中,由于进步主义教育运动对此前的美国学校制度与教育思想往往持批判态度,进步时期之前的美国公立学校也就通常被视为一种失败或反动的存在,而未得到客观的历史书写与评价。然而,这一时期的公立学校发展恰恰与工商业、城市发展一同构成了现代美国社会的最初形态,无

---

① "镀金时代"在美国史的研究中最初是指格兰特总统的任期(1868—1876年),该词得名于马克·吐温的小说《镀金时代》(1873年出版)。其后,"镀金时代"一度被视为从内战后重建(Reconstruction)到进步主义运动(the Progressive Movement)的过渡时期。当前,"镀金时代"所指涉的历史时期扩大到从内战后重建到20世纪早期,这一时期被认为是现代美国(即工业化和城市化的现代社会)的开端。见 Vincent P. DeSantis, "The Gilded Age in American History"[EB/OL]http://www.rbhayes.org/hayes/content/files/Hayes_Historical_Journal/gildedageamericanhist.html2012-07-25.

论后世对于公共教育的批判还是改革,都建立在公立学校已成规模并且常态化的基础上。那么,这种变化是如何实现的,它在怎样的背景与诉求下展开,包括什么具体改革措施,对公立学校作出了怎样的完善? 这些问题都有待进一步的还原与探讨。19 世纪美国教育的地方化色彩极其浓厚,难以简化得出全国性的教育改革趋势,因此,聚焦某一具体时空,方能较为具体地把握这一时期的学校变革与发展状况。

　　从圣路易斯公立学校变革的经历来看,这一时期与此前的公立学校运动时期,以及之后的进步主义教育时期相比,同样富有活力和冒险精神,这一时期的公立学校变革充满探索性与不确定性,美国社会的现代化刚刚开始,此时在学校改革中初步尝试解决的许多问题,如城市学校管理、工业化时代的道德教育、移民教育问题等,都将在以后的公立学校发展中不断重现。在社会变迁的进程中,公立学校体系也一直处于形成的过程中。

(本文与王慧敏合作完成,原载《河北师范大学学报》〔教育科学版〕2013 年第 9 期)

赫尔巴特在美国

1841 年,赫尔巴特去世。在此后的二十多年间,赫尔巴特的教育学说在德国并没有产生实际的影响。从 19 世纪 60 年代起,由于其学生和信徒斯托伊(Stoy,1815—1885 年)、戚勒尔(Tuiskon Ziller,1817—1883 年)和拉因(Wilhelm Rein)等人的大力宣传,赫尔巴特的教育学说才重新受到教育界的关注。1868年,在莱比锡,戚勒尔和斯托伊发起成立了科学教育学协会,致力于宣传和发展赫尔巴特的教育学说。此后,德国各州都先后成立了类似的组织,逐渐聚集了一大批赫尔巴特的信徒(即赫尔巴特学派,Herbartian)。赫尔巴特的信徒们不仅在德国各级教育机构广泛地运用赫尔巴特学说,同时出版了大量的研究文献。据拉因在其主编的《教育百科全书》(1895 年)中统计,从 19 世纪 60 年代到90 年代,先后出版了 2234 部研究赫尔巴特学说的德文著作。康帕亚(G. Compayre)指出,在 19 世纪后期,"赫尔巴特主义在德国已成为一种宗教",而赫尔巴特本人"在他的同胞中成了一位英雄和现代教育的统治精神"①。

1886 年,拉因在耶拿大学开办教育研究班,招收来自各国的学者,研究赫尔巴特学说。到 1911 年,研究班先后举办了 15 期,共培养两千多人。这些学者分别来自俄国、美国、芬兰、瑞典、罗马尼亚、匈牙利、英国、瑞士、日本、澳大利亚、智利、墨西哥等国。通过这个教育研究班,赫尔巴特学说逐步扩展到世界许多国家,由此形成了一个国际性的赫尔巴特运动。

美国的赫尔巴特运动是国际性赫尔巴特运动的重要组成部分。从 19 世纪 80 年代开始,由于德·加谟(Charles De Garmo,1849—1934 年)、麦克默雷

---

① G. Comparye,*Herbart and Education by Instruction*,Eng. Trans. by M. Findlay,New York：Croweel,1907,p. 114.

兄弟(C. A. McMurry and F. M. McMurry)和哈里斯(William Harris)等人的大力宣传,1892年,成立了全国赫尔巴特俱乐部(Herbart Club),1895年,俱乐部更名为全国赫尔巴特协会(National Herbart Society)①。该协会由对赫尔巴特教育思想有特殊研究的教师组成(其中包括约翰·杜威),目的在于促进赫尔巴特思想的传播和它在学校中的运用。哈里斯在1894—1895年度的《教育委员会的报告书》中指出:"今天,在美国的赫尔巴特教育学的信徒比在德国本国还多。"由于这些信徒的努力,赫尔巴特的教育学说在美国教育界产生了广泛的影响。"在(19世纪)90年代期间,对(赫尔巴特)这个精心建立的体系的兴趣,像浪潮一样,席卷了美国的教育界。"②

但是,仅仅几年之后,这场运动便很快走向分裂,并进而走向衰落。1900年,全国赫尔巴特协会的年鉴停刊;1901年,全国赫尔巴特协会更名为科学教育学研究协会(Society for the Scientific Study of Education),标志着美国赫尔巴特运动开始分裂。之后,科学教育学研究协会又再次更名为全国教育研究学会(National Society for the Study of Education),标志着美国赫尔巴特运动的终结③。尽管如此,赫尔巴特运动在美国教育史上仍具有重要意义。查尔斯·麦肯尼(Charles McKenny)将其与公立学校运动、裴斯泰洛齐运动并称为美国现代教育史上的三大运动,认为它们对美国现代教育制度的确立发挥了重要作用④。时至今日,美国教育界研究美国赫尔巴特运动的文献仍层出不穷⑤。

---

① 全国赫尔巴特协会的全称是赫尔巴特教学科学研究协会(The Herbart Society for the Scientific Study of Teaching),后来更名为赫尔巴特科学教育学研究协会(The National Herbart Society for the Scietific Study of Education),但是为了称呼上的简便,人们更经常用全国赫尔巴特协会(The National Herbart Society)来称呼它,以后,全国赫尔巴特协会就成了前两者的代称(Gerald L. Moulton, "The American Herbartian: A Portrait from His Yearbooks", *History of Education Quarterly*, Vol. 3, No. 3〔Sep., 1963〕, p. 137.)。

② Frederich Eby, *The Development of Modern Education*, New York: Prentice-Hall, Inc. 1952, p. 786.

③ Gerald L. Moulton, "The American Herbartian: A Portrait from His Yearbooks", *History of Education Quarterly*, Vol. 3, No. 3(Sep., 1963), p. 137.

④ Charles McKenny, "The McMurrys in American Education", *Peabody Journal of Education*, Vol. 5, No. 5 (Mar., 1928), pp. 262—264.

⑤ 国外,特别是美国研究美国赫尔巴特运动的文献可谓汗牛充栋,其中比较著名的学者有:霍兰德、邓肯、吉拉德·穆尔顿、查尔斯·麦肯尼、弗兰克·哈沃德等等,他们都出版和发表了一系列专著与论文来回顾与反思美国赫尔巴特运动,在此就不一一列举。国内研究美国赫尔巴特运动的文献有限,大部分关于赫尔巴特的研究主要集中在研究赫尔巴特与德国赫尔巴特学派的教育思想。

一

不同的教育需求决定了赫尔巴特运动在世界各国不同的发展轨迹。在英国,赫尔巴特思想的传入正值新教育运动的兴起,因此,人们更加关注赫尔巴特理论中的"相关与集中"、如何培养儿童的想象力与创造力;在日本,赫尔巴特思想的传入正值明治政府改革,强调要以道德教育培养忠于国家的国民,因此,赫尔巴特理论中的"五种道德观念"得到了更多的关注;在中国,受日本和清末教育教学实践改革的影响,赫尔巴特学派的"五段论"几乎成了赫尔巴特教育思想的代名词。因此,为了了解赫尔巴特运动在美国的发展轨迹,我们就需要从了解当时美国社会的教育需求开始。

南北战争之后,随着经济的发展,工业化和城市化的进程加快,美国社会也面临严峻的挑战。这些挑战首先来自于多元文化的冲击。来自世界各地移民不同的肤色、不同的宗教信仰、不同的语言、不同的风俗习惯、不同的价值观念,都在不同程度上冲击着美国社会的主流文化,使得美国社会面临着价值选择的危机①。其次,工业化大城市中生产与资本的集中,垄断的形成,以及不时爆发的小型经济危机和失业率的不断增加,使得这些满怀热情的年轻人的"美国梦"不断受到冲击,最终导致19世纪末美国社会价值观念的迷茫。再次,美国农业生产与工业生产的"剪刀差"随着社会经济的进一步发展而加剧,大量农民入不敷出、纷纷负债破产。破产农民涌入大城市寻求就业,但是工业化的大城市并不能充分解决他们的问题,他们的到来反而进一步加剧了城市的危机。因此,在19世纪末20世纪初,美国城市生活中社会不公正现象、经济生活中的两极分化、政治生活中的丑闻与腐败的频频曝光,以及社会道德的腐化、家庭生活的分裂使得美国社会正统价值观念受到严峻的挑战。

在这种情形下,美国社会中的中产阶级与知识分子开始寄希望于教育,他们希望通过学校教育来摆脱美国社会所面临的迷茫与危机,"他们像关注

---

① Gerald L. Moulton, "The American Herbartian: A Portrait from His Yearbooks", *History of Education Quarterly*, Vol. 3, No. 3 (Sep., 1963), p. 134.

自己的财产一样,关注他们孩子的教育"①,正如史学家奥斯卡·哈定(Oscar
Handlin)提及的那样:"重整国家的希望在于儿童的教育。"②但在这个时期,
美国的教育状况并不乐观。内战之后,美国社会流行的教育观依然认为,在
教学过程中,儿童仅仅是知识的接受者,他们在教学过程中处于被动的地位,
应严格地服从与执行教师的教学安排;同时,美国学校教育依然坚持 3R 教
育,依然奉行诺亚·韦伯斯特的教育观念,他的《拼音书》依然是学校的主要
教材③。落后的教学组织、单一的教学方法,对背诵知识的片面强调都严重阻
碍了美国学校教育的发展④。

　　面对美国学校教育的种种弊端,从 19 世纪中叶开始,美国教育家借鉴西
欧教育家的学说和实践,不断致力于教育改革的探索。19 世纪 60—80 年代
间,在纽约奥斯威哥师范学校兴起了一场旨在传播裴斯泰洛齐教学法的裴斯
泰洛齐运动,"实物教学"(Object-teaching,也被称为奥斯威哥教学法〔Oswego
Method〕)取代机械背诵,成为美国学校的重要教学方法,从而激发了教师与
学生的自主性与能动性。与此同时,许多学校先后把"自然研究"(nature
study)或"社会研究"(social study)引入课堂,改变了长期以来单调的 3R 教
学,丰富了学校的教学内容。但是,面对社会的剧烈变革,仅仅改革学校的教
学方法、拓展学校的教学内容,还不足以从根本上改造美国学校的面貌,建立
现代美国学校教育制度。全面改革美国学校教育制度已是势在必行。正如
全国赫尔巴特协会在第一份年鉴中写到的那样:"在过去的半个世纪中,我们
竭尽所能普及教育,尽力让所有的人都能享受到教育带来的福祉。现在普及
教育的观念已经形成,同时也受到了法律的保护。目前我们的伟大任务就是
要进一步促进和完善教育的外部机制。广建校舍、添置教学设备、明确教学
目的、改革课程设置、进行教师培训、保障教师薪酬等等……因此,我们目前
承担着史无前例的重责,它是我们的教育进一步发展与完善,并能够获得有

---

① Gerald L. Moulton, "The American Herbartian: A Portrait from His Yearbooks", *History of Education Quarterly*, Vol. 3, No. 3(Sep., 1963), p. 135.

② Oscar Handlin, *John Dewey's Challenge to Education: Historical Perspective on the Cultural Content*, New York: Harper & Brothers, 1959, p. 19.

③ Harold B. Dunkel, "Herbartianism Comes to America: Part II", *History of Education Quarterly*, Vol. 9, No. 3 (Autumn, 1969), p. 377.

④ Gerald L. Moulton, "The American Herbartian: A Portrait from His Yearbooks", *History of Education Quarterly*, Vol. 3, No. 3(Sep., 1963), p. 136.

效执行的关键。"①

二

　　美国赫尔巴特运动的兴起主要归功于四个人,他们是美国伊利诺伊师范学院的埃德蒙·简·詹姆斯(Edmund Janes James)②、查尔斯·德·加谟、查尔斯·麦克默雷和弗兰克·麦克默雷。关于这一点,弗兰克·麦克默雷曾有详细的记载,他写道:"出于某些原因,师范学院的埃德蒙·詹姆斯萌发了去德国留学的想法,之后他就被哈勒大学录取了。在他去德国之后,他又鼓励德·加谟去德国留学,而他们俩又带动了我的哥哥查尔斯去那里留学。他们三个都在哈勒大学取得了博士学位。之后,我也追随查尔斯来到德国,并成了耶拿大学莱因博士的第一位美国籍学生。"③他们四人学成后,相继回到美国伊利诺伊师范学院任教。1881 年,詹姆斯与德·加谟共同创办了《伊利诺伊学报》(Illinois School Journal),成为最初宣传赫尔巴特及赫尔巴特学派教育观点的阵地④。1889 年,德·加谟出版了他的《方法论之基础》⑤,成为美国第一本系统介绍赫尔巴特及赫尔巴特学派教育观点的专著。1890 年,他翻译

---

　　① Charles De Garmo, "Most Pressing Problems", *First Yearbook of the National Herbart Society*, p. 3.
　　② 虽然詹姆斯是一个经济学家,后来他也没有成为全国赫尔巴特协会的一员,但是他对美国赫尔巴特运动的兴起有着不可磨灭的贡献。詹姆斯回国后,先在埃文斯顿高中任教,1879 年,他成了伊利诺伊师范学院附属高中校长。詹姆斯曾先后在《伊利诺伊学报》上发表了《论普及教育的国家资助》(National Aid to Popular Education)、《关于新教育的几点思考》(Some Thoughts Concerning the New Education)、《课程应该包含哪些方面》(What Branches of Study Should the Curriculum Embrace)以及《学习的相关》(The Correlation of Studies)。
　　③ F. McMurry to T. J. Lancaster, April 6, 1932. 引自:Harper Charles, *The Development of the Teachers College in the United States*, Bloomington, Ill. : McKnight and McKnight, 1935, p. 199.
　　④ 德·加谟曾先后在《伊利诺伊学报》上发表了《德国纪事》(Notes from Germany),《论国家资助教育的必要性及其方法》(The Need and Function of National Aid to Education),《德国教育管窥》(Glimpse at German Pedagogy)等等。查尔斯·麦克默雷也曾在《伊利诺伊学报》上发表了他译述的《齐勒之普通教育学》(Ziller's Allgemeine Padagogik),《齐勒之普通教育学的理论与实践》(Theory and Practice of Ziller's Allgemeine Paedagogek)。1883 年前后,詹姆斯与德·加谟先后离开美国回到德国进修,1883 年 6 月,德·加谟将《伊利诺伊学报》卖给了约翰·威理斯顿·库克,之后又转手给了伊利诺伊师范学院的一位数学教授。
　　⑤ Charles De Carmo, *The Essentials of Method, A Discussion of the Right Methods of Teaching Observation, Generalization, Application*, Boston: D. C. Heath & Co., 1890.

了林德纳(C. A. Lindner)的《经验心理学》,①成为美国第一部德国赫尔巴特学派的译著。1891 年,他又在《教育评论》(*Educational Review*)上发表了《赫尔巴特学派之教育学体系》(The Herbartian System of Pedagogics)。这三项成果的连续发表标志着美国赫尔巴特运动的兴起。由此,在美国形成了以德·加谟与麦克默雷兄弟为旗手,以伊利诺伊师范学院为主要阵地的美国赫尔巴特运动。

　　1892 年,在全国教育协会(NEA)会议期间,在德·加谟的呼吁下成立了赫尔巴特俱乐部(The Herbart Club)。俱乐部的成员除了德·加谟与麦克默雷兄弟之外,还有莱文斯·希利(Levi L. Seeley, Lake Forest Univiersity)、艾尔蒙·布朗(Elmer E. Brown, University of California)、诺斯(Theo. B. Noss, State Normal School, California, Pa.)、海尔曼夫人(Mrs. Eudora Hailmann, LaPorte, Ind.)、伦肯斯(Herman T. Lukens, Chicago)、史密斯(Margaret K. Smith, Oswego, N. Y.)、朗格(Ossian H. Lang, Buffalo, N. Y.)、豪尔(Florence Hall, Swarthmore, Pa.)、乔治·詹姆斯(George Francis James, Philadelphia, Pa.)、莱布兹格尔(Henry M. Leipziger, New York)等等②。赫尔巴特俱乐部成立后,其主要工作就是翻译出版了朗格的《统觉论》(*Apperception*)、乌费尔(Chr. Ufer)的《赫尔巴特教育学概论》(*Vorschule der Padagogik Herbarts*)。之后,随着俱乐部成员的不断增加,1895 年,赫尔巴特俱乐部更名为全国赫尔巴特协会,并于同年出版了全国赫尔巴特协会第一份年鉴。在年鉴中,全国赫尔巴特协会的成员自称为美国赫尔巴特学派,并阐释了美国赫尔巴特运动的主要目的,即"我们的成员并不是要囿于赫尔巴特及赫尔巴特学派的信条,而是要通过平等、充分的研究与讨论来理解他们的教育信条"③。之后的三年是美国赫尔巴特运动发展的全盛时期。在这三年编辑的全国赫尔巴特协会年鉴及其补充报告中,美国赫尔巴特学派集中讨论了德国赫尔巴特学派的教育观点,例如:"兴

---

　　①　C. A. Lindner, *A Manual of Empirical Psychology*, Translated by Charles De Carmo, Boston:D. C. Heath & Co. ,1890.

　　②　*Public-School Journal*, XII (October 1892), p.89. 转引自:Harold B. Dunkel, "Herbartianism Comes to America:Part I", *History of Education Quarterly*, Vol. 9, No.2 (Summer, 1969), p.222. 之后,杜威等人也曾加入赫尔巴特俱乐部,参与他们的活动,但是从文献上来说,美国研究美国赫尔巴特运动的学者还是主张将赫尔巴特俱乐部创立之初的这些成员称之为美国赫尔巴特学派。

　　③　"Plan and Purpose of the National Herbart Society", *First Yearbook of the National Herbart Society*, *First Supplement*, 1895, p.204. 但在实践过程中,美国赫尔巴特学派并没有完全做到这一点。

趣"(the doctrine of interest)、"统觉"(the law of appreciation)、"相关与集中"(correlation and concentration)、"文化纪元论"(the theory of the culture-ep-ochs)、"五段法"(the five formal steps of instruction)、"教育的伦理目的"(the ethical aim of education)等等①。

　　19世纪90年代美国学校教育的现实在很大程度上左右了这个时期美国赫尔巴特学派研究的重点。查尔斯·麦克默雷认为,19世纪90年代美国初等学校教育已经充满了危机,大部分学生已经开始排斥枯燥、乏味的3R基础教育,学校的课程设置不能满足美国工业化和城市化的进一步需求;学生课业负担过重、教师教学方法的陈旧落后、课程设置的不合理,都已经成为阻碍美国初等学校教育发展的瓶颈②,因此,如何能进一步明确教学目的,改革课程设置,更新学校教材,成为美国赫尔巴特学派关注的焦点,这也使得美国赫尔巴特学派把研究的重点放在了赫尔巴特学派关于兴趣、教育性教学、文化纪元论等理论上。

　　在赫尔巴特及赫尔巴特学派的"教育性教学"原则以及美国初等教育现实困难的共同影响下,美国赫尔巴特学派形成了他们独特的教育目的观,即教学不仅是传承知识的过程,更是塑造学生的性格和德行、养成他们的价值观与使命感的过程③。他们指出,促进学生个人身心的发展固然重要,但教育的最终目的是要培养学生的"道德品格"(ethical character),即在新的社会秩序和经济条件下,满足工业化与城市化需求的新一代国家公民的道德感与使命感④。在这种教育目的观的指引下,并结合"统觉"、"集中"与"文化纪元论"的基本观点,美国赫尔巴特学派认为,儿童的观念与儿童在不同阶段的经验与兴趣有着紧密的联系,儿童的个体发展应与种族的发展保持一致,"道德教育必须通过历史、文学与地理课程的合理设置,使之符合种族发展的历史

---

　　① Gerald L. Moulton, "The American Herbartian: A Portrait from His Yearbooks", *History of Education Quarterly*, Vol. 3, No. 3(Sep., 1963), p. 137.

　　② Charles E. Strickland, "The Child, the Community, and Clio: The Uses of Cultural History in Elementary School Experiments of the Eighteen-Nineties", *History of Education Quarterly*, Vol. 7, No. 4 (Winter, 1967), p. 474.

　　③ James Seth, "The Relation of Knowledge to Will and Conduct", *Fourth Yearbook of the National Herbart Society*, 1898, pp. 7—9.

　　④ Charles De Carmo, *Herbart and the Herbartians*, New Yrok: Charles Scribner's Sons, 1896, pp. v-vi.

才能实现"①。因此,他们在教育目的上要求注重培养学生的公民道德观,在
课程设置方面要求重视历史、地理与文学的教学,要求学校应该遵循"相关"
与"文化纪元"的原则,使这些课程融为一体,体现美利坚民族发展的历史②;
在教学方法上,他们要求教师遵循"统觉"律,将"五段法"作为课堂教学的基
本方法③;同时,为了使教师能够更好地理解这些教育理论,他们要求对教师
进行必要的职业培训。

美国赫尔巴特学派的这些观点为19世纪90年代美国的学校教育注入了
活力。帕克(Francis Parker)与布里斯(W. P. Burris)认为,"我们有理由相信赫
尔巴特学派的教学法是美国学校教育的幸福天使,它们消除了阻碍美国学校教
育发展的绊脚石。它们使我第一次感受到学校课程给我们带来的希望,感受到
学校课程给我们带来的价值"④。但在美国赫尔巴特运动凯歌前进的同时,也
隐藏着种种危机。美国赫尔巴特学派对他们所描述的"道德品格"概念并没有
确切和详细的定义⑤,而且,美国赫尔巴特学派过分依赖于德国赫尔巴特学派的
教育理论。另一方面,随着"科学主义"在美国教育界的出现,对什么是"科学的
教育学"的争论也导致了美国赫尔巴特运动出现最初的分裂。

从全国赫尔巴特协会第四份年鉴中可以看出,美国赫尔巴特学派讨论和
研究的范围开始有所扩大;到第五份年鉴及其补充报告出版时,美国赫尔巴
特学派研究和讨论的焦点已经不再局限于德国赫尔巴特学派的教育信条,而
是越来越体现出"美国化"的倾向⑥。正是在这个过程中,美国赫尔巴特运动

---

① C. C. Van Liew,"The Educational Theory of Cultural Epochs",*Herbart Yearbook*,1895,pp. 60,70.

② Frank McMurry,"Concentration",*Herbart Yearbook*,1895,p. 27.

③ Charles J. Brauner,*American Educational Theory*,Englewood Cliffs,New Jersey:Prentice-Hall,Inc.,
1964,p. 62.

④ Colonel F. Parker,"Discussion of Cultural Epoch Theory",*Herbart Yearbook*(suppl.,1895),pp. 153—
158;W. P. Burris,"Discussion",*Herbart Yearbook*(Suppl.,1895),pp. 158—160.

⑤ 堪萨斯州立大学研究美国赫尔巴特运动的雷·辛勒教授认为,美国赫尔巴特主义对"道德品格"的
定义,仅仅停留在描述的层面上,缺乏对概念准确的定义,因此,"道德品格"概念的模糊性也成为美国赫尔巴
特主义教育观念的软肋,首当其冲成为批判的重点(N. Ray Hiner,"Herbartians. History,and Moral Education",
The School Review,Vol. 79,No. 4〔Aug.,1971〕,p. 593.)。

⑥ 部分研究美国赫尔巴特运动的美国学者指出,从全国赫尔巴特协会第四份年鉴开始,美国赫尔巴
特学派开始更多地讨论美国学校教育存在的现实问题及其对策,他们总结了赫尔巴特及赫尔巴特学派的
主要观点,并结合实践经验,形成各自独特的理论(Gerald L. Moulton,"The American Herbartian:A Portrait
from His Yearbooks",*History of Education Quarterly*,Vol. 3,No. 3〔Sep.,1963〕,p. 137.)。

开始分裂为两大部分。以德·加谟为代表的一部分美国赫尔巴特学派认为，美国赫尔巴特运动在片面研究德国赫尔巴特学派的教育观念上陷入了偏执与僵化，因此，应系统地研究赫尔巴特本人的教育观念来纠正一些在教育实践中出现的偏差，实现真正的"科学教育学"，为此，德·加谟出版了《赫尔巴特与赫尔巴特学派》(*Herbart and the Herbartians*)；而以麦克默雷兄弟为代表的另一部分美国赫尔巴特学派则认为，所谓"科学的教育学"就是使用科学的方法来研究教育问题。在实验心理学引入美国之后，他们主张用心理学进一步武装赫尔巴特学派的教育理论，为此，查尔斯·麦克默雷出版了《普通方法要素》(*Elements of General Method*)，弗兰克与查尔斯还共同出版了《背诵的方法》(The Method of the Recitation)。

以德·加谟为代表的部分美国赫尔巴特学派成员认为，赫尔巴特的形而上学观、心理学观、伦理学观和教育学观是一个有机的整体，是密不可分的。德·加谟认为，美国赫尔巴特学派的大部分成员都片面强调了赫尔巴特的教育学理论，忽视了赫尔巴特教育学理论与他的哲学、心理学和伦理学理论之间的关系，因而需要修正。但不幸的是，德·加谟自己在诠释赫尔巴特思想的论著中也犯了与美国赫尔巴特学派其他成员同样的毛病。他的《赫尔巴特与赫尔巴特学派》主要讨论了赫尔巴特的教育学说，而在形而上学方面，他只是轻描淡写、一带而过；在心理学方面，德·加谟虽然进行了一定的描述，但是他却没有详细、清晰地解释赫尔巴特心理学里的一些关键性的概念，例如"心灵的装备"(furniture of mind)、"观念"(ideas)等等；在伦理学方面，德·加谟虽然列举了赫尔巴特的"五种基本的道德观念"(five basic ethical ideas)和审美判断的标准，但并没有将赫尔巴特的伦理学与他的教育学结合起来研究。总而言之，德·加谟忽视了对赫尔巴特形而上学的理解，将他的伦理学简单地等同于"五种道德观念"，将他的心理学仅仅局限在对"统觉"、"相关"等基本概念的理解，虽然他意识到美国赫尔巴特学派在研究和传播赫尔巴特教育思想中的弊端，虽然他认识到赫尔巴特的观念不仅仅局限在"集中"、"文化纪元论"、"五段法"中，但是他本人却也陷入了同样的困境①。同时，由于德·加谟过分注重理论研究，忽视了在师范学校和中小学课堂中的教育实

① Harold B. Dunkel, "Herbartianism Comes to America: Part II", *History of Education Quarterly*, Vol. 9, No. 3(Autumn,1969),p. 386.

践,因此以德·加谟为代表的美国赫尔巴特学派的一部分成员的观念很快就遭到了否定。

　　以麦克默雷兄弟为代表的另一部分美国赫尔巴特学派的成员,最初也接受德国赫尔巴特学派的教育信条,强调培育“道德品格”的重要性,并由此对小学的课程设置进行分类。他们主张将小学的课程分为三大类:第一类文学与历史,这类课程有利于为学生树立道德典范;第二类是自然科学,这类课程有利于学生了解自然的“活力与统一的原理”;第三类是“正式课程”,包括语法、写作、算术①。但是,他们的改革实践遭到了帕克的批评。帕克在他《当代初等教育史》中写道:“当我们总结当代的初等教育改革实践时,我们发现无论是裴斯泰洛齐主义还是赫尔巴特主义,从他们的原理到他们的实践,他们都没有真正关注当代教育所应当关注的问题。”②帕克的批判引起了麦克默雷兄弟的关注,也使他们了解到美国赫尔巴特运动所存在的局限,因此开始关注科学主义,特别是开始关注赫尔巴特及赫尔巴特学派的心理学理论,并将它们用以指导美国赫尔巴特运动的教育实践。此后,麦克默雷兄弟开始从研究赫尔巴特及赫尔巴特学派的主要观点转向了教师培训。他们开始主张用赫尔巴特学派的教育信条培训教师,为此,弗兰克·麦克默雷出版了《如何学习与如何指导他人学习》(How to Study and Teach Others to Study),查尔斯也开始举办各类讲座,具体指导中小学教师的教学活动,帮助他们革新教学方法。麦克默雷兄弟在 19 世纪末 20 世纪初美国中小学教师的培训中发挥了重要的作用,同时,也由于他们的工作,进一步加剧了美国赫尔巴特运动的分裂。

　　1900 年,全国赫尔巴特协会年鉴停刊。1901 年 2 月,全国赫尔巴特协会进行了机构重组与调整,被改组为全国科学教育研究协会(The National Society for the Scientific Study of Education),由查尔斯·麦克默雷担任协会的主席。这个事件标志着美国赫尔巴特运动正式分裂③。

---

　　① Harold B. Dunkel, "Herbartianism Comes to America: Part II", *History of Education Quarterly*, Vol. 9, No. 3 (Autumn, 1969), p. 387.

　　② Parker Colonel Francis, "History of Modern Elementary Education", 转引自 McKenny Charles, "The McMurrys in American Education", *Peabody Journal of Education*, Vol. 5, No. 5 (Mar., 1928), p. 265.

　　③ Gerald L. Moulton, "The American Herbartian: A Portrait from His Yearbooks", *History of Education Quarterly*, Vol. 3, No. 3 (Sep., 1963), p. 137.

在内部分裂进一步加深的同时,美国赫尔巴特学派也面临来自外部的挑战。与此同时,20 世纪初影响美国教育界的新的哲学观念和新的教育实践则进一步加剧了美国赫尔巴特运动的衰落。首先,受达尔文进化论影响的新的知识观与赫尔巴特学派所宣扬的知识观产生了严重的对立。以威廉·詹姆斯与杜威为代表的实用主义哲学观的出现更进一步冲击了美国赫尔巴特学派的知识观。其次,儿童研究运动的兴起"摧毁"了美国赫尔巴特学派的儿童观①。再次,人类学关于文化理论的发展消解了作为美国赫尔巴特学派思想基础的"文化纪元论"的影响②。

对美国赫尔巴特运动的批判主要来自于此前赫尔巴特运动的支持者。约翰·杜威曾经是美国赫尔巴特运动的积极参与者,他也曾为研究与传播赫尔巴特及赫尔巴特学派的教育思想而忙碌。随着时间的推移,杜威逐渐意识到,美国赫尔巴特学派在理论上对赫尔巴特与赫尔巴特学派观点的解释存在着错误,在实践上又未能真正改变美国中小学的现状。杜威指出,美国赫尔巴特学派所谓的"兴趣"与赫尔巴特所谓的"兴趣"有着本质的区别,美国赫尔巴特学派所谓的"兴趣"在实质上与传统的知识理论并没有区别③。杜威还认为,美国赫尔巴特学派滥用了赫尔巴特"文化纪元"的理论,批判美国赫尔巴特学派以所谓的"文化纪元"的理论,滥设历史课程。杜威认为,美国赫尔巴特学派所谓的历史仅指已经逝去的事实,他们忽略了建立历史与现实的联系,因而不能发挥历史应有的重塑社会道德与价值观的作用④。杜威指出,当前中小学的历史课程急需改革,儿童们真正需要的"并不是这些互相割裂的德育课程,不是一些真实、诚实、爱国主义等等大道理的灌输。他们真正需要的是符合社会发展变化的社会观……目前工业化社会与丑恶的政治环境对社会道德的负面影响,不在于它们滋生了个人主义的倾向,也不在于它们忽视了我们所一直推崇的社会道德(如诚实、勤奋、纯洁等等),而在于它们模

---

①　Charles J. Brauner, *American Educational Theory*, pp. 92—99.

②　George W. Stocking Jr. , "Franz Boas and the Culture Concept in Historical Perspective", *American Anthropologist* 68 (August, 1966), pp. 870—871; Fred W. Voget, "Man and Culture: An Essay in Changing Anthropological Interpretation", *American Anthropologist* 62 (December 1960), p. 946.

③　Charles J. Brauner, *American Educational Theory*, pp. 94—101.

④　John Dewey, "Ethical Principles Underlying Education", *Herbart Yearbook*, 1897, pp. 21—23.

糊了我们的视线,使我们不能正视我们所处的社会环境"①。因此,杜威指出,历史应是一门科学,应是一门实用性的课程。他要求历史课程内容必须与社会现实紧密相关,必须使得学生们能够鉴古知今,这样才能帮助儿童更好地认识自己、了解社会②。特纳(F. J. Turner)也指出,学校设置历史课程就应使历史课程发挥应有的价值,使它成为推动社会进步的科学研究③。罗宾逊(Harvey Robinson)也指出,美国赫尔巴特学派在所谓的"文化纪元"的理论指引下设置的历史课程与传统的历史课程并无二致,都仅仅是史实的记忆,这种对史实的简单记忆与背诵并不能使学生了解到"每个不同历史阶段的独特目的与观念",因此,"美国中小学历史课程改革急需改革,学校应该了解什么是历史,应选择什么样的历史教材,哪些史实最具有教育价值"④。芝加哥师范学校的赖斯(Emily J. Rice)也指出,"思想是不能脱离实践的。美国赫尔巴特学派的理论过分拘泥于遣词造句,而忽视了实践的意义。历史课程的价值在于能使我们了解过去、正视现在、预知未来,因此,我们需要改变传统历史课程的局限,赋予历史课程以现实的意义。但仅仅有变革课程的理论是无用的,关键应切实地改变学校历史课程的现实,而美国赫尔巴特学派在这一点上是远远没有做到的"⑤。

在这种情况下,1905 年,全国科学教育研究协会(The National Society for the Scientific Study of Education)再次更名,"科学"从协会的名称中被删除,协会更名为全国教育研究协会(The National Society for the Study of Education),这标志着美国教育界最终放弃了对赫尔巴特(特别是赫尔巴特的德国门生和信徒)"科学教育学"的追求,也标志着美国赫尔巴特运动的终结。德·加谟后来回忆道:"几乎在一夜之间,赫尔巴特及赫尔巴特学派的教育理论销声匿迹,成了进步主义教育理论的对立面。"⑥

---

① J. Dewey, "Ethical Principles Underlying Education", *Herbart Yearbook*, 1897, p. 23.

② J. Dewey, "Ethical Principles Underlying Education", *Herbart Yearbook*, 1897, p. 22.

③ Edward A. Krug, *The Shaping of the American High School*, New York: Harper & Row, 1964, p. 279.

④ James Harvey Robinson, "Medieval and Modern History in the High School", *Herbart Yearbook*, 1899, pp. 42—57.

⑤ Emily J. Rice, "History in the Common Schools", *Educational Review* 12 (September 1896), pp. 169—171, 174.

⑥ H. M. Knox, "The Progressive Development of J. F. Herbart's Educational Thought", *British Journal of Educational Studies*, Vol. 23, No. 3 (Oct., 1975), p. 273.

三

美国的赫尔巴特运动虽然昙花一现,它却对美国的学校教育产生了不可估量的影响。它唤醒了人们对美国学校教育现实的关注,促进了美国学校教育目的、教学方法、师资建设等一系列重要方面的改进和发展。美国赫尔巴特学派所宣扬的"相关"的原则,虽然并没有在实践中得到充分运用,但是它毕竟唤醒了教育者对课程设置的关注,使他们意识到学校课程并不是一个个独立的、割裂的个体,而应该是一个有机的整体。美国赫尔巴特学派宣扬的"统觉"、"兴趣"的概念虽然随着心理学发展而遭到否定,但是它毕竟使得美国的教育者第一次以一种全新的视角来审视教师的教学方法和学生的认知、成长的过程。"文化纪元论"虽然在赫尔巴特运动后期遭到了猛烈的批判,但是它毕竟使得人们认识到学校课程中的历史、文学、地理课程的实用价值,了解到它们的重要性。无论如何评价美国赫尔巴特运动,无论它的教育理念是"科学的"还是"非科学的",都不能否认,正是由于美国赫尔巴特学派与美国赫尔巴特运动,"教育学"才真正开始进入美国学校[1],它为美国现代学校教育的发展奠定了基础。正如帕克所评价的那样,"在美国,没有任何一场教育运动能像赫尔巴特主义那样给美国的学校、给美国的教育带来如此大的变化"[2]。

首先,美国赫尔巴特运动是一场有着"美国特色"的教育运动。虽然几乎所有的美国赫尔巴特学派的主要成员都曾经在德国学习,虽然美国赫尔巴特运动主要研究和宣传的是赫尔巴特及德国赫尔巴特学派的一些主要教育观点,但是,美国赫尔巴特学派的成员始终认为,他们并不是要引进国外的教育思想;相反,他们认为,美国学校教育存在的问题与德国是不一样的,因此,他们的使命是根据美国学校教育的状况和需求,改造赫尔巴特及赫尔巴特学派的教育信条,使之符合美国学校教育的现实,促进美国学校教育的发展。这

---

[1]　Gerald L. Moulton, "The American Herbartian: A Portrait from His Yearbooks: Part II", *History of Education Quarterly*, Vol. 3, No. 4 (Dec, 1963), p. 196.

[2]　Francis Parker, "Discussion", *First Yearbook of the National Herbart Society*, *First Supplement*, 1895, p. 153.

也许是赫尔巴特运动的一个共同特点。无论是德国、美国,还是英国、法国、日本、加拿大、中国,赫尔巴特运动在各个国家都有着不同的特点,如果说在美国,"文化纪元论"、"统觉"、"关联"这些概念成为赫尔巴特运动思想的主要代表的话,那么,在日本,"五道念"则成了赫尔巴特的代名词①;在英国,"相关与集中"、"培养儿童的创造性"则成为赫尔巴特运动的主要追求②;而在中国,赫尔巴特实际上就是"五段法"。各个国家的赫尔巴特运动都不仅仅是单纯地引用德国赫尔巴特与赫尔巴特学派的教育信条,它们都根据自己国家的特色对赫尔巴特及赫尔巴特学派的教育信条进行了改造,这也许就是为什么赫尔巴特运动能成为一场国际性运动的关键。

其次,美国赫尔巴特运动是一场适时的教育运动。它出现在美国社会与美国学校教育充满危机和变革的时代,它出现在美国教育特别是美国师范学校对教师培训的内容和方式充满困惑的时代③。虽然当时美国的教育家们都认识到美国中小学教师的教学水平、教学方法急需改进,教师不仅要进行专业培训,更要进行职业培训,但是对如何培训教师、培训的内容、培训的方式,仍处于模糊不清的阶段。美国赫尔巴特运动后期将"科学主义"与心理学的方法引入教育学,塑造了科学的教育学的基础,为教师培训的方法、原则提供了指导思想,而大部分美国赫尔巴特学派的成员都积极参与教育培训的实践,虽然他们也曾受到艾略特与赖斯的批判④,但是他们在美国中小学合理的课程设置与良好的师资培训方面所做的贡献是不可磨灭的。

再次,美国赫尔巴特学派与美国赫尔巴特运动得到了许多非赫尔巴特主义者的支持,这些人包括威廉·哈里斯(William T. Harris)、弗朗西斯·帕克、尼古拉斯·巴特勒(Nicholas Murray Bulter)、谢尔顿(E. A. Sheldon)、乔治·布朗(George Brown)、库克(J. W. Cook)等。他们也曾积极地支持、宣传赫尔巴特主义,出版美国赫尔巴特学派的论文,聘请赫尔巴特学派学员开办讲座、

① 李文英:《赫尔巴特教育理论在日本的影响》,《河北师范大学学报》(教育科学版)2001 年第 3 期。
② Margaret Mathieson,"English Progressive Educators and the Creative Child",*British Journal of Educaitonal Studies*,Vol. 38,No. 4(Nov. ,1990),p. 370.
③ Harold B. Dunkel,"Herbartianism Comes to America:Part I",*History of Education Quarterly*,Vol. 9,No. 2(Summer,1969),p. 227.
④ Harold B. Dunkel,"Herbartianism Comes to America:Part I",*History of Education Quarterly*,Vol. 9,No. 2(Summer,1969),p. 227.

担任教师,有时也参加全国赫尔巴特协会组织的活动。史密斯曾写道:"如果没有他们,我们很难想象情况会是什么样。"①从某种意义上可以说,在 19 世纪末 20 世纪初的美国,赫尔巴特运动并不是一个完全排外、孤立的思潮,而是当时美国教育运动的有机组成部分,是教育界积极探索改革美国学校教育、建立美国现代学校教育制度的总体努力的重要成分。

最后,美国赫尔巴特学派翻译出版了大量赫尔巴特与德国赫尔巴特学派的著作与论文,同时也撰写了大量的文章帮助美国的教师们理解赫尔巴特与德国赫尔巴特学派的教育思想,这对美国当时的教育改革有着重要的意义。不论美国赫尔巴特学派对赫尔巴特与德国赫尔巴特学派的教育观念的理解是否正确,但毕竟是他们传播了在当时是非常"先进"的教育学说,由此丰富了美国的教育思想。

(本文与陈露茜合作完成,原载《教育学报》2006 年第 6 期)

---

① Herbert M. Kliebard, "Education at the Turn of the Century: A Crucible for Curriculum Change", *Educational Researcher*, Vol. 11, No. 1(Jan. ,1982), p. 17.

"儿童中心"论在美国的兴起

　　长期以来,国内教育学界一直存在着一种普遍的认识,即往往把"儿童中心"论看作美国进步主义教育思想流派独有的基本原则或将"儿童中心"论等同于进步主义教育,并且将"儿童中心"论理解为一种夸大儿童及其经验、兴趣、自由在教育过程中的作用,因而轻视乃至放弃教师责任的观点。从历史的角度看,这种认识存在着很大的片面性。这是因为,一方面,在进步主义教育思潮兴起之前,"儿童中心"论已初见端倪。另一方面,在 19 世纪末 20 世纪初的美国,主张"儿童中心"论的人士的思想背景非常复杂,他们对"儿童中心"的阐释各有不同,希望达到的目的也存在差异。本文旨在通过对历史文献的梳理,考察 19 世纪末 20 世纪初美国教育界与"儿童中心"观念相关的话语和思潮,展现这一观念在美国的兴起过程。具体而言,本文探讨的主要问题包括,"儿童中心"论在美国的兴起有着怎样的历史背景,哪些因素促成了这种观念的生成? 哪些思想理论对"儿童中心"论的兴起发挥了重要作用?"儿童中心"论所要解决的是哪些教育问题? 在同样主张"儿童中心"的人群中,不同的人之间是否存在差异或分歧?"儿童中心"论与进步主义教育运动的关系究竟是怎样的?

一、19 世纪美国儿童观念的变迁

　　在现代儿童观念形成之前,美国人的儿童观念经历了一个显著的变化过程。17 世纪,在美国较为盛行的是"福音派的加尔文主义"(evangelical Calvinism)儿童观,这种观点认为儿童生来是有罪的,因此要求家长严厉地对待儿童。在 18 世纪,一种较为温和的态度逐渐占据上风,人们逐渐将幼儿视为天真无邪却容易堕落的个体,在家庭中,父母们开始更多地强调"爱与责任"而非"爱与敬畏",对儿童的养育则注重"理性、节制与人类意志的自由"①。美国儿童史研究者普遍认为,在 19 世纪的美国,成人对于儿童的态度发生了深刻变化,到 1900 年,至少在受过教育的阶层中,此前认为儿童生来有罪或容易堕落的观念转变为一种现代的"儿童崇拜"(cult of child),儿童越来越被浪漫化和情感化②。这种儿童观的转变表现在许多方面。

19 世纪后期,美国妇女(特别是白人妇女)人均生育数量明显减少。据统计,1850 年,白人妇女人均生育数量为 5.42 人,到 1900 年下降到 3.56 人。子女人数的减少使父母更多关注子女的养育成为可能。同时,由于当时社会对妇女母亲形象的崇尚,人们特别是女性在每个孩子身上投入的时间与精力都有所增加。最为典型的是中产阶级与上层阶级的家庭,开始将注意力越来越多地投向每个孩子的独特性。根据国外学者的研究,在 1800 年以前,人们通常用夭折的孩子的名字来给下一个孩子命名,19 世纪之后,这种做法大大减少,且中间名(middle name)的使用在 1850 年之后变得十分普遍③,这种趋势反映了美国家庭对于儿童独特性的意识逐步增强。到 1850 年,大部分中产阶级的美国人相信儿童是独特、宝贵的财富,婴儿期与儿童期是人生中极为重要的阶段④。

在美国文化生活中,儿童以一种新的形象出现于诗歌、小说等文学作品中,儿童期也成为人生中纯真美好时光的象征。最具代表性的是活跃于 19 世纪上半叶美国思想界的超验主义者们(transcendentalists),他们在作品中通常将儿童期描述为"圣洁而又神秘的时段,远胜于成年人的腐化生活"。如爱

① Constance B. Schulz,"Children and Childhood in the Eighteenth Century",In Joseph M. Hawes & N. Ray Hiner(eds.),*American Childhood: A Research Guide and Historical Handbook*,Greenwood Press,1986,pp. 62—63.

② N. Ray Hiner,"Children in American History",In William J. Reese & John L. Rury(eds.),*Rethinking the History of American Education*,New York:Palgrave Macmillan,2008,pp. 161—185.

③ Constance B. Schulz,"Children and Childhood in the Eighteenth Century",In Joseph M. Hawes & N. Ray Hiner(eds.),*American Childhood:A Research Guide and Historical Handbook*,p. 169.

④ Priscilla F. Clement,*Growing Pains: Children in the Industrial Age,1850—1890*,New York:Twayne Publishers,1997,p. 38.

默生(Ralph W. Emerson)在书中写道:"太阳只会照亮成年人的眼睛,但却会通过眼睛照进孩子的心灵",幼儿是"永远的弥赛亚"①。在一些儿童养育指导手册中,作者们将儿童的生长描述为"神性逐渐展开的过程"②,这种观念与17、18世纪流行的儿童观念形成了鲜明的对照。

19世纪中叶以后,来自英国和欧洲大陆的学术思想先后传播到美国。在这些因素的影响下,美国逐渐兴起了儿童研究运动。

达尔文学说在美国的传播带来了另一种从生物学角度审视儿童的视角。达尔文本人对于自己孩子的长期观察与记录,极大地启发了教育界人士,人们开始将这种研究儿童的"实证"方法引入教育中。1869年10月,柏林教育学协会(the Pedagogical Society of Berlin)向84所学校的校长发出信件,试图了解当年9月进入一年级的儿童曾经见过并能够说出名字的普通动植物的数量③。1880年9月,刚从德国访学归来的霍尔(G. Stanley Hall)在波士顿的公立学校进行了类似的调查,并于1883年发表了调查的结果——《儿童心理的内容》(The Contents of the Children's Minds)④。霍尔的调查被视为美国儿童研究运动的开端。

通过向几百位即将进入小学的儿童提问,霍尔发现,对于那些人们假定入学儿童应当知晓的事物,很大一部分孩子却表现出令人震惊的无知。在这种情况下,小学将要教给儿童的学科知识对于他们而言很大程度上只是一种死记硬背的内容⑤。因此,通过反映儿童对自然界一些动物、植物、天气现象等的无知、错误认识和幻想,霍尔实际上揭示了以往教师和其他成年人对于儿童心理状态的无知以及在教育中对儿童进行研究的必要性。在霍尔等人的影响下,19世纪末,更多的美国人试图从不同侧面了解儿童身心活动的状态与原则。通过各种会议讨论、专业期刊和协会等的宣传,儿童研究成为美国教育界乃至学术界的一种潮流。

---

① William J. Reese,"The Origins of Progressive Education",*History of Education Quarterly*,41(1),2001,pp. 1—24.

② Priscilla F. Clement,*Growing Pains:Children in the Industrial Age,1850—1890*,p. 40.

③ G. Stanley Hall,"The Contents of the Children's Minds",*The Princeton Review*,11(1883),p. 17.

④ 霍尔在1893年又将十年前的这篇文章扩充,出版了《即将入学儿童的心理内容》(*The Contents of Children's Minds on Entering School*)一书。

⑤ G. Stanley Hall,*The Contents of Children's Minds on Entering School*,New York & Chicago:E. L. Kellogg & Co.,1893,p. 26.

19世纪正是心理学、生理学等学科专业化的重要时期,一些研究者运用这些新兴学科的方法对儿童生理机制、心理现象等进行探究,发表了一系列被视为研究儿童身心发展科学规律的成果。霍尔和他在克拉克大学(Clark University)的同事将这些有助于揭示儿童本质的科学研究统称为"儿童学"(Paidology),人类学、病理学、神经学、心理学等都被视为儿童学所依据的重要学科①。通过各种期刊与儿童研究者的讲演,上述领域的研究成果进入教育界。那些推崇儿童研究的教育界人士以此为基础开始重审以往教学活动中对待儿童的方式方法。除了全国性的专业协会、刊物等,19世纪末期,全美各地还建立了各种进行儿童研究的民间组织。在教师协会、母亲俱乐部(Mother's Club)中,人们以极大的热情展示和交流各自对儿童的观察发现。儿童研究运动为美国教育界有关儿童的认识提供了许多新概念与新方法,也为"儿童中心"观念的兴起提供了丰富的思想资源。

在美国社会对儿童态度的转变过程中,卢梭、裴斯泰洛齐、福禄培尔等欧洲教育家思想的传播进一步促进新的儿童观念的确立,并为儿童教育带来了新的原则与方法。福禄培尔(Friedrich Froebel)②所创设的幼儿园及其儿童教育理念对于美国教育界的影响尤其重要。19世纪50年代起,一些德国移民在美国建立起了德语幼儿园。1860年,皮博迪(Elizabeth Peabody)女士创建了美国第一所使用英语的幼儿园。1873,圣路易斯市设立了美国第一所公立幼儿园。19世纪后半叶,幼儿园在美国的广泛建立不仅为美国儿童提供了早期教育的专门场所,还以一种"幼儿园精神"(kindergarten spirit)影响着初等教育乃至整个教育系统。当时有人将"幼儿园精神"概括为"对于儿童自身或儿童个性的神圣性的认识",认为幼儿园"激发了对于儿童的普遍研究,使儿童成为兴趣的中心,成为儿童自身发展中的主要因

---

① Oscar Chrisman, "Child-Study, a New Department of Education", *The Forum*, 16(1894), pp. 728—736.

② 事实上,在福禄培尔的著作中,已经出现了与"儿童中心"相关的表述。他在《人的教育》中论述幼年期的儿童时说道:"儿童通过游戏而被置于一切事物的中心,一切事物被看作仅仅同他自己、同他的生活发生关系的。"见(德)福禄培尔《人的教育》,孙祖复译,人民教育出版社,2001年。不过,福禄培尔在这里主要是描述儿童在幼年期的认识方式与特点,即在游戏中,一切事物都被视为是以儿童自我为中心、仅仅同他发生关系的,儿童与外界事物建立的联系是偶然的、暂时的,而非普遍的、本质的,与后来所说的教育上的"儿童中心"论并不是一回事。

素"①。克伯莱也指出,幼儿园对于美国教育有着特别重要的意义:"强调儿童首先是一个积极的主体,而不是被动的学习动物,这种观点受到了新的关注。"②

与人们对待儿童越来越富于情感与人道关怀的态度相比,19世纪美国儿童的真实处境却不容乐观。工业革命后,城市的迅速发展、移民浪潮与学徒制的解体等,使得孤苦无依的儿童数量猛增。19世纪末,一些儿童救助者们(child-savers)极大地扩展了救助的范围,并逐步实施了专业的儿童福利计划③,简·亚当斯(Jane Adams)所主持的赫尔会所便是当时儿童救助机构的代表。通过减少婴儿死亡、反对体罚,以及设立专门的青少年法庭(juvenile court)、在城市学校中建起游戏场(playground)等,儿童的处境得到了一定的改善。

19世纪90年代同时也是美国学校教育的剧烈变革时期。在这场变革中,儿童在学校中的生活开始受到前所未有的重视。1891年,以教育中的"黑幕揭发"著称的赖斯(J. M. Rice)在《论坛》(The Forum)杂志发表"学校有必要成为儿童生活的阴影吗?"(Need School be a Blight to Child-Life?)一文,呼吁教育者应当保证学生的童年是快乐的,而不是用机械的方法强迫儿童每天从事数小时的苦工,使他们在本应快乐的年岁里经受辛劳与不幸④。

赖斯的批判揭示了当时的美国学校教育存在的严重问题。在传统的美国初等教育课程中,读、写、算("3R")是最为基本的教学内容。随着时代发展,包括地理、历史、音乐、绘图、手工等内容也进入初等学校中。由于当时的中等教育只有四年时间,学生在此期间需要掌握数门古典语言以及一些现代学科,这些负担自然而然地向下一级的初等学校转移,由此造成各地初等教育中的内容名目繁多,在教学上诵读、强制记忆等方法仍然占据主流,学生们

---

① James L. Hughes,"The Influence of the Kindergarten Spirit on Higher Education",*NEA Address and Proceedings*,1896,p. 381.

② 克伯莱:《美国公共教育:关于美国教育史的研究和阐释》,陈露茜译,安徽教育出版社,2012年,第257页。

③ Steven Mintz,*Huck's Raft:A History of American Childhood*,Cambridge:Harvard University Press,2004,p. 156.

④ J. M. Rice,"Need School Be a Blight to Child-life?",*The Forum*,December 1891,pp. 529—535.

往往很早便要开始学习拉丁语、希腊语等,学校生活十分艰辛。因此,在学校改革的呼声中,有关初等和中等教育中"学习科目的组织问题"(arrangement of subject matter),也就是后来所说的课程问题成为当时教育界最为关注的问题之一。

二、寻找教育活动的"中心"

1891 年,弗朗西斯·帕克(Francis W. Parker)在不同地区作了多次有关教育的讲演。三年之后,他将这些讲演结集出版。这便是著名的《关于教育的谈话》(Talks on Pedagogics)。在书中,帕克将儿童比作"上帝所有造物中的高潮与顶点"①,并且宣称"所有教育活动的中心是儿童"②。帕克在当时美国教育界的地位举足轻重。早在 19 世纪 70 年代,帕克在马萨诸塞州昆西市(Quincy)担任督学,在此期间他对学校进行的改革便引起了众多教育界人士的关注。1883 年,帕克来到芝加哥的库克师范学校(The Cook County Normal School),他在实习学校中的实践以及师范学校中所讲授的教育思想都产生了很大影响。

为了阐明帕克提出"儿童是中心"这一观点所指涉的具体问题,首先有必要关注《关于教育的谈话》这部著作的副标题——"集中学说概要"(An Outline of the Theory of Concentration)。"集中"本是赫尔巴特学派的术语,也是19 世纪90 年代美国教育领域大量引述的热门理论。19 世纪 80 年代,查尔斯·德·加谟(Charles De Garmo)、弗兰克·麦克默里(Frank McMurry)、查尔斯·麦克默里(Charles McMurry)等人前往德国留学。回国后,他们致力于宣传、介绍和阐释赫尔巴特的教育教学理论,成为美国赫尔巴特学派的主要代表人物。在19 世纪90 年代,美国赫尔巴特学派最关注的问题就是课程组织问题。在他们看来,以往学校中运用的课程材料处于零乱无序的状态,需要一个普遍的原则来将它们统一起来,形成一个完善的结构。赫尔巴特学派认为,统觉理论是建立学科之间的相关性的依据,而这种相关性的实现则端赖

---

① Francis W. Parker, *Talks on Pedagogics：An Outline of the Theory of Concentration*, New York & Chicago：E. L. Kellogg & Co. , 1894, p. 3.

② Francis W. Parker, *Talks on Pedagogic*, p. 383.

"相关"（Correlation）和"集中"（Concentration）原则。通过一系列的讲演、翻译与著作出版，赫尔巴特学派成为当时美国教育界最为活跃的群体之一，而由于课程重组问题在这一时期教育界倍受关注，"相关"与"集中"等名词也成为当时最为流行的教育概念之一。

　　根据"集中"原则，有必要为学校的教学活动找到一个核心，使其他内容围绕这个中心组织起来。"集中"这一具有指向性的概念，使当时有关教育内容与活动的讨论转变成为对"以什么为中心"这个问题的讨论。在赫尔巴特学派的推动下，美国教育界开始大量讨论应以什么内容作为课程组织的中心。在这场讨论中，逐渐形成了四种主要的基本观点。第一种观点认为应以文学与历史学科为中心学科，并以文化纪元理论（Culture Epochs）为原则安排各学科材料的呈现顺序，这一看法与德国赫尔巴特学派的主要代表人物齐勒尔（Tuiskon Ziller）和赖因（Wilhelm Rein）的学说一脉相承，也是在美国赫尔巴特主义者中得到最多支持的课程组织方案。第二种观点认为应当以自然学科（natural studies）为中心学科。自19世纪中叶开始，植物学、动物学、地质学、矿物学等自然学科开始进入学校课程中，一些推崇自然学科的教育家认为这些内容有利于建立儿童与自然世界的亲密联系。第三种观点认为，没有任何一个学科能作为中心整合所有学科知识，他们主张以不同学科组成的"多中心说"取代单一中心。这一观点的代表人物是德·加谟，他认为应有三个同等的中心，即人文的核心（the humanistic core）、自然的或科学的核心（the scientific core）和经济的核心（the economic core）[①]。最后一种观点便是帕克在《关于教育的谈话——集中学说概要》中提出的以儿童作为所有教育活动的中心的观点。

　　帕克《关于教育的谈话》一书的扉页上印有一副阐明集中学说的图表，图中展示的是由几个同心圆构成的车轮状图形，轮轴部分是儿童，围绕儿童的几个圆圈分别是与儿童心灵秩序相对应的各个学科以及儿童自我表达和判断的方式。显然，帕克对于集中学说的阐释与当时正盛行一时的赫尔巴特学派的主流观点存在着很大的差异。在赫尔巴特学派看来，"集中"是组织教学材料的原则，针对的是内容及其组织，这个"中心"所指必然是一门或几门学

---

　　① Charles De Garmo, *Herbart and the Herbartians*, New York: Charles Scribner's Sons, 1896, p.234. "经济的"指涉的是代表人与自然相互作用的学科（如手工训练、工业技术、机械制图、商业地理学等）。

科,无论是历史与文学,还是自然学科。而帕克的"集中"学说则指向整个教育活动,包括了教育的主体、课程和方法等等,从而使教育活动形成一个围绕儿童运转的整体。

这实际上表明,在美国教育界围绕课程组织问题的讨论过程中,帕克已经将本属中小学课程的问题提升为对整个教育问题的思考,将对知识问题的讨论转变为对教育主体的探索,并将注意的焦点从课程转向儿童。在形成自己观点的过程中,他虽然借用了赫尔巴特学派的概念,但对他影响更大的则是福禄培尔。帕克肯定赫尔巴特对教育的贡献,不过,在他看来,"福禄培尔与赫尔巴特之间的巨大区别在于对儿童与儿童期生活的不同评价。赫尔巴特最大的错误在于他缺乏对于儿童天性与自发活动(spontaneous activities)的认识。而未能理解儿童是最根本的缺失。未能鉴别学龄儿童的心理活动是巨大的错误"[1]。在这里,"儿童的天性和自发活动"是深入理解帕克思想的关键。这个概念与"自我活动"(self-activity)概念密切相关。从 19 世纪中叶福禄培尔教育思想传入美国到 20 世纪初,"自我活动"这一关键概念经常出现在各种讨论儿童与教育关系的文献中,在"儿童中心"论的整个形成过程中发挥了举足轻重的作用。

帕克在《关于教育的谈话》中反复提及"自我活动"一词。他认为,个体的发展是由不变的法则决定的,这其中最为根本的法则便是自我活动,所有心理和道德发展都依靠这种自我活动,而教育则是"对朝着所有方面发展的自我努力(self-effort)的有效利用(economize)"[2]。在帕克看来,幼儿的一些自发的活动表明,他们本能地开始学习宇宙中所有已知知识的内容,"幼儿之所以能够开启这些学习,是因为他情不自禁,他的本性驱使着他"。因此,在课堂教学中的核心要点是密切注意每个学生的心理状态,以便判断应当立刻提供的材料和条件[3]。

帕克之所以将自我活动看作决定儿童发展的法则,主要基于他对儿童本质的看法,即将儿童视为上帝最为神圣的造物。"儿童的这些倾向,这些

---

[1] Francis W. Parker, "Discussion", *First Supplement of the Year Book of the National Herbart Society*, Bloomington:Pantagrah Printing and Stationery Co. ,1895,p.156.

[2] Francis W. Parker, *Talks on Pedagogics*, p.25.

[3] Francis W. Parker, *Talks on Pedagogics*, p.360.

自发的活动,源于其存在深处,也源于所有的过去,因为儿童是所有过去的产物,所有未来的种子。"①据此,儿童便具有内在的神性,因而能够生发出天然的倾向与自发的活动,加之世间万物具有内在的统一性,儿童的自我活动便天然地能够开启对事物的认知与领悟。正如福禄培尔十分强调统一性,帕克也认为"集中"学说的目标在于"身体、心理与灵魂的统一,教育性努力的统一,行动的统一,思想的统一,思维与表达的统一"②。因此,帕克所谈论的"集中"实际上相当于"统一"(unity),而非赫尔巴特学派所强调的教学内容的结构。

由此可见,帕克通过探讨"集中"问题进而提出的"儿童中心"论,实际上是强调对儿童自我和自主活动的关注,这些活动的倾向是上帝赋予的,是与生俱来的。在帕克看来,以儿童为中心的教育意味着观察并判断儿童的自我活动所涉及的内容与表达方式,同时教师须提供适当的材料与条件,促使儿童建立起外部世界与心灵的统一,从而获得多方面的发展。帕克显然是美国较早明确提出"儿童中心"这种表述的教育家,但是,需要注意的是,帕克是在讨论课程组织究竟应以什么为中心的特定背景下提出这种论断的,他所强调的"儿童中心"是在与赫尔巴特学派所倡导的"知识中心"的争鸣中提出的。在这种语境中,作为教育活动"中心"的儿童是与知识或学科相对的,而不是如后世所理解的是与教师相对的。

三、探寻儿童个体生长的原则

帕克的"儿童中心"论是以课程组织问题为出发点,试图为教学活动找到一个统摄性的中心,强调一切教育活动的组织与实施要围绕儿童本身进行。儿童研究的代表人物霍尔则从另一个角度触及"儿童中心"问题,他试图为教育活动提供科学的依据和赖以行事的准则。1901 年,霍尔在向全国教育协会举办会议提交的论文《基于儿童研究的理想学校》(The ideal School as Based on Child Study)中阐明了他对学校教育的主张:

---

① Francis W. Parker, *Talks on Pedagogics*, p. 23.
② Francis W. Parker, *Talks on Pedagogics*, p. 26.

"（理想的学校）从根本上应当是儿童中心的（pedocentric）①而非学校中心的（scholiocentric）②。它可能有一点类似于宗教改革，坚持安息日、圣经和教堂是为人们存在的，而非人为它们存在；它将既符合实际，又符合现代科学和心理学研究的成果；总之，它将给予在学校中的个体以最充分的权利，使其与共和形式的政府相称，并将为人类走向更高级、更完备的超人（superman）状态而提供发展的效力，这是对于艺术、科学、宗教、家庭、政府、文学和所有人类机构的最高级也是最终级的考验。"③

在文中，霍尔具体描述了他理想中的学校，由此可以初步了解他所谓"儿童中心的"一词的意涵。他认为，在学校中，没有什么比"对处于生长中的儿童身体和灵魂的热爱、尊重和维护"更重要。在幼儿园时期（二、三岁到六、七岁），应当将儿童从各种象征符号（symbolists）④中解救出来，在这一阶段身体而非心灵更应受到关注，应当给孩子们提供卫生的、健康的生长环境；到了七、八岁时，儿童面临一个转折的时期，心脏面临着更多危险，呼吸更加短促，儿童很容易疲劳，必须减轻课业压力；到八、九岁时，少年期（juvenile）开始了，它将持续四年，直到青春期，在此期间儿童的精力增长，不易疲劳，这一阶段的儿童天性要求他们主要投入到训练性、习惯性和机械性的活动中，比如练字、口头记忆（verbal memory）等，甚至包括拉丁语、希腊语等。在这个年龄

---

① 在我国一些文献中，研究者将 pedocentric 作为"儿童中心"的英文原词，这种说法最早在舒新城先生的《现代教育方法》中出现，他在第二章"现代教育方法底背景"中说："这以儿童为本位的教育趋势，可名为儿童中心主义（Paidocentricism）。这名词是亚丹斯（John Adams）首创的，他是英国伦敦大学的教授，于一九二二年著《近代教育实际之发展》(Modern Developments in Educational Practice)，把现行的教育方法如设计教学（Project Method），葛蕾制（Gary School System），道尔顿制（The Dalton's Plan）等等都从原理上叙述其彼此的关系。……二十世纪初美国霍尔（G. Stanley Hal）采用儿童中心的（paidocentric）形容词为其教育上的主张。亚丹斯乃扩充其意，而改为名词，即儿童中心主义。"见舒新城：《现代教育方法》，商务印书馆，1933年，第31页。实际上，亚当斯在1912年所著的《教育理论的发展》(The Evolution of Educational Theory)中也曾提到霍尔所称的"儿童中心的态度"(the paidocentric attitude)，在此书中这种态度是指"与从前强调受教育者要为之准备的状态或要学习的科目不同，学生自身成为焦点"。见 John Adams, The Evolution of Educational Theory, London: Macmillan & Co., 1912, p. 261. 在亚当斯的著作中，凡提到该词皆点明是霍尔所用，实际上，这个英文单词相当于霍尔的自造词汇。

② 这里的 pedo-和 scholio-两个词根分别是希腊语中"儿童"与"学校"之义。paido-与 pedo-两个词根是等同的。

③ G. Stanley Hall, "The Ideal School as Based on Child Study", NEA Address and Proceedings, 1901, p. 488. 该文后来转载于《论坛》(G. Stanley Hall, "The Ideal School as Based on Child Study", The Forum, 1901, 32, pp. 24—39)，传播很广。

④ 指福禄培尔创造的"恩物"等这类带有人类生活与宗教事务诸主题之隐喻的事物。

上,理想的教师应当作为儿童心灵的统率(captain of the child's soul),能够和儿童一起做他们所不会的事,能够回答他们学习领域的大部分问题。到了十三四岁(女孩十三岁,男孩十四岁),青春期开始了,这一时期,各种感情和情绪迅猛发展,童年期即将结束,为未来职业的筹划现在开始。在这一阶段,先前的训练和机械作业应当逐渐放松,而诉之以自由和兴趣,学校应当有广泛的选修学科①。

可见,通过详细描述各个生长阶段的儿童特性与相应的学校教育原则、内容,霍尔提出了"儿童中心的"(pedocentric)这一理想学校的标准。他所谓的"儿童中心"是与"学校中心"相对的,即按照学校的秩序来操控儿童,相反,学校应当根据处于生长中的儿童的需要与倾向来安排其活动,儿童的身心发展秩序是中心。这里的"中心"与"准绳"意思相近,实际上是一种评判标准。例如,霍尔曾指出儿童教育应当遵循的一些时序:"教绘画永远不应从摹画直线开始,因为自然的儿童从来不画直线或角。还有书写,我相信对于书写的强调应该推迟两到三年。……对于现代语言的学习,当然要通过听来学,因为听的方式(ear-method)更早一些发展。"②在他看来,学校应当以这类规律为准来安排教育。同时,从霍尔对基于儿童研究的学校的想象来看,他对于传统学校中一些固有元素的态度并非一味排斥,而是强调应当根据儿童身体与心灵成长的科学规律来重新组合不同的元素。比如针对拉丁语、希腊语的学习,霍尔提出,在少年期时儿童可以开始学习拉丁语和希腊语,如果要教这些语言,拉丁语不迟于十岁或十二岁,希腊语不迟于十二或十三岁③。

霍尔进一步提出,人们对待儿童的方式不仅是学校教育的评判标准,也是衡量整个社会文明程度的准绳。他在《论坛》上的一篇文章中呼吁:"所有文明、宗教、人类的各种机构,以及学校,应根据这样一个标准来真实地获得评价,即,他们是否触犯了小孩们,是否有助于将一代又一代的儿童与青少年

---

① G. Stanley Hall, "Some of the Methods and Results of Child Study Work at Clark University", *NEA Address and Proceedings*, 1896, p. 863.

② G. Stanley Hall, "Some of the Methods and Results of Child Study Work at Clark University", *NEA Address and Proceedings*, 1896, p. 863.

③ G. Stanley Hall, "Some of the Methods and Results of Child Study Work at Clark University", *NEA Address and Proceedings*, 1896, p. 863.

带向不断提高与完善的成熟。"①正是在这个意义上,霍尔借用圣经的典故说道:"因此,儿童期是我们日间的云柱与夜间的火柱(pillar of cloud by day and fire by night)"②

虽然同样提出以儿童为中心,以霍尔为代表的儿童研究者所理解的"儿童"与前述福禄培尔、帕克的"神圣的儿童"还是存在一定区别的。双方都承认儿童和童年期的宝贵与特殊,但儿童研究专家们强调从生理学、心理学、人类学等不同角度来探索儿童身体和心灵奥秘,并以此为依据指导教育工作。在他们眼中,儿童的本质更多是生理—心理学意义上的、可被分析的生命体。霍尔甚至曾经直接将教育与生理学等同起来,他说:"儿童研究向我们表明了教育是应用生理学,除了处于生长中的儿童的天性与需要,并没有其他价值标准和教育哲学。"③霍尔所指涉的儿童的天性与需要更多地是受到达尔文进化论的影响,将儿童视为有着自发的生理本能的有机体。

这种对于儿童的不同认识导致儿童研究者与福禄培尔主义者在以儿童为中心的具体要求上存在一定冲突。例如,19世纪90年代流行的一个神经学理论指出,各种功能不同的神经中枢并不是同时发展的,比如运动神经中枢(motor centers),"控制躯干、肩膀、四肢肌肉的中枢先行发展,而调节手指、发声器官等精细肌肉的较晚发展"④。这一原理对福禄培尔主义者的幼儿园实践造成了冲击,因为在幼儿园中从事精细的作业(如手工)是与儿童神经中枢发展法则相违抗的。这些活动在福禄培尔那里是儿童自我活动的表现方式,儿童在幼儿园中进行这些作业有利于启发与引导其自我表达,然而,它与神经发展原则的冲突却引发了这一时期教育界对于福禄培尔主义的批判或重新审视。后来,就连帕克也将"神经能量的扩散原则"(law of the diffusion of nervous energy)视为儿童研究所揭示的重要科学定律,认为它"对教师而言具有极大的重要性,如果它应用于教室,诸如手指书写(finger writing)、绘画等

---

① G. Stanley Hall, "Child-Study and Its Relation to Education", *The Forum*, 1900, 29, pp. 688—702.

② 同上。典故出自《圣经》出埃及记 13:21"日间,耶和华在云柱中领他们的路;夜间,在火柱中光照他们,使他们日夜都可以行走。"

③ G. Stanley Hall, "Letter from Dr. Hall", Francis W. Parker (ed.), *Results of Child-Study Applied to Education: Letters from Eminent Scientists*, Chicago & New York: Werner School Book Company, 1896, p. 13.

④ William H. Burnham, "Child Study as the Basis of Pedagogy", *NEA Address and Proceedings*, 1893, p. 719.

要求细微和精确性的幼儿园活动都将被永久废除"①。

四、教育"重心"的转移

在19世纪末,美国教育界已经开始对新旧教育进行区分。人们将教育中新出现的变革取向称为"新教育",而不断受到诟病的教育中僵化、保守的做法则属于"旧教育",前述的帕克与霍尔都处在"新教育"的前沿。杜威用"重心"之所在来区分新旧教育,他认为旧教育的特点在于"重心是在儿童以外",而教育中"正在发生的一种变革是重心的转移。这是一种变革,一场革命,一场和哥白尼把天体的中心从地球转到太阳那样的革命。在这种情况下,儿童变成了太阳,教育的各种措施围绕着这个中心旋转,儿童是中心,教育的各种措施围绕着他们而组织起来"②。

许多学者将这段话视为杜威本人"儿童中心"论的明确表述与集中体现。然而,在这里杜威实际上是在描述当时教育中出现的变化趋势,也就是说,这种变化正在发生,这是所谓新教育的突出特点,而不是杜威自己提出教育要以这种方式发生变革,可见以这段话作为杜威本人"儿童中心"论的体现并不恰当。在新旧教育的交锋中,杜威并未做出明确的取舍,他并不完全是倾向新教育一端的,并反对以"新"与"旧"作为评价教育观念好坏的标准。他曾指出,假设传统教育与革新的力量这二者之间有基本的甚或次要的敌对是站不住脚的,"现在的形势不是所谓旧教育与新教育的对垒",必须"将目前的对峙视为局部的、过渡性的",而需要的是一种"统一的哲学"③。他认为二者都不完整,"旧教育"的缺点"是在未成熟的儿童和成熟的成年人之间作了极不合理的比较";而"新教育"的危险则在于"把儿童现在的能力和兴趣本身看作是决定性的重要的东西"④。可见,对于把儿童作为中心的潜在危险,杜威并非没有意识到。

---

① Francis W. Parker, "Application of Child Study in the School", *NEA Address and Proceedings*, 1895, p. 424.

② John Dewey, *The School and Society*, Chicago:The University of Chicago Press, 1900, p. 51. 中文译文引自杜威:《学校与社会·明日之学校》,赵祥麟等译,人民教育出版社,2005年,第41页。

③ John Dewey, "The Situation as Regards the Course of Study", *NEA Address and Proceedings*, 1901, pp. 336—337.

④ 杜威:《学校与社会·明日之学校》,第118页。

正如教育史研究者克里巴德(Herbert Kliebard)在归纳 19 世纪末 20 世纪初美国课程流派时,发现无法把杜威归到任何一派中①,杜威的主张的确很难归类。无论是课程问题还是儿童研究,他都曾参与讨论,他是全国赫尔巴特协会的常客,对于赫尔巴特学派讨论的"集中"学说以及何种科目应当成为中心的问题,他十分熟悉,也提出了自己的看法。同时,杜威也是伊利诺伊州儿童研究协会(The Illinois Society for Child Study)的成员,写过数篇有关儿童研究的文章,多次在公开场合评论当时的儿童研究。

在"集中"学说的讨论中,他倾向于支持帕克将儿童视为教育活动中心的论点。1897 年,在《我的教育信条》(*My Pedagogic Creed*)中谈论教育内容(the subject-matter of education)问题时,杜威指出:"因此,我相信学习科目借以联结的真正核心(the true center of correlation)不是科学,也不是文学或者历史,不是地理学,而是儿童自身的社会性活动(social activities)。"②与帕克相似,在杜威看来,儿童始终是"拥有自我活动的存在",这些活动"显著而迫切",并不需要被"诱发"(induce)、"引出"(draw out)或"发展"(develop),教育者的工作"只包含探知和联结这些活动,为它们提供合适的时机和条件"③。但是,在杜威眼中,这些活动并不是空洞的、自我的,其本身具有一定的社会意义。杜威曾经总结出儿童本能活动的四类兴趣——"交谈或交流方面的兴趣、探究或发现的兴趣、制作或建造的兴趣和艺术表现的兴趣",当这些本能"主要是对社会方面感兴趣时,儿童对人和他们所做的事的兴趣就被引入一个更广阔的现实世界"④。因此,在杜威对儿童的理解中,自我活动是一个重要的内在因素,但教育活动的中心并不是儿童任意的自发倾向,而是那些能够为儿童与社会的联结创造动力的社会性活动。

在对儿童研究的评价中,杜威也认为儿童研究代表着"在教育和社会方面几代人的工作的高潮"⑤。在他看来,对儿童的关注或研究有三大来源,分

① Herbert M. Kliebard, *The Struggle for the American Curriculum, 1893—1958* (3rd edition), New York & London: Routledge Falmer, 2004, Preface.

② John Dewey, *My Pedagogic Creed*, New York & Chicago: E. L. Kellogg & Co., 1897, p. 10.

③ John Dewey, "Letter from Dr. Dewey", Francis W. Parker(ed.), *Results of Child-Study Applied to Education: Letters from Eminent Scientists*, p. 18.

④ 杜威:《学校与社会·明日之学校》,第 47 页。

⑤ John Dewey, "The Kindergarten and Child Study", *NEA Address and Proceedings*, 1897, p. 585.

别是政治的、审美的和科学的。对儿童的兴趣最早可以追溯到柏拉图和亚里士多德的时代,当时对儿童的兴趣主要是政治性的或实践性的,缘于人们将儿童置于社会组织中的一个因素,因此人们关注的不是儿童本身,而是一种工具,一种成分①。到文艺复兴时期,儿童被视为一种"没有实现的社会秩序的理想命运的预言类型,由此具有宗教和审美的价值"。这虽然是一种进步,但儿童"是成人的象征,而不是他本人的现实。他是成人没有实现的自我本性的希望的象征"②。第三种兴趣的来源是 19 世纪的科学运动,这种科学的兴趣围绕着儿童。它是"一种对万物原初生长的普遍的兴趣状态"。这种兴趣已经"从群体发展到个体,从整体发展到包含在整体中的部分,从族类发展到个人,从人类的童年发展到个体的童年"③。杜威认为儿童研究带来了有关教育本身的不同概念,即个体的身心成长。

　　在某种程度上,说杜威思想中具有"儿童中心"论的成分并不为过。但与帕克和霍尔不同的是,他更为注重儿童个体活动与生长的社会意义或价值。还需要注意的是,在杜威那里,儿童在教育中的位置只是整个教育问题的一个方面,另一方面则是教育与社会的关系。正如杜威本人在《学校与社会》中所言:"无论我们心中对于教育中的新运动有着怎样的讨论,尤其有必要将之置于更加广阔的,或者说社会的视域中。"④在杜威的观念中,个体与社会不再是纯粹适应或单向融入的关系。作为民主社会的雏形(the embryonic democracy),学校所致力于的个性的发展构成了民主社会的重要基础。

结　语

　　如上所述,在"儿童中心"论兴起的早期阶段,无论是思想的出发点或要达成的目的,无论是思想的理论来源,还是思想本身的基本含义,这种观念的

---

　　① John Dewey, "The Interpretation Side of Child-study", *Transactions of the Illinois Society for Child Study*, 1897, 2(2), pp. 18—20. 中文译文参见杜威:《杜威全集·早期著作》(第 5 卷,1895—1898),杨小微等译,华东师范大学出版社,2010 年,第 162—169 页。

　　② John Dewey, "The Interpretation Side of Child-study", *Transactions of the Illinois Society for Child Study*, 1897, 2(2), p. 22.

　　③ John Dewey, "The Interpretation Side of Child-study", *Transactions of the Illinois Society for Child Study*, 1897, 2(2), p. 23.

　　④ 杜威:《学校与社会·明日之学校》,第 25 页。

倡导者之间都存在着显著的差异,并没有一种统一的表述,更没有一致的内涵。如果一定要寻找帕克、霍尔和杜威的观点之间的共同之处的话,那么,这种共性仅仅在于受到新的儿童观念的影响而形成的一种价值取向。无论是帕克、霍尔还是杜威,都没有刻意追求一种孤立的"中心",以便与教育中的其他因素相对立。至少在 19 世纪末、20 世纪第一个十年间,"儿童中心"论与其说是一种确定的理论,倒不如说是一种宣言,这是一种反抗的宣言、革命的宣言。正是这样的宣言,宣告了美国教育变革新时代的到来。教育界日后加之于"儿童中心"论的种种"罪名"其实与早期的倡导者并无直接的关联。

从 20 世纪 20 年代开始,在一些进步主义学校的实验中,"儿童中心"的观念逐渐被极端化。儿童这个"中心"与教育中的其他因素逐渐形成了一种对立甚至对抗的关系。例如,在纽约格林威治村的游戏学校(Play School)中,普拉特(Caroline Pratt)"试图将儿童置于一种环境中,通过与这种环境相互作用他们能够实现自我教育"[1]。在这个过程中,"儿童游戏的冲动便足够维持他们在学校一整天中或自发或有意的活动"[2]。

有学者将"儿童中心"论的极端化与杜威的"教育即生长"观念联系起来,认为"生长"本质上是一种生物学的隐喻,一种个人主义的概念,因而这一观念造成的后果是将人们的思想从教育的社会功能转向个体功能,从而"在自我决定、自我导向的内在生长与外部塑造之间形成了人为的对立"[3]。虽然这未必是杜威的本意,但对"儿童中心"学校着迷的人们却沿着这条路走上了极端。另一方面,艺术领域的表现主义与心理学中的弗洛伊德学说在 1919—1933 年间的美国教育界盛行一时,加之 20 年代美国极端个人主义的思想氛围等,种种因素都为这种极端化的"儿童中心"潮流提供了基础。总之,用克雷明的话来说,在这一时段中,"标新立异的教师把进步教育以前含意的一部分扩大成了它总的含意"[4]。因此,把夸大学生需要、贬低教师作用等倾向概括为进步时期"儿童中心"论的普遍情况,实则遮蔽了观念的演变过程。

与此同时,美国教育界一直存在对于新教育中越走越远的儿童中心倾向

---

[1]　Caroline Pratt & Lucile C. Deming, *The Play School*, New York: Bureau of Educational Experiments, 1917, p. 7.

[2]　Caroline Pratt & Lucile C. Deming, *The Play School*, p. 18.

[3]　Richard Hofstadter, *Anti-intellectualism in American Life*, New York: Alfred A. Knopf, 1963, p. 373.

[4]　克雷明:《学校的变革》,第 224 页。

的批判声音。早在1901年,在全国教育协会的年会中,就有人指出,通过把学校教育弄得花哨而赋予儿童快乐正在成为教育中的一种时尚之举,"学校的确应当在其简明与清晰性上像孩子的思维一样,但在其氛围与学科上变得幼稚则是一时的头脑发热"①。贾德(Chares H. Judd)也曾经撰文澄清教育中的"自我活动"概念,他指出,"这一学说有时被推衍到极端的形式,使得在学校中完全由学生自己来决定要从事什么样的活动",然而,在一些方面没有任何指导是不实际的②。到20世纪30年代,杜威、克伯屈等人进一步批判了一些实验学校过于放纵儿童、缺乏成人指导的危险倾向。因此,那种把较为极端的"儿童中心"论当作进步主义教育运动的核心思想或认为"儿童中心"论始终主宰着进步主义教育运动的观点并不符合历史事实。

从字面上看,"儿童中心"的"中心"二字很容易给人造成一种非此即彼的印象,即认为与"中心"相对的便是"边缘",于是一旦儿童处于中心,教师或者社会自然沦于边缘,其关键地位自然被消解。事实上,在帕克、杜威等人那里,儿童的自由与教师的指导,个体的发展与社会的民主化,是不可能割裂的。19世纪90年代,"文化纪元"理论在美国教育界十分流行,即认为个体的成长与人类进化的阶段是相对应的,在当时,赫尔巴特主义者、霍尔、杜威等人都在不同程度上吸收了这种思想。有学者认为,他们正是通过这一理论来协调这一时期教育中最棘手的问题——个人与社会之间的冲突③。也就是说,通过将儿童的发展与人类进化的阶段相联系,他们强调教育中儿童的中心地位,突出儿童的自然倾向与兴趣,但整个教育过程仍然承载着重要的社会功能。

（本文与王慧敏合作完成,拟发表于《北京大学教育评论》）

---

① F. Louis Soldan, "What is a Fad?", *NEA Address and Proceedings*, 1901, p. 87.

② Chares H. Judd, "Studies in the Principles of Education: V. Self-Activity", *The Elementary School Teacher*, 1912, 12(6), pp. 278—286.

③ Charles Everett Strickland, *The Child and the Race: The Doctrines of Recapitulation and Culture Epochs in the Rise of the Child-Centered Ideal in American Educational Thought, 1875—1900*, The University of Wisconsin, 1963, Preface, p. v.

进步主义教育运动:概念及历史发展

进步主义教育运动是 20 世纪世界教育历史上的一个重要事件、重要现象。这种重要性不仅来自它的广泛影响,更主要地体现在长达 70 年的发展过程中,它提出了一系列现代教育所面临的基本问题,并为解决这些问题进行了初步的尝试。

世纪之交,在我国教育正面临着由社会转型而引发的巨大变革之际,重新研究进步主义教育运动,有助于人们更加深入地探索教育现代化进程中所必然遭遇的问题、疑难和矛盾,并合理地确定教育改革和发展的目标、策略。

一

在进步主义教育的研究中,有关概念的分析一直没有受到应有的重视,由此产生了研究对象的不确定性和研究范围的随意性,从而影响了研究工作的全面展开。

与进步主义教育直接相关的首先是"进步"这个概念。在英语中,"进步"(progress)一词出现于 15 世纪,此后几百年间其词义不断丰富,但其内涵却保持了相对的稳定性,即表示向上、向前或向更高阶段和状态的行动、运动、活动①。这与现代汉语中"进步"的含义并无根本不同②。所不同的是,在英美等西方国家中,进步不只是一个词汇,更重要的是它代表着一种重要的社会历史观。

---

① 参见 J. A. 辛普森等:《牛津英语词典》,牛津克莱伦顿出版社,1989 年,第 7 卷,第 593—596 页。
② 参见中国社会科学院语言研究所编:《现代汉语词典》,商务印书馆,1979 年,第 582 页。

在古希腊,人们所信奉的是一种非历史的观念。希腊人相信人类历史是一个退化的过程:从黄金时代退到白银时代、铜的时代,最后倒退到铁的时代。基督教历史观中虽然已经包含了某些历史进步的思想萌芽,但占主导地位的仍是循环论,即认为人类历史从乐园到失乐园,最后回归乐园。到16、17世纪,由于地理大发现和科学的大发展,西欧才逐步产生了以进步为核心的社会历史观。18世纪启蒙运动和达尔文进化论使"进步"历史观最终确立,并形成了它在思想领域的统治地位[①]。在很多领域中,进步观念的影响一直持续到19世纪70、80年代。

根据进步观念,进步、发展,是人类社会运行的基本规律,人和社会都是不断向前发展的。在这个过程中,人性不断改进,日臻完善,社会则朝着更美好、更富裕和更繁荣的理想状态不断进步。进步的过程是永远不会停滞、终结的。正如法国思想家杜尔哥所说:人类的整个群体在静止和运动、善与恶的变换中不断地,尽管是缓慢地,接近更完美的状态。进步观念的另一方面的重要内容是,认为社会和人的进步主要是理性的进步。社会发展和人类进步的基本动力来自于知识的传播、教育的普及和思想启蒙。

进步观念在西方近代思想界、学术界产生了广泛的决定性影响[②]。这种影响也波及教育界。在一定程度上可以说,几乎所有的近代教育家都具有同一种信仰,即认为通过教育,可以从根本上消除无知、愚昧和罪恶,从而改良人性、改造社会,促进人类社会的不断发展。这种信仰可以说是进步观念在教育领域中的具体表现。由于这个原因,一些研究者在论及进步主义教育的渊源时,总是提到卢梭、裴斯泰洛齐、福禄培尔甚至赫尔巴特的名字[③]。以往一些论者较多地注意卢梭等人的儿童观对进步主义教育运动的影响,但却忽略了同样重要的另一方面。事实上,进步主义教育运动之为进步主义教育,最为基本原因即在于他们接受了进步的观念。这一点,克伯屈早在1930年就已给予了说明。他认为,进步主义教育意味着教育中向前发展的趋势[④]。

①　参见彼得·欧皮茨:《"进步":一个概念的兴衰》,载《中国社会科学季刊》1994年夏季卷。又可见 J. B. 伯里:《进步观念》,纽约麦克朵伦公司,1932年。

②　参见 R. 赫钦斯主编:《西方世界的伟大著作》,芝加哥大英百科全书公司,1980年,第3卷,第7章。

③　参见 A. E. 梅耶:《二十世纪教育的发展》,纽约普林提斯—霍尔公司,1940年,第1—5页。

④　克伯屈:《进步主义教育意味着什么?》,载《进步主义教育》杂志,1930年第7卷。

　　需要研究的另一个概念就是"进步主义教育"以及与之密切相关的"进步主义教育运动"。在英语文献中,通常用来表示进步主义教育的词汇主要有两个:一是 progressive education(汉译为进步教育或进步主义教育),一是 progressive education movement(汉译为进步教育运动或进步主义教育运动)。由于缺乏明确的界定,中外研究者往往不加区分地交替使用这两个概念,甚至把它们当作同义词(直到今天,美国的出版物仍然存在着这种现象①)。由此,造成了一些认识的偏差。

　　从大量关于进步主义教育的研究成果来看,不同的研究者虽然使用的是同一个概念:progressive education,但他们用以指称的对象范围却大不相同。一种是广义的,泛指近代,特别是 18 世纪启蒙运动以后产生的、受进步观念影响的一系列教育思想与实践,由于这个原因,常有人把卢梭、裴斯泰洛齐等人称为"进步主义教育家"(progressive educator)。第二种是狭义的,特指 19 世纪末产生于美国、与进步主义教育协会(PEA)直接相关的教育思想与实验。第三种界定处于上述二者之间,主要指从 19 世纪后期开始在欧美盛行的、以批判传统教育和倡导教育改革为中心的各种思潮与实践。由于这个原因,研究者或是把西欧"新教育"也称之为进步主义教育②,或是把 19 世纪后期在美国出现的各种教育革新趋势,称作教育中的进步主义③。此外,还有一种界定,它把进步主义教育完全等同于"儿童中心"的教育。国内研究者主要是在第二种意义上把握进步主义教育的,但也与第三、四种界定有不同程度的关联。

　　由于"进步主义教育"这个概念所包含的多义性,因而,把进步主义教育与进步主义教育运动完全等同起来,实际上增加了研究对象的不确定性,不利于研究工作的开展。在 20 世纪 60 年代,美国人贝尔斯和胡德就已经指出,由于对进步主义教育含义的不同理解,从而引起了一系列不必要的争论。他们提出的解决办法是,为了严格区分广义的进步主义教育与狭义的进步主义教育,应当用不同的语言符号表示:用小写的 progressive education 表示广义的进步主义教育,用大写的 Progressive Education 表示狭义的,即与进步主义教

---

　①　E.德杰诺兹卡等编:《美国教育家百科全书》,康涅狄格格林伍德出版社,1982 年,第 416 页。
　②　康内尔:《二十世纪世界教育史》,张法琨等译,人民教育出版社,1990 年,第 10 章。
　③　克雷明:《学校的变革》,第 1—4 页。

育协会相关的进步主义教育①。这倒不失为一个简便的办法，但它引起的问题可能多于所要解决的问题。这是因为，事实上会产生另一个极端：把进步主义教育运动与进步主义教育完全割裂。

在其原始意义上，进步主义教育是一种以进步观念为基础的、广泛的教育思潮。它的思想核心是主张通过教育和教育的改革，促进社会的改造和人的更新，从而推动人类社会的不断进步。进步主义教育思潮发端于 17、18 世纪，其影响一直持续到当代。在这个过程中，进步主义教育思潮不断地以各种形式对欧美教育的发展施加其影响。其中最有影响、最集中反映进步主义教育思潮基本倾向的是 19 世纪末 20 世纪前期在欧美国家出现的各种改革教育的努力、趋势。作为这些努力和趋势的相对独立的组成部分，美国进步主义教育运动（和西欧"新教育"运动）则是进步主义教育思潮更为具体的表现形式。确切地说，美国进步主义教育运动（也就是通常所说的进步主义教育）在本质上是进步主义教育思潮在特定时间（1883—1957 年）、特定空间（基本实现了工业化和城市化并进行着大规模社会改革的美国）和特定领域（美国的学校教育）的、有组织的、较为系统的特殊表现形式和载体。

由此，可将各种意义上的进步主义教育划分为三个层面：(1)广义进步主义教育或进步主义教育思潮，指从近代以来广泛流行的、受进步观念支配的各种教育学说；(2)狭义进步主义教育，指 19 世纪末 20 世纪前期在欧美兴起的各种教育革新趋势；(3)特义进步主义教育或进步主义教育运动，专指 19 世纪末 20 世纪前期产生于美国的、以杜威教育哲学为主要理论基础、以进步主义教育协会为组织中心、以改革美国学校教育为宗旨的教育理论和实验（本文所探讨的，正是这种意义上的进步主义教育）。

二

在国内外关于进步主义教育运动的各种观点中，有一种观点流传甚广，且影响很大。根据这种观点，进步主义教育运动的基本倾向是"儿童中心"论，它倡导的是一种以儿童为中心或本位的教育。一些研究者甚至把进步主

---

① 贝尔斯和胡德：《美国教育思想和实践的发展》，纽约哈拍罗出版公司，1966 年，第 220—221 页。

义教育运动等同于"儿童中心"论。与此不同的一种见解则认为,儿童中心和
关注社会目标共同构成了进步主义教育运动的"两翼"①。

　　抽象地说进步主义教育运动是"儿童中心"或是双重中心或是其他什么,
都很难避免某种片面性(事实上,一系列关于进步主义运动的争论、片面的结
论,在很大程度上是由于这种"抽象"造成的)。作为一场持续半个世纪、影响
广泛的教育革新运动,进步主义教育运动确实存在着一种基本的、起指导作
用的价值取向或中心。要真正把握这种取向或中心,从而全面地认识进步主
义教育运动,应当把进步主义教育运动还原到其形成的历史过程中,即进行
历史的考察。

　　从进步主义教育运动自身发展的逻辑看,进步主义教育从起源到解体的
几十年间,经历了四个主要阶段:(1)产生(1883—1918 年);(2)成型(1919—
1929 年);(3)转变(1929—1943 年);(4)衰落(1944—1957 年)。

1. 进步主义教育运动的产生

　　在国内外关于进步主义教育运动的研究中,由于对进步主义教育含义的
不同理解,因而产生了关于进步主义教育运动开端的不同认识。比较有代表
性的一种观点是把弗朗西斯·帕克的昆西学校实验(1875—1880 年)作为进
步主义教育运动的开端。这种观点在很大程度上受到杜威的影响,在写于
1930 年的《新学校有多少自由?》一文中,杜威明确指出:"弗朗西斯·W.帕
克上校比其他任何人都更称得上是进步主义教育运动之父,一个很有意义的
事实是,他把自己的教育生涯的大部分时间都用在公立学校而非私立学
校。"②在这里,杜威并没有明确阐明帕克作为"进步主义教育运动之父"的充
分理由,也没有说明是"哪一个"帕克可以称作"进步主义教育运动之父":是
昆西时期的帕克,还是库克时期(1883—1901 年)的帕克?

　　昆西学校的实验虽然为帕克赢得了广泛的赞誉,但从进步主义教育运动
的发展来看,真正具有重要影响的却主要是他在库克师范学校中实习学校的

---

　　①　W.蒂尔:《进步主义果真是过时了吗?》,见瞿葆奎主编、马骥雄选编:《教育学文集·美国教育改
革卷》,人民教育出版社,1990 年,第 217—219 页。
　　② 博义德斯通编:《杜威晚年著作(1925—1953)》,南伊利诺伊大学出版社,1984 年,第 5 卷,第 320
页。

实验。通过弗洛拉·库克开办的"弗朗西斯·W.帕克学校",通过华虚朋等一批帕克在库克时期的弟子们的宣传,库克实习学校的改革及其中所包含的思想,对进步主义教育运动产生了广泛的影响。更为重要的是,帕克在库克实习学校改革中所涉及到的问题,有一些也正是始终困扰进步主义教育运动的基本问题:儿童个性发展与社会意识培养的关系、儿童的自由与纪律的关系、儿童活动与系统知识传授的关系等等。因此,如果说帕克是进步主义教育运动之父,那么,这个帕克应当是库克时期的帕克,特别是出版了《关于教育的谈话》和《关于教学的谈话》这两部著作之后的帕克。由于这个原因,本文把进步主义教育运动的开端定为1883年,即帕克开始库克实习学校实验的这一年。

有同样充分的理由把杜威也当作"进步主义教育运动之父"。如果说帕克主要在实践方面推动了进步主义教育运动的兴起,那么,杜威则主要在理论方面发挥了同样的作用。这种作用主要表现在:第一,由于《我的教育信条》、《学校与社会》和《民主主义与教育》等教育著作以及哲学、心理学和伦理学等方面的大量著述,杜威为进步主义教育运动的全面兴起和发展,提供了系统的理论基础。第二,由于《明日之学校》中对早期进步主义学校的报导和宣传,为进步主义教育运动在更大范围内的展开作了有力的鼓动。而对于像进步主义教育运动这种群众性的社会运动来说,这种鼓动是极为重要的。第三,在进步主义教育运动存在的相当长时间内,杜威始终是运动最有影响的代言人之一,也一直是运动的精神领袖。这对于保持运动的统一和稳定,是非常重要的。由于这些原因,可以确定地说,帕克和杜威共同促成了进步主义教育运动的兴起。

在进步主义教育运动产生的早期阶段,主要关注的是初等教育的改革。从帕克的库克实习学校、杜威的芝加哥实验学校,直到约翰逊的"有机教育学校"、弗莱克斯纳的"林肯学校",实验的重点几乎都在初等教育方面。而在初等教育的改革中,教育家们关注的焦点则是儿童的发展。儿童多方面的发展、儿童的自由和兴趣、儿童主动性的培养等,是早期进步主义学校实验所要达到的主要目标。这也就是说,在进步主义教育运动发生的初期,它的基本倾向是"儿童中心"论。关于这一点,杜威说得很明白:"现在我们的教育中正在发生的一种变革是重心的转移,这是一种变革,一场革命,一场和哥白尼把天体的中心从地球转到太阳那样的革命。在这种情况下,儿童变成了太阳,教育的各种措施围绕着这个中心旋转,儿童是中心,教育的各种措施围绕着他们而组织起来。"①与此同时,虽然也存在着以沃特的格雷学校实验为代表的注重社会目标的倾向,但并不占据主导地位。甚至致力于调和儿童中心与社会本位关系的杜威学校实验,真正产生实际影响的也只是以儿童为中心的一整套设计。

2. 进步主义教育运动的成型

以1919年3月进步主义教育协会的成立和"进步主义教育七项原则"的制定为标志,进步主义教育运动进入了一个新的发展阶段。协会的成立,使进步主义教育运动从分散走向相对集中,促进了成员之间的交流,并且为运动本身建立了一种象征。这些对于进步主义教育运动的发展,都是极为重要的。如果说,协会为运动的发展提供了组织保障,那么,"七项原则"则为进步主义教育运动确立了明确的行动纲领。"七项原则"的主要内容是:自然发展的自由;兴趣是所有作业的动机;教师是引导者,而不是监督者;科学研究儿童的发展;重视影响儿童身体发展的一切因素;为满足儿童生活的需要,学校与家庭应进行合作;进步主义学校应当成为教育运动的领导者②。据进步主义协会会长斯坦沃德·柯布回忆,当初之所以制定这七项原则,主要是为了阐明各种进步主义学校实验的最低限度的目标。但从进步主义教育运动在20世纪20年代和30年代前期的发展来看,"七项原则"实际发挥了作为整个运动思想准则的作用。

成型阶段的进步主义教育运动与前一阶段之间的联系与区别或发展,都是很明显的。二者的联系主要表现在运动所关注的重心和基本倾向上。与初创阶段一样,1919—1931年间,进步主义教育运动的理论研究和实验仍然集中在初等教育领域,所关注的仍然主要是儿童的发展。二者的区别或发展则表现在更多方面,主要有:(1)在初创阶段,除帕克和杜威外,绝大部分进步主义教育家都是实干家,他们所从事的主要是具体的实验,理论研究很少受到他们的重视。进入20世纪20年代,约翰逊、梅里亚姆等人开始总结自己的

---

① 杜威:《学校与社会·明日之学校》,第41页。
② D. 泰亚克编:《美国教育史的转折点》,纽约约翰·威利公司,1967年,第347—348页。

教育实验,并先后发表了一些较有影响的著作。与此相联系的是,由于博义德·博德、克伯屈、拉格等进步主义教育运动的"第二代"理论家的出现,在进步主义教育运动内部,开始形成从事理论研究的气氛。(2)在初创阶段,大多数从事进步主义学校实验的教育家都是中小学教师,他们与学生家长和社会各界人士的联系,为进步主义教育运动赢得了广泛的群众基础和经济上的支持。在进步主义教育协会成立初期,他们仍然是运动的主要领导人(事实上,协会就是由他们中的一部分人创立的)。随着进步主义教育运动的发展和教育实验的深化、理论化,逐步产生了对专业人员和理论工作者的需要;也就是说需要教育理论家的参与和指导。在这种背景下,以 1927 年杜威应邀担任进步主义教育协会名誉会长为契机,一部分教育理论家(如克伯屈、拉格)加入协会,并逐步发挥着日益重要的作用。其结果是,造成了协会乃至整个运动的领导权的"旁移"。这个变化所包含的意义并不只限于进步主义教育运动内部权力结构的改变,事实上它影响到运动今后的命运。确切地说,它反映了进步主义教育运动所面临的一个深刻矛盾:作为一场群众性的社会运动,它需要公众的支持;专业人员的参与是运动发展的客观需要,但这又会导致运动本身日益专业化,从而失去公众的理解和支持。应当说,进步主义教育运动始终未能解决这个矛盾,而正是这一点,成了运动解体的一个直接的原因。(3)初创阶段进步主义教育运动"儿童中心"论倾向,到成型阶段得到进一步发展。20 年代是美国历史上的一个以"反叛"而著称的时代。无论在社会生活中,还是在知识、文化和道德领域,都出现了各种反抗传统的趋势,加之弗洛伊德思想的影响,其结果是形成了美国学者通常所说的"放荡不羁的个人主义"。这种氛围直接影响了进步主义教育运动。如果说初创阶段的"儿童中心"论只是一种"温和"的"儿童中心"论,那么成型时期的进步主义教育运动所信奉的则是一种极端的"儿童中心"论。拉格与苏梅克 1928 年出版的《儿童中心学校》一书,充分反映了这种变化。

3. 进步主义教育运动的转变

从 1932 年前后开始,进步主义教育运动发生了明显的转变。这种转变主要表现在两个方面。

首先是重心的转变。从 20 世纪 30 年代初开始,进步主义教育运动的重心逐步从初等教育转向中等教育。这种转变集中表现在由艾肯等人具体负责的"八年研究"(1933—1941年)上。从1933年开始,通过与部分大学的协商,"八年研究"指导委员会从全美自愿参加实验的200所中学中挑选了30所,作为中学教学改革的实验基地。"八年研究"的基本内容是,在部分大学同意放弃入学考试的前提下,由参加实验的30所中学自行决定教学计划、教学大纲、课程设置和教学程序。其目的是在没有入学压力的情况下,对中学教育进行具有进步主义倾向的改革。"八年研究"的结果表明,实验组的学生,在大学中的各方面表现和成绩与对照组并没有多大差别,在一些方面(如适应能力、参与意识等)则高于对照组①。在进步主义教育运动的历史上,"八年研究"是一次历时最长、影响最大的实验。它的成功进一步巩固了进步主义教育运动在美国教育界的地位,扩大了其影响,同时也在一定程度上证明了进步主义教育原理的合理性。从该运动自身的发展来看,"八年研究"的意义也同样重要,它表明进步主义教育运动适应了20世纪20、30年代美国中等教育大发展的客观需要,突破了以往仅把实验停留在初等教育的局限,力图使进步主义教育的理想在更大范围内实现,从而完成从根本上改革全部美国学校教育制度的目标。但从另一方面看,"八年研究"也使进步主义教育运动陷于巨大的矛盾之中:为了使研究乃至整个运动获得成功,只能与现行体制作某种妥协,以获得合法性;但这种妥协在本质上又与运动的理想和宗旨相违背,并且使运动逐渐失去它最初赢得广泛群众基础的活力、锐意进取和革新的精神。与此相联系的是,"八年研究"在一定程度上也表明,进步主义教育运动的价值取向发生了明显变化。在此之前,进步主义学校的实验关注儿童发展重于儿童在教育阶梯中的未来命运(即升学),所以这种实验具有更大的革新意义。"八年研究"的目的是为了证明以进步主义教育的方式培养的学生,在未来的学习生活中所具有的能力,而对这种能力的评价则主要是为现行体制所接受或认可的标准。因此,"八年研究"事实上或多或少放弃了运动本身所追求的目标,而把这种目标当作达到现行体制所认可的标准的一种手段。从这个意义上讲,进步主义教育运动因"八年研究"的成功而受益,但也正是"八年研究"证明了它作为一场教育革新运动的活力已渐趋衰竭。

---

① 参见艾肯:《"八年研究"报告》,《美国教育改革》第56—59页。

这就是进步主义教育运动之所以在它最有影响的实验取得成功不久即开始衰落的一个重要的内在原因。

1932—1941 年间进步主义教育运动的另一个重大转变是其"中心"的变化。从 1929 年起，美国陷入了史称"大萧条"的空前未有的经济危机之中。这场经济危机不仅对美国经济和社会生活产生了巨大的冲击，也深刻影响了人们的思想观念。一种强调稳定与合作、恢复传统价值观念的思潮迅速兴起，在这种背景下，1932 年初，在进步主义教育协会的年会上，康茨发表了题为《进步主义教育敢于进步吗?》的著名讲演。同年，他又出版了《学校敢于建立新的社会秩序吗?》一书。康茨尖锐批评了进步主义教育运动的"儿童中心"论，认为这种倾向反映了中上层阶级的利益。康茨指出，由于经济危机，美国正处于一个转折时代。在这个时代中，合作应取代竞争，计划应替代利润，社会化的经济形式应取代资本主义。"进步主义教育要真正成为进步的，就必须……勇敢地和果断地面对所有社会问题，开始努力对付严酷的生活现实与社会建立一种有机联系，发展一种现实可行的和可以理解的福利理论，形成关于人类命运的咄咄逼人和富于挑战性的观点。"①

康茨的讲演引起了巨大的反响，也产生了广泛的争论。其结果是，在进步主义教育运动内部形成了两个阵营：一是以《进步主义教育》杂志为阵地的、继续坚持"儿童中心"论的阵营；一是以《社会边疆》为阵地，强调教育应努力培养社会意识和合作精神的阵营（其中主要成员有杜威、克伯屈和康茨）。这样，进步主义教育运动就出现了两个"中心"：儿童中心与社会中心。二者各执一端、互不相让、争论不休，由此直接导致了运动的分裂。

从康茨的讲演发表一直到进步主义教育协会解散的二十多年间，由于整个社会环境和目标形势的影响，"儿童中心"论在进步主义教育运动中事实上已经失去了原有的作用，占上风的始终是强调社会责任和社会意识的思想倾向。这一点，从杜威的晚期著作和他对进步主义教育运动的批评，从康茨、博德等人的著作，从克伯屈和拉格等人思想的转变，从弗吉尼亚课程，都可以清楚地看到。因此，说进步主义教育运动是倡导"儿童中心"论的运动，实际上只能说明它的一半历史。而"两翼论"也同样不能反映运动的真实经历。应

---

① 康茨：《进步主义教育敢于进步吗?》，《进步主义教育》1932 年第 9 期。

当说,强调儿童发展和重视社会责任,始终是进步主义教育运动所面临的基本矛盾。

4. 进步主义教育运动的衰落

如上所述,在进步主义教育运动的鼎盛时期,由于内部的争论和对现行体制的妥协,进步主义教育运动已经出现了衰落的征兆。但真正作为这种征兆的外在表现,则是1944年进步主义教育协会更名为"美国教育联谊会"(作为西欧"新教育联谊会"的美国分会)。尽管1953年又恢复了原来名称,但已没有任何意义了。

从一部分发表的文件来看,从20世纪40年代初开始,在进步主义教育协会的领导成员中,已经出现了对协会继续存在必要性的悲观和怀疑。一部分人主张应当解散协会,重新建立新的组织;另一部分人认为应为进步主义教育协会注入新的活力;还有一部分人则希望依靠一个更强大的组织来抵御对进步主义教育运动的批评。第三种观点最后占了上风,因而有了协会的更名。考虑到进步主义教育协会更名的背景,因此,更名这个举动就非同寻常。它事实上说明,进步主义教育运动自身已经无力再以自己的行动和言论来回击对它的各种批评,已经难以凭借自己的力量来发展自身。由于运动的专业化,它失去了公众的支持;接着由于内部的纷争,它又失去了专业人员的支持。现在它只得依赖远在大西洋彼岸的"新教育联谊会"。作为一个"土生土长"的群众性运动,当它行将解体时,这种依赖是不会产生任何实际效力的。

(原载《教育研究》1995年第7期)

美国公共教育种族隔离
合法性的确立:普莱西案始末

在美国教育史上,种族关系问题始终是一个关键且重大的问题。1896—1954 年长达半个多世纪的种族隔离则使公共教育中的种族矛盾和冲突变得更为尖锐。赋予这种隔离以合法性的是 1896 年美国联邦最高法院对普莱西案(Plessy v. Ferguson)的判决,普莱西案因此成为美国公共教育史上具有深远影响的重大事件。

一、内战前美国南方的公共教育

美国南方传统上以大种植园经济为主,盛行奴隶制,金字塔型的社会结构等级森严,处于社会底层的是自由黑人和黑奴[1]。内战之前,美国南方大部分地区的白人仍然沿袭私立教育传统,以各种形式对其子女进行基本的"4R"教育,而黑人,尤其是黑人奴隶能够获得的教育微乎其微[2]。

美国独立之后,托马斯·杰斐逊多次试图使弗吉尼亚州的立法机关通过有关免费学校的法案,但都失败了。他不得不承认,大众接受新事物需要一个过程;新举措的推进速度过快反而会适得其反[3]。很多南方白人对公共学校表示不屑,但南方也有支持公共学校的例子。1817 年,北卡罗来纳州的议

---

[1]　张友伦、陆镜生、李青等:《美国通史》(第 2 卷),人民出版社,2002 年,第 334—336 页。

[2]　C. F. Kaestle, *Pillars of the Republic:Common Schools and American Society,1780—1860*,New York:Hill and Wang,1983,pp. 192—197.

[3]　C. F. Kaestle, *Pillars of the Republic:Common Schools and American Society,1780—1860*,p. 198.

员阿奇博尔德·墨菲(Archibald D. Murphey)提交议案,强烈建议在本州建立公共教育系统。在墨菲的倡议下,北卡的立法机构在1826年用部分税收建立了一个文化基金(Literary Fund),用于支持"公共学校和合适的学校";1839年北卡正式通过第一部公共学校法案,开始向各县分配文化基金;到1850年,北卡实际运行的平民学校数量已经达到了2657所,就读学生100600名。这些公共学校不带有任何慈善性质,所有白人的子女都可以在这里接受平等的免费教育①。除了北卡罗来纳州之外,阿拉巴马州、路易斯安那州和田纳西州的公共教育也取得了一些进展。

　　南方的种族矛盾在独立战争期间稍有缓和,在临近北方的南方地区曾出现过混合学校。但后来南方各州的上层白人逐渐意识到,受过教育的黑人可能会对奴隶制进行反抗。1831年的纳特·特纳(Nat Turner)起义使得南方白人更加坚定了不能让黑人接受教育的信念,于是加快了取缔黑人教育活动的步伐。各州立法机构纷纷颁布"黑人法典"(Black Code),不仅限制了黑人奴隶的人身自由,更剥夺了他们作为"人"应该享有的各种权利,包括受教育权在内。有些州的法律甚至还明文规定,教授黑奴、自由黑人和黑白混血儿童读写属于违法行为②。然而应当注意到的是,因为南方人地方主义和个人主义严重,整个南方社会等级结构相当稳固,各地区城市化水平低但同质化程度很高,相互之间竞争激烈、各自为战,因此他们反对通过征税的手段来支持公共教育的发展,这就严重制约了南方公共教育的发展。在公共教育方面最为领先的北卡罗来纳州虽然从1839年就规定分配文化基金,但直到1850年代末,增加州资助、培训教师等议案还没有通过,北卡的学校系统实际上并不像法案中所说的那么"公共"③。像北卡那样的例子只是凤毛麟角。从总体上而言,南方还没有建立起真正意义上的公共教育系统。

---

　　① 转引自韦恩·厄本、杰宁斯·瓦格纳:《美国教育:一部历史档案》,周晟、谢爱磊译,中国人民大学出版社,2009年,第172—173页。

　　② 屈书杰:《从种族隔离到学校一体化:20世纪美国黑人教育》,河北大学博士学位论文,2002年,第1页。

　　③ C. F. Kaestle, *Pillars of the Republic: Common Schools and American Society, 1780—1860*, pp. 201—203.

二、重建时期南方公共教育的构建

1. 是否要建立公共学校

南方公共学校的零星成就在内战中遭到了破坏，重建南方的教育成了摆在联邦政府面前的一大问题。激进的共和党人操纵国会通过了一系列报复性的重建法案，不仅收回了南方各州的选举权和管理权，由共和党人把持南方各州政府，而且加强了对南方的军事管制。以参议员查尔斯·萨姆纳（Charles Sumner）为首的一些激进主义者希望通过立法形式在全国范围内建立种族混合的公共学校，但他们也认为这种做法并不可行，因为北方的大多数社区也仅是默许地区或者州来决定当地的教育问题，而不是通过联邦法律来解决。除了小部分理想主义者之外，共和党内大部分的激进主义者只是希望通过混合学校刺探政敌虚实，强化南方的共和党力量，提高南方黑人投票者的忠诚度。在激进共和党人的控制之下，1868 年，南卡罗莱纳州和路易斯安那州通过了新宪法，特别强调在公共学校中禁止种族隔离；后来，阿拉巴马州、阿肯色州等州也相继颁布了新宪法，但并没有明确指出要建立种族混合的学校①。

1865 年，国会颁布的第十三条宪法修正案正式废除了奴隶制，黑人奴隶获得了形式上的自由和公民权，同时也获得了接受教育的权利。在对知识的强烈渴望下，黑人一方面热情地欢迎、积极地响应北方共和党人通过自由民局、教会、慈善机构、基金会等方式进行的教育救助；一方面积极地建立黑人控制下的免费公共学校。自由民局由于财政原因于 1866 年临时关闭了路易斯安那州所有的黑人学校，命令暂停为黑人教育征税。黑人领袖立刻向北方军队的官员请愿，希望对他们所在的社区额外征税，用以补充自由民局的学校基金，有 1 万名黑人家长在一份三十英寸长的请愿书上签名，他们尽管自己极为贫穷、没有文化，但仍愿意承担学校的一切费用，让其子女接受教育。1866—1868 年之间，黑人发展了一种免费学校教育系统，与自由民局的教育系统平行。在这里就读的学生数量快速增长，实际上超过了自由民局学校系

---

① A. H. Kelly, "The Congressional Controversy over School Segregation, *1867—1875*", *The American Historical Review*, 1959 (3), pp. 539—540.

统中的学生人数:到 1867 年 1 月,新奥尔良有 65 所黑人办的免费学校,2967
名学生入学;自由民局管辖下有 56 所学校,2527 名学生入学①。

南方黑人期望能够建立一种普遍的、由州支持的公共教育,这就强烈冲
击了南方上层白人的教育观念。这些上层白人绝大多数都是大种植园主,作
为对贫穷白人儿童的恩惠,他们允许给穷人提供一定程度的教育;但是这和
建立州强制的公共教育完全是两码事。他们认为州无权干涉教育问题,更无
权在更大范围内干涉南方社会的架构。通过公共教育积极干预社会的等级
制度,违反了社会的自然发展、威胁到家庭对于儿童的权威、颠覆了主人与劳
工之间的互惠关系、侵占了教会的功能。在 1860—1880 年期间,包括小农、实
业家、劳工在内的各阶层南方白人并不反对这种观点;由于独特的经济、政
治、社会和心理原因,他们总体上都倾向于认同上层白人的观点,其结果就是
美国南方白人在内战之后尤为敌视普遍的公共教育②。长老会牧师达布尼
(Robert Lewis Dabney)认为,公共学校是"北方人的骗局,是一个不切实际的
工程"。他认为这个不公正的体系"从被压迫的民众那里榨取大量税收",用
于"对那些解放的黑奴进行所谓的教育"。许多白人为了上缴税收,不得不让
自己的孩子待在家里或者到田里劳动,但这些税收却用来给"游手好闲、偷窃
成性的黑人穷小子"办学校。达布尼坚持认为黑人"资质低下、无知、道德败
坏、依赖别人、缺乏上进心",这些是教育所无法改变的,"受过教育的黑人会
变成有责任心的市民"的说法"荒唐可笑、狡猾阴险,完全靠不住"。他认为受
过教育的黑人只会产生愚蠢且不切实际的想法,对从事体力劳动的真正使命
弃之不顾。那些支持为黑人提供公共教育的人,真正的目的是实现黑白
混种③。

在激进共和党人的强压之下,在南方白人的反对声中,南方的公共学校
举步维艰,发展十分缓慢。德克萨斯州 1869 年通过的州宪法规定要建立免
费的公共学校,但这部法律直到 1871 年才生效;佐治亚州的新宪法于 1868 年
通过,直到 1870 年才开始制定有关公共学校的具体条款,但佐治亚州仍以经

---

① J. D. Anderson, *The Education of Blacks in the South ,1860—1935* , Chapel Hill : The University of North Carolina Press ,1988 , pp. 9—10.

② J. D. Anderson, *The Education of Blacks in the South ,1860—1935* , p. 4.

③ W. J. Urban and J. L. Wagoner, *American Education : A History* ,3rd Edition , Boston : McGraw-Hill Companies ,2004 , pp. 146—147.

费不足为由进行拖延，等到 1877 年建成公共学校系统的时候，佐治亚州已经恢复了白人霸权，他们在新宪法中明文规定实施种族隔离的教育制度①。

2. 建立怎样的公共学校

在南方各州建立公共学校的举措虽然备受争议，但最终还是付诸实施。然而是否应当在南方建立种族混合的学校这一问题再次受到人们的热议。一些黑人更愿意建立种族混合的学校。他们很清楚，在种族隔离的学校中，黑人必定无法获得和白人平等的教育资源；而大多数白人则更愿意建立种族隔离的学校。

皮博迪基金会及其总管巴纳斯·西尔斯（Barnas Sears）促进了兴建种族隔离的学校。1867 年，马萨诸塞州的慈善家乔治·皮博迪（George Peabody）捐款 100 万美元成立了皮博迪基金，用以推动和鼓励南方的"智力、道德和工业教育"，这个基金会的董事会选定布朗大学的校长巴纳斯·西尔斯为总管。为了将基金的作用发挥到最大，西尔斯向董事会建议：只资助那些已经建立而且正在接受公共财政支持的学校；只资助好的学校，使其成为其他学校的榜样。尽管皮博迪在创建基金的时候曾说过，资助的标准是"需要和有用，其他差异都不予考虑"，但西尔斯在实际操作中却将种族标准考虑在内。1869 年，西尔斯建议将资助黑人学校的资金削减到白人学校的三分之二，因为"黑人学校的开支低于白人学校"。西尔斯认为混合学校是个"祸根"，如果基金会资助这种学校的话，肯定会被引入无休止的争论。西尔斯的做法得到了董事会的赞成。西尔斯同时还资助那些由于不愿成为混合学校而失去公立资格的白人学校，称那些由于拒绝混合而被排除在公共教育之外的白人儿童受到了忽视，理应受到帮助②。

从重建初期开始，国会里关于是否在南方建立混合学校的争论就没有间断，由于温和派共和党人的势力占了上风，《1866 年民权法案》对南方公共学校的问题避而不谈。在 1873 年国会期间，萨姆纳再次提出了在南方公共学校中禁止种族隔离的提案，引来一片反对之声。西尔斯一反自己"远离政治"

---

① C. W. Dabney, *Universal Education in the South*, Chapel Hill：The University of North Carolina Press, 1936, pp. 251—252.

② 转引自韦恩·厄本、杰宁斯·瓦格纳：《美国教育：一部历史档案》，第 201—203 页。

的承诺,一方面向国会议员进行游说,称假如通过了建立混合学校的提案,南方各州的公共学校系统将彻底瓦解,黑人和白人都将遭殃,皮博迪基金会的成果将毁于一旦;另一方面,他设法与总统尤利西斯·格兰特(Ulysses Grant)进行沟通。格兰特也是皮博迪基金会的董事会成员,他向西尔斯承诺,会适当地解决混合学校的问题。此外,为了赢得广大民众的支持,西尔斯在《大西洋月刊》教育专栏发表匿名文章,称如果国会通过了建立混合学校的议案,那么南方的公共学校系统就无法生存,南方白人就会"抓住这个机会废除公共学校制度,回到他们最喜爱的私立学校时代"①。在西尔斯等人的反对之下,《1875年民权法案》中再次避开了建立混合学校的问题。

南方确实有个别地方尝试建立种族混合的学校,但是在重建后期的社会环境下,南方各州所有建立混合学校的尝试最终都不了了之,各州通过制宪会议颁布法律确立种族隔离的学校制度。1873年,德克萨斯州最先颁布法律规定在公共学校中实行种族隔离,南方其余各州紧随其后,建立混合学校的尝试宣告破产。

来自黑人方面以布克·华盛顿(Booker T. Washington)为代表的妥协思想也对建立种族隔离的学校制度起到了重要的推动作用。布克·华盛顿坚持劳动教育的观点,认为黑人种族首先要把劳动自救放在首位,通过劳动致富并证明人生价值、赢得他人尊重。同时,由于他看到在南方黑人中普遍存在贫困、愚昧、无知、犯罪等问题,认为这是黑人问题的症结所在,也是黑人受歧视的根源。他认为黑人应该暂时避开政治权利斗争,默认种族隔离与歧视的社会环境,努力从道德、劳动技能、经济水平上尽快提升自身素质,用智力、财产和品格来解决公民权利问题:培养自身勤劳、节俭、自制的品格,获得知识和实用技能,从事实际的生产劳动,努力发财致富。只有这样才能重塑黑人形象,赢得白人的尊重,白人也会赋予黑人相应的政治权利,黑人问题就能够得到解决②。在1895年亚特兰大州际棉花博览会上,布克·华盛顿声称黑人更关心白人的善意、改善自己境遇的机会、为社会做出更大的贡献,对社会平等问题不太感兴趣,他的观点受到白人的热烈追捧③。虽然布克·华盛顿的

① 转引自韦恩·厄本、杰宁斯·瓦格纳:《美国教育:一部历史档案》,第203—204页。
② 张聚国:《杜波依斯与布克·华盛顿解决黑人问题方案比较》,《南开学报》2000年第3期。
③ 转引自韦恩·厄本、杰宁斯·瓦格纳:《美国教育:一部历史档案》,第211—213页。

观点只是曲线救国的权宜之计,但在当时的社会环境下却助长了建立种族隔离学校的势头,使众多黑人暂时放弃建立混合学校、追求政治权利,转而在种族隔离的学校里接受劳动教育和技能培训。

三、确立种族隔离的教育制度

19世纪70年代初,美国实施了一系列有利于工业发展的经济政策,重新实现了联邦统一,这种形势导致了共和党内妥协思想的增长。不少共和党人对南方的重建和民主化进程已不再感兴趣,认为联邦政府应该将更多的精力用于国内的经济建设,而不是纠缠于无休止的南方斗争。共和党内部因为对南方问题看法不同而分裂为两个阵营。1872年大赦使得许多曾经参与叛乱的民主党领袖重新参政,南方民主党力量大大增强。与此同时,由于共和党保护工商业的政策损害了农业发展,军事管制存在贪污舞弊等弊病,民主党抓住这些问题大做文章,不仅赢得了南方白人小农的支持,而且舆论上占据了优势,南方种族主义势力猖獗。在共和党的妥协与民主党复兴的情况下,黑人对共和党的热情大大降低。至此,激进派的重建已成强弩之末,南方社会实际的控制权又逐渐转移到民主党手中①。

正是因为共和党人实际上已控制不住南方,因此才顺水推舟,用形式上的控制权换取民主党人的选票:1876年,南方的民主党人与共和党总统候选人拉瑟福德·B.海斯(Rutherford B. Hayes)私下做了一笔政治交易,南方民主党人投票选举海斯,海斯当选总统后从南方撤出联邦军队。海斯于1877年兑现了政治承诺,标志着重建时期的结束。重掌南方政治权力的白人不仅剥夺了黑人的选举权,而且开始在整个南方社会实行种族隔离。南方白人尽管不能摧毁已建立的公共教育制度,但他们强调低税收、反对强迫入学法案,阻止颁布可能强化公共教育宪法基础的新法律,总体上阻碍了公共学校的发展。

重建时期,虽然南方各州的法律确认了公共教育中的种族隔离,但是这一制度以法庭判例的形式由联邦最高法院确定下来,还是通过普莱西案。1890年,路易斯安那州通过了《隔离车厢法案》(Separate Car Act),要求在铁

---

① 丁则民:《美国通史》(第3卷),人民出版社,2002年,第62—64页。

路运输中为白人和黑人提供隔离的车厢。新奥尔良一群有声望的白人、黑人以及法国移民后裔非常关注此事,他们成立了"公民委员会"(Committee of Citizens),希望能够废除该法案。他们最终说服荷马·普莱西(Homer A. Plessy)参与一场精心策划的法庭诉讼,向路易斯安那州的种族隔离法律进行挑战。普莱西生下来就是一名自由人,他具有八分之七的白人血统和八分之一的黑人血统。然而根据路易斯安那州的法律,他仍被认定为黑人,属于"有色种族",因此在乘车时必须坐在有色人种的车厢内。1892年6月7日,普莱西登上了东路易斯安那公司一辆从新奥尔良开往卡温顿的州内列车,并且坐进了白人车厢。列车员根据《隔离车厢法案》命令他到有色人种车厢去,但被普莱西拒绝。与此同时,"公民委员会"还聘请了具有逮捕权的私人侦探,立即以违反"隔离车厢法案"为名扣留了普莱西。按照计划,普莱西被带下了列车并受到监禁。普莱西以此为理由将路易斯安那州政府告上法庭,认为根据美国宪法第十三、十四条修正案,《隔离车厢法案》侵犯了自己享有的权利①。但主管该案件的法官约翰·霍华德·弗格森(John Howard Ferguson)认为,州政府有权在本州范围内调节铁路运营,因此他判决普莱西违犯隔离法案并处以罚金。公民委员会将普莱西的案子上诉至路易斯安那州最高法院,但州最高法院维持了原判。"公民委员会"的成员毫不气馁,于1896年将普莱西的案件上诉至联邦最高法院,而最高法院以7:1的多数裁决判定普莱西败诉。最高法院认为路易斯安那州的法律并不意味着歧视黑人,只是确认白人和黑人之间由于肤色不同而存在差别,因此并不违反宪法第十三、十四条修正案。原告所说的"隔离意味着不平等"是有色人种一厢情愿这样想的。然而法官约翰·马歇尔·哈伦(John Marshall Harlan)投了反对票,他在义正词严的反对意见中谴责了三·K党的暴行,认为宪法应该对不同肤色的公民一视同仁,成为一部"色盲"的宪法(Color-Blind Constitution),最高法院的这一判决将臭名昭著②。这一案例的裁决从联邦最高法院的高度肯定了种族隔离的合宪法性,肯定了"吉姆·克罗制"在美国社会生活中的正确性。这一判例作为一个

---

　① K. W. Medley, *We as Freemen: Plessy V. Ferguson*, Gretna: Pelican Publishing Company Inc., 2003, pp. 13—15, 20.

　② O. H. Olsen, *The Thin Disguise: Turning Point in Negro History*, New York: Humanities Press Inc., 1967, pp. 108—121.

指导性原则,成为此后美国社会生活各个方面种族隔离的依据,巩固了"隔离但平等"的法律基础。普莱西案判决之后,南方各州纷纷颁布法律剥夺黑人的各项权利,并将种族隔离推广到社会生活的各个方面,建立起一套复杂的种族隔离体系:实行种族隔离的场所不仅包括各种公共交通工具、公共学校、居住区,还包括各种公共场所、公共设施,甚至是公墓。黑人"从摇篮到坟墓"都要作为"二等公民"受到白人的歧视①。

　　普莱西案的判决进一步强化了黑人和白人在教育上进行种族隔离的依据。按照普莱西案,只要为不同种族提供了平等的设施,种族隔离就是合宪法的,但黑人学校在教育设施、经费、教学质量等方面根本没有做到和白人学校平等,而是远远落后于白人学校。就整个南方而言,在1931—1932年之间,黑人教师的工资收入大约只是白人教师的一半②;1940年,南方各州黑人学校的生均投入只达到白人学校的45%;在南卡罗来纳州、佐治亚州、阿拉巴马州,黑人学校的生均投入只达到白人学校生均投入的33%;在密西西比州,这个比例只达到15%③。黑人对公共教育领域隔离但不平等的事实不断抗争,随着第二次世界大战之后美国国内种族关系的微妙变化,20世纪中叶出现了大量起诉黑人学校教育设施低劣的案例,布朗案就是其中之一。直到1954年布朗案判决之前,美国南方17个州有法律明文规定在公共学校中实施种族隔离,而另外4个州——亚利桑那州、堪萨斯州、新墨西哥州和怀俄明州允许各学区自由选择是否在公共学校中实施种族隔离。在20世纪50年代之前长大的美国人都把学校中的种族隔离看作无法改变的,一位宪法研究者戴维·德林杰(David Dellinger)回忆说:"种族隔离就是我所在世界中的一个事实;和太阳系中行星的位置一样,它就是这么简单,不存在什么对和错。"④种族隔离的地区涉及11173个学区,1150万学龄儿童⑤。

①　C. Vann Woodward, *The Strange Career of Jim Crow*, 3rd Revise Edition, New York: Oxford University Press, 1974, pp. 97—102.

②　M. V. Tushnet, *The NAACP's Legal Strategy against Segregated Education, 1925—1950*, Chapel Hill: The University of North Carolina Press, 1987, p. 103.

③　J. T. Patterson, *Brown v. Board of Education, a Civil Rights Milestone and its Troubled Legacy*, New York: Oxford University Press, 2001, p. xvii.

④　J. T. Patterson, *Brown v. Board of Education, a Civil Rights Milestone and its Troubled Legacy*, p. xvi.

⑤　R. Kluger, *Simple Justice: The History of Brown v. Board of Education and Black America's Struggle for Equality*, New York: Alfred A. Knopf, 1975, pp. 327—328.

种族隔离的学校教育建立在"黑人是劣等种族"的理论之上,深深植根于南方公共教育的历史发展之中,目的是为了对黑人进行歧视。种族隔离的教育中根本不可能存在平等,所谓"隔离但平等"只是给白人的教育霸权披上了一件合法的外衣。普莱西案从联邦最高法院的层面肯定了公共教育中种族隔离的合法性,这一观念已经印入南方白人灵魂深处。因此,他们才会在半个世纪之后对布朗案判决软磨硬顶、拒不执行,从 1954 到 1964 的 10 年中,南方公共学校中的种族隔离实际上一切依然如故①。由此也可以更为清晰地认识种族问题在美国教育中的历史性和深刻性。

(本文与祝贺合作完成,原载《四川师范大学学报》〔社会科学版〕2013 年第 2 期)

---

① G. N. Rosenberg, *The Hollow Hope: Can Courts Bring About Social Changes*, Chicago: University of Chicago Press, Second Edition, 2008, p. 52.

奠定布朗案的基础:20 世纪上半叶
美国黑人争取教育平等权利的历程

　　黑人与白人之间的种族问题始终是美国教育史上的重要问题之一,美国历史上 1896—1954 年的种族隔离加剧了黑白种族问题的严重性。1896 年联邦最高法院对普莱西案(Plessy v. Ferguson,163 U. S. 537)进行判决,赋予了种族隔离的合法性地位,直到 1954 年布朗案判决(Brown v. Board of Education,347 U. S. 483)才宣布种族隔离违宪。在种族隔离合法的半个世纪里,黑人并没有停止追求平等的教育权利,这一时期的活动瓦解了普莱西案的宪法基础,为布朗案的产生与胜利奠定了基础。

一、杜波依斯与全国有色人种协进会的产生

1. 杜波依斯对布克·华盛顿的挑战

　　在种族隔离的时代,黑人领域盛行布克·华盛顿(Booker T. Washington)的妥协主义观点。布克·华盛顿认为贫困、愚昧、无知、犯罪是黑人问题的症结所在,希望通过职业技术教育使黑人获得基本的生存技能,积累财富,同时也获得富有同情心的白人的理解与支持,进而改善黑白种族之间的关系。但历史并没有按照布克·华盛顿及其拥护者的设想发展,黑人和白人之间的关系仍在继续恶化,他们不仅相互不信任,而且相互敌视。19 世纪末 20 世纪初,白人对黑人的私刑和暴力登峰造极,白人知识分子通过各种方式证明黑人种族的劣等性,黑白种族之间的冲突不断。美国黑人史学家雷福德·洛根指出,19 世纪的最后 10 年和 20 世纪初叶是美国黑人

社会地位的最低点①。到 20 世纪 30 年代早期,大部分黑人已经对"二等公民"的社会地位听之任之、逆来顺受②,但也有少部分黑人知识分子开始对华盛顿的主张产生怀疑和反思,认为这种妥协思想是黑人受到歧视与压迫、缺乏政治影响力、沦为"二等公民"的根源所在,其中具有代表性的是 W. E. B. 杜波依斯(William Edward Burghardt Du Bois,1868—1963 年)。

杜波依斯生于马萨诸塞州一个自由黑人家庭,是第一个获得哈佛大学哲学博士学位的黑人。他拒绝了布克·华盛顿在塔斯基吉大学为他提供的数学教席,先后任教于威尔伯福斯学院、宾夕法尼亚大学和亚特兰大大学。1900 年之前,美国 90% 的黑人生活在南方;1915—1930 年之间,150 万的黑人从南方迁离,其中大多数迁徙到美国东北部、中西部,少数到达远西部,黑人的"大迁徙"改变了黑人在全美国的地区分布。1900 年,美国南方的黑人人口占全国黑人总人数的 89.7% ,1930 年这一比例下降到 78.8% ;而居住在城市中的黑人总人数,由 1900 年占全国城市人口总数的 22.7% 上升到 1930 年的 43.7% ,北部和西部的黑人城市人口由 1900 年占这两个地区黑人人口总数的 70.4% 上升到 1930 年的 88.1% 。因此在杜波依斯的时代,黑人问题从主要是一个南方问题上升为一个全国性的问题,由主要是一个农村问题变成一个突出的城市问题③。

在亚特兰大大学期间,杜波依斯对黑人问题进行了深入的研究,出版了一系列关于黑人问题的研究著作。通过这些研究,杜波依斯揭露了南方黑人恶劣的生存条件以及受到的不公正待遇,逐渐走到了布克·华盛顿观点的对立面。杜波依斯 1903 年出版了《黑人的灵魂》(The Soul of Black Folk)一书,在"布克·T. 华盛顿先生以及其他"一章中公开反对布克·华盛顿的妥协路线。杜波依斯认为,布克·华盛顿的劳动教育强调黑人应当集中精力从职业技术教育中获得社会财富和白人的认同,应当放弃、至少暂时放弃追求政治权利和社会平等,放弃追求高等教育,造成的结果是黑人被剥夺了选举权,接受高等教育的机会和资助越来越少,在社会生活的各个方面备受歧视,虽然

---

① 张聚国:《杜波依斯与布克·华盛顿解决黑人问题方案比较》,《南开学报》2000 年第 3 期。

② B. W. Leland, "Setting the Stage for Brown: The Development and Implementation of the NAACP's School Desegregation Campaign, 1930—1950", *Mercer Law Review*, Vol. 52, 2000—2001.

③ 张聚国:《杜波依斯对解决美国黑人问题道路的探索》,《史学月刊》2000 年第 4 期。

摆脱了法律上的奴隶身份,但仍然作为"二等公民"而存在。布克·华盛顿在亚特兰大州际棉花博览会上的发言是在黑人民主权利上一次完全的妥协、彻底的投降,华盛顿的妥协政策为他自己赢得了名誉,成为了"南方自从杰斐逊·戴维斯以来最为著名的人,拥有了大批追随者",但却出卖了黑人的平等权利。技能培训虽然对黑人意义重大,但只注重追求眼前的物质利益,使得黑人忽视了人生更为崇高的目标,阻碍了黑人进一步的发展。杜波伊斯对黑人中普遍存在的无知和愚昧深感焦虑和痛惜,认为只有黑人中的精英才能给这个种族带来希望。他们应该接受高等教育,学习古典学科、人文、社会以及自然学科等最有价值的知识,成为拯救黑人种族的领袖①。

杜波伊斯认为黑人不仅应该接受高等教育,而且应该更为积极地为争取社会权利,这一观点为他赢得了强硬派的支持。从 1905 年开始,杜波伊斯和主张抵抗、不愿妥协的人在尼亚加拉发起了"尼亚加拉运动",他们每年举行会议来讨论美国日趋严重的种族问题,寻求解决这些问题的途径,并在会议结束时发表宣言,表明他们的立场和观点,阐述他们的斗争主张。

2. 全国有色人种协进会的产生

1908 年,在林肯总统的家乡——伊利诺伊州斯普林菲尔德市爆发了一场种族暴乱,白人的暴行引起了黑人和民权人士的反抗。1909 年,一群黑人和白人的激进分子在纽约对这次暴乱进行探讨以促进黑人的政治权利斗争,杜波伊斯也受邀参加。会上成立了名为"全国黑人委员会"的组织,后来改名为"全国有色人种协进会"(National Association for the Advancement of Colored People,简称为 NAACP),其目标是对抗白人在全国范围内日益加剧的种族暴行,确保"所有人在政治、教育、社会和经济方面享有同等的权利,消除种族仇恨和种族歧视"。他们把黑人的选举权和其他政治平等权利放在首位,积极争取包括教育平等权利在内的其他公民权②。杜波伊斯当选为协进会理事会理事,并受聘担任协进会宣传与研究部主任。NAACP 还创办了宣传刊物《危机》(The Crisis),作为他们发表观点、传播思想的阵地。

---

① 韦恩·厄本、詹宁斯·瓦格纳:《美国教育:一部历史档案》,第 213—215 页。
② E. M. Rudwick and L. Harlan, *W. E. B. Du Bois:Propagandist of the Negro Protest*, Philadelphia:University of Pennsylvania Press,1968,p. 97.

全国有色人种协进会刚成立时并没有过多涉及到教育领域,但杜波依斯已经开始意识到教育中的不公平问题。1920年代,他在《危机》上发表了一系列的文章,指出黑白学校在教育经费方面存在巨大的悬殊。例如当时联邦政府试图通过一项对教育进行联邦资助的法案,杜波依斯认为这样做的结果就是增强黑人教育和白人教育中现有的经费差异。他以相关数据支持自己的结论,认为如果通过了这个法案并由当地政府执行,只能使得白人变成更加极端的种族主义者。杜波依斯在《教育》一文中指出:"摆在NAACP面前的下一步任务是一个长远的行动,保障黑人儿童在全国学校中的公平。教育基金的投放公然无视宪法……以及州法律……歧视有色人种儿童,使他们处于无知状态……肯定有方法将他们的案件诉讼至州法院和联邦法院。"[1]

NAACP的建立者们起初认为,黑人在现有的经济斗争上立场过于温和,忽视了公民权利和政治权利。这一时期,虽然NAACP代表黑人原告进行了一些案件诉讼,但法律诉讼并不是他们的工作重点。1922年,一位波士顿富翁之子查尔斯·加兰(Charles Garland)建立加兰基金以支持激进事业,其管理者是一群自由主义活动家,其中包括NAACP的执行秘书詹姆斯·约翰逊(James Weldon Johnson)。1929年,约翰逊等人组建了一个"黑人工作委员会"(Committee on Negro Work),着重解决美国的黑人问题。这个委员会起草了一份报告,建议基金会资助NAACP进行大规模的法律斗争,为南方的黑人争取宪法权利[2]。加兰基金同意进行拨款之后,NAACP很快建立了一个法律调整委员会,将其工作范围界定为借助法律途径挑战种族隔离和种族歧视,敦促联邦政府和各州政府采取行动解决民权问题,并且开展宣传活动,使广大民众认识到美国种族问题的严重性[3]。

二、全国有色人种协进会争取教育平等的策略

1. 教育平等问题进入 NAACP 视野

1930年3月,NAACP为了获得加兰基金更多的资助,向这个基金的委员

①　Mark V. Tushnet, *The NAACP's Legal Strategy against Segregation Education*, 1925—1950, p. 6.
②　B. W. Leland, "Setting the Stage for Brown: The Development and Implementation of the NAACP's School Desegregation Campaign, 1930—1950", *Mercer Law Review*, Vol. 52, 2000—2001.
③　Mark V. Tushnet, *The NAACP's Legal Strategy against Segregation Education*, 1925—1950, pp. 1—3.

会提交了一份报告,详细说明将用资助所得从哪些方面争取黑人的平等权利。就是在这一时期,NAACP 形成了挑战学校中种族隔离的想法。这份报告指出,将用这笔基金挑战"学校资金的不公平分配、禁止黑人参加陪审团、居住区隔离、剥夺公民权利以及抵制公民自由"。就教育方面而言,其具体的方案是"由于二元的学校系统开支过高变得不合时宜,因此需要加速废除学校中的种族隔离",NAACP 将"支持老南方七个州为黑人学校争取平等教育经费的诉讼案件",期望通过努力使得"无论南方还是北方,都将把注意力集中在公共学校基金分配中的恶意歧视上面"。加兰基金的委员会经过一系列的讨论,最终同意了 NAACP 的申请,资助 10 万美元对"黑人所面临的具体障碍"集中力量进行斗争,其中第一项具体内容就是"学校资金分配中的不平等"①。

　　NAACP 在提交给加兰基金的报告中提到,这场斗争要由"一位颇有才干的律师勾画出蓝图",这位律师需要"学习过至少一年法律,指导过起诉书和法庭要点摘录的起草,并且能够协调整个诉讼过程"。在基金会同意给予资助之后,NAACP 加紧寻找这样一位合适的律师。最后选定的是一位年轻的犹太律师内森·马戈尔德(Nathan Margold),他是最高法院大法官费利克斯·法兰克福特任教哈佛时的得意门生。由于 NAACP 在以前的斗争中从未涉及到教育领域,因此马戈尔德在起草的《马戈尔德报告》(Margold Report)中有一半的内容都在分析教育中的种族隔离②。这份报告包含了复杂的法律分析,以及普莱西案后可应用的法律先例,不仅分析了普莱西案所确定的"隔离但平等"的宪法基础,而且为 NAACP 挑战黑人和白人在教育中的不平等提供了两种可行的策略:一是直接对"隔离但平等"原则进行挑战,因为隔离本身就是奴役和歧视的标志,隔离制度之下根本不可能存在平等;二是暂时认可"隔离但平等"的说法,利用相关法律先例坚持严格解释"平等",迫使各州不得不耗费巨资将黑人的教育提升至与白人相等的水平,这样就使得教育中的种族隔离成为一种极不经济的政策,最终迫使白人主动要求废除种族隔离。马戈尔德认为可以从老南方的公立学校入

---

① Mark V. Tushnet, *The NAACP's Legal Strategy against Segregation Education*, 1925—1950, pp. 13—15.

② Mark V. Tushnet, *The NAACP's Legal Strategy against Segregation Education*, 1925—1950, p. 20.

手,因为那里种族歧视最为严重,黑白学校之间根本没有任何平等可言①。当时在 NAACP 内部也有不同意见,有人认为挑战学校中的种族隔离需要从南方以外的地区下手,比如宾夕法尼亚州或者美国西南部;老南方的种族主义极为顽固,如果从这里开始废除种族隔离的话,不仅收效甚微,而且可能引起其他负面效应②。

20 世纪 30 年代的经济危机影响了 NAACP 挑战教育平等问题的步伐。股票下跌导致加兰基金的财产价值受损,而且加兰基金将大部分资金借给包括 NAACP 在内的许多非盈利机构,这些组织在经济大萧条时期运营艰难,无力偿还贷款。加兰基金出现资金短缺,1933 年 7 月仅资助 NAACP 一万美元用以挑战学校和公共交通中的种族隔离;直至最后,加兰基金的资助额总共只有二万美元。1933 年,马戈尔德被任命为美国内政部助理律师,离开了 NAACP;全国有色人种协进会一时之间缺少一位全职律师来领导法律诉讼③。

2. 休斯顿与教育"均等化策略"

（1）"均等化策略"的产生

接替马戈尔德工作的是查尔斯·汉密尔顿·休斯顿（Charles Hamilton Houston）,他是霍华德大学的法学教授、NAACP 较早的成员之一。在加入 NAACP 之前,休斯顿为 NAACP 和加兰基金的一个联合委员会准备了一份备忘录,其中就对"均等化策略"（Equalization Strategy）进行了构想。由于经费缩减,这个联合委员会将斗争范围缩小至对教育和公共交通中的种族隔离进行挑战,休斯顿在为这一长期的法律诉讼制定计划时将目标进一步缩小。休斯顿认为在资源有限的条件下,必须精心选择诉讼目标以引起大众的兴趣,使案件所涉及地区的黑人民众受到鼓舞并继续斗争。休斯顿写道:"在只有一万美元资助的情况下,在全国范围内就种族歧视的两个方面进行有效的斗争越来越难了。孤立的案件没什么深远的意义,除非案件所

① 任东来、胡晓进:《在宪政的舞台上——美国最高法院的历史轨迹》,中国法制出版社,2007 年,第 290—291 页。

② Mark V. Tushnet, *The NAACP's Legal Strategy against Segregation Education*, *1925—1950*, p. 26.

③ Mark V. Tushnet, *The NAACP's Legal Strategy against Segregation Education*, *1925—1950*, pp. 16—17.

涉及的当事人和社区相信,进行持久斗争的动力用之不竭。因此需要集中力量。"①休斯顿的备忘录提供了两种建议:第一种是将所有的精力都集中在教育案件上,第二种建议是将经费平均分配到教育案件和公共交通案件的诉讼中。休斯顿认为争取教育领域的平等更为重要,因为对教育领域种族隔离的斗争会受到黑人学生的支持,从而事半功倍。1935年中期,休斯顿指出了关注教育领域的种族隔离的原因:"教育是为生活中的竞争做准备,如果没有接受良好的教育就会阻碍个人参与竞争的能力。"休斯顿在黑人律师协会(Negro Bar Association)的大会上进一步指出:"黑人在教育经费方面不如白人,因此在工作方面也处于劣势地位。"劣等的教育使得黑人青年男女很难积极地捍卫他们自己的权利②。他推荐双管齐下的斗争方法:一方面反对学校基金的不平等分配,另一方面反对教师工资中的差别对待。休斯顿希望通过这些法律诉讼鼓舞各地区为权利而战的意愿,同时形成一套法庭诉讼模式,各地区可以按照这些模式自愿进行诉讼③。

休斯顿还修改了《马戈尔德报告》中的建议,发展出了"均等化策略"。休斯顿认为马戈尔德的法律分析虽然非常充分,但此时联邦最高法院似乎还没有准备推翻普莱西案的判决,因此马戈尔德的方法可以在时机成熟时采用,当前适合在普莱西案判决的范围内进行诉讼。"均等化策略"的前提是,维持真正"隔离但平等"的教育体系费用过高,实施种族隔离的各州都无法负担,这样NAACP可以要求各州为黑人提供真正"隔离但平等"的教育,从而迫使各州不得不放弃教育中的种族隔离。休斯顿本着先易后难的原则,希望从南北边界州的研究生教育和专业教育入手处理种族隔离的问题。在这种指导思想之下,休斯顿开始在全国范围内寻找案件④。休斯顿曾在有"黑人哈佛"之称的霍华德大学法学院任教,他将这里转变为培养黑人民权律师的摇篮,从这里毕业的许多学生都在美国南部各州从事律师职

① B. W. Leland, "Setting the Stage for Brown: The Development and Implementation of the NAACP's School Desegregation Campaign, 1930—1950", *Mercer Law Review*, Vol. 52, 2000—2001.

② Mark V. Tushnet, *The NAACP's Legal Strategy against Segregation Education, 1925—1950*, p. 34.

③ B. W. Leland, "Setting the Stage for Brown: The Development and Implementation of the NAACP's School Desegregation Campaign, 1930—1950", *Mercer Law Review*, Vol. 52, 2000—2001.

④ B. W. Leland, "Setting the Stage for Brown: The Development and Implementation of the NAACP's School Desegregation Campaign, 1930—1950", *Mercer Law Review*, Vol. 52, 2000—2001.

业。在这些黑人律师的帮助下,首先进入 NAACP 视野的是来自马里兰大学的案件。

(2)挑战研究生教育中的种族隔离

NAACP 挑战教育中的种族隔离开始于马里兰州。马里兰大学曾经接收过黑人学生,但从 20 世纪 20 年代开始,马里兰州通过立法规定在学校中实行种族隔离,并且为黑人学生提供的设施质量远远落后于白人。1935年,黑人唐纳德·盖恩斯·默里(Donald Gaines Murray)申请到马里兰大学法学院读书,但因为种族原因而遭到拒绝。休斯顿将这一事件报告给 NAACP 与加兰基金的联合委员会,这个委员会决定资助默里起诉马里兰大学,并授权休斯顿立即处理这一案件。休斯顿对马里兰大学提起了民事诉讼,并且和他的学生瑟古德·马歇尔(Thurgood Marshall)一起为默里辩护。在激烈的法庭辩论之后,休斯顿在总结陈词中强调,没有任何州法律禁止黑人学生进入公共基金支持的教育机构。普莱西案要求各州为黑白两族学生提供平等的教育机会,而马里兰州没有做到,因此违反了其宪法责任。法官的判决认为马里兰大学有义务为黑人和白人提供同等的教育机会,然而却没有履行其宪法职责,因此强制命令马里兰大学允许默里入学。然而马里兰大学并不服输,向马里兰州上诉法院提起上诉。马里兰大学的辩护律师列出了三点反对意见:这所学校是一个私人实体,不是一个政府机构,所以并不需要遵循第十四条修正案;即使大学是政府的一部分,州已经为黑人学生专门建立了一所黑人法学院;州已经建立了一项奖学金为黑人学生提供研究生教育的机会,黑人学生可以用这笔钱到其他州上学。但第一条理由不攻自破:马里兰大学与马里兰农业学院合并,因此变成了一个州属机构;新建的法学院在各项设施上都无法和马里兰大学相比,因此并不构成平等;而且当默里的请求被拒绝时,资助黑人到外州上学的奖学金还没有建立,而且这项奖金总额太小,不足以满足众多申请者的需要;最后,这笔奖金并不包括在外州上法学院的全部学费。因此上诉法院认为,马里兰州为黑人提供的法学教育落后于白人,而且黑人申请外州法学院的机会非常渺茫。法院认为新建一所黑人法学院的做法并不是一种可行的补救方案,因此上诉法院维持原判,要求马里兰大学允许默里入学(169 Md.478)。这一案件的胜利极大地鼓舞了 NAACP 以及黑人民众争取平等教育权利的信心,其他州的律师纷纷向法院提起类似的诉讼,黑人学生急于提升自己的教育机会,也情愿冒险充当案件的原告①。

在取得了马里兰大学研究生教育中的胜利之后,NAACP 又取得了盖恩斯诉密苏里大学案的胜利。劳埃德·盖恩斯(Lloyd Gaines)是密苏里州杰斐逊市林肯大学 1935 年的毕业生,他申请到密苏里大学的法学院就读,但遭到拒绝。NAACP 代表盖恩斯向初审法院提起诉讼,但法院支持密苏里大学这一方。盖恩斯的案子最终上诉到联邦最高法院,法院认为这个案件的关键问题并不是讨论外州的法学教育,而是密苏里州本身为白人提供了怎样的教育机会,同时仅因为肤色问题否认了黑人怎样的教育机会。法院发现,在提供平等的教育机会方面,每个州都有独立的宪法责任,这一要求在不同的州都适用。法院同时提到,平等保护的权利是"个人权利",因此密苏里州必须在本州范围内保障盖恩斯享有和白人平等的接受法学教育的权利。因为密苏里州没有为黑人单独建立法学院,因此授权盖恩斯进入密苏里大学法学院就读(Gaines v. Canada,305 U. S. 580)。虽然默里案很重要,但盖恩斯案在最高法院的胜利更有分量。此案的胜诉代表了 NAACP 的一个重大胜利,意味着马里兰最高法院在默里案中的推理思路被最高法院接受,盖恩斯案作为一个有约束力的判例可以在全国范围内适用。休斯顿的"均衡化策略"为黑人反对公共学校中种族隔离的斗争奠定了坚实的基础②。

三、争取平等教育权利策略的转变

1936 年中期,休斯顿邀请他的学生马歇尔加入 NAACP,自己卸任了 NAACP 的大部分职务,仅作为马歇尔的顾问。在马歇尔的建议下,全国有色人种协进会于 1939 年建立了一个下属的法律实体,定名为法律辩护和教育基金会(Legal Defense and Educational Fund,Inc,简称为 LDF),由马歇尔出任首席律师,以实施 NAACP 的法律诉讼和教育活动。

---

① B. W. Leland, "Setting the Stage for Brown: The Development and Implementation of the NAACP's School Desegregation Campaign,1930—1950", *Mercer Law Review*, Vol. 52,2000—2001.

② B. W. Leland, "Setting the Stage for Brown: The Development and Implementation of the NAACP's School Desegregation Campaign,1930—1950", *Mercer Law Review*, Vol. 52,2000—2001.

1. 研究生教育领域争取平等教育权利的努力

20 世纪 40 年代,LDF 的工作重点是为黑人教师争取平等的工资以及废除边境州研究生教育中的种族隔离。在马歇尔等人的努力下,南方黑人教师的工资有了较大幅度的增长,到 1945—1946 年的时候,基本上达到了白人教师工资数额的 65%①。美国卷入第二次世界大战之后,NAACP 投入大量的精力关注军队中的种族歧视,帮助黑人在社会生活的各个领域,比如公共交通、居住区、选举权、就业等方面争取平等权利。其中好几个案件最后都上诉到联邦最高法院,取得了一系列重要的胜利。

第二次世界大战之后大批退伍军人重返大学校园,NAACP 意识到整个社会对高等教育的需求急剧上升,因此重新关注研究生教育中黑人的平等教育权利问题。在马歇尔的指挥下,LDF 努力通过案件诉讼为黑人进入州立高等教育机构扫清障碍。从某种意义上而言,LDF 对研究生教育中种族隔离的挑战是对默里案和盖恩斯案的继续,但战后的案件中也有不少创新之处。其中一项进展是诉讼程序的缩短。美国 1937 年颁布了《司法条例》(Judiciary Act),规定对美国宪法提出挑战的案件可以走联邦法院的途径:案件首先在联邦地区法院由三名法官同时审理,其中一名法官来自本地区的联邦上诉法院,两名法官来自联邦地区法院。如果当事人对审理意见不服,就可以直接上诉至联邦最高法院。这就减少了上诉步骤,加速了 LDF 处理案件的进程。另一个战略性的进展是马歇尔开始运用教育专家和其他专家的证词,小心谨慎地聚焦于教育过程的复杂性,来说明强制的种族隔离对黑人学生产生了严重的心理危害。马歇尔用专家证词来证实,即使黑人和白人的教育在物质层面做到了平等,但在一个种族隔离的社会环境下,教育过程中许多错综复杂的因素仍然无法实现。由于大部分案件涉及法学院的准入问题,而主审的法官们都毕业于法学院,因此他们能够从个人经验了解这些专家所指的技术概念。这不仅证明了普莱西案的前提有缺点,而且证明了即使各州能够建立起设施完全平等的、二元的教育系统,也无法实现第十四条修正案所承诺的平等。NAACP 这一时期取得了斯威特案(Sweatt v. Painter, 339 U. S. 629)和麦克劳林案(McLaurin v. Oklahoma State Regents for Higher Education, 339 U. S.

---

① Mark V. Tushnet, *The NAACP's Legal Strategy against Segregation Education*, 1925—1950, p. 108.

637)的胜利,标志着从早期追求教育设施平等到50年代直接挑战种族隔离制度的转变,这些案件认为种族隔离制度对黑人造成的损失是平等的设施所无法补救的。一旦法庭将目光转向了这些证据,那么离承认"种族隔离之下不存在平等"就不远了。

在斯威特案中,黑人斯威特申请到德克萨斯大学法学院读书,但因肤色问题遭到拒绝。马歇尔代表斯威特向德克萨斯州的初审法院提出诉讼,初审法院判决德克萨斯大学在6个月内建成一所黑人法学院。新的黑人法学院仓促建成,法院认为其与德克萨斯大学法学院"在本质上是平等的"。然而马歇尔等律师并没有就此罢休,他们就此案进行上诉,并运用专家证词进行辩护,认为在教育中实行种族隔离制度是没有科学依据的;学生之间的互动在学习过程中起到了至关重要的作用,而种族隔离阻碍了这种作用的发挥。此案最终上诉至联邦最高法院。麦克劳林案与此案大同小异,68岁的黑人教师麦克劳林申请到俄克拉荷马大学攻读教育学博士学位,这所大学于一年之后接收了他,但他无论在教室、图书馆还是咖啡厅,都必须坐在隔离的座位上。NAACP代表麦克劳林提起诉讼,此案也上诉至联邦最高法院。联邦最高法院于1950年6月同时宣布了对这两个案件的审理结果,都做出了有利于黑人的判决。在斯威特案中,最高法院认为新建的法学院从各方面都无法和德克萨斯大学相比;而在麦克劳林案中,虽然麦克劳林获准入学,但进行座位隔离的做法抑制和损害了麦克劳林的学习效果,影响了他与其他学生的互动,最终影响了他的专业学习。在这两个案件中,虽然最高法院并没有直接说明废除种族隔离制度的合宪法性,但已经彻底瓦解了普莱西案的基础。教育中的平等已经不是仅限于教育设施的平等,还包括学生之间平等、无障碍的交流。种族隔离制度阻碍了黑人与白人学生之间的交流,因此就阻碍了黑人学生的发展①。

2. 争取教育平等策略的转变

直到20世纪40年代末,NAACP才逐渐关注公立中小学中的种族隔离和不平等问题。NAACP之所以将公立中小学里的种族隔离推迟到这个时候进

---

① B. W. Leland, "Setting the Stage for Brown: The Development and Implementation of the NAACP's School Desegregation Campaign,1930—1950", *Mercer Law Review*, Vol. 52,2000—2001.

行处理,不仅是由于休斯顿的均等化策略,而且还因为 30 年代末 40 年代初美国国内的政治形势相当严峻,公立中小学中设施不平等的问题给 NAACP 提出了一个非常微妙的政治问题,不得已才被推迟了几年。第二次世界大战之后,美国的种族关系出现了微妙的变化,也为美国种族关系变革带来了新的契机①。

第二次世界大战之后,美国南方和北方经济和社会的一体化强化了南方对北方经济的依赖,也逐渐削弱了南方团结一致抵制种族变革的行为,从而加大了南方种族关系变革的可能性。与此同时,黑人政治权力迅速发展,许多黑人政治团体发展壮大,北方的黑人选票在总统选举中发挥着重要的作用,因此民主、共和两党竞相出台有利于黑人民权的政策以拉拢黑人。第二次世界大战不仅使得黑人获得了更多的经济机会、参与到战后发展更快的经济当中,而且使得黑人更为积极地争取自己的民主权利。第二次世界大战和美苏冷战都迫使白人反思国内种族隔离制度的合理性,从而为黑白种族关系的变革提供了可能性。此外,自由派白人对黑人越来越多的声援为美国国内种族关系的变革以及黑人争取平等权利的斗争营造了良好的舆论环境②。

在这种新的国内种族氛围中,马歇尔认为仅为黑人在种族隔离的中小学里争取到平等的设施和待遇是不够的③,如果在这个时候对种族隔离制度本身进行攻击,胜诉的几率比较大。1950 年,NAACP 给处理种族隔离案件的律师和法律顾问召开了一个会议,他们决定在将来的案件诉讼中追求"没有种族隔离基础上的教育",这就意味着"均等化原则"最终让路于直接对种族隔离的挑战。

20 世纪中叶,有关中小学中种族隔离的案件大量出现,这些问题再也无法推迟了。截止到 1950 年秋天,仅堪萨斯一个州就出现了 11 例起诉黑白公立中小学中教育设施不平等的案例④。全美国至少有 11000 个种族隔离的学

---

① John Hope Franklin and Alfred A. Moss Jr. , *From Slavery to Freedom: A History of Negro Americans*, New York: Knopf, 1987, p. 608.

② J. Michael and Brown Klarman, "Racial Change, and the Civil Rights Movement", *Virginia Law Review*, Vol. 80, No. 1.

③ John Hope Franklin and Alfred A. Moss Jr. , *From Slavery to Freedom: A History of Negro Americans*, p. 608.

④ Brown v. Board of Education (Kansas).

区,大部分在南方。这些涉及黑白种族之间教育条件差异的案件只能在当地起诉和审理,虽然世人皆知黑人的教育条件不如白人,但是从法律程序上来讲,这些案件只能具体问题具体分析,就算打赢了官司,其结果也不能普遍化,因此耗时耗力,LDF 也没有那么多的人力和物力来处理成千上万这样的诉讼案件。再次是因为 NAACP 不仅在研究生教育领域取得了斯威特案和麦克劳林案的胜利,而且在 38 个争取黑人其他领域民权的诉讼案件中打赢了34 个,这些胜利极大地增强了黑人的信心①。此外,黑人尤其重视保护黑人儿童获得与白人同等的教育机会,马歇尔说服 NAACP 的赞助者们支持对种族隔离制度的直接攻击②。在这些原因的作用下,来自中小学的种族隔离案件突然间占据了 50 年代美国种族问题的中心,NAACP 也在这一时期直接将矛头指向了种族隔离制度本身。

在 20 世纪上半叶,黑人主要通过全国有色人种协进会为争取教育平等权利做出了不懈的努力,为布朗案的产生奠定了基础。正如审判布朗案的首席大法官厄尔·沃伦(Earl Warren)在布朗案判决 20 年之后说:"多年来,各式各样的判决结果在逐渐侵蚀着作为标准的普莱西案;它们仅仅是蚕食,没有正面对其进行挑战。如果稍微回顾一下历史就会发现,从盖恩斯案、斯威特案到一部分州际贸易的案件,'隔离但平等'的原则在不断受到侵蚀,只有隔离本身被忽略。无论从是非曲直的、逻辑的、中立的和实践的任何一个角度来讲,这个案件应该怎样审判是很清楚的,惟一的问题就是如何得到这样一个结论。"③

(本文与祝贺合作完成,原载《社会科学战线》2013 年第 5 期)

---

① Diane Telgen, *Defining Moments: Brown v. Board of Education*, Detroit, MI: Omnigraphics, Inc. 2005, pp.35—36.

② Mark V. Tushnet, *The NAACP's Legal Strategy against Segregation Education*, 1925—1950, pp.106—107.

③ Richard Kluger, *Simple Justice: the History of Brown v. Board of Education and Black America's Struggle for Equality*, New York: Oxford University Press, 1978, p.678.